물맷돌을 던진 소년

물맷돌을 던진 소년

1판 1쇄 인쇄　2021년 8월 5일
1판 1쇄 발행　2021년 8월 10일

지은이　김서택
발행인　한동인
펴낸곳　(주)씨뿌리는사람

등록번호　제2006-4호
주　　소　경기도 이천시 경충대로 2096-4
　　　　　(서울사무소) T. 741-5181, 4　F. 744-1634

책값은 뒤표지에 있습니다.
ISBN 978-89-90342-53-9

Web　www.kclp.co.kr

"천국은 마치 사람이 자기 밭에 갖다 심은 겨자씨 한 알 같으니
이는 모든 씨보다 작은 것이로되 자란 후에는 나물보다 커서 나무가 되매
공중의 새들이 와서 그 가지에 깃들이느니라"(마 13:31-32)

공급처　기독교문사 도매부　T. 741-5181~3　F. 762-2234

물맷돌을 던진 소년

김서택

씨뿌리는 사람

사무엘상은 이스라엘 국가의 역사입니다. 그러나 이스라엘 역사는 사울 왕의 출생이나 통치에서 시작하지 않고 사무엘 선지자의 출생 과정에서부터 시작합니다. 그 이유는 이스라엘은 하나님의 말씀이 다스리는 나라이기 때문입니다. 그래서 왕은 선지자가 전해준 하나님의 말씀을 단지 집행하는 사람일 뿐입니다. 다윗은 하나님의 율법을 너무나도 사랑해서 하나님의 사랑을 받고 이스라엘의 왕이 되었습니다. 그러나 다윗은 이스라엘의 왕이 되기 전에 사울 왕의 미움을 받아서 모든 것을 다 잃고 쫓겨 다니는 생활을 해야만 했습니다. 사무엘서 같은 스토리식으로 된 복음을 어떻게 설교하느냐 하는 데는 신학계에 적지 않은 논쟁이 있었습니다. 그러나 선지자의 글은 단순한 역사적 기록이 아니라 선지자의 눈으로 이미 평가된 역사이고 대단히 논리적인 구조로 되어있습니다. 그 논리의 핵심을 찾는다면 설교하기에 큰 도움이 될 것입니다.

이번 사무엘상 설교집(물맷돌을 던진 소년)이 많은 청년과 목회자들

프롤로그
Prologue

에게 큰 도움이 되기를 바랍니다. 그리고 저의 부족한 설교집을 한 번도 주저 없이 책으로 만들어주신 '씨뿌리는 사람'의 한동인 사장님께 존경과 감사를 드립니다.

그리고 언제나 말씀의 동역자가 되어주신 대구동부교회 교인 여러분께도 감사드립니다.

대구 수성교 옆에서
김서택 목사

	프롤로그		04
01	고통받는 여인	삼상 1:1-11	09
02	한나의 기도	삼상 1:10-18	21
03	아들을 하나님께 바침	삼상 1:19-28	32
04	살아계신 하나님	삼상 2:1-3	43
05	뒤집으시는 하나님	삼상 2:4-10	53
06	희망이 없는 때	삼상 2:12-26	63
07	축복권의 상실	삼상 2:27-36	74
08	하나님의 음성 듣기	삼상 3:1-21	84
09	과거와의 단절	삼상 3:15-21	94
10	성전을 더럽힌 결과	삼상 4:1-11	104
11	이가봇	삼상 4:12-22	115
12	빼앗긴 언약궤	삼상 5:1-12	125
13	돌아온 언약궤	삼상 6:1-16	136
14	믿음의 위력	삼상 7:1-17	147
15	우리도 왕이 필요하다	삼상 8:1-22	158
16	나귀를 잃어버렸을 때	삼상 9:1-27	168
17	세 가지 징조	삼상 10:1-8	178
18	틀림없으신 하나님	삼상 10:8-27	188
19	사울의 용기	삼상 11:1-15	198
20	사무엘의 교훈	삼상 12:1-25	208
21	기다리지 못한 제사	삼상 13:1-23	218
22	하나님의 능력	삼상 14:1-23	227

차 례
Contents

사무엘상

23	요나단을 살리느냐 죽이느냐	삼상 14:24-52	237
24	사울 왕의 시험	삼상 15:1-19	247
25	제사보다 순종	삼상 15:17-35	257
26	숨겨진 사람	삼상 16:1-13	268
27	사울의 고통	삼상 16:14-23	278
28	이길 수 없는 대적	삼상 17:1-30	289
29	거인과의 싸움	삼상 17:31-58	299
30	승리 후의 시험	삼상 17:55-18:16	309
31	구사일생의 탈출	삼상 18:17-30	319
32	다윗의 현실	삼상 19:1-24	328
33	죽음과 한 걸음 차	삼상 20:1-34	338
34	죽음의 함정	삼상 21:1-15	348
35	아둘람 굴	삼상 22:1-23	358
36	그일라 사람을 도움	삼상 23:1-14	368
37	아슬아슬한 도피	삼상 23:15-29	379
38	원수를 살려줌	삼상 24:1-22	389
39	다윗의 혈기	삼상 25:1-13	399
40	두 번째 사울을 살려줌	삼상 26:1-25	410
41	다윗의 망명	삼상 27:1-12	420
42	무당을 찾아감	삼상 28:1-25	429
43	절묘한 타이밍	삼상 29:1-30:8	439
44	가족을 찾음	삼상 30:9-31	449
45	사울의 최후	삼상 31:1-13	459

01

고통받는 여인

삼상 1:1-11

사람은 누구나 다른 사람으로부터 괴롭힘을 당해 본 적이 있을 것입니다. 어떤 한 부인은 참 신앙도 좋고 남편도 신앙이 좋았습니다. 그런데 그 남편의 형이 주폭이었습니다. 그는 술만 마시면 이 부인에게 전화를 걸어서 "지금 내가 칼을 가지고 있는데 가서 교회 다닌다고 잘난 체하는 너희들을 다 죽이겠다!"고 소리를 지르곤 했습니다. 한번은 저희 집에 그 부인이 울면서 전화를 했는데 그 시아주버니가 전화해서 지금 와서 다 죽인다고 하는데 어떻게 하면 좋으냐고 했습니다. 그래서 저는 그분에게 전화로 협박하는 사람은 겁쟁이이기 때문에 정말 오지는 않을 것이라고 하면서도 그렇지만 알 수 없기 때문에 며칠 동안만 집을 비우는 것이 좋을 것 같다고 했습니다. 결국 그 주폭은 오지 않았습니다. 그리고 얼마 후에 죽었습니다.

우리 주위에는 힘이 센 불량배로부터 매를 맞다가 견디다 못해 건물에서 뛰어내려 스스로 목숨을 잃는 아이들이 꽤 많이 있습니다. 얼마 전 어떤 학생은 다른 학생들에게 옥상으로 끌려가서 터지다가 패딩 옷도 뺏기고 견디다 못해서 건물에서 뛰어내려 자살을 해버린 일도 있었습니다. 죽은 아이 엄마는 자신의 아이를 때린 아이가 자기 아들의 패딩 옷을 입고 있었다고 분해했습니다.

　남자들은 주로 군대에서 선임으로부터 괴롭힘을 많이 당하고는 군대는 생각도 하기 싫다고 말하기도 합니다. 어떤 여성은 결혼 후에 시집 식구들로부터 너무 괴롭힘을 당했기 때문에 '시' 자가 붙은 것은 어떤 것도 발음하지 않는다고 했습니다. 만일 어떤 사람이 자신에게 어떤 신체적으로나 사회적으로 약점이 있는데, 주위 사람들이 그 약점을 가지고 놀리거나 괴롭히면 마음이 굉장히 아플 것입니다. 그러면 그 괴롭힘으로 인해 평생 한스러워하고 슬퍼할지도 모릅니다.

　우리는 가끔 하나님의 말씀과 능력은 어떤 관계가 있을까 궁금할 때가 많이 있습니다. 즉 우리는 하나님의 말씀을 듣는 즉시 하나님의 능력이 나타나기를 바라는 것입니다. 그런데 그럴 때도 있지만 그렇지 않을 때도 많이 있습니다. 그래서 우리는 하나님의 말씀과 능력의 관계를 정확하게 알지 못합니다. 하나님의 말씀에는 능력이 나타난다고 했는데 아무 능력도 나타나지 않을 때도 많이 있는 것입니다. 예수님은 제자들에게 너희 믿음이 겨자씨만큼만 있으면 여기에 있는 산을 명하여 저기로 옮겨지라 해도 옮겨질 것이라고 했는데(마 17:20), 아직 산을 옮긴 사람이 없는 것을 보면 우리는 모두 겨자씨만 한 믿음을 가지지 못한 모양입니다.

　모세 때는 하나님의 말씀과 능력이 함께 있었습니다. 모세는 하나님의 말씀을 하기만 하면 즉시 능력이 나타났습니다. 그런데 여호수아 때는 여호수아가 새로운 말을 하지 않고 모세가 전했던 율법의 말씀대로 했는데 능력이 나타났습니다. 그러나 여호수아가 철저하게 하나님의 말씀에 순종했기 때문에 그 말씀과 능력 사이에는 차이가 없었습니다. 그런데 그 이후 사사 시대에는 하나님의 말씀은 거의 없고 능력만 나타났습니다. 그 대표적인 인물이 삼손이었습니다. 삼손은 하나님이 주신 영감으로 능력을 나타내었습니다. 그 대신 삼손의 최후는 비극적이었습니다. 엘리 제사장 때에는 말씀도 없었고 능력도 없었습니다. 그래서 이스라엘 백성들의 삶은 더 비참했습니다.

하나님께서는 새로운 시대를 시작하려고 계획하셨습니다. 그것은 새로운 말씀의 시대를 시작하려는 것입니다. 그것과 동시에 하나님은 이스라엘에 왕정을 시작하려고 하셨습니다. 즉 이 세상에 '이스라엘'이라는 나라를 만들려고 하셨던 것입니다. 바로 이 새로운 시대의 막을 연 인물이 바로 사무엘이었습니다. 사무엘은 바로 하나님 말씀의 사람이었고 하나님의 말씀을 말씀 되게 한 인물이었습니다. 하나님께서 이스라엘의 왕정의 막을 여시면서 선지자 사무엘의 출생에서부터 시작하신 이유는 아무리 이스라엘의 왕이라 하더라도 하나님의 말씀을 순종해야 능력이 나타난다는 것을 보여주시기 위한 것이었습니다.

그런데 이스라엘의 왕 중에서 하나님의 말씀과 능력 사이에 거의 갈등이 없었던 왕이 있었습니다. 그는 바로 다윗이었습니다. 다윗은 그 자신이 하나님의 말씀을 다른 어떤 것보다 사랑했고, 그 자신이 선지자였고, 하나님의 말씀에 순종하는 것이 가장 기쁜 일이었기 때문에 능력도 즉시 즉시 나타났습니다. 그러나 다른 왕들의 시대에는 거의 말씀과 왕정 사이에 갈등이 있었습니다. 그래서 하나님의 능력이 나타날 때도 있었고 나타나지 않을 때도 있었습니다. 사울 왕 때부터 하나님의 말씀은 왕의 통치와 갈등을 일으켰습니다. 그리고 사울 왕은 길보아 산에서 많은 이스라엘 백성들과 함께 죽었습니다. 그런데 다윗은 거의 망하다시피 한 이스라엘을 다시 하나님 말씀의 능력으로 일으킨 왕이었습니다. 그리고 이스라엘 왕들은 거의 대개 말씀과 왕권 사이에 갈등을 일으키다가 나라가 망하게 됩니다. 그런데 예수 그리스도가 이 땅에 오시면서 하나님의 말씀과 능력은 다시 일치되게 됩니다. 예수님이 말씀하시면 즉시 사람들의 병이 나았고 죽은 자가 살아났으며 성난 파도가 잠잠해졌던 것입니다.

'사무엘상하'는 이스라엘이 분열되기 전 나라의 역사입니다. 그런데 그 대부분의 역사는 다윗의 생애에 대하여 자세하게 설명하고 있습니다. 그 이유는 바로 그때가 이스라엘 부흥의 시기였기 때문입니다. 하나님의 백성에게 부흥이 일어날 때는 아주 작은 사건 하나하나도 큰 의미를 가지게 됩니다. 사무엘서를 쓴 사람은 누구입니까? 아마도 초기의 기록은 사무엘이 썼겠지만 그는 초반에 늙어서 죽기 때문에 후반부는 갓이나 나단 같은 선지자가 나머지 부분을 기록한 것으로 보입니다.

사무엘서는 아들이 없어서 고통당하는 한 여인의 기도에서부터 시작되는데, 그것이 바로 새로운 이스라엘 역사가 시작되는 시점이었습니다.

1. 왜 하나님은 중요한 것을 주시지 않으실까?

하나님은 사랑의 하나님이십니다. 그래서 하나님은 믿는 자나 믿지 않는 자 모두에게 햇빛과 비를 주시고 또 많은 물질이나 건강의 복을 주십니다. 그런데 하나님은 때때로 예수 믿는 사람들에게 가장 중요한 것을 주시지 않을 때가 있습니다. 어떤 분에게는 주시지 않는 정도가 아니라 있는 것도 빼앗아가실 때가 있습니다. 때때로 하나님께서 우리에게 주시지 않는 것이 시시한 것이면 말도 하지 않겠지만 너무나도 중요한 것일 때가 많이 있습니다. 하나님은 어떤 분에게서 자식을 데려가실 때도 있고 삶의 터전을 가져가실 때도 있고 건강도 가져가실 때가 있습니다. 또 어떤 분은 결혼이 되지 않고 어떤 분은 키가 너무 작거나 혹은 장애로 고통을 받을 때도 있는 것입니다. 이럴 때마다 우리는 하나님의 사랑에 의심이 들고 자신의 믿음의 부족함에 대해 안타까울 때가 많이 있습니다.

사무엘서는 이스라엘 왕의 역사를 기록한 책입니다. 보통 어느 나라의 역사라고 하면 초대 왕이 태어날 때부터 혹은 그가 활약할 때부터 시작할 것입니다. 그러나 이스라엘 왕의 역사는 왕이 아닌 한 선지자의 출생에서부터 시작하고 있습니다. 그 이유는 이스라엘은 아무리 왕이라 하더라도 하나님의 말씀에 순종해야 하는 사람이어야 하기 때문입니다. 즉 이스라엘 왕은 자기 마음대로 나라를 다스리는 사람이 아니라 이스라엘 백성들을 하나님의 말씀이 있는 초장으로 데리고 가는 리더였기 때문입니다. 이스라엘 백성들이 하나님의 말씀을 먹고 믿음으로 일어설 때 이스라엘에는 하나님의 축복이 임하고 부흥이 일어나게 되는 것입니다.

그런데 우리는 왜 하필이면 우리나라의 역사도 아닌 이스라엘의 역사를 배워야 할까요? 그 이유는 이스라엘의 역사는 하나님의 진액이 흐르는 역사이기 때문입니다. 특히 어린이들은 이스라엘의 역사 이야기를 듣고 하나님에 대하여 믿음이 생기게 되고 하나님에 대하여 아주 친숙해지게 됩니다. 만약 성경에 역사 이야기가 없다면 어린이들의 믿음은 거의 없어지게 될 것입니다. 또 왜 이스라엘 왕의 역사가 자식을 낳지 못해서 울부짖는 한 여성의 기도에서부터 시작하게 될까요? 결국 사람을 만드는 것은 어머니의 고통과 눈물의 기도이기 때문입니다. 이스라엘을 위기에서 살린 사람들은 대개 남자들이었지만 그들을 낳고 키운 사람들은 마음이 상한 어머니였고 고통받는 여성들이었기 때문입니다.

이스라엘에서 말씀의 시대를 연 사무엘의 집은 에브라임 산지에 사는 한 레위 집안이었습니다.

> 1:1, "에브라임 산지 라마다임소빔에 에브라임 사람 엘가나라 하는 사람이 있었으니 그는 여로함의 아들이요 엘리후의 손자요 도후의 증손이요 숩의 현손이더라"

에브라임은 예루살렘에서 가까운 곳이었는데 주로 산지가 많았습니다. 그중에서도 라마다임소빔은 사무엘의 고향이었습니다. 여기에 나오는 족보는 사무엘의 조상들인데 레위 지파 중에서도 고핫 자손의 후예였습니다. 대개 레위 사람들은 성전이 있는 곳 주위에도 있었지만 모든 지파에 분산되어서 율법 가르치는 일을 했습니다. 그곳에 엘가나라는 한 레위인이 살았는데 겉으로 보기에는 경건하고 큰 문제가 없는 집이었습니다.

> 1:2, "그에게 두 아내가 있었으니 한 사람의 이름은 한나요 한 사람의 이름은 브닌나라 브닌나에게는 자식이 있고 한나에게는 자식이 없었더라"

대개 레위 사람 중에서 아주 신앙이 좋은 사람은 자식이 없으면 없는 대로 죽을 때까지 살았습니다. 그런데 엘가나는 후손을 아주 중요하게 생각해서 처음 결혼한 한나가 아이를 낳지 못하니까 다른 여자와 다시 결혼해서 아이를 낳게 되었습니다. 그런데 엘가나는 한나를 사랑해서 집에서 나가게 하지 않았는데, 그러다 보니 다시 결혼한 여자와 그 아이와 한나는 같이 살았습니다. 어떻게 보면 엘가나는 아주 사랑이 많은 남편 같습니다. 엘가나는 자식이 필요하니까 부인을 한 명 더 얻어서 자식을 낳고, 자신이 한나를 사랑하니까 내보내지 않고 같이 살았던 것입니다. 어떻게 생각하면 엘가나는 아주 현실적이면서 사랑도 많고 신앙도 좋은 사람인 것처럼 보였습니다.

1:3-5, "이 사람이 매년 자기 성읍에서 나와서 실로에 올라가서 만군의 여호와께 예배하며 제사를 드렸는데 엘리의 두 아들 홉니와 비느하스가 여호와의 제사장으로 거기에 있었더라 엘가나가 제사를 드리는 날에는 제물의 분깃을 그의 아내 브닌나와 그의 모든 자녀에게 주고 한나에게는 갑절을 주니 이는 그를 사랑함이라 그러나 여호와께서 그에게 임신하지 못하게 하시니"

엘가나는 겉으로 보기에는 하나님을 잘 믿었기 때문에 일 년에 꼭 한 번씩 실로 즉 하나님의 성막이 있는 곳에 올라가서 제사를 드렸습니다. 그리고 그는 제사를 드리고 받은 제물을 식구에게 골고루 나누어주었습니다. 지금은 고기를 먹는 일이 흔한 일이지만 옛날에는 고기를 먹는다는 것은 그야말로 일 년에 한 번 또는 몇 년에 한 번 먹는 아주 귀한 일이었습니다. 엘가나는 하나님께 화목제사를 드리고 남은 분깃의 고기를 자식을 가진 브닌나에게도 주고 그가 낳은 아들들에게도 주고 한나에게도 주었는데, 그는 한나를 사랑했기 때문에 한나에게는 갑절의 고기를 주었다고 했습니다.

그런데 한나는 어느 누구보다 하나님을 잘 믿고 신앙이 좋은 사람인데도 불구하고 하나님께서는 한나에게 자식을 주지 아니하셨습니다. 옛날에는 아이를 낳지 못하는 여자는 굉장히 업신여김을 당했고 멸시와 따돌림을 당했습니다. 그런데 성경은 한나가 아이를 낳지 못하는 이유가 한나에게 있는 것이 아니라 하나님께서 그에게 자식을 주시지 않았기 때문이라고 했습니다. 우리 인생의 모든 책임은 하나님께 있는 것입니다. 장애의 책임도 하나님에게 있는 것이고, 가난이나 결혼의 책임도 하나님에게 있는 것이며, 아이를 낳지 못하는 것도 하나님에게 책임이 있다는 것입니다.

그러나 우리는 그런 것을 모르기 때문에 그 책임을 본인에게 지우려고 합니다. 너는 장애를 가지고 있고, 너는 얼굴이 못생겼고, 너는 결혼을 하지 못했고, 너는 아이를 낳지 못했다고 말을 하는 것입니다. 그리고 본인도 그 책임을 자기 자신이 지려고 하기 때문에 그 인생이 비참해지게 됩니다. 왜 하나님은 한나에게 그렇게 자신이 원하는 자식을 주시지 않았을까요? 그것은 나중에 하나님이 가장 좋은 선물을 주시려고 한 섭리였지만 그 당시에는 그 누구도 이해할 수 없었습니다.

사실 우리는 하나님께서 지금 하시는 일을 다 이해할 수 없습니다. 그러나 하나님은 분명히 우리에게 좋은 것을 주시려고 어려움부터 먼저 주시는 것입니다. 왜냐하면 하나님이 항상 우리에게 좋은 것만 주시면 우리는 그 가치를 알지 못하고 자기 좋은 대로 하기 때문입니다. 즉 우리는 모든 것을 내 것으로 생각한다는 것입니다. 그래서 하나님은 중요하고 귀중한 것일수록 오래 기다리게 하시고 기도하게 하십니다. 우리는 그 가치를 모르기 때문입니다.

교회도 마찬가지입니다. 교회가 부흥의 가치를 모르면 하나님께서 부흥을 거두어 가십니다. 그래서 어떤 때는 백 년 이상, 어떤 때는 몇백 년 동안 침체만 계속될 때가 있습니다. 영적 침체가 계속되어야 하나님의 말씀에 갈급한 성도들이 목숨을 걸고 기도하고 하나님의 말씀을 붙들게 됩니다. 하나님의 말씀을 듣지 않으면 미쳐버릴 것 같고 세상 모든 것이 의미가 없어지기 때문입니다.

또 교회가 성경을 가치 없게 생각하면 하나님은 성경을 빼앗아 가서서 보지 못하게 하십니다. 지금 우리는 성경이 너무 흔해서 그냥 버릴 때가 많이 있습니다. 그러나 성경이 없는 공산권에서는 성경보다 더 소중한 선물은 없습니다. 그들은 성경 말씀을 일반 책이나 노트 안에 끼워놓고 읽습니다. 그리고 성경을 받으면 그들은 너무 기뻐서 춤을 춥니다. 왜냐하면 이제 자신의 영혼이 살 수 있게 되었기 때문입니다. 그래서 우리는 부흥을 위해서나 하나님의 말씀이 열리는 것을 위해서 오래 기도를 해야 합니다.

2. 한나의 대적자

한나는 비록 아이는 낳지 못했지만 남편이 그녀를 사랑해주고 있었고, 또 브닌나가 아이를 낳았기 때문에 그러려니 하고 살 수도 있었을 것입니다. 한나는 '나는 복이 없어서 아이를 낳지 못했구나. 그러나 브닌나가 내 대신 아이를 낳아주었고 나는 남편이 사랑해주고 있고 또 브닌나의 아이를 나의 아이라고 생각하고 살면 된다'라고 생각했을 수도 있습니다. 그런데 브닌나의 성격이 보통이 아니었습니다. 브닌나는 한나의 존재 자체를 아주 싫어했습니다. 특히 남편이 한나를 자기보다 더 사랑하는 것 같으니까 질투심이 나서 견딜 수 없었습니다. 그래서 브닌나는 한나를 미칠 정도로 미워했고 실제로 한나가 죽어 없어지기를 바랄 정도로 한나를 적대시했습니다. 그래서 브닌나는 남편이 있을 때는 안 그런 척하다가 남편이 없고 둘만 있을 때는 온갖 못된 말을 하면서 한나를 괴롭게 했던 것입니다.

> 1:6-7, "여호와께서 그에게 임신하지 못하게 하시므로 그의 적수인 브닌나가 그를 심히 격분하게 하여 괴롭게 하더라 매년 한나가 여호와의 집에 올라갈 때마다 남편이 그같이 하매 브닌나가 그를 격분시키므로 그가 울고 먹지 아니하니"

브닌나는 자기는 아이도 있고 걱정할 것이 아무것도 없었을 텐데, 한나만 보면 미워서 죽이고 싶을 정도로 질투심이 생겼던 것 같습니다. 더욱이 브닌나의 분노를 자극한 것은 남편이 한나에게는 제물의 분깃을 두 배나 주는 것이었습니다. 이것을 본 브닌나는 자기는 아이도 있고 아이를 키운다고 수고도 많이 했는데 아이도 없는 여자가 무슨 고기가 필요하냐고 하면서 화가 났던 것입니다.

사람에게는 질투라는 감정이 있습니다. 그것은 자기가 남들의 사랑이나 관심을 독차지하고 싶어 하는 마음입니다. 특히 이 질투심은 상대방이 아름다우면 아름다울수록, 똑똑하면 똑똑할수록 그 사람을 더 망하게 하고 싶은 마음이 듭니다. 일종의 분노의 감정입니다. 질투심이 한번 생기게 되면 이성적인 판단이 되지 않습니다. 무조건 상대방이 망하고 비참하게 되고 죽기를 바라는 마음밖에 생기지 않는 것입니다. 그러다가 단둘이 있게 되면 말로 괴롭히고 나중에는 행동으로도 괴롭히게 되는데 이것이 쌓이게 되면 엄청난 스트레스가 생기게 되는 것입니다.

성경에는 "그의 적수인 브닌나"라고 되어있는데, 옛날 개역성경에는 "그의 대적 브닌나"라고 했습니다. 즉 브닌나는 엘가나의 또 다른 부인이 아니라 한나의 원수였던 것입니다. 한나는 브닌나가 이렇게 대적만 하지 않아도 그냥 평범하게 살 수 있었을 텐데, 브닌나는 한나를 견디지 못하게 만들었던 것입니다.

사람의 질투심이라는 것은 정말 말도 되지도 않는 것입니다. 즉 다른 사람이 나보다 더 잘생겼고 더 똑똑하고 더 유능하기 때문에 없어지기를 바랄 정도로 미워하는 것입니다. 그래서 유능하고 잘생긴 사람은 항상 다른 사람이 이해 안 되는 이유로 나를 미워할 수 있다는 것을 생각해야 합니다. 그래서 크리스천은 성숙할수록 너무 튀지 않으려고 노력하고 오히려 평범하려고 애를 써야 합니다. 왜냐하면 너무 튀는 것을 사탄이 죽도록 싫어하기 때문입니다.

그런데 브닌나는 왜 그렇게 한나를 미워해서 대적했을까요? 아마도 브닌나는 한나에게 '아이도 없는 주제에 왜 살아?', '네가 무슨 자격이 있다고 고기를 두 배씩이나 받아?', '너는 아예 살 자격이 없는 여자야!' 라는 식으로 핍박하거나 아니면 꼬집기도 하고 머리채를 잡기도 하고 발작해서 물건을 던지기도 했을 것입니다. 아마 브닌나가 조용했더라면 한나도 평범하게 살다가 죽었을 것입니다. 그런데 브닌나가 너무 심하게 자기를 미워하고 히스테리를 부리고 대적하니까 한나는 견딜 수 없었습니다. 브닌나가 한나를 이렇게 미워한 이유가 무엇일까요? 그것은 바로 사탄이 뒤에서 충동질했기 때문입니다.

한나는 브닌나가 너무 자신을 괴롭게 하기 때문에 너무 마음이 상해서 잠도 못 자고 음식도 먹지 못했습니다. 아마 한나의 가슴은 벌렁벌렁하고 숨쉬기도 힘들었을 것입니다.

그때 남편은 한나가 괴로워하는 것을 눈치채고 위로를 하려고 했습니다.

> 1:8, "그의 남편 엘가나가 그에게 이르되 한나여 어찌하여 울며 어찌하여 먹지 아니하며 어찌하여 그대의 마음이 슬프냐 내가 그대에게 열 아들보다 낫지 아니하냐 하니라"

여기 엘가나가 하는 말을 들으면 그는 여자의 마음을 몰라도 너무 모르는 남자라는 것을 알게 됩니다. 여인이 원하는 것은 남자만이 아닌 것입니다. 한나의 마음의 고통은 남편이나 물질적인 것으로 채울 수 없는 것이었습니다. 이것은 기적이 일어나지 않는 이상 불가능한 것이었습니다. 한나의 마음의 고통은 오직 하나님만이 채워주실 수 있는 것이었습니다. 이제 한나에게 남아 있는 것은 한 가지밖에 없었습니다. 그것은 그냥 있어도 브닌나 때문에 가슴이 졸려서 화병이나 우울증으로 죽을 것인데, 죽을 각오를 하고 한번 하나님께 매달려보자는 것이었습니다. 그리고 기도해도 하나님이 안 주시면 기도하다가 죽자는 생각뿐이었습니다.

한나는 평범하게 살 수 없었습니다. 그 이유는 하나님이 그의 인생을 평범하게 하시지 않았기 때문입니다. 이제 한나는 이렇게 죽든지 저렇게 죽든지 둘 중의 하나였습니다. 브닌나에게 괴롭힘당해서 화병으로 죽든지, 아니면 기도하다가 죽든지 둘 중의 하나였습니다. 여기서 한나는 기도하다가 죽는 쪽을 택했습니다.

3. 기도하는 한나

한나는 원래 이렇게 죽을 각오로 기도를 하거나 결사적으로 하나님께 매달리는 여자는 아니었던 것 같습니다. 그러나 그의 적수 브닌나가 워낙 자기를 못살게 죽이려고 하니까 결국 독해지게 되었습니다. 즉 한나는 하나님께 기도하다가 죽기로 결심한 것입니다.

한나가 실로에 있는 성막에 가서 기도할 때, 이스라엘의 영적인 분위기는 침체될 대로 침체되어 있었습니다. 성막에 있는 두 제사장 홉니와 비느하스는 불량배였고 하나님의 제사장이 아니라 이방 신전의 제사장 같이 행동을 했습니다. 그들은 하나님께 바친 물건을 강탈하고 성전에서 수종 드는 여인들과도 성관계를 가졌습니다. 그리고 아버지 엘리는 이미 늙고 비둔해져서 영성이 많이 떨어져 있었습니다. 그렇지만 한나는 사람을 일절 보지 않고 오직 하나님만 붙들고 결사적으로 기도했습니다.

> 1:10-11, "한나가 마음이 괴로워서 여호와께 기도하고 통곡하며 서원하여 이르되 만군의 여호와여 만일 주의 여종의 고통을 돌보시고 나를 기억하사 주의 여종을 잊지 아니하시고 주의 여종에게 아들을 주시면 내가 그의 평생에 그를 여호와께 드리고 삭도를 그의 머리에 대지 아니하겠나이다"

한나는 자기가 아이를 낳지 못해서 멸시 천대당한다고 해서 남편을 원망하지 않았습니다. 한나는 자기를 대적하는 브닌나를 죽게 해달라고 기도하지도 않았습니다. 한나가 생각한 것은 자기는 이제 죽은 목숨이라는 것뿐이었습니다. 자기는 살 가치도, 살아야 할 기쁨도 없는 이미 죽은 목숨이었습니다. 그래도 혹시 하나님이 이 비천한 여자의 기도를 들으셔서 아들을 주시면 아들을 하나님께 바치겠다고 서원했습니다. 그렇게 낳게 되면 그 아이는 한평생 나실인이 되어서 하나님만을 위하여 살다가 죽게 되는 것입니다. 왜냐하면 죽은 엄마가 낳은 아들이기 때문이라고 생각했습니다. 그리고 기도하면서 한나는 하나님 앞에서 통곡했습니다. 기도하면서 운다는 것은 참 좋은 것입니다. 이것은 하나님 앞에서 자신의 자존심, 체면, 살 욕심이나 모든 것을 다 포기한다는 뜻이기 때문입니다.

히스기야도 자기가 병으로 죽게 되었을 때 낯을 벽으로 향하여 통곡했습니다(왕하 20:3). 우리가 어려운 일을 당했을 때 자기를 미워하지 않고 부모나 남편이나 원수를 원망하지 않고 하나님께 울면서 기도한다는 것은 매우 중요합니다. 왜냐하면 나를 지금 이렇게 되게 하신 분이 하나님이시기 때문입니다. 하나님 때문에 내 인생이 여기까지 오게 된 것입니다. 하나님은 우리가 많은 계획을 세우고 많은 일을 하려고 하는 것을 원치 않으십니다. 우리가 하나님 앞에서 죽었다고 생각하고 기도할 때 하나님은 우리에게 새로운 미래를 열어주십니다. 하나님이 한나에게 열어주신 미래는 이스라엘의 새로운 미래였습니다. 하나님의 말씀이 없었던 시대에서 말씀의 시대가 시작되는 것이었고 이스라엘이 부흥되는 것이었습니다.

하나님이 우리에게 어려움을 주시고 고난을 주시는 것은 좋은 것입니다. 어차피 우리 인생은 평범할 수 없습니다. 오늘도 하나님 앞에 우리의 모든 인생을 다 내려놓고 오직 하나님만 바라보면서 살든지 죽든지 기도할 때 우리에게 새로운 미래가 열릴 것입니다.

02

한나의 기도

삼상 1:10-18

어떤 사람이 직장에서 상사나 업무로부터 엄청난 스트레스를 받고 있다면 그 사람이 돌연사하거나 극단적인 선택을 할 수도 있습니다. 이럴 때 하나님의 백성들은 엄청난 장점이 있습니다. 그것은 바로 전능하신 하나님께 부르짖으며 기도할 수 있다는 특권이 있는 것입니다.

　제가 예전에 어느 곳에서 근무할 때 상사가 아주 무식한 사람인 데다 그 밑에서 일하는 제가 기독교인이고 좋은 대학을 나오고 고분고분하지 않은 성격이었기 때문에 저에게 엄청난 스트레스를 주었습니다. 그래서 저는 주일날 교회에서 예배드리고 봉사할 때는 천국이었지만, 월요일에 출근하기만 하면 그곳은 지옥이었습니다. 그때 제가 할 수 있는 일은 하나님께 부르짖으면서 기도하는 것뿐이었습니다. 그때 제 마음에 들었던 생각은 어느 누구도 내 행복을 빼앗아갈 수 없다는 것이었습니다. 그런데 기도하고 난 후 놀라운 일이 벌어지게 되었습니다. 그것은 그 상사가 일주일 만에 다른 곳으로 전근을 하게 된 것입니다. 고위층에 있는 사람에게는 절대로 그런 일이 일어날 수 없는데 실제로 일어났습니다. 그리고 저는 굉장히 행복한 시간을 보내게 되었습니다.

　우리는 사람의 문제로 해결할 수 없는 어려움을 가지고 하나님께 기도할 수 있습니다. 물론 우리가 기도 응답을 받는 것은 쉬운 일이 아닙니다. 그래도 목숨을 걸고 기도를 해야 합니다. 조지 뮬러는 평생에 오만 번의 기도 응답을 받았다고 합니다. 이 세상에 아무리 대단한 사람도 대통령과 오만 번 통화한 사람은 없을 것입니다. 그러나 조지 뮬러는 대통령보다 훨씬 더 높은 하나님께 오만 번 기도해서 그 응답을 받았던 것입니다.

　성경에 하나님은 우리의 기도에 응답하시는 분이라고 강조하고 있습니다. 그러나 실제로 우리는 기도 응답받는 것을 참으로 어렵게 생각합니다. 그러나 우리가 기도 응답받지 않으면 죽을 수밖에 없다면 결사적으로 기도하지 않을 수 없을 것입니다. 이 세상에서 최고의 복은 하나님께 기도 응답을 받는 것입니다.

1. 한나의 통곡하는 기도

　한나는 원래 성전에 혼자 가서 통곡하면서 기도하는 사람이 아니었습니다. 한나는 소극적이고 내성적인 사람인 것 같습니다. 한나는 아이를 낳지 못하는 불임의 여성이었지만 하나님이 아이를 주시지 않는데 어떻게 합니까? 그래서 한나는 그냥 아이 없이 살다가 죽을 생각이었습니다. 그런데 이런 한나의 삶을 위기에 빠지게 한 것은 브닌나라고 하는 다른 여인이었습니다. 브닌나는 남편과 결혼해서 보란 듯이 남편의 아이를 낳았습니다. 아마 여러 명의 아이를 낳은 것 같습니다. 그러고 난 후 브닌나의 마음은 교만해져서 사사건건 한나를 괴롭히고 대적해서 한나에게 엄청난 스트레스를 주었습니다.

　사람에게는 시기심이라는 것이 있습니다. 시기심은 다른 사람의 사랑이나 관심을 내가 독차지하고 싶은 욕망을 말합니다. 그런데 만일 누가 나보다 더 사랑을 받거나 유명해지거나 많은 사람의 관심을 받게 되면 그 사람이 죽어 사라져야 만족할 정도로 그 사람을 미워하게 됩니다. 그런데 정작 미움을 당하는 당사자는 그것을 잘 이해하지 못합니다. 왜냐하면 내가 상대방을 미워하지 않고 잘못한 것도 없는데 왜 저 사람이 나를 그렇게 미워하는지 이해가 되지 않기 때문입니다. 그러나 이것이 바로 시기심입니다. 즉 상대방이 나보다 더 잘나고 똑똑하고 유능할수록 이유 없이 미워하게 되는 것입니다.

한나는 브닌나라는 여자의 시기를 받게 됩니다. 브닌나는 한나의 모든 것이 싫어졌습니다. 남편이 한나를 좋아하는 것도 싫었고, 제사의 분깃을 한나에게 갑절이나 주는 것도 싫었고, 한나가 눈에 띄는 것도 싫었고, 한나가 살아있는 것 자체가 싫어지게 되었습니다. 그래서 브닌나는 남편이 없을 때마다 정신적으로 한나에게 엄청난 공격을 하였고 스트레스를 주었습니다. 브닌나가 원하는 것은 한나가 죽어 사라지는 것이었습니다. 이때 한나는 어떻게 할 수 없었습니다. 그런데 남편 엘가나는 이런 여자의 문제를 전혀 이해하지 못했습니다.

엘가나는 한나가 고통스러워하는 이유를 전혀 이해하지 못했습니다. 오히려 "내가 당신을 이렇게 사랑하고 하나님께 바친 제물의 분깃을 갑절이나 주는데 왜 당신은 울고 음식을 먹지 않느냐?"고 묻습니다. 한나는 이런 엘가나에게 아무리 이야기를 해봐야 소용이 없다는 것을 알았습니다. 그렇다고 해서 한나가 브닌나와 싸워서 이길 수도 없었습니다. 한나는 큰소리를 칠 입장이 되지 못했고 아마 브닌나는 덩치도 크고 힘도 세었던 것 같습니다. 한나가 선택할 수 있는 길은 둘 중의 하나였습니다. 하나는 그냥 이대로 브닌나에게 당하다가 죽거나 자살하든지, 아니면 하나님께 부르짖으며 기도를 해 보든지 이 둘 중의 하나였습니다.

요즘 사람들이 그렇게 많이 우울증에 걸리는 이유는 그만큼 우리 사회가 사람들에게 스트레스를 많이 주고 있다는 것을 의미합니다. 사람들은 소리 없이 다른 사람을 죽여가고 있는 것입니다. 그런데 우울증에 걸리면 몸에도 많은 병이 생길 뿐 아니라 살아갈 의욕도 잃게 됩니다. 정말 단 하루도 살고 싶지 않다는 생각이 들게 됩니다. 그러다가 어느 날 기분이 너무 나쁘고 화가 치밀어 오르고 숨을 쉴 수 없으면 높은 데서 뛰어내리는 것입니다. 이런 상태를 아무도 모릅니다. 즉 가족도 모르고 부인이나 남편도 모르고 의사도 모르고 심지어는 본인 자신도 잘 모릅니다.

한나는 하나님께 기도하기로 작정했습니다. 이때 이미 한나는 분노와 스트레스가 목구멍을 넘쳐흐르고 있었습니다. 한나는 이제는 더 이상 참을 수 없는 상태까지 오고 말았던 것입니다.

1:10, "한나가 마음이 괴로워서 여호와께 기도하고 통곡하며"

한나는 얼마나 마음이 아팠던지, 하나님 앞에 나가는 길밖에 없었습니다. 그리고 막상 기도하려고 했지만 기도보다는 마음속에 가득 찬 고통이 통곡으로 넘쳐 나왔습니다. 어떤 분은 아이가 죽고 난 후에 쉴 새 없이 말을 하게 되었다고 합니다. 그 이유는 마음속에 너무 고통이 꽉 차 있어서 자신의 입을 다물 수 없었기 때문입니다. 그는 그런 식으로 말을 하는 것이 바로 그가 사는 길이었습니다. 본문에 나오는 한나의 기도는 통곡이 반이고 기도가 반이었습니다. 그러니까 한나는 제대로 된 문장으로 기도한 것이 아니었습니다. 그냥 하나님 앞에서 입술을 물어뜯고 주먹으로 얼굴을 치고 머리를 뜯으면서 울었던 것입니다.

우리는 어려운 일을 당하면 기도해야 한다는 말을 많이 듣습니다. 그러나 막상 어려운 일을 당하면 기도가 나오지 않습니다. 그 이유는 기도해도 하나님이 안 들어주실 것 같고, 또 이런 일이 생겨서야 기도한다면 비겁한 것처럼 생각이 되기 때문입니다. 그래서 막상 어려움이 생기면 그냥 그 고통을 참고 견디려고 합니다. 그러다가 죽을 정도로 마음의 고통이 커지고 참기 어렵게 되면 하나님 앞에서 울게 됩니다. 이제는 진짜 하나님 앞에 내세울 자존심조차 남아 있지 않기 때문입니다.

하나님은 우리의 기도를 반드시 들어주십니다. 예수님은 수고하고 무거운 짐 진 자들은 다 내게로 오라고 하셨습니다(마 11:28). 내가 기도해도 하나님은 안 들어주실 것이라는 생각이나 또 어려운 일을 당해서 기도하는 것은 비겁하다는 생각은 다 마귀가 주는 것입니다. 우리는 어려운 일이 닥쳤을 때 상대방을 미워하기보다는 또 다른 사람에게 하소연하기보다는 하나님 앞에 내려놓고 이야기해야 합니다.

2. 한나의 서원

한나가 하나님 앞에서 반은 통곡하면서 또 반은 중얼거리면서 기도한 것을 문장으로 만들어보면, 11절처럼 정리할 수 있습니다.

> 1:11, "서원하여 이르되 만군의 여호와여 만일 주의 여종의 고통을 돌보시고 나를 기억하사 주의 여종을 잊지 아니하시고 주의 여종에게 아들을 주시면 내가 그의 평생에 그를 여호와께 드리고 삭도를 그의 머리에 대지 아니하겠나이다"

한나의 기도는 바로 서원 기도였습니다. 그것은 만일 하나님께서 이 비통한 여종의 기도를 들어주셔서 아들을 주신다면 그 아들의 평생을 하나님께 바치겠다는 약속이었습니다. 서원 기도는 미래의 일에 대하여 하나님께 무엇인가를 바치겠다는 약속을 하는 것입니다. 그러나 서원 기도에는 위험이 있습니다. 왜냐하면 내 마음도 변하고 미래의 상황도 변하기 때문입니다.

어떤 사람은 하나님께 얼마를 헌금하겠다고 약속했는데 나중에 시간이 지나면서 헌금을 그렇게 많이 바치기로 약속한 것이 잘못됐다는 생각이 들게 되는 것입니다. 어떤 분은 아들을 주시면 선교사로 보내겠다고 기도했는데 아들이 너무 잘 생겨서 배우가 되든지 아니면 공부를 너무 잘해서 선교사로 보내기에는 너무 아까운 경우가 생기게 됩니다. 그러므로 우리는 미래를 담보로 한 서원은 하지 않는 것이 좋습니다. 단지 내가 하나님의 은혜 받은 것이 감사해서 감사할 수는 있습니다.

예를 들어서 어떤 부인이 병원에서 진찰을 받았는데 암으로 판정이 났습니다. 그분은 그때만 해도 암이면 죽는 줄 알고 고민을 엄청 많이 했습니다. 그런데 큰 병원에 가서 다시 정밀 검사를 받아보니까 암이 아니라는 판정을 받았습니다. 이 부인은 너무 기쁘고 감사했습니다. 그래서 이 하나님의 은혜를 잊지 않기 위해서 수술비용이나 치료비용을 하나님께 바쳤습니다. 어차피 이 비용은 들게 되어있는데 수술도 안 하고 병이 없어졌으니까 자기가 그냥 먹고 사는데 이 돈을 쓰기에는 너무 아까워서 하나님께 바쳤던 것입니다. 어떤 분은 학생들 장학금으로 내기도 했습니다. 이것이 진정한 의미의 헌신인 것입니다. 즉 내가 죽을 뻔했는데 죽지 않고 살아 있으니까 얼마나 감사합니까? 그래서 그 은혜를 잊지 않기 위해서 하나님을 위해서 시간이나 돈을 쓰는 것입니다. 어떤 분은 신앙이 너무 좋아서 아이를 낳으면 목사가 되게 하겠다고 서원했는데 아들이 자라면서 자신은 죽어도 목사가 되지 않겠다고 하면서 갈등이 일어나는 경우도 있습니다.

그러므로 우리는 우리의 생각만 가지고 미래에 대하여 조건을 달면 안 됩니다. 이것은 하나님의 영광을 제한하는 것입니다. 죽을 인생이 산 것만으로도 감사해서 현재 내가 할 수 있는 것 중에서 혹은 미래에 내가 할 수 있는 것 중에서 하나님께 바치는 것이 좋습니다. 미국에 하버드나 예일 같은 명문대생 중에는 자기가 이렇게 공부하게 된 것에 감사해서 일 년이나 이 년을 아프리카나 아시아에 가서 자원봉사를 하는 학생들이 있습니다. 그런데 이들이 자원봉사를 한다고 해서 인생이 그만큼 늦어지지 않습니다. 나중에는 오히려 더 큰 인물이 되는 경우가 많습니다. 우리의 인생은 우리의 것이 아닙니다. 우수하고 뛰어난 머리나 재능을 가졌을수록 하나님께 바치는 훈련을 하는 것이 좋습니다. 이 세상에서 머리가 좋아서 박사학위를 받고 판검사가 되고 부자가 되어봐야 사람을 한 사람도 살릴 수 없습니다.

성경에 보면 서원을 해서 비참해진 사람이 있습니다. 그는 바로 사사 입다입니다. 사사기 11장에 보면, 입다는 길르앗 장로들의 요청을 받아들여서 암몬 족속과 전쟁하게 되지만 이길 자신이 없었습니다. 그래서 입다는 하나님께 서원하기를 "만일 내가 이 전쟁에서 이기고 돌아오면 집에서 가장 먼저 나오는 사람을 하나님께 바치겠다"고 약속했습니다. 입다가 그런 약속을 하지 않았어도 하나님은 전쟁에 이기게 하셨을 것입니다. 그러나 입다는 자기가 보잘것없으므로 무엇인가 큰 것을 약속해야지만 하나님께서 들으실 것 같다는 생각이 들었던 것입니다. 전쟁은 대승리였습니다. 그런데 입다의 집에서 가장 먼저 나온 사람은 입다의 무남독녀 딸이었습니다. 결국 그는 그 딸을 죽여서 하나님께 번제로 바치게 됩니다.

그런데 왜 한나는 하나님이 아들을 주시면 그의 평생을 하나님께 바치겠다고 약속을 했을까요? 만약 이 아이가 하나님께 바쳐지는 것을 싫다고 하고 반항하고 빗나가면 그때는 어떻게 될까요? 그러나 한나가 하나님께 서원한 것은 하나님께 조건을 단 것이 아니었습니다. 한나는 브닌나 때문에 스트레스를 극도로 받았을 때 죽음을 생각했던 것 같습니다. 그때 한나 자신은 죽었습니다. 그래서 죽은 여자가 아이를 낳으면 아이도 없는 것입니다. 죽은 자 같은 자신이 하나님 앞에서 살겠다고 결심했을 때 하나님은 그 한나의 기도를 들어주셨습니다. 그리고 한나는 계속 자신은 죽었다고 생각했기 때문에 그 아이를 하나님께 바칠 수 있었습니다. 아마 한나는 어린 아들에게 이렇게 설명했을 것입니다. "우리는 이미 죽은 거야. 우리는 없는 것이나 마찬가지라구." 하면서 우리는 하나님이 어떻게 하시든지 그대로 살자고 가르쳤을 것입니다.

예수님은 누구든지 나를 따라오려거든 자기를 부인하고 자기 십자가를 지고 나를 따르라고 하셨고(마 16:24), 누구든지 살려고 하면 죽고 죽고자 하면 살 것이라고 하셨습니다. 우리가 하나님 앞에서 죽고자 하면 살게 되어있습니다. 그러나 우리가 살려고 발악하거나 몸부림치면 더 가라앉게 될 것입니다. 우리가 하나님 앞에서 죽을 정도로 고통받는 것은 좋은 것입니다. 왜냐하면 하나님은 사랑하는 자에게 고통을 주시기 때문입니다.

3. 엘리 제사장의 오해

이때 제사장은 나이가 많은 엘리 제사장이었는데, 그는 성전에 의자를 두고 나와서 자주 앉아 있었던 것 같습니다. 한나가 하나님의 전에서 기도하던 날도 엘리 제사장은 의자에 앉아서 기도하는 사람들을 보고 있었습니다. 그런데 엘리 제사장이 보니까 어떤 여자가 여호와의 전에 나왔는데 기도하는 것도 아니고 발악하는 것도 아니고 좀 이상하게 보였습니다. 그 여자가 한없이 울면서 입을 움직이는데 말은 하나도 들리지 않았습니다. 그래서 엘리 제사장은 이 여자가 술을 마시고 성전에 와서 주정하는 것으로 생각했던 것입니다. 그래서 엘리 제사장은 이 여자에게 주의하라고 경고해야겠다고 생각했습니다.

> 1:12-14, "그가 여호와 앞에 오래 기도하는 동안에 엘리가 그의 입을 주목한즉 한나가 속으로 말하매 입술만 움직이고 음성은 들리지 아니하므로 엘리는 그가 취한 줄로 생각한지라 엘리가 그에게 이르되 네가 언제까지 취하여 있겠느냐 포도주를 끊으라 하니"

어떻게 보면 한나에게는 엘리 제사장의 이 말이 큰 실망이 될 수 있습니다. 왜냐하면 한나는 지금 사느냐 죽느냐 하는 기로에서 목숨을 걸고 기도하고 있는데, 제사장이라는 사람이 남의 사정을 조금도 이해하지 못하고 술 취한 줄 알고 포도주를 끊으라고 이야기를 하니까 한나가 원하는 응답과는 얼마나 거리가 먼 대답입니까? 아마 다른 사람 같으면 화를 냈을 것입니다. 그러나 한나는 그러지 않았습니다. 하나님은 우리에게 귀한 응답을 주시기 전에 우리의 믿음을 달아보십니다. 이때 우리가 그 시험에 합격해야 응답을 받을 수 있습니다.

예수님이 두로라는 이방 지역에 갔을 때 한 여인은 자기 딸이 귀신이 들어서 발작을 하니까 예수님께 와서 고쳐달라고 부탁했습니다(마 15:21-28). 그러나 예수님은 아예 들은 체도 안 하시더니 제자들이 자꾸 뭐라고 하니까 자녀의 떡을 개에게 주지 않는다고 대답하셨습니다. 예수님은 병을 고쳐주시지 않는 것은 물론이고 이 여인을 개로 취급하셨던 것입니다. 다른 여자 같으면 화가 나서 욕을 하고 집에 갈 수도 있었겠지만 이 여자는 겸손하게 자기가 개인 것을 인정했습니다. 그 여인이 "주여 개들도 주인의 상에서 떨어지는 부스러기는 받아먹습니다."라고 대답했을 때 예수님은 "여자여 네 믿음이 크도다"라고 말씀하셨습니다. 제가 어떤 곳에 가서 이 '개 설교'를 했을 때 난리가 났습니다. 즉 자기들을 개 취급한다고 하면서 정말 왈왈거리면서 분노하는 사람들이 있었습니다. 예수님은 때때로 우리의 간절한 기도를 거절하십니다. 그러면 우리는 어디로 가야 합니까?

또 야이로라는 회당장은 자기 하나밖에 없는 딸이 죽어 가는데 예수님 앞에 와서 무릎을 꿇고 와서 기도해 달라고 했습니다(눅 8:40-56). 예수님은 그곳에 가시는 중간에 다른 여자의 병을 고치시느라고 시간을 지체하는 바람에 그만 그 딸은 죽어버렸습니다. 하인이 와서 야이로에게 딸이 지금 죽었기 때문에 선생님을 데리고 갈 필요가 없다고 전했습니다. 그 때 예수님은 야이로에게 "두려워하지 말고 믿기만 하라"고 말씀하셨습니다. 그리고 예수님은 방에 들어가셔서 죽은 아이의 손을 잡아 일어나게 하셨습니다. 예수님은 항상 우리에게 더 좋은 것을 주시는 하나님이십니다.

한나도 엘리 제사장의 말도 되지 않는 소리를 듣고 크게 실망할 수 있었을 것입니다. 그러나 한나는 이미 자기는 죽었다고 생각했기 때문에 화를 내지 않았습니다. 이미 죽은 사람이 무슨 화를 내겠습니까? 오히려 한나는 차분하게 엘리 제사장에게 자기 사정을 이야기할 수 있었습니다.

1:15-16, "한나가 대답하여 이르되 내 주여 그렇지 아니하니이다 나는 마음이 슬픈 여자라 포도주나 독주를 마신 것이 아니요 여호와 앞에 내 심정을 통한 것뿐이오니 당신의 여종을 악한 여자로 여기지 마옵소서 내가 지금까지 말한 것은 나의 원통함과 격분됨이 많기 때문이니이다 하는지라"

한나는 조금도 자신의 감정을 앞세우지 않았습니다. 엘리 제사장의 말을 듣고 한나는 자신이 마음이 슬픈 여자라고 고백했습니다. 그가 큰 소리를 내지 않고 입으로만 기도한 이유는 만일 소리를 내게 되면 통곡이 되어서 걷잡을 수 없이 쏟아져 나올까 봐 입에서 조금씩 내었던 것입니다. 한나는 자기의 기도가 이렇게 길었던 것은 술에 취해서 그런 것이 아니라 마음의 원통함과 격분함이 많았기 때문이라고 했습니다. 우리가 다른 사람 앞에서 자기감정을 폭발시키지 않고 참거나 조리 있게 이야기를 하거나 남의 이야기를 들을 수 있게 되면 그것은 성령님이 하시는 것입니다. 이렇게 되면 바로 하나님 앞에서 합격입니다. 그래서 우리의 분노나 걱정이나 염려를 아름다운 말로 표현할 수 있다는 것은 이미 합격한 것입니다. 또 자기 고집을 부리지 않고 남의 이야기를 듣고 받아들일 수 있다는 것도 성령님이 그의 마음을 통제하시는 것입니다.

이스라엘 백성들은 광야에서 마실 물이 없거나 혹은 고생이 되고 걱정이 되면 자신들의 감정을 이기지 못하고 모세를 욕하고 하나님을 원망했습니다. 그 결과 사십 년간 광야를 돌다가 죽고 말았습니다.

엘리는 그 당시 이미 영성이 많이 떨어진 선지자였습니다. 그러나 자기가 심하게 오해했음에도 불구하고 조금도 실망하지 않고 솔직하게 말하는 이 여인의 말을 듣고 마음에 감동이 왔습니다. 그래서 엘리는 굉장히 마음이 기뻐서 이 여자에게 긍정적인 답변을 주었습니다.

1:17, "엘리가 대답하여 이르되 평안히 가라 이스라엘의 하나님이 네가 기도하여 구한 것을 허락하시기를 원하노라 하니"

엘리는 한나의 말을 듣고 지금 같은 세상에 이런 믿음을 가진 여자가 다 있을까 하는 생각이 든 것 같습니다. 엘리는 자기의 아들들도 성전 제사를 짓밟고 방탕한 생활을 하는 이때 이런 긍정적인 믿음을 가진 여자를 만났으니 마치 귀한 보석을 본 것 같은 생각이 들었던 것입니다. 그래서 엘리는 자기가 하나님의 종으로서 생각할 때 하나님이 아무리 타락한 시대에도 이런 여자의 기도를 들으실 것이라는 확신이 들었습니다. 그래서 엘리는 한나에게 아주 긍정적인 말을 해주었습니다. 즉 "하나님이 네 기도와 간구를 들으시기를 원하노라"고 했습니다. 그런데 한나는 이 엘리 제사장의 말을 하나님의 응답으로 받아들였습니다.

> 1:18, "이르되 당신의 여종이 당신께 은혜 입기를 원하나이다 하고 가서 먹고 얼굴에 다시는 근심 빛이 없더라"

한나는 바로 그때 엘리 제사장이 그 자리에서 자기를 보고 있었고, 자기에게 긍정적인 축복의 말씀을 주는 것을 듣고, 하나님께서 자기에게 말씀하셨다고 믿었습니다. 그래서 그 후로 한나는 걱정도 하지 않고 브닌나를 두려워하지도 않았습니다. 왜냐하면 한나는 하나님의 음성을 들었다고 생각했기 때문입니다.

그러므로 우리는 하나님의 음성을 듣는 훈련을 많이 해야 합니다. 기드온은 하나님의 음성을 듣는 훈련이 되어있었습니다. 그래서 양털에 내린 이슬로 하나님의 응답을 체험했고, 적진에 가서 적이 꿈 이야기를 하는 것을 듣고 하나님의 음성으로 들었습니다. 예수님은 참새 한 마리나 들에 핀 백합화를 통해서도 하나님의 음성을 들으라고 말씀하셨습니다(마 6:26-29). 베드로는 닭 우는 소리를 통해서 회개하라는 주님의 음성을 들었습니다.

하나님은 살아있는 생물을 통하여 우리에게 말씀하십니다. 살 수 있는 길이 보이지 않고 절망에 빠져 있어도 믿음을 가지고 하나님께 기도하시기 바랍니다. 하나님께서 살 수 있는 길을 꼭 열어주실 것입니다.

03

아들을 하나님께 바침

삼상 1:19-28

우리 교인 중에 한 분이 새 공장을 지었다고 해서 가서 기공예배를 드린 적이 있습니다. 이분은 평범한 주부로 있다가 남편이 돌아가고 난 뒤 남편의 사업을 이어서 하게 되었는데, 어느 날 옆 공장의 불이 옮겨 붙으면서 자기 공장도 다 태워버렸다고 했습니다. 그래서 제가 그분에게 가장 힘들었던 때가 언제였느냐고 물어보니까 역시 남편이 돌아가고 자기가 그 사업을 물려받았을 때와 공장에 불이 났을 때라고 말씀하셨습니다. 지금은 사업도 잘하고 아들도 커서 사업을 하고 공장도 크게 지어서 잘 이끌어가고 계십니다. 이 세상에서 가장 아끼고 중요하게 생각하는 것을 잃어버리게 되었을 때 그 마음의 아픔과 절망은 말로 표현할 수 없을 것입니다.

제 어머니는 살아계실 때 감정 표현을 잘 하지 않으셨습니다. 그런데 큰 형이 입대할 때 눈물을 흘리시는 것을 제가 보았습니다. 어머니는 다른 아들도 사랑하셨지만 큰아들을 가장 사랑하셨던 것 같습니다. 그리고 사실 그때 눈물을 흘릴 만했습니다. 형이 군에 있을 때 무장공비가 내려와서 형의 군대 복무기간이 일 년이 늘어나 버렸습니다. 그런데 둘째 형이 군대에 갈 때 어머니는 우시지 않았습니다. 셋째 형이 군대 갈 때도 우시지 않았습니다. 제가 군대 갈 때는 어머니가 이미 돌아가셨기 때문에 울 수 없으셨습니다. 그 대신 다른 젊은 처녀가 버스 터미널까지 따라와서 손을 흔들어주었습니다. 어머니는 자식들이 자라니까 자신이 다 감당하실 수 없었습니다. 그래서 어느 날 부산 생활을 다 청산하시고 자식들을 모두 다 끌고 서울에 올라와서 서울 바닥에 팽개치셨습니다. 어머니는 자식들을 하나님께 맡겨버리신 것이었습니다. 그리고 어머니와 저는 목숨을 걸고 신앙생활을 했습니다. 그런데 그것이 바로 우리와 우리 가족이 사는 길이었습니다.

사람마다 이 세상에서 가장 아끼는 것이 하나씩 있습니다. 그것이 남편이나 부인일 수 있고, 아들이나 딸일 수도 있습니다. 어떤 분에게는 그것이 애인일 수 있고, 공부나 건강, 또는 사업일 수도 있습니다. 사람들은 자기가 이 세상에서 가장 아끼고 사랑하는 것을 잃어버리게 되었을 때, 자신을 받치고 있던 기둥이 없어지는 것 같아서 주저앉게 되고 이 세상을 살아갈 용기를 잃게 될 때가 많이 있습니다.

저도 제 아이가 구미에서 직장생활을 할 때는 주말이면 집에 오고 교회에 오기 때문에 마음에 허전한 것이 별로 없었습니다. 그러나 언어 연수를 위해 미국으로 간다고 처음 비행기를 타러 갈 때는 마음이 굉장히 허전했습니다. 마음속에 저 어린 것이 외국에서 어떻게 생활할까 하는 마음에 눈물이 나려고 했습니다. 그러나 이상한 것은 한 번 보내고 나니까 그다음에는 몇 번을 떠나도 마음에 허전하지 않고 '그냥 잘 가라'고만 말하고 공항에도 데려다주지 않게 되더라는 것입니다.

이 세상에서 가장 아끼는 사람이나 물건을 잃어버렸을 때는 하나님께서 내 가장 사랑하는 것을 빼앗아갔다는 생각을 하게 됩니다. 그리고 마음이 너무 아프고 고통스러워서 죽고 싶다는 심정까지 생기게 됩니다. 그리고 왜 하나님께서는 이것이 없으면 내가 살 수 없다는 것을 아시면서 왜 가장 소중한 것을 나에게서 가져가셨을까 하는 생각이 들게 됩니다.

한나에게는 처음 낳은 아들 사무엘이야말로 그의 심장이었고 생명이 었습니다. 그런데 한나는 하나님께 서원했습니다. 만일 하나님께서 나의 기도를 들으시고 아들을 주신다면 이 아들을 나실인이 되게 해서 평생을 하나님께 바치겠다고 서원했던 것입니다. 그러나 한나가 이 아들을 바치면 한나는 심장이 없는 여자가 되고 생명이 없는 죽은 여자가 되고 맙니다. 그러나 한나는 아들을 낳게 되었을 때 젖을 떼자마자 아이를 성전에 데리고 가서 하나님께 바쳐버렸습니다.

한나는 자기 첫 아이를 하나님께 입양을 시켜버렸던 것입니다. 아이의 입장에서 보면 엄마가 자기를 성전에 버린 것이었습니다. 왜 이런 것이 필요했을까요? 왜 한나는 첫아들 사무엘을 하나님의 성전에 버려야만 했을까요?

1. 틀림이 없으신 하나님

한나는 자식을 낳지 못하는 이유로 브닌나의 심한 구박을 받아서 죽을 지경까지 되었습니다. 이제 한나가 선택할 방법은 이렇게 시달리다가 말라서 죽든지 아니면 하나님 앞에서 결사적으로 기도를 해보는 방법밖에 없었습니다. 한나가 잘한 것은 사람을 상대로 해서 싸우지 않았다는 것입니다. 한나는 브닌나에게 복수하려고 벼르지 않았고 남편에게 바가지를 긁지도 않았습니다. 왜냐하면 사람을 상대로 싸우는 것은 사람을 더 옹졸하게 하고 악하게 만들기 때문입니다.

창세기 30장에 보면, 야곱의 아내 라헬이 아이를 낳지 못하니까 언니 레아를 상대로 해서 싸우고 남편에게 바가지를 긁는 내용이 나옵니다. 그래서 야곱도 견디다 못해서 "내가 하나님이냐?"고 하면서 라헬과 싸웠습니다. 그러나 하나님은 라헬에게 좋은 계획을 가지고 계셨습니다. 그것은 바로 그녀가 요셉이라는 뛰어난 인물을 낳는 것이었습니다. 그러나 라헬은 얼마 후에 두 번째 아이 베냐민을 낳다가 죽습니다. 어쩌면 라헬에게는 그것이 다행이었는지도 모릅니다. 왜냐하면 얼마 후에 요셉을 잃어버리기 때문입니다. 아마 라헬에게 요셉을 잃어버린다는 것은 상상도 하기 어려운 일일 것입니다.

한나는 하나님을 상대로 해서 기도로 대결을 했습니다. 즉 하나님 앞에서 기도하면서 자신의 서러운 감정과 절망을 다 이야기했습니다. 그러나 한나는 자기감정을 폭발시키지 않고 조금씩 조금씩 흘러내었습니다. 왜냐하면 하나님 앞에서 자기감정을 폭발시키는 것은 하나님을 업신여기는 것이 되기 때문입니다. 한나가 자기 가슴에 꽉 차 있던 서러움을 조금씩 조금씩 흘러내니까 기도 시간이 오래 걸렸습니다. 또 기도 반, 우는 것 반으로 기도와 울음이 섞여서 나왔습니다.

이때 제사장 엘리는 옆에서 이 여자가 기도하는 것을 지켜보고 있다가 아무래도 이 여자의 상태가 정상적이지 않다고 생각하게 되었습니다. 왜냐하면 입은 실룩거리기는 하는데 소리는 하나도 안 들리고, 울기는 우는데 머리를 벽에 부딪치는 등 격렬한 반응을 보였기 때문입니다. 그래서 엘리 제사장은 이 여자가 술에 취해서 주정을 부린다고 생각했습니다. 그래서 한나에게 "이제 포도주를 끊으라"고 책망했습니다. 이것이 눈물로 기도한 한나의 첫 번째 응답이었습니다. 한나는 엘리 제사장의 말에 크게 실망하지 않을 수 없었습니다. 자기가 그렇게 간절하게 기도한 응답이 술을 끊으라는 것이었기 때문입니다.

그러나 이런 일은 우리에게 자주 일어나는 일입니다. 하나님은 우리의 기도에 응답하시기 전에 먼저 우리의 믿음을 시험해보시고 그 응답에 거절하시는 것 같습니다. 이때 우리가 성령의 통제를 받으면 화를 내거나 좌절하지 않고 하나님께 자신의 사정을 이야기하게 됩니다. 이것이 바로 성령의 역사입니다.

1:16-17, "당신의 여종을 악한 여자로 여기지 마옵소서 내가 지금까지 말한 것은 나의 원통함과 격분됨이 많기 때문이니이다 하는지라 엘리가 대답하여 이르되 평안히 가라 이스라엘의 하나님이 네가 기도하여 구한 것을 허락하시기를

원하노라 하니"

한나는 엘리 제사장에게 자기는 슬픔이 많아서 그것을 하나님께 아뢴 것뿐이라고 대답했습니다. 엘리는 그렇게 차분하게 말하는 여자를 거의 보지 못했던 것 같습니다. 당시 이스라엘 사람들은 남자나 여자나 자기 뜻대로 되지 않으면 화를 내거나 소리를 지르거나 했지, 이렇게 차분하게 말하는 사람은 별로 없었던 것 같습니다. 그래서 엘리 제사장은 이런 여자의 기도라면 하나님이 반드시 응답하실 것이라고 생각해서 축복의 말을 하게 됩니다. 즉 한나에게 "평안히 가라 이스라엘의 하나님이 네가 기도하여 구한 것을 허락하시기를 원하노라"고 축복했습니다. 그런데 놀라운 것은 한나가 엘리의 이 말을 하나님의 응답으로 생각하고 그 후로는 슬퍼하지도 않고 브닌나를 보고서도 마음에 상처를 받지도 않고 웃고 음식을 먹으며 명랑해졌다는 사실입니다.

그리고 실제로 한나는 임신해서 그가 기도했던 대로 첫아들 사무엘을 낳게 되었습니다.

1:20, "한나가 임신하고 때가 이르매 아들을 낳아 사무엘이라 이름하였으니 이는 내가 여호와께 그를 구하였다 함이더라"

그런데 여기서 우리가 생각해보게 되는 것은 어떻게 한나가 엘리 제사장의 말을 하나님의 응답이라고 믿을 수 있었는가 하는 점입니다. 왜냐하면 그것이 얼마든지 하나의 희망 사항으로 그칠 수 있기 때문입니다. 우리는 어떤 문제를 가지고 기도를 하다가 아주 은혜로운 설교 말씀을 듣거나 혹은 누군가 희망에 찬 이야기를 하는 것을 듣고 일이 잘될 것이라고 믿었는데 최악의 경우로 나타날 때도 많이 있기 때문입니다. 우리는 이것을 구별하기가 쉽지 않습니다.

우리는 무엇이 과연 나의 희망 사항이고 어떤 것이 하나님의 응답의 사인인지 구별할 수가 없습니다. 왜냐하면 이것은 굉장히 미묘하고 예민한 부분이기 때문입니다. 결국은 많은 연습을 통해서 얻는 수밖에 없습니다. 처음에는 대개 자기 희망사항인 경우가 많습니다. 이것이 하나님의 뜻일 것이라고 잔뜩 기대했는데 나중에 결과는 좋지 않은 쪽으로 나타나는 것입니다. 그러나 이때 오히려 우리에게 희망이 있습니다. 우리의 인생이 평범하지 않을수록 하나님의 확고한 뜻이 있기 때문입니다. 마치 화살이 과녁의 중앙을 관통하듯이 우리가 그 하나님의 뜻에 정확하게 일치할 때 하나님의 거대한 뜻이 드러나게 되는 것입니다.

그래서 그때 한나가 믿었던 것은 정확한 하나님의 뜻이었습니다. 아마도 한나도 수많은 시행착오를 했을 것입니다. 한나도 수없이 실패한 결과 드디어 자신의 감정을 통제할 수 있게 되었고, 하나님 앞에서 자신의 마음을 있는 그대로 이야기할 수 있게 되자 아마 마음이 시원해지게 된 것 같습니다. 그리고 엘리 제사장까지도 축복의 말을 했을 때 무엇인가 하나님께서 일하실 것 같은 믿음이 생겼던 것입니다.

우리가 살려고 할 때는 많은 분노와 변명을 하게 되고 일이 이루어지지 않으면 어떻게 하나 걱정하고 염려하게 됩니다. 그러나 우리가 죽어버리면 어떻게 되든지 상관이 없습니다. 그리고 하나님은 그제야 움직이기 시작하시는 것입니다. 하나님은 틀림없는 분이십니다. 하나님은 절대로 우리로 하여금 망하게 하시지 않습니다. 우리가 죽으면 누가 뭐라고 하든 상관이 없게 됩니다. 그리고 그때 하나님께서 일하기 시작하시는 것입니다.

2. 시간을 허비할 수 없다

한나가 사무엘을 낳음으로 그의 모든 치욕은 다 사라지게 되었고 사람들 앞에 떳떳해지게 되었습니다. 남편 엘가나는 한나가 사무엘을 낳고 난 후에도 변함없이 매년 성전에 올라가서 매년제와 서원제를 하나님께 바쳤습니다(21절). 만일 다른 사람들 같으면 모든 친척이 다 함께 성전에 올라가는 그때 사무엘에게 멋진 옷을 입혀서 데리고 가면서 그 아들 자랑을 할 수 있었을 것입니다. 그러나 한나는 남편에게 자기는 성전에 올라가지 않겠다고 했습니다. 그 이유는 두 가지였습니다.

하나는 사람은 대개 여러 사람과 어울려 가다 보면 인간적인 이야기들을 많이 하게 되어있습니다. 그러면 자기 자랑이 나오게 되고 또 남을 흉보는 이야기도 나오게 되어있습니다. 더욱이 한나는 브닌나가 자기를 얼마나 괴롭혔는지 다른 친척에게 말하게 될 것입니다. 그러나 한나는 이것이 얼마나 쓸데없는 시간 낭비이며 자기에게는 조용한 시간이 필요하다는 것을 잘 알았습니다. 그래서 자기 자신을 다른 사람으로부터 격리시켰던 것입니다. 한나는 자기는 이미 한번 죽었기 때문에 다른 사람들 앞에서 자기 자신을 자랑할 것이 없었습니다. 한나는 더 이상 다른 사람들과 떠들면서 자신의 마음을 더럽히고 싶지 않았습니다. 한나는 자랑도 하지 않고 남의 욕도 하지 않고 모든 영광을 하나님께 돌리고 싶었습니다.

그리고 다른 하나는 한나는 사무엘을 하나님께 바칠 준비를 해야만 했습니다. 대개 아이들이 선악에 대하여 분별할 때는 유아기나 유치부 시기라고 합니다. 남의 물건이나 돈을 가져서는 안 되고 양심에 어긋난 일도 해서는 안 된다는 것이 바로 이 시기에 다 형성된다는 것입니다. 우리나라 높은 자리에 있는 사람들이 떳떳하지 못한 돈을 챙기고 양심에 어긋한 행동을 하는 이유는 학교 공부를 잘했는지 모르겠지만 어린 시기에 바른 양심 교육을 받지 못했기 때문입니다.

한나는 자기가 죄악이 가득 찬 이 세상에서 사무엘을 교육할 수 있는 시간은 젖 뗄 때까지라는 것을 잘 알았습니다. 한나는 어영부영할 시간이 없었습니다. 한나는 어린 아들에게 하나님이 살아계신다는 것을 가르쳐야 했습니다. 기도하면 하나님이 응답하시며, 하나님은 모든 것을 다 보고 계시며 못된 짓은 절대로 해서는 안 된다는 것을 어머니로서 가르쳐야만 했습니다. 엄마에게는 시간이 별로 없었습니다. 사실 어린아이에게는 엄마가 가르쳐주는 것은 절대적인 진리입니다. 아이는 엄마가 믿는 것을 자기도 믿습니다.

　한나는 남편에게 젖 뗄 때까지 자기가 사무엘을 데리고 있다가 젖을 떼고 나면 아기를 데리고 성전에 가서 아이를 평생 나실인으로 하나님께 바치겠다고 했습니다. 남편은 한나의 결심이 워낙 확고했기 때문에 반대하지 못하고, 그러면 당신 말대로 젖 뗄 때까지 아기를 데리고 있다가 하나님께 가서 바치라고 동의를 했습니다.

　오늘 우리에게도 하나님의 응답이 이루어지고 있습니다. 우리는 이것이 단순한 나의 희망 사항인지 하나님의 응답인지 알아야 합니다. 그리고 우리에게는 정말 시간이 없습니다. 우리는 거의 모든 시간을 이 세상 재미에 다 쏟고 있지만 사실 우리는 하나님과 우리 자신에 대하여 생각할 것이 너무나도 많기 때문입니다. 하나님의 말씀을 가지고 이야기하고 자기 자신에 대하여 생각하는데도 너무나 시간이 모자랍니다. 그래서 우리는 자신을 이 세상에서 격리해서 하나님 앞에서 자신을 생각하는 시간을 반드시 가져야 합니다. 우리는 보통 혼자 아무리 오래 있어도 하나님의 생각에 잘 빠져들어 가지 않습니다. 그러나 말씀을 생각하고 기도 응답받은 것을 생각하다 보면 혼자 웃게 되고 혼자 울게 되면서 그 엑스터시에 빠지게 되는 것입니다.

　우리는 이 세상에 사는 시간이 긴 것 같지만 실제로 살아보면 너무나도 세월이 빨리 지나가는 것을 알게 됩니다. 그래서 우리도 시간이 별로 없습니다. 우리는 자신의 인생에 대하여 잘 생각을 해야 합니다. 왜냐하면 쓸데없는 세상 성공만 생각하다 보면 우리의 인생이 껍데기 인생으로 남게 되기 때문입니다.

3. 드디어 기도한 것이 이루어지다

　한나는 드디어 젖을 뗀 후에 어린 사무엘을 데리고 성전에 올라갔습니다.

1:24, "젖을 뗀 후에 그를 데리고 올라갈새 수소 세 마리와 밀가루 한 에바와 포도주 한 가죽부대를 가지고 실로 여호와의 집에 나아갔는데 아이가 어리더라"

한나는 드디어 하나님께 자기가 서원했던 대로 아이를 바치기 위해서 아이를 데리고 성전에 올라갔습니다. 아마 아이가 너무 어렸기 때문에 업고 가지 않았을까 생각합니다. 한나는 나실인이 되는 제물로 수소 세 마리와 밀가루 큰 한 통과 포도주 한 가죽부대를 가지고 올라갔습니다. 아마 하인들이 같이 올라갔던 것 같습니다.

한나는 하나님 앞에서 수소 세 마리를 잡아서 하나님께 바쳤습니다. 그것을 어린 사무엘은 다 보았습니다. 어린 사무엘은 하나님의 성전을 처음 보았습니다. 성전 입구는 화려한 색실로 수놓아져 있었습니다. 엄마는 수소 세 마리를 성전 안으로 끌고 가서 사무엘이 보는 앞에서 수소를 잡아 죽였습니다. 사무엘을 대신해서 그 큰 소가 세 마리나 죽었던 것입니다. 제사장이 소가 흘린 피를 제단 사면에 뿌리는 것을 보았습니다. 그리고 번제단 위에 곡식으로 만든 떡을 함께 태웠습니다. 그 떡은 먹는 떡이 아니라 하나님께 바치는 떡이었습니다. 그리고 그 위에 포도주를 부었습니다. 갑자기 제단에는 향기로운 포도주 냄새가 넘쳐나게 되었습니다. 그리고 제사장 아저씨는 사무엘에게 "너는 하나님께 바쳐진 하나님의 사람"이라고 말을 해주었습니다. 그리고 "너는 머리를 평생 깎아서는 안 되며, 더러운 시체를 가까이해서는 안 되고 술을 마시거나 포도주를 마셔도 안 되고 포도나 건포도도 먹어서는 안 된다"고 가르쳐주었을 것입니다.

우리는 왜 나에게 가장 소중한 것을 하나님께 바쳐야 할까요? 그것은 하나님이 나에게 가장 소중한 분이시기 때문입니다. 하나님은 우리를 가장 소중하게 생각하셔서 하나님에게 가장 소중한 아들을 바쳐서 우리를 사셨습니다. 그래서 우리도 가장 소중한 것을 하나님 앞에서 잃어버려야 하나님만 가장 사랑하게 되는 것입니다. 그러나 하나님 앞에서 잃어버리는 것은 결코 잃어버리는 것이 아니라 맡기는 것입니다.

모세의 어머니는 아들을 낳고는 도저히 키울 수 없었습니다. 애굽의 바로가 이스라엘의 사내아이는 다 죽이라고 명령을 내렸기 때문입니다. 석 달을 숨겨서 키웠지만 더 이상 숨길 수 없어서 모세의 어머니는 모세를 하나님께 맡겼습니다. 모세의 어머니는 아들이 죽으면 죽으리라는 심정으로 갈대 상자에 넣어 나일 강가에 두어서 누가 데려가면 사는 것이고 버리면 죽는 것이라고 생각했는데, 마침 애굽 바로의 공주가 목욕하러 왔다가 그 상자를 발견하고는 아이를 아들로 입양했습니다. 그러나 그 모세는 평범한 애굽인이 된 것이 아니라 온 이스라엘 백성들을 애굽에서 이끌어내어 하나님의 백성이 되게 하고 가나안 입구까지 데리고 가는 이스라엘의 가장 위대한 지도자가 되었습니다.

야곱은 가장 사랑하던 아들 요셉을 잃어버렸습니다. 형들은 요셉이 입었던 채색옷에 짐승의 피를 묻혀서 와서 보여주니, 야곱은 요셉이 죽은 줄만 알았습니다. 가장 사랑하던 아들 요셉이 죽은 후 야곱은 세상 살아가는 기쁨이 없었습니다. 요셉은 애굽에 종으로 팔려간 후 정말 죽을 고생을 했는데, 노예로 팔려갔다가 나중에는 감옥에 죄수로 갇히게 됩니다. 그러나 요셉은 하나님의 꿈을 버리지 않았습니다. 그리고 그는 바로의 꿈을 풀어서 애굽의 총리가 되어서 많은 사람을 살리는 일을 했습니다. 나중에 드디어 야곱은 요셉을 살아서 만나게 됩니다. 야곱은 이에 족하도다라고 표현했습니다.

우리는 왜 가장 소중한 것을 하나님 앞에서 잃어버려야 할까요? 바로 그것이 나의 우상이 될 수 있기 때문입니다. 예수님은 부모나 아내나 남편이나 아들이나 딸이나 나보다 더 소중하게 생각하는 자는 나에게 합당하지 않다고 말씀하셨습니다(마 10:37-39). 우리는 가족을 사랑하지만 예수님보다 더 사랑할 수는 없습니다. 돈이나 세상의 성공도 하나님보다 더 사랑할 수는 없습니다.

한나는 사무엘을 나실인으로 하나님께 바친 후 엘리 제사장을 찾아가서 하나님께서 응답하신 것을 이야기해 주었습니다.

1:26-28, "한나가 이르되 내 주여 당신의 사심으로 맹세하나이다 나는 여기서 내 주 당신 곁에 서서 여호와께 기도하던 여자라 이 아이를 위하여 내가 기도하였더니 내가 구하여 기도한 바를 여호와께서 내게 허락하신지라 그러므로 나도 그를 여호와께 드리되 그의 평생을 여호와께 드리나이다 하고 그가 거기서 여호와께 경배하니라"

한나는 엘리 제사장에게 하나님께서 자기 기도를 들으시고 이 아이를 주셨다고 고백했습니다. 엘리 제사장 때는 이스라엘 백성들의 신앙이 너무나 타락해서 하나님께 기도 응답받는 일이 거의 없었습니다. 하나님의 말씀도 없었고, 기도 응답도, 환상이나 비전도, 기적도 없었습니다. 오직 이스라엘은 망해가고 있을 뿐이었습니다. 그러나 엘리 제사장은 한 여인의 기도 응답을 받은 이야기를 듣게 되었습니다. 이것은 이 타락한 시대에 정말 놀라운 한 줄기의 빛이었습니다.

더욱이 그 여인은 하나님과의 약속을 버리지 않고 자기가 약속한 대로 아이를 하나님께 바쳤습니다. 이것은 정말 그 당시에는 있을 수 없는 신앙이었습니다. 이 당시 모든 사람은 자기나 자기 자식을 위해서 살았습니다. 그런데 이 여인은 하나님과의 약속을 끝까지 지켰습니다. 이것은 완전히 천연기념물 같은 일이었습니다. 엘리는 기도 응답에 놀랐고 여인이 결심을 지키는 것에 놀랐습니다. 그런데 그 아기는 결국 이스라엘에 말씀의 시대를 여는 어마어마한 종이 되었던 것입니다.

우리가 하나님께 손해 본 것은 손해 본 것으로 끝나는 것이 아니라 타락한 시대를 끝내고 새로운 부흥을 일으키는 시대를 시작하게 됩니다. 하나님 앞에서 자식을 잃었거나 사업을 잃었거나 건강을 잃은 분들은 모두 새로운 부흥의 시대를 여는 불덩어리가 되시기 바랍니다.

04

살아계신 하나님

삼상 2:1-3

〈**옛날** 쿠오바디스〉라는 영화가 있었습니다. 그 영화에 보면 인질로 붙들려온 리디아라는 외국 공주가 나오는데 크리스천이었습니다. 그런데 이 공주는 인질로 오면서 자기 몸종으로 한 거인을 데리고 오는데, 이 사람은 힘이 굉장했습니다. 그래서 누군가가 이 공주를 해치려고 하면 그 몸종이 순식간에 나타나서 그 사람을 들어서 던져버립니다. 그리고 나중에 공주가 크리스천이라고 해서 로마 군인에게 붙들려서 나무에 묶이고 황소가 와서 공주를 들이받으려고 할 때 이 거인이 황소와 싸워서 이기고 공주를 구하게 됩니다. 만일 우리 여자들에게 이렇게 힘이 센 종이나 하인이 늘 따라다니고 있다면 어느 곳에 가더라도 두렵지 않을 것입니다.

그래서 우리 크리스천에게 하나님이 실제로 살아계시느냐 아니냐 하는 것은 우리가 살고 죽는 것을 결정하는 가장 중요한 문제입니다. 만일 하나님이 살아계셔서 우리가 어디로 가든지 늘 지켜주시고 우리를 해치려고 하는 자들을 때려 눕혀주신다면 우리는 어디로 가든지 두려울 것이 없을 것입니다. 그러나 만일 하나님이 안 계시거나 나를 도와주시지 않고 방관하시는 분이라면 우리는 어디로 가든지 겁이 날 수밖에 없을 것입니다. 어쩌면 우리는 이 세상에서 가장 불쌍한 사람이 되고 말 것입니다.

간혹 동물 영화를 보면 사람이 사자나 호랑이가 친구같이 놀기도 하고 장난을 치는 것을 볼 수 있습니다. 사자나 호랑이를 아주 어린 새끼일 때부터 데리고 와서 젖도 먹이고 같이 장난치며 지내서 사람과 친하게 되었기 때문입니다. 우리에게는 아주 어려서부터 함께 지낸 친구 같은 분이 계신데, 바로 이분이 하나님이십니다. 하나님은 엄청나게 강하고 능력이 무궁무진한 분이십니다. 그런데 우리는 이 하나님을 잘 알지 못하고 그분의 도움을 받지 못해서 이 세상에서 약자로서 억울함이나 멸시를 당할 때가 많이 있습니다. 그러므로 예수 믿는 사람에게 가장 중요한 것은 하나님의 살아계심을 발견하는 것입니다. 하나님의 살아계심을 발견하고 하나님의 도우심을 언제나 받을 수 있기만 한다면 우리는 이 세상에 살아도 두려울 것이 없습니다.

지금 우리가 살아가는 이 세상은 그야말로 야생동물의 세계입니다. 힘과 권력이 있는 사람은 다른 약한 사람들을 얼마든지 잡아먹는 세계입니다. 이때 우리 곁에 힘센 거인이 있고 사자가 있다면 우리는 두려울 것이 없을 것입니다. 한 번씩 동네에 거인과 함께 한 바퀴를 돈다든지 사자를 데리고 돌기만 해도 나쁜 사람들은 겁을 잔뜩 집어먹고 건드릴 생각을 하지 못할 것입니다.

그런데 드디어 한나는 하나님을 발견했습니다. 더욱이 한나는 하나님이 자기의 기도를 들어주시는 분이라는 사실을 발견하게 되었습니다. 이제 한나는 더 이상 두려울 것이 없었습니다. 왜냐하면 온 세상을 만드신 능력의 하나님이 자신의 하나님이 되어주셨기 때문입니다. 한나가 그 엄청나게 크신 하나님을 발견하게 된 것은 그의 불행 때문이었습니다. 한나는 아기를 낳지 못하고 또 브닌나라고 하는 독한 여자로부터 구박과 핍박을 받는 가운데 기도할 수밖에 없었습니다. 한나는 그렇게 기도하는 가운데 하나님을 알게 되었습니다.

그러므로 우리에게 있는 모든 불행은 하나님을 알 수 있는 아주 좋은 기회가 될 것입니다. 사람들은 이 세상의 돈이나 권력이나 명성을 가지고 잘난 체하지만 우리는 만군의 여호와의 살아계신 능력으로 나아가게 되는 것입니다.

1. 살아계신 하나님

한나에게 가장 놀라웠던 것은 그녀가 기도한 대로 응답이 되었다는 사실입니다. 이것은 바로 하나님이 살아계신 증거였습니다. 사실 한나는 이스라엘 사람이기 때문에 하나님이 계신다는 것을 믿었습니다. 그러나 그것은 어디까지나 머리로만 믿은 것이지 실제적인 것이 아니었습니다. 머리로 믿는 것과 실제로 믿는 것 사이에는 엄청난 차이가 있습니다.

예를 들어서 물리학으로 우라늄이 핵분열되면 엄청난 에너지가 나온다는 사실을 계산해낼 수 있습니다. 그러나 실제로 이 우라늄 덩어리가 원자 폭탄이 되고 원자력 발전이 되기까지는 엄청난 실험과 시행착오와 실패가 뒤따릅니다. 끝까지 실험에 몰두해서 우라늄에서 중수를 축출해내고 이것을 농축해서 폭발을 시키면 어마어마한 에너지가 나오는 핵폭탄이 되는 것입니다. 사람들은 이것까지 하는 데 성공했습니다. 북한은 핵무기를 개발하는 데 성공했지만 한 개를 만들어내니까 두 개를 만들고 세 개를 만들어서 이제는 열 개가 넘는 핵무기를 가지고 있는 것으로 알려졌습니다. 대개 핵 공격을 할 때는 한 개만 쏘는 것이 아니라 전략적으로 중요한 여러 곳을 정해놓고 한꺼번에 여러 개를 발사하게 되어있습니다. 이것이 우리에게는 가장 큰 생명의 위협이 되고 있는 것입니다.

그런데 만일 우리가 핵무기 에너지의 수억만 배 되는 하나님을 나의 능력으로 만드는 데 성공한다면 그 핵무기는 아무 소용이 없을 것입니다. 그렇지만 우리는 하나님을 나의 능력으로 만드는 데 성공하지 못하고 있습니다. 우리는 기껏 해봐야 하나님의 도우심으로 좋은 대학에 들어가고 돈이나 많이 벌고 세상에서 출세하는데 이 놀라운 하나님의 능력을 사용하려고 하는 것입니다.

사실 한나는 하나님을 머리로만 믿었지 실제적인 하나님으로 믿지 못했습니다. 그런데 한나로 하여금 하나님께 결사적으로 매달리게 한 것은 브닌나라는 여자였습니다. 한나는 아기를 낳지 못해서 수치스러웠지만 그냥 그렇게 살다가 죽으려고 했습니다. 그런데 브닌나는 한나를 가만히 살지 못하게 만들었습니다. 브닌나는 한나를 볼 때마다 너무나도 미워하고 시기하고 악한 말로 충동질을 하는지 도저히 살 수 없었습니다. 한나는 브닌나로부터 너무 스트레스를 받았기 때문에 죽든지 아니면 하나님께 매달려보는 수밖에 없었는데, 한나는 하나님께 매달렸습니다.

한나는 성전에 가서 이 수치를 다 하나님께 이야기하고 이 수치를 없애 달라고 간구했습니다. 한나에게 수치가 없어지는 길은 브닌나가 죽든지 아니면 한나에게 아기가 생기는 수밖에 없었습니다. 그렇지만 아무리 노력해도 생기지 않는 아기를 무슨 재주로 만들어낼 수 있습니까? 그런데 이상하게도 한나는 어느 날 엘리 제사장을 만나서 이야기한 후 마음이 시원해지는 것을 느꼈는데 이것이 바로 하나님께서 주신 응답이었습니다. 그리고 한나는 임신해서 아들을 낳게 되었습니다.

한나가 신기하게 생각한 것은 바로 이것이었습니다. 한나는 지금까지 하나님은 계신다고 믿었지만 나와는 상관이 없는 분으로 생각했습니다. 하나님이 얼마나 크신 분입니까? 하나님이 어떻게 한나같이 아기도 낳지 못하는 비천한 여자에게 관심을 가지겠습니까? 그런데 한나는 죽을 각오를 하고 하나님께 기도하는 가운데 하나님께서 자기 가슴에 들어오시는 것을 체험했던 것입니다. 기도하는 가운데 한나는 가슴의 응어리가 빠지면서 그 아프던 가슴이 시원해지는 것을 느끼게 되었습니다. 그리고 그렇게 생기지 않던 아기까지 생기게 되었습니다.

우리가 모두 머리로는 하나님이 살아계신다는 것을 믿습니다. 그러나 실제로 하나님이 살아계시고 나를 도울 수 있다는 사실을 믿지 못할 때가 대부분입니다. 이때 우리가 해야 할 것은 하나님께 기도하는 것입니다. 물론 하나님께 기도해도 바로 응답은 잘되지 않습니다. 왜냐하면 하나님을 나의 하나님으로 만드는 것은 핵 실험을 하는 것과 같기 때문입니다. 기도해서 응답이 안 되었을 때는 포기하지 말고 그때부터 오기를 가지고 기도를 시작해야 합니다. 즉 내 목숨이 끝날 때까지 하나님께 매달려야 합니다. 내 마음이 시원해지고 뜨거워질 때까지 기도해야 합니다. 그때 하나님은 나의 하나님이 되어주십니다.

한나는 기도 응답을 받은 후 너무나도 기뻤습니다. 이때 한나가 할 수 있는 것은 무엇일까요? 물론 친척이나 여러 사람 앞에서 자기가 기도하고 아기를 가지게 된 것을 자랑할 수도 있을 것입니다. 그러나 한나는 그렇게 하지 않았습니다. 왜냐하면 그것이 자기 자랑이 될 수 있었기 때문입니다. 한나는 모든 영광을 백퍼센트 하나님께만 돌리기를 원했습니다. 한나는 아마도 수없이 하나님께 감사하다는 기도를 드렸을 것입니다. 그리고 한나는 자기의 그 감사하는 마음으로 노래를 지었습니다. 이것은 자기와 같이 비참한 처지에 있는 사람들에게 어떻게 하나님을 발견할 수 있는지 그 방법을 가르쳐주는 것입니다. 여기 한나의 노래에서 우리는 세 가지를 기억하면 좋습니다. 첫 번째는 뿔이고, 두 번째는 반석이고, 세 번째는 저울입니다.

2. 뿔을 높이신 하나님

2:1상, "한나가 기도하여 이르되 내 마음이 여호와로 말미암아 즐거워하며 내 뿔이 여호와로 말미암아 높아졌으며"

한나는 하나님께 기도함으로 뿔이 높아지게 되었습니다. 만일 한나가 기도하지 않았더라면 평생 뿔이 없어서 브닌나 같은 여자에게 당하면서 살아야 했을 것입니다. 초식동물들은 이빨이 강하지 못하고 발톱이 날카롭지 못하고 몸이 빠르지 못하기 때문에 맹수에게 잡혀서 먹히게 됩니다. 또 같은 염소라도 뿔이 있으면 뿔이 없는 것들을 들이받을 수 있어서 뿔이 없는 것들은 피하거나 뿔이 큰 것에 굴복할 수밖에 없습니다.

한나는 아기를 낳지 못하는 바람에 한평생 브닌나의 뿔에 받혀서 아파할 수밖에 없었습니다. 브닌나의 뿔은 그의 기질이었고 그의 당당한 자격이었습니다. 그런데 사실 브닌나는 하나님 앞에서는 상대가 될 수 없었습니다. 왜냐하면 하나님은 어마어마한 능력을 가진 분이셨기 때문입니다. 하나님께서는 한나에게는 뿔을 주시지 않았습니다. 왜 하나님은 브닌나에게는 뿔을 주시면서 한나에게는 뿔을 주시지 아니하셨을까요? 그것이 우리의 의문입니다.

하나님은 이 세상 사람들에게는 뿔을 주십니다. 그래서 그들은 힘이 세기도 하고 말을 잘하기도 하고 돈이 많기도 하고 권력이 있기도 합니다. 그래서 이 세상 사람들은 자기가 가진 뿔을 가지고 자기 마음에 들지 않는 사람들을 들이받습니다. 그런데 하나님의 백성들은 뿔이 없으므로 늘 당하면서 상처를 입고 도망치면서 살아야 합니다. 왜 하나님은 하나님의 백성들에게 뿔을 주시지 않는 것일까요? 그것은 하나님을 뿔로 주시기 위해서입니다. 아마 아기 염소도 머리에 뿔이 나려고 할 때는 간질간질한 것 같습니다. 그래서 아기 염소도 들이받는 연습을 하는 것을 좋아합니다.

그런데 하나님의 백성들은 하나님께서 끌어내리시는 일을 하십니다. 그래서 인생의 가장 비천한 자리까지 끄집어 내리셔서 감히 고개를 들지 못하게 하시고 그러고 난 후에는 살길은 기도밖에 없으니까 죽자고 기도하고 하나님의 말씀을 듣게 하십니다. 그러다가 어느 날 자기도 모르는 사이에 기도가 응답이 된 것을 깨닫게 됩니다. 바로 그 기도의 응답이 하나님께서 주신 뿔인 것입니다.

하나님의 백성들은 고난을 당하면서 지혜가 생기고 겸손하게 됩니다. 이 세상에서 겸손하면서 지혜 있는 자를 좋아하지 않을 사람은 없을 것입니다. 거기에다가 뿔까지 달게 된다면 정말 현실적으로 힘을 가지게 되는 것입니다. 아무리 맹수라 하더라도 뿔을 가진 짐승과 정면으로 싸워서는 이길 수 없습니다. 그래서 사자나 표범 같은 맹수들이 뿔을 가진 짐승들을 잡아먹을 때는 도망을 치게 해서 뒤에서 올라타서 목을 물고 늘어지는 방법을 씁니다. 그런데 도망만 치지 않으면 맹수들도 겁을 집어먹고 슬슬 뒤로 물러서게 됩니다.

그리고 한나는 입이 원수들을 향하여 크게 열리게 되었다고 했습니다.

2:1하, "내 입이 내 원수들을 향하여 크게 열렸으니 이는 내가 주의 구원으로 말미암아 기뻐함이니이다"

하나님은 브닌나의 입을 다물게 하는데 간단한 방법을 썼습니다. 그것은 한나가 임신하고 아기를 낳는 것입니다. 그동안 브닌나는 아기를 낳았다는 것으로 자랑하고 한나를 못살게 굴었습니다. 그러나 한나가 임신하고 아기를 낳으니까 브닌나는 그만 할 말이 없어지게 되었습니다. 거기에다가 한나가 낳은 아기는 잘생겼고 똑똑하게 생겼으니까 더 할 말이 없었을 것입니다. 그리고 한나는 사람들에게 할 말이 많아지게 되었습니다. 왜냐하면 그는 고난받으면서 너무나도 많은 하나님의 말씀을 들었고 너무나도 많은 은혜를 받았기 때문입니다. 그런데 그 은혜의 결정적인 열매가 바로 아들이었던 것입니다.

우리 성도들이 고난 닥칠 때 대개 할 말이 없습니다. 왜냐하면 자랑할 것이 아무것도 없기 때문입니다. 그러나 자기 신앙을 알아주는 사람을 만나면 어떻게 저렇게 말을 잘할 수 있을까 싶을 정도로 말을 잘하는 것을 보게 됩니다. 그러다가 하나님께서 그 모든 수치를 다 벗기시고 성공하게 되었을 때 사자 같이 포효하게 되는 것입니다. 즉 온 세상을 향하여 한마디를 하게 됩니다.

3. 하나님 같은 반석은 없도다

 이스라엘 백성들이 하나님에 대하여 공통적으로 가지고 있는 신앙고백은 하나님은 나의 반석이라는 것입니다. 중국이나 한국이나 일본은 반석보다는 주로 성이 중요할 때가 많습니다. 특히 일본의 성은 모서리가 모두 칼날같이 아주 날카롭게 생겼고 성주 중심으로 성이 만들어져 있습니다. 또 여러 층의 집으로 되어있고 성 밖에는 해자라는 물구덩이가 있어서 적들이 접근하기 어렵게 되어있습니다. 그런데 이스라엘에는 큰 반석이 아주 중요했던 것 같습니다. 그곳은 너무 더운 곳이어서 뜨거운 태양을 피해야 하는데 큰 반석이 있으면 그늘이 있어서 덥지 않았던 것입니다.

 한나는 하나님이 우리의 반석이시라고 고백했습니다. 즉 하나님은 우리의 완전한 피난처가 되신다는 것입니다.

 2:2, "여호와와 같이 거룩하신 이가 없으시니 이는 주 밖에 다른 이가 없고 우리 하나님 같은 반석도 없으심이니이다"

 하나님은 살아계신 하나님이십니다. 하나님은 우리로부터 멀리 계신 분이 아니라 우리와 가까이 계신 분이고 우리를 매일 보고 계신 분이십니다. 그런데 하나님은 딱 한 분밖에 없습니다. 인간은 수많은 신을 상상해내서 섬기고 있지만 그것은 전부 가짜 신인 것입니다. 우리 하나님은 거룩한 분이십니다. 하나님은 완전히 거룩하시므로 아무도 하나님께 가까이 갈 수 없습니다. 우리도 하나님을 믿는다고 하지만 하나님께 가까이 갈 수 없습니다. 왜냐하면 하나님은 소멸하는 불이시기 때문입니다. 어떤 인간도 태양을 통과할 수는 없을 것입니다. 하나님은 태양보다 더 뜨거운 분이십니다.

 우리가 하나님께 가까이 갈 수 있는 방법은 딱 하나밖에 없습니다. 그것은 바로 하나님의 말씀을 목숨 걸고 믿는 것입니다. 우리가 죽을 각오를 하고 하나님의 말씀을 믿으면 하나님 안에 들어갈 수 있습니다. 하나님 안에는 시원한 그늘이 있어서 낮의 해나 밤의 달이 우리를 해치지 못합니다. 하나님의 바위 안에는 물이 흐르고 있어서 얼마든지 목마른 것을 축일 수 있습니다. 하나님의 반석 안에는 얼마나 시원한 물이 나오는지 우리 배에도 물이 솟아오르게 됩니다. 그리고 그 안에는 만나가 있습니다. 우리는 일용할 양식만 있으면 됩니다. 왜냐하면 하나님이 영원히 우리에게 능력이 되시기 때문입니다. 이 세상에 원자 폭탄이 터져도 반석 안에 있으면 전혀 해를 입지 않습니다. 하나님의 반석에는 손이 있어서 우리가 바다에 빠지거나 원수에게 에워싸이면 우리를 잡아서 올려주십니다. 즉 하나님은 만능 반석이신 것입니다. 우리는 이 놀라운 세계에 말씀으로 들어갈 수 있습니다.

하나님의 반석은 정말 희한한 것입니다. 그 안에는 정말 놀라운 세계가 다 있습니다. 보석도 있고, 생명수도 있고, 하나님의 능력도 있고, 천사들도 있고, 찬양도 있습니다. 그런데 하나님의 반석은 살아있는 돌입니다. 이 돌은 점점 커져서 성전이 됩니다. 에티오피아에 가면 엄청나게 큰 바위를 깎아서 바위 안에 성전을 지은 곳이 있습니다. 그래서 겉으로 보면 그냥 하나의 바위인 것 같은데 그 안에는 너무나도 아름다운 돌로 된 성전이 있는 것입니다.

그래서 한나는 악한 자들에게 힘이 있고 권력이 있다고 해서 교만한 말을 하지 말라고 경고하고 있습니다. 요즘 사람들도 권력을 가진 자는 상대방에 대하여 너무나도 못되게 말을 하는 모습을 볼 수 있습니다. 사실 그런 말을 들으면 피가 거꾸로 흐르는 것 같고 당장 똑같이 나쁜 말로 갚아주고 싶은데, 그렇게 할 필요가 없습니다.

2:3, "심히 교만한 말을 다시 하지 말 것이며 오만한 말을 너희의 입에서 내지 말지어다 여호와는 지식의 하나님이시라 행동을 달아 보시느니라"

사람들은 권력을 가지고 있으면 다른 사람의 아첨을 받으려고 합니다.

다른 사람들은 다 아첨하고 굽실굽실하는데 오직 하나님의 백성들은 그렇게 하지 않습니다. 왜냐하면 하나님 외에는 다른 것을 섬길 수 없기 때문입니다. 세상에서 조금 성공했다고 해서 머리를 숙이는 것은 거짓된 것입니다. 이 세상에서 아무리 높은 자리에 있다고 하더라도 그것은 하나의 진흙 덩이에 불과합니다. 그래서 악한 자들은 하나님의 백성들이 아첨하지 않기 때문에 미워서 할 수 있다면 속을 다 뒤집어 놓고 속상하게 하는 못된 말들을 합니다. 우리는 그런 말을 들으면 속이 상하게 되고 피가 끓게 됩니다. 그런데 그런 말에 속상해할 필요가 없는 이유는 하나님은 지식의 하나님이시기 때문입니다. 하나님은 절대로 말에 속지 아니하시고 사람의 중심을 정확하게 판단하시는 분이십니다.

그래서 하나님은 모든 사람의 됨됨이를 하나님의 저울에 달아보십니다. 하나님의 저울은 이 세상의 저울과 정반대입니다. 이 세상에서는 교만하면 교만할수록 그리고 세상에서 유명하면 유명할수록 무게가 많이 나가지만 하나님의 저울에서는 그런 사람의 무게가 전부 먼지같이 가볍게 나옵니다. 하나님의 저울에는 오직 겸손하고 말을 마음대로 하지 않고 잘 참는 사람이 무겁게 나옵니다.

시편에서 다윗은 악한 자는 모두 겨와 같기 때문에 바람에 날려갈 것이며 영원히 꺼지지 않는 불에 넣어서 태울 것이라고 했습니다(시 1:4, 35:5). 이 세상에서 말을 함부로 하는 사람들은 전부 자기가 그만큼 가벼운 사람이라는 것을 보여주는 것입니다. 우리는 하나님의 저울에 무겁게 나와야 합니다. 이 세상의 가벼운 사람들은 우리 관심의 대상이 되지 못합니다. 우리는 그런 사람을 부러워할 필요도 없고 시기할 필요도 없습니다. 우리가 하나님 앞에서 무거운 것은 바로 이 반석 안에 들어가 있기 때문입니다. 하나님을 머리로만 믿지 말고 가슴으로 믿어서 뜨거워지고, 하나님의 능력으로 가슴이 시원해지고 하나님을 나의 반석으로 삼는 분들이 다 되시기 바랍니다.

05

뒤집으시는 하나님

삼상 2:4-10

전 같은 것을 구울 때 중요한 것은 한쪽만 타지 않도록 잘 뒤집는 것입니다. 또 붕어빵이나 호떡도 잘 뒤집지 않으면 한쪽은 타고 다른 한쪽은 익지 않기 때문에 먹을 수 없게 됩니다. 태풍이 일 년에 한두 번씩 밀려오는 것도 바다를 정화하는 데 도움이 된다고 합니다. 바다 밑에는 우리 눈에 보이지 않는 쓰레기들이 쌓여 있는데 한 번씩 태풍이 밀려와서 바다를 뒤집어 놓으면 바다가 깨끗하게 정화된다고 합니다. 어떤 때는 이 세상이 뒤집혔으면 좋겠는데 권력을 잡은 자는 계속 권세를 누리고 억압받는 자는 계속 억압만 받는 것 같이 보이기 때문에 답답하기만 합니다.

 한나는 아이를 낳지 못해서 브닌나에게 얼마나 스트레스를 받았던지 브닌나는 한나의 원수라고 했고, 한나는 도저히 이 세상에서 살 수 없을 정도였습니다. 그러나 한나는 죽는 것을 선택하지 않고 하나님 앞에서 울면서 기도하는 쪽을 택했습니다. 한나의 기도는 그냥 우는 정도가 아니라 오장육부를 토해내는 격렬한 기도였습니다. 그래서 제사장 엘리의 눈에는 한나가 기도하는 모습이 술에 취해서 몸부림치는 것으로 보였던 것입니다. 한나는 브닌나로부터 압제를 받음으로 놀라운 사실을 발견했습니다. 그것은 하나님은 우리 머리에만 계시는 분이 아니라 실제로 우리의 기도를 들으시는 분이라는 사실이었습니다. 그리고 또 하나는 하나님은 세상을 그냥 두시는 것이 아니라 한 번씩 뒤집어엎으시는 분이란 사실이었습니다.

한나는 하나님의 기도 응답으로 아들을 낳고 노래를 불렀습니다. 우리가 보통 기도 응답을 받으면 기쁘다든지 감사하다는 말을 할 것입니다. 그런데 한나는 자신의 신앙을 사회 문제로 보고 있었습니다. 하나님은 때때로 세상을 뒤집어엎으신다는 것입니다. 그래서 높은 자가 낮은 자가 되기도 하고 비천했던 자가 높아지기도 하는 것입니다.

우리는 한나의 노래 서두에서 세 가지를 기억해볼 필요가 있다고 했습니다. 첫 번째는 뿔입니다. 하나님은 처음에 우리 믿는 자들에게 뿔을 주시지 않습니다. 그래서 뿔을 가진 짐승들에게 들이받혀서 상처를 입고 큰소리도 치지 못하고 구석에 처박혀 있어야 합니다. 그러나 나중에 하나님은 우리에게 아주 큰 뿔을 주십니다. 이 뿔은 바로 정의의 뿔입니다.

그리고 두 번째는 하나님은 우리의 반석이라는 것입니다. 이 반석은 보통 반석이 아니라 만능 반석입니다. 뜨거운 낮에는 에어컨 역할을 하고 폭풍우가 불 때는 큰 유리창 역할을 하고 목마를 때에는 생수가 나오며 먹을 것이 없을 때는 만나가 나오는 만능 반석입니다. 우리가 이 반석 위에 올라가 있으면 맹수도 올라오지 못하고 적도 올라오지 못합니다. 그리고 절벽에서 떨어질 때는 손이 나와서 우리를 건져주는 반석입니다. 이스라엘 백성들은 광야에서 물이 없을 때 반석에서 생수가 나와서 물을 마시고 살 수 있었습니다. 그들이 홍해나 요단강을 건널 때는 물이 반석으로 변해서 그들을 지켜주었습니다. 적들과 싸울 때는 반석에서 우박이 쏟아져 나와서 적들을 공격했습니다.

세 번째는 하나님의 저울입니다. 하나님은 지식의 하나님이시라 행동을 달아보신다고 했습니다. 하나님은 얼렁뚱땅 넘어가시거나 속아주시는 분이 아니라 정확하게 모든 것을 밝힐 것은 밝히고 하나님의 저울에 달아보시는 분이십니다. 그런데 하나님의 저울에 형편없이 가볍게 나오는 사람들은 하나님이 집어 던져버리시는 것입니다. 한나는 하나님이 사람들을 저울에 달아보신 후에 어떻게 하시는지 노래하고 있습니다.

1. 중심을 보심

사람의 중심은 생각에 있으므로 그 사람이 말을 하지 않는 이상 그 사람이 무슨 생각을 하고 있는지 알 수 없습니다. 그래서 사람이 아무 말도 하지 않고 있으면 바보같이 보이고, 또 말을 많이 하면 말이 많다고 해서 그 사람을 피하게 됩니다. 그런데 놀라운 것은 교만한 생각을 가진 사람들은 아무렇지도 않게 악한 말을 스스럼없이 자기 입으로 쏟아낸다는 사실입니다. 그 이유는 그것이 자기에는 너무나도 당연한 일이기 때문입니다.

> 2:3, "심히 교만한 말을 다시 하지 말 것이며 오만한 말을 너희의 입에서 내지 말지어다 여호와는 지식의 하나님이시라 행동을 달아 보시느니라"

사람은 자신의 모습이나 처지를 참 알기 어렵습니다. 그래서 사람들은 객관적인 자신의 모습을 잘 알지 못합니다. 모든 사람은 그저 자기가 생각하는 것이 옳을 것이라고 생각하고 말하고 행동을 해버립니다. 이것이 바로 그 사람의 가치이고 그 사람의 무게인 것입니다.

사람들은 대개 남들이 자기를 어떻게 볼지를 생각합니다. 그러나 여기에는 두 가지가 있습니다. 하나는 자신의 외모를 보고 다른 사람들이 어떻게 판단할 것인지를 생각하는 것입니다. 즉 자기가 잘생긴 것이나 돈이 많은 것이나 공부 잘하는 것을 보고 어떻게 생각할 것인가를 생각합니다. 이것은 남에게 칭찬을 받으려고 하고 좋은 소리를 듣고 싶어 하는 것입니다. 그러나 또 다른 하나는 나의 생각이나 행동을 객관적으로 남의 눈으로 보았을 때 어떤 모습으로 비칠까 하는 것입니다. 즉 이런 행동은 나다운 행동인가, 내가 이런 말을 하는 것은 남들에게 존경받고 신뢰받을만한 행동인가 생각한다는 것입니다.

얼마 전에 우리나라 국회에서 어떤 법안을 통과시키는 것을 두고 난리가 났던 적이 있습니다. 그런데 그 법안을 통과시키는 과정에서 각 정당 사람들의 속마음이 다 드러났습니다. 그때 아주 비겁하게 행동하는 아주 높은 사람들이 있었습니다. 그들은 정의롭지 못했고 아주 비겁했습니다. 그들이 하는 행동을 보고 그들을 지금까지 훌륭하게 생각했던 사람들은 크게 실망했습니다. 그리고 말도 아주 악하게 하는 사람들이 있었습니다. 이 사람들은 좋은 말을 하면 나를 우스운 사람으로 알 것이기 때문에 내가 아주 무서운 사람으로 보여주어야겠다고 생각해서 그렇게 악하게 말을 한 것 같습니다. 그러나 그 말을 무서워하는 사람은 아무도 없었고 그 말을 듣는 사람마다 '아, 저 사람은 저 정도밖에 안 되는구나'라고 생각했던 것입니다. 아주 비겁한 사람들의 행동이 많이 보이게 되었습니다. 그것이 바로 하나님의 저울이었습니다. 정치를 조금 더 하거나 높은 자리에 있는 사람에게 좀 더 잘 보이기 위해서 배반도 하고 숨기도 하고 속이 뻔히 들여다보이는 말을 하기도 한 것입니다.

그런데 사람은 그런 환경에 빠져 있으면 그럴 수밖에 없습니다. 왜냐하면 그때는 그것만이 가장 중요하게 생각되기 때문입니다. 그러나 그들은 모두 하나님의 저울에 함량 미달의 불량품 쓰레기로 나타나게 될 것입니다. 이것은 종교에서도 마찬가지입니다. 어마어마하게 큰 교회를 담임하고 있으면 총회도 건드릴 수 없습니다. 왜냐하면 그렇게 큰 교회가 총회를 탈퇴해버리면 엄청난 손해이기 때문입니다. 그러나 하나님의 저울에서는 그들은 더 이상 아무 가치가 없는 쓰레기로 나타나게 되는 것입니다.

2:4-5, "용사의 활은 꺾이고 넘어진 자는 힘으로 띠를 띠도다 풍족하던 자들은

양식을 위하여 품을 팔고 주리던 자들은 다시 주리지 아니하도다 전에 임신하지 못하던 자는 일곱을 낳았고 많은 자녀를 둔 자는 쇠약하도다"

옛날에는 가장 힘이 센 사람이 활을 잘 쏘는 사람이었습니다. 활을 쏘는 사람은 먼 데서도 사람을 쏘아서 맞추기 때문에 가장 두려운 존재였습니다. 요즘 우리나라에서는 권력을 가진 자가 가장 무서울 것입니다. 그래서 젊은 사람들은 판검사를 하려고 하고 또는 교수나 사업가가 되려고 합니다. 옛날 그리스 신화 〈오디세이〉를 보면 활을 가장 잘 쏘는 사람은 오디세이였습니다. 오디세이는 먼 데서 활을 쏘아서 도끼 구멍 열 개를 통과시키는 실력을 가지고 있었고, 그 누구도 구부리기 힘든 활을 휘어서 끈을 걸 수 있었습니다.

옛날에는 활을 잘 쏘는 사람이 최고였던 것 같습니다. 그러나 그런 사람도 늙으면 결국 힘이 없어지게 되고 나중에는 병석에 눕게 되어서 힘을 전혀 쓸 수 없게 됩니다. 사람이 늙으면 몸에서 근육이 빠지는 것은 순식간이라고 합니다.

거기에 비해 넘어지는 자는 어린아이들입니다. 어린아이들은 잘 넘어지기도 하고 야단도 맞고 매도 맞습니다. 그러나 십 년 이십 년 지나면 어느새 이 어린아이들은 청년이 되고 어른이 되어서 실세가 되어있는 것입니다. 그래서 어린아이나 청소년들이나 청년들의 미래는 지금 모습을 가지고 판단하거나 무시해서는 안 됩니다. 왜냐하면 어느 순간에 이 아이들이 커서 도움을 받아야 할 때가 오기 때문입니다. 옛날에 제자였던 사람은 의사가 되고 의사였던 사람이 은퇴 후에 병에 걸리게 되었다면 그는 옛날 제자였다가 의사가 된 사람의 도움을 받아야 하는 것입니다.

사람에게 늙는 것보다 더 무서운 것은 없습니다. 그러나 늙는 것보다 더 무서운 것이 병들고 죽는 것입니다. 아마 옛날에 대통령을 지내셨던 이들도 임기 동안은 명성을 날리고 나라 전체를 쥐었다 폈다 했지만 물러나면 아무 소용이 없고 후회만 가득 차게 되는 것입니다. 그래서 높아지는 것보다 아름다운 것이 좋고 적당하게 평범한 것이 좋은 것입니다.

이미 유명해져 버리면 평범해질 수 없고 할 수 있는 것은 골프 치는 것밖에 없게 됩니다.

또 사람의 빈부도 달라지게 됩니다.

2:5, "풍족하던 자들은 양식을 위하여 품을 팔고 주리던 자들은 다시 주리지 아니하도다 전에 임신하지 못하던 자는 일곱을 낳았고 많은 자녀를 둔 자는 쇠약하도다"

돈이 많은 자는 돈만으로는 만족하지 못합니다. 그래서 무슨 짓이든지 해야 하는데 어떤 사람은 도박하다가 돈을 다 잃어버립니다. 처음에 갈 때는 외제 차를 타고 갔는데 도박 때문에 다 팔아버리고, 경찰서에 가면 집에 갈 차비를 준다고 해도 이미 중독이 되어서 계속 거기에 붙어 있다고 합니다. 옛날 부자들은 가만히 있어도 곡식 창고가 썩을 정도로 양식이나 과일이 들어왔습니다. 그래서 그들은 너무 심심해서 결국 아편을 하게 되고, 또 돈이 많으니까 첩을 들이게 됩니다. 그러나 나중에 전쟁이 나니까 가졌던 것을 다 팔아버려서 가난하게 되었고 또 중풍이나 암에 걸리면 비참하게 죽게 되는 것입니다.

옛날에 여러 명의 자식을 둔 부인들이 있었습니다. 부인들에게는 아이들이 세력이었습니다. 그 부인들은 시간만 나면 자식 자랑을 했습니다. 그런데 나중에 이 자식들이 모두 사고뭉치가 되었습니다. 그들은 알코올 중독자가 되기도 하고 감옥에 들어가기도 하고 사기꾼이 되기도 했습니다. 그런데 어떤 부인은 자식이 없어서 큰소리도 하지 못하고 고개를 숙이고 살았습니다. 그런데 한번 아이를 낳기 시작하니까 몇 명을 연달아서 낳았습니다. 그분은 아이를 낳지 못하면서 하나님을 붙들었기 때문에 아이들도 모두 신앙이 좋은 사람들이 되었습니다.

결국 사람은 심은 대로 거두게 되어있습니다. 우리가 보기에 세상은 그대로 있는 것 같지만 하나님은 세상을 뒤집어 놓으십니다. 단지 그 시간이 우리가 생각하는 것보다는 긴 것이 문제입니다. 그러나 십 년, 이십 년이 지난 후에 보면 모든 것이 성경대로 되어있는 것을 보게 됩니다.

2. 하나님의 절대적인 주권

우리가 세상을 보면 세상은 권력이 있거나 돈이나 인기가 있는 사람들에 의해 모든 것이 움직여지는 것 같습니다. 그러나 이 세상을 움직이는 분은 따로 있습니다. 하나님은 온 세상을 말씀으로 창조하셨습니다. 그래서 인간 세상의 모든 일도 하나님의 말씀대로 이루어지게 됩니다. 어떤 사람이 병들었는데 하나님이 '살아라'고 하시면 사는 것이고, '죽으라'고 하시면 죽을 수밖에 없습니다. 물론 우리 예수 믿는 사람들에게 죽는 것은 하나님이 부르시는 것입니다. 우리는 하나님이 부르시면 무조건 가야 합니다.

그래서 우리는 언제든지 죽을 준비를 하고 있어야 합니다. 그리고 내가 살아있는 동안 과연 무슨 유익한 것을 이 세상에 남기고 죽을 것인가를 생각해야 합니다.

> 2:6-7, "여호와는 죽이기도 하시고 살리기도 하시며 스올에 내리게도 하시고 거기에서 올리기도 하시는도다 여호와는 가난하게도 하시고 부하게도 하시며 낮추기도 하시고 높이기도 하시는도다"

사람이 살고 죽는 것은 그야말로 하나님의 손에 달렸습니다. 큰 사고가 났을 때 사람이 죽느냐 사느냐 하는 것은 아무도 결정하지 못합니다. 물론 인간은 할 수 있는 한 귀중한 생명을 살리기 위해서 최선을 다해야 하겠지만 비행기가 추락했다든지 버스가 높은 데서 추락했다든지 배가 뒤집어졌다든지 할 때 사는 것과 죽은 것은 정말 그 누구도 결정하지 못합니다. 하나님께서 '너는 살아라'고 하면 사는 것이고 '너는 안 되겠다'고 하면 죽는 것입니다. 그래서 큰 수술을 할 때 모든 가족은 기도를 합니다. 그런데 예수 믿지 않는 사람들은 그때 기도를 해본 적이 없으므로 쩔쩔매게 됩니다. 우리는 기도할 수 있다는 것이 얼마나 대단한 것인지 알아야 합니다.

여기 "스올"은 죽음의 세계나 무덤을 말하지만, 그의 사경을 헤매는 것을 말합니다. 어떤 사람은 살 희망이 없는데도 하나님이 살라고 하시면 기적적으로 회복되기도 하고, 어떤 사람은 틀림없이 살 줄 알았는데 급격하게 건강이 나빠져서 돌아가는 모습도 보게 됩니다. 가룟 유다 같은 경우에는 살려고 예수님을 배반했는데 결국 은 삼십 받은 것을 써보지도 못하고 목을 매고 죽었습니다. 베드로는 예수님을 세 번이나 모른다고 부인했지만 예수님이 기도하니까 살았습니다.

하나님은 가난한 자를 부자로 만드실 수 있습니다. "너는 부자가 되어라"고 하시면 가난하게 살다가 갑자기 돈이 막 굴러들어올 때가 있습니다. 어떤 사람에게 하나님이 '유명해져라'고 하시면 고시에 합격해서 판사나 검사가 되고 또는 사관학교를 나와서 장성이 되기도 하는 것입니다. 그 대신에 '너는 가난해져라'고 하시면 밑에 있는 사람이 돈을 다 빼내가는 바람에 망하기도 하고, 사기를 당해서 망하기도 하고, 정부에서 다그치는 바람에 망하기도 하는 것입니다.

그래서 우리의 일생을 돈에 목표를 두거나 어떤 직책에 목표를 두면 우리가 죽을 때 남길 것이 별로 없습니다. 우리는 사탄과 싸우는 용사가 되어야 하고 부흥을 일으키는 용사가 되어야 합니다. 예수님은 십자가에 죽으시면서 "다 이루었다"고 하셨습니다. 이것은 구세주로서 하실 일을 다 하셨다는 뜻입니다.

2:8하, "땅의 기둥들은 여호와의 것이라 여호와께서 세계를 그것들 위에 세우셨도다"

사람들은 땅을 차지하는 사람이 주인공이라고 생각합니다. 그러나 땅의 기둥은 모두 하나님이 세우신 것입니다. 하나님이 기둥들을 치시면 땅은 흔들리거나 무너질 수밖에 없습니다. 결국 이 세계는 하나님의 무대인 것입니다. 우리는 이 세상에 사는 동안 멋진 연기를 해야 합니다. 다른 사람들은 모두 망한다고 걱정하고 다른 사람들을 원망하고 절망하는 가운데 우리는 끝까지 살아서 멋지고 후회 없는 연기를 해야 합니다.

3. 믿는 자들을 도우시는 하나님

우리는 결국 사람이 사느냐 죽느냐, 성공하느냐 실패하느냐 하는 것이 전부 하나님께서 하신 것을 알 수 있습니다. 그리고 그 결과는 하나님의 저울에 나타난 평가입니다. 하나님은 하나님의 저울에 묵직하게 무게 있게 나타나는 자들을 축복해 주십니다. 하나님은 그런 사람들이 넘어지지 않게 붙들어 주십니다.

> 2:9, "그가 그의 거룩한 자들의 발을 지키실 것이요 악인들을 흑암 중에서 잠잠하게 하시리니 힘으로는 이길 사람이 없음이로다"

결국 악한 자들이 넘어지는 이유는 이 세상이 얼마나 미끄러운 곳인지 모르고 자기 머리만 믿고 날뛰다가 결국 넘어지게 되는 것입니다. 하나님은 한 번씩 이 세상의 기둥을 쳐서 흔들리게 하십니다. 그러면 지진이 일어나기도 하고 사고가 터지기도 하고 온 세상이 뒤집히기도 하는 것입니다. 성경은 죄의 삯은 사망이라고 했습니다(롬 6:23). 죄를 지으면 결과가 나쁠 뿐 아니라 그의 인생은 패망입니다. 그러나 하나님은 경건한 자는 붙들어 주셔서 넘어지지 않게 하십니다. 길이 미끄러울 때 누군가가 잡아주기만 해도 넘어지지 않습니다. 하나님은 우리를 잡아주시는 분입니다. 그 대신 하나님은 악한 자들은 어두운 데 집어넣어서 그 입을 다물게 하십니다. 즉 그들은 캄캄한 데 있으므로 길을 찾지 못하는 것입니다. 그래서 그들은 소리만 지르다가 나중에 잠잠해질 때는 이미 기운이 빠져서 죽을 때입니다.

성경에 "주의 말씀은 내 발에 등이요 내 길에 빛이니이다"(시 119:105)고 했습니다. 사람 중에 욕심이 없는 자가 없고 죄의 유혹이 없는 자가 없습니다. 그러나 하나님의 말씀을 따라가면 '아, 이 길을 가면 안 되겠구나' 라는 생각이 드는 것입니다. 힘으로는 하나님을 이길 수 있는 사람이 없습니다. 그래서 하나님의 경건한 사람도 이기지 못하는 것입니다.

하나님은 악한 자를 공격하셔서 박살을 내시는 분입니다.

> 2:10, "여호와를 대적하는 자는 산산이 깨어질 것이라 하늘에서 우레로 그들을 치시리로다 여호와께서 땅 끝까지 심판을 내리시고 자기 왕에게 힘을 주시며 자기의 기름 부음을 받은 자의 뿔을 높이시리로다 하니라"

하나님을 대적하는 자는 진실을 대적하고 하나님의 백성들을 대적하는 자입니다. 하나님은 이런 자들을 바위로 치셔서 산산이 깨어지게 하십니다. 그러나 우리는 이것을 좋아해서는 안 됩니다. 같은 인간인데 산산이 부서진다는 것은 얼마나 가슴 아픈 일입니까? 그래서 예수님은 악한 자들을 위해서 기도하라고 말씀하셨습니다. 좌우간 이 세상에서 불리한 자들은 악한 자들입니다. 그런데 세상에서 도망치려 하고 좌절하는 자들은 경건한 자들입니다. 하나님은 악한 자들이 산산이 깨어질 것이라고 말씀하셨습니다.

또 하늘에서 우레로 그들을 치실 것입니다. 우레로 치고 번개로 치면 사람들은 무서워서 숨기 바쁠 것입니다. 그리고 하나님은 자신이 기름을 부은 자의 뿔을 더 높으실 것이라고 하셨습니다. 우리가 하나님의 말씀과 성령으로 무장되면 우리 뿔은 더 높아지고 단단해질 것입니다. 그래서 맹수들도 함부로 덤벼들지 못합니다. 하나님은 실제로 이 세상에서 우리를 지키시며 악한 자들을 넘어지게 하십니다. 우리를 부하게도 하시고 살게도 하시는 분이십니다. 이 놀라운 하나님과 상대해서 응답받고 함께 찬양하는 성도들이 다 되시기 바랍니다.

06

희망이 없는 때

삼상 2:12-26

얼마 전 신문에서 한국 안에서는 너무나도 많은 젊은이가 취직되지 않아서 이제는 청년까지 수출하게 되었다는 기사를 보게 되었습니다. 우리나라 청년에게는 점점 희망이 없어지고 있다는 소리입니다.

사람에게 희망이 없을 때는 아주 마음이 답답해지게 됩니다. 예를 들어서 어떤 사람이 높은 절벽에서 떨어져서 뼈가 많이 부러졌는데 아무도 도울 수 있는 사람이 없이 혼자 고립되어 있다면 그에게는 아무 희망이 없을 것입니다. 전에 서울에 있을 때 어느 교인의 오빠가 눈이 오는 날인데도 불구하고 설악산에 간다고 하면서 산으로 갔습니다. 그리고 그는 산에서 길을 잃어버린 것 같았는데 아마 눈에 미끄러져서 깊은 계곡이나 구덩이 같은 데 빠졌던 것 같습니다. 구조대가 출동을 했지만 그를 찾을 수 없었는데 구조대원들은 봄이 되고 눈이 녹아야 그 시신이라도 찾을 수 있다고 했습니다. 나중에 그 말 그대로 봄이 되어서 눈이 다 녹았을 때 그는 어떤 계곡에서 발견되었습니다. 그가 얼마나 그 구덩이에서 빠져나오려고 몸부림을 쳤던지 손이 다 닳아 있었다고 했습니다. 그는 결국 눈구덩이에서 빠져나오지 못하고 거기에서 얼어 죽고 말았던 것입니다. 그에게는 희망이 없었습니다.

오늘 우리나라 젊은이나 어른들에게 가장 필요한 단어가 있다면 그것은 바로 희망일 것입니다. 나의 병이 나을 수 있다는 희망, 나의 미래가 아름다울 수 있다는 희망, 우리나라 경제가 더 좋아질 것이라는 희망, 우리나라에 절대로 전쟁이 일어나지 않는다는 희망이 필요한 것입니다. 그러나 우리에게는 그런 희망이 보이지 않습니다. 우리나라를 이끄는 사람들은 우리를 더욱 더 절망의 구덩이에 집어넣으려고 하고 있습니다.

우리나라 사람들은 지금까지 희망을 먹고 어두운 시기를 견뎌왔습니다. 그런데 우리가 생각해야 할 것은 이 세상은 아무리 희망이 없어도 하나님에게는 희망이 있다는 사실입니다. 오히려 하나님께서는 가장 희망이 없는 시대를 바꾸어서 가장 새로운 시대가 되게 하실 것입니다. 그러나 이것은 결코 거저 되는 것이 아닙니다. 우리는 하나님을 바라본다고 하지만 엄청난 대가를 지불해야 다시 희망을 되찾을 수 있는 것입니다.

1. 세상을 따라간 결과

사무엘이 어렸을 때 이스라엘은 희망이 전혀 보이지 않았습니다. 그때 이스라엘은 블레셋의 지배를 받고 있었을 뿐 아니라 열심히 세상을 따라 살아가고 있었던 것입니다. 특히 이스라엘의 지도자 자체가 겉으로는 하나님을 믿는다고 하면서 실제로는 완전히 세상 재미에 빠져서 세상 사람처럼 살아가고 있었습니다. 이스라엘 백성들에게 세상을 따라간다고 하는 것은 너무나도 재미있는 일이었습니다. 그들은 하나님의 말씀에 매일 필요가 없었습니다. 그들은 얼마든지 세상의 재미를 즐길 수 있었고 세상의 유행을 따를 수 있었고 심지어는 하나님께 드리는 제사조차도 세상 방법으로 드릴 수 있었습니다. 이스라엘 백성들이나 이스라엘 지도자들이 세상을 따라가는 것은 아주 재미있고 신나는 일이었지만 사실은 이스라엘에서 희망을 빼앗아가는 일이었습니다.

> 2:12-14, "엘리의 아들들은 행실이 나빠 여호와를 알지 못하더라 그 제사장들이 백성에게 행하는 관습은 이러하니 곧 어떤 사람이 제사를 드리고 그 고기를 삶을 때에 제사장의 사환이 손에 세 살 갈고리를 가지고 와서 그것으로 냄비에나 솥에나 큰 솥에나 가마에 찔러 넣어 갈고리에 걸려 나오는 것은 제사장이 자기 것으로 가지되 실로에서 그 곳에 온 모든 이스라엘 사람에게 이같이 할 뿐 아니라"

이때 가나안 땅에는 하나님의 성전만 있었던 것이 아니라 이방신들의 제사를 드리는 곳도 있었습니다. 그런데 이방신에게 제사 드리는 곳은 완전히 무당 굿하는 것과 같았습니다. 그곳에서는 사람들이 고기나 돈을 바치면 제사장이 자기 마음대로 가졌습니다. 그리고 춤도 추고 무녀와 성관계를 가졌습니다. 그래서 이방 신전에 있는 무녀들을 '카데샤'라고 했는데 히브리어로는 거룩한 여자라는 뜻이지만 사실은 창녀라는 뜻이었습니다. 그리스의 '델로스' 신전 같은 곳은 미래의 예언을 얻는데 아주 유명한 곳이었는데, 거기에서는 무녀들이 자기도 잘 알아듣지 못하는 소리로 중얼거렸습니다. 그러면 그 옆에 있는 남자 제사장이 그럴듯하게 통역하는데 맞는 경우도 있고 엉터리인 경우도 있었습니다. 그러나 사람들은 그 예언을 '신탁'이라고 해서 아주 신성하게 생각했습니다.

그 당시 이스라엘 안에서도 점치는 사람, 굿하는 사람, 신접한 사람이 있었습니다. 이스라엘의 지도자였던 제사장은 굳이 성경적인 방법에 매여서 고리타분한 제사를 드릴 필요가 없고 우리도 얼마든지 세상적인 방법으로 제사를 드리자고 생각했던 것입니다. 그래서 그들에게 있어서 제사장은 하나의 직업이었고 실제로는 세상적인 방법으로 제물을 빼앗고 여성들과 성관계를 맺으면서 세상을 따라갔습니다.

본문에 보면 "엘리의 아들들은 행실이 나빠"라고 했습니다. 옛날 개역성경에는 "엘리의 아들들은 불량자라"고 했습니다. 이들은 사실 깡패나 마찬가지였던 것입니다. 이들은 아주 하나님을 업신여기고 있었고 세상적인 생각으로 꽉 차 있었습니다. 그들은 하나님께 바치는 제물이 하나님의 것이라고 전혀 생각하지 않았습니다.

그래서 백성들이 제사 드리고 제물을 솥이나 가마솥에 넣어서 삶을 때 그 제사장의 사환이 세 살 갈고리를 가지고 와서 찍어서 걸려 나오는 고기는 무조건 가져갔습니다. 그리고 순순히 가져가게 하지 않으면 폭력을 행사하여서 빼앗아 가져갔던 것입니다. 아무리 고기를 먹을 수 있다 하더라도 기름은 제단에서 태워야만 했습니다. 그래서 백성들이 제사장의 사환들에게 제단에서 기름을 먼저 태운 후에 가지고 가고 싶은 것은 다 가져가라고 해도 통하지 않았습니다. 그들은 기름을 태울 때까지 기다릴 수 없다고 하면서 제물의 고기를 빼앗아갔던 것입니다. 이때의 고기는 요즘으로 말하면 돈과 같은 것이었습니다. 그들은 하나님의 헌금을 자기 마음대로 차지했고 안 되면 빼앗아갔던 것입니다.

물론 제사장도 인간이기 때문에 먹을 것이 있어야 하고 자녀들을 키워야 합니다. 그러나 그들이 먹을 수 있는 음식은 전부 거룩한 것이었고 먹을 수 있는 부위가 정해져 있었습니다. 즉 가슴과 오른쪽 넓적다리였고 그것은 하나님의 음식을 먹는 것이었습니다. 그리고 그 고기는 이튿날까지 두어서는 안 되고 전부 다 태워야만 했습니다. 왜냐하면 이스라엘 백성들의 제사는 제사장이 먹음으로 완성되는 것이고 그들이 먹는 것은 이스라엘 백성들의 죄를 먹어서 없애는 것이었기 때문입니다. 그런데 엘리의 두 아들 제사장은 직책은 제사장이지만 실제로는 깡패와 같았습니다. 그래서 고기를 삶기도 전에 갈고리로 찍어서 맛있는 것이 걸려 나오면 무조건 빼앗아서 갔고 기름을 태우고 난 후에 가져가라고 하면 욕을 하고 때리려고 했던 것입니다.

이처럼 지도자가 하나님의 말씀을 고의로 어기는 것을 '성령훼방' 죄라고 합니다. 지도자가 고의로 죄를 어기면 이 죄는 이 세상과 미래의 어떤 경우에도 용서가 되지 않습니다. 그래서 지금의 교회에서도 목회자가 헌금을 자기 마음대로 차지하고 어떤 경우에는 자기 것으로 만드는 경우가 있는데 이것은 바로 성령을 훼방하는 죄인 것입니다. 요즘은 교회를 자식에게 물려주고 목회자들이 많은 돈을 개인적으로 챙긴다고 해서 말이 많습니다. 이것은 전부 용서받을 수 없는 성령훼방 죄입니다. 차라리 이런 사람들은 목회자가 되지 않는 것이 낫고 제사장이 되지 않는 것이 낫습니다. 예수님은 가룟 유다에게 태어나지 않는 것이 훨씬 나았을 것이라고 말씀하셨습니다(마 26:24). 왜냐하면 그는 은 삼십을 받고 예수님을 팔았기 때문입니다.

성전은 하나님과 이 세상 사이에 다리를 놓는 곳입니다. 그래서 그곳에 있는 제사장은 어떤 일이 있어도 자기 욕심이나 야망을 위해서 성전이나 교회를 사용해서는 안 됩니다. 만일 그렇게 되면 하나님과 우리 사이의 다리가 무너져서 우리는 모두 재해에 피하지 못하고 죽게 될 것입니다.

2:17, "이 소년들의 죄가 여호와 앞에 심히 큼은 그들이 여호와의 제사를 멸시함이었더라"

이 제사장들의 죄가 하나님 앞에서 심히 크다고 했습니다. 그 이유는 그들이 하나님을 인정하지 않았고 하나님의 제사를 멸시하고 우습게 알았기 때문입니다. 결국 이들은 자신들의 불량한 행동으로 재미는 있었는지 모르지만 이스라엘의 희망을 빼앗아갔습니다. 결국 이스라엘에는 희망이 사라졌습니다. 부흥이나 하나님의 축복도 없었고, 미래에 대한 희망도 없었습니다. 이스라엘 백성들은 희망을 되찾기 위해서 죽고 또 죽고 수없이 죽고 나서야 희망을 찾을 수 있었습니다.

사람들이 깡패나 불량배가 되고 학교나 집에서나 사회적으로 반항아가 되는 이유는 평범하게 살고 싶지 않기 때문입니다. 그래서 반항도 하고 남들이 하지 않는 일을 하면 신기하게 봐주고 자기도 기분이 우쭐하기 때문에 반항하는 쪽으로 가게 됩니다. 또 그런 식으로 가면 그런 사람을 추종하는 사람들이 생기게 됩니다. 그래서 지식인 중에서도 삐딱하게 나가는 사람들이 많이 있습니다. 우리나라는 이런 식으로 반항적인 사람들이 너무나도 많습니다. 그러나 그 대신 희망은 사라지고 있는 것입니다.

2. 하나님이 심으신 희망

　우리가 생각하기에는 절망의 시대라고 하지만 하나님은 그 가운데 희망을 심어놓으십니다. 왜냐하면 하나님은 절대로 자기 백성을 포기하시지 않기 때문입니다. 우리가 잘못 생각하는 것이 있는데, 그것은 '이 많은 사람 중에서 내가 하나님을 버린다고 해서 하나님께서 나를 기억하실까?' 라는 것입니다. 그러나 하나님은 한 사람도 잊지 아니하시고 기억을 하십니다. 제가 가장 섭섭할 때가 언제인지 아십니까? 저는 어떤 분을 너무나도 잘 알고 있는데 그 사람은 저에게 "저를 기억이라도 하고 계십니까?"라고 물을 때입니다. 아무리 교인이 많아도 목회자는 그가 생각하고 있는 것보다 훨씬 많은 것을 기억하고 있습니다. 마찬가지로 하나님은 절대로 자기 백성을 포기하지 않으십니다. 그럼에도 불구하고 끝까지 고집을 피우고 하나님이 나를 모르실 것이라고 생각한다면 그때는 그를 치셔서라도 바로 잡으시는 것입니다.

　하나님께서 이스라엘에 심어놓으신 희망은 무엇입니까? 그 절망의 시기에 하나님께 자신을 바친 사람이고 하나님의 말씀을 붙드는 사람이며 세상을 따라가지 않는 사람입니다. 오늘도 젊은이 중에서 세상을 따라가지 않고 세상에서 큰 인정을 받지 못하고 하나님의 말씀을 붙들고 있는 사람이 오늘 우리 시대의 희망입니다. 이스라엘의 희망은 그 어머니가 통곡하면서 기도하던 그 어린아이였습니다. 우리는 어린아이라고 해서 절대로 무시해서는 안 됩니다. 왜냐하면 하나님은 바로 이런 어린아이를 사용해서 희망을 주시고 부흥을 주시고 기적과 기도 응답을 주시기 때문입니다. 이런 아이는 어린 시절부터 하나님을 믿기 때문에 하나님에 대한 생각이 엄청나게 풍부하게 됩니다.

　2:18, "사무엘은 어렸을 때에 세마포 에봇을 입고 여호와 앞에서 섬겼더라"

　사무엘의 어머니 한나는 일 년에 한 번씩 성전에 올라갈 때마다 어린 사무엘을 만나서 자신이 가져온 세마포 옷을 입혀 주었습니다. 이 당시 아이들에게 있어서 세마포 옷은 아주 귀한 것이었습니다. 세마포는 순결을 의미합니다. 투박한 옷을 입으면 아무렇게나 뒹굴고 싸워도 되지만 새로 지은 고운 옷을 입고는 그렇게 할 수 없는 것입니다. 한나는 사무엘에게 엄마가 지어준 이 옷을 더럽히지 말고 이 옷을 입고 절대로 나쁜 짓을 해서는 안 된다고 가르쳤을 것입니다. 어린 사무엘은 엄마와의 약속을 지키기 위해서 성전에서 제사장이나 제사장의 사환들이 자기에게 나쁜 짓을 시켜도 절대로 따라가지 않고 여호와만 섬겼던 것입니다.

암부로스 목사는 세상적으로 많이 방황하는 아들 어거스틴을 만나 달라고 하는 어머니 모니카에게 "지금 당신의 아들은 너무 교만해서 누구의 말도 듣지 않지만 눈물로 기도하는 아들은 결코 망하지 않는다"고 했습니다. 어머니의 희망은 바로 여기에 있습니다. 눈물로 기도하는 아들은 망하지 않습니다. 한나도 성전의 제사장들이 불량배 같이 행동하는 것을 다 들었을 것입니다. 거기에 이 기도로 얻은 아들을 두고 오려니 얼마나 불안했겠습니까? 그러나 눈물로 기도한 아들은 망하지 않는 법입니다. 오히려 얼마 후 그는 이스라엘의 희망이 되었습니다.

그런데 사무엘의 이 세마포 옷은 에봇 모양으로 생겼습니다. 에봇은 제사장이 성소에 들어갈 때 입는 옷입니다. 사무엘의 어머니는 사무엘의 이 옷을 제사장이 입는 에봇처럼 만들어주었던 것입니다. 그래서 사무엘은 별명이 꼬마 제사장이었습니다. 어린아이들은 어디서 노느냐에 따라서 자연스럽게 그 마음속에 희망이 생기게 됩니다. 예를 들어서 어렸을 때부터 비행기를 좋아하고 모형 비행기를 날리던 아이는 자기도 모르게 비행기 조종사가 되겠다는 꿈을 가지게 될 것입니다.

스펄전 목사는 어렸을 때 늘 목사 놀이를 했다고 합니다. 그래서 어린 아이들을 헛간의 짚단에 앉혀 놓고 설교하는 놀이를 했던 것입니다. 그 아이는 결국 19세에 목사가 되어서 한 시대를 장식하는 세계적인 설교자가 되었습니다. 그는 대학을 나오지 않았고 신학교도 나오지 않았습니다. 그런데 그는 할아버지 방에 많이 꽂혀 있는 청교도 책들을 읽고 스스로 공부했던 것입니다. 그 당시 신학은 이미 많이 세속화되었기 때문에 신학을 하지 않은 것이 차라리 더 순수한 성경적인 설교를 하게 된 원동력이 되었다고 합니다.

어린아이에게는 풍부한 감수성과 상상력이 있습니다. 이런 아이들이 성전에 오면 벌써 성전이 가지는 신비감에 빠져서 완전히 하나님의 세계 안에 들어가게 됩니다. 그들은 성경 이야기와 성전의 신비감이 세상의 타락하고 더러운 문화보다 훨씬 재미있다는 것을 알게 됩니다. 그리고 그들은 큰 인물이 되는 것입니다.

우리 교회 어린 유치부에서도 찬양대 가운을 입고 찬송을 부르기도 하고 헌금을 자기들이 거두기도 합니다. 물론 어떤 아이는 헌금함에 자기 머리를 넣기도 하지만 그것이 얼마나 좋은 것입니까? "하나님! 저는 제 머리를 하나님께 바칩니다. 이제 제 머리는 하나님의 머리입니다"라는 고백이 아닙니까? 이 얼마나 좋은 장난입니까? 옛날에 어떤 어린이는 부흥 찬송을 부르면서 고음까지 다 올라가기도 했습니다. 이런 어린이들이 우리나라를 다시 아름다운 나라로 만들 것입니다. 우리 청년 중에도 하나님의 찬양을 사랑하고 말씀을 들으려고 최선을 다하는 이들이 많은데, 이들이 오늘 이 시대의 사무엘이고 우리 시대의 희망을 만들어낼 것입니다.

3. 누구를 더 사랑할 것인가?

예수님은 제자들에게 "누구든지 자기 자신이나 부모나 자녀를 나보다 더 사랑하는 자는 내게 합당하지 않다"고 말씀하셨습니다(마 10:37). 우리가 어떻게 자기 부모나 아내나 자식을 사랑하지 않을 수 있습니까? 그러나 예수님은 그 어떤 것도 예수님보다 더 사랑해서는 안 된다고 말씀하셨습니다.

예를 들어서 어떤 의사가 응급실 당직 근무를 서고 있다면, 그는 다른 어떤 것보다 응급실로 실려 오는 환자를 치료하는 일에 최선을 다해야 할 것입니다. 그는 그날이 부모의 생신이라도 가지 못하고 아내가 집에 오라고 해도 가지 못하고 자식이 놀아달라고 해도 가지 못할 것입니다. 우리 예수님은 이 세상에서 유일하게 사람들의 영혼을 살리고 죄를 치료하는 약을 가지고 계신 분입니다. 그래서 우리는 어느 누구도 예수님보다 더 사랑할 수 없습니다. 그런데 제사장 엘리는 하나님의 말씀보다 자기 아들을 더 사랑했습니다.

엘리 제사장의 두 아들 홉니와 비느하스는 어느 정도로 타락했는가 하면 성전에서 봉사하는 여인들과 성관계를 가질 정도였습니다.

> 2:22, "엘리가 매우 늙었더니 그의 아들들이 온 이스라엘에게 행한 모든 일과 회막 문에서 수종 드는 여인들과 동침하였음을 듣고"

엘리는 많이 늙었고 반대로 두 아들은 아주 덩치가 큰 청년들이 되었습니다. 그러나 그들은 하나님의 말씀을 배우지 않고 이방 신전의 방법을 따라서 성전에서 봉사하는 여인들과 성관계를 가졌습니다. 엘리의 귀에도 두 아들이나 그 사환들이 성전의 제물을 빼앗는 것과 여인들과 성관계를 가진 소문이 들렸습니다. 그러나 엘리는 자식들을 너무 사랑했기 때문에 쉬쉬하기에 바빴고 오히려 자식들에게 가볍게 훈계하고 덮으려고 했습니다.

> 2:23-24, "그들에게 이르되 너희가 어찌하여 이런 일을 하느냐 내가 너희의 악행을 이 모든 백성에게서 듣노라 내 아들들아 그리하지 말라 내게 들리는 소문이 좋지 아니하니라 너희가 여호와의 백성으로 범죄하게 하는도다"

물론 엘리가 두 아들에게 하는 말은 모두 맞는 말입니다. 그리고 엘리는 늙었고 자식들은 힘이 센 청년이기 때문에 그들이 말을 듣지 않고 더 반항적으로 나간다면 관계가 더 악화할지도 모릅니다. 그러나 엘리의 두 아들이 한 것은 단지 아버지에게 반항하는 정도가 아니라 범죄 행위였습니다. 자식의 범죄 행위를 뻔히 보고서도 이렇게 점잖게 훈계한다는 것은 자식들의 죄를 덮고 넘어가겠다는 뜻으로 보이는 것입니다. 부모는 할 수 있으면 자식의 허물을 덮고 넘어가고 싶어 합니다. 왜냐하면 자식은 앞길이 창창하기 때문입니다.

그러나 제사장은 더 엄격한 기준이 필요합니다. 그래서 엘리의 두 아들은 이미 훈계할 선을 넘어섰던 것입니다. 그들은 범죄자였고 장로들의 모임에 넘겨서 돌로 치든지 했어야 했습니다. 이것이 자식을 사랑하는 것입니다. 그러면 비록 육신은 망할지 모르지만 그의 영혼은 회개할지도 모릅니다. 그러나 엘리는 두 자식에게 앞으로 그렇게 하지 말라고 경고하는 선에서 이야기하고 넘어가 버렸습니다. 그래서 결국 두 아들도 죽고 엘리 자신도 죽고 며느리도 죽고 수많은 이스라엘 백성도 죽고 하나님의 궤는 블레셋에 빼앗기게 됩니다. 우리나라도 어떤 목회자들이 교인과의 잘못된 관계가 드러나서 목회를 그만두기도 하고 어떤 분은 온 세상을 떠들썩하게 하고도 또 목회하는 이도 있습니다.

엘리의 두 자식은 아버지의 훈계를 듣지 않았습니다. 그들은 당분간 아무 일이 없는 것 같았습니다. 그러나 하나님은 이 두 아들을 죽이기로 결정하셨습니다.

2:25, "그들이 자기 아버지의 말을 듣지 아니하였으니 이는 여호와께서 그들을 죽이기로 뜻하셨음이더라"

하나님은 이미 선을 넘은 이 두 불량배 제사장을 용서하시지 않고 죽이기로 결정하셨습니다. 우리가 세상을 보면 권력 잡은 자들이 모든 것을 다 결정하는 것 같지만 그들이 선을 넘었을 때 하나님은 이미 그들을 감옥에 집어넣고 혹은 죽이기로 결정하셨던 것입니다. 요즘 보면 정치인들이 숨겼던 비밀들이 자꾸 드러나고 있습니다. 이것이 벌써 하나님께서 그들을 버리고 계신 것입니다.

그러나 이런 절망 가운데서도 이스라엘의 희망은 자라고 있었습니다.

2:26, "아이 사무엘이 점점 자라매 여호와와 사람들에게 은총을 더욱 받더라"

사무엘은 신뢰가 떨어진 사회에 믿음이 생기게 했습니다. 하나님도 사무엘을 통해서 이스라엘에 대한 믿음이 생기게 되었고, 이스라엘 백성들도 사무엘을 통해서 하나님에 대한 신뢰가 생기게 되었습니다. 그러나 이것이 희망으로 만들어지기까지는 그들이 지은 죄를 다 토해내야 했습니다. 이스라엘은 죽고 또 죽고 무수히 죽고 나서야 희망을 되찾게 됩니다. 우리나라도 그동안 지은 죄들 즉 무고하게 죽은 자들의 피 값을 다 토해내야 할 것입니다. 그러나 만약 많이 죽지 않고 눈물의 기도로 갚을 수만 있다면 가장 잘하는 기도가 될 것입니다. 우리 모두 하나님께 그런 기도를 드립시다.

07

축복권의 상실

삼상 2:27-36

어떤 목사님이 잘못한 것이 있어서 3개월 이상 강단에서 설교를 정지당했던 적이 있었습니다. 그동안 그분은 자기 교회에서 설교하지 못하고 맨 앞자리에 앉아서 다른 목사님이 설교하는 것을 들어야만 했습니다. 그분에게는 그것이 가장 큰 고통이었다고 합니다. 보통 때 목사는 설교를 준비해서 설교하는 그 자체가 참 힘들다고 합니다. 설교는 목사가 하나님의 말씀으로 교인들을 축복하는 것이라고 할 수 있습니다. 그런데 목사로서 교인에게 축복의 말씀을 전하지 못하고 정지당했을 때 얼마나 큰 고통을 받았는지 모릅니다. 특히 하나님께서 교인들을 축복하시는 장소는 교인들이 예배당에 모여서 예배드릴 때입니다. 그러나 유럽의 오래된 교회 예배당 중에는 더 이상 교인들이 모이지 않고 관광지로만 사용되는 곳도 있습니다. 그곳은 더 이상 축복의 장소가 아닙니다

아마 사람 중에서 복 받는 것을 원치 않는 사람들은 아무도 없을 것입니다. 그렇다면 둘 중의 하나일 것입니다. 하나는 복은 세상에 있다는 것입니다. 이것은 눈에 보이는 복입니다. 이 세상에서 성공하고 돈 많이 벌

고 유명해지는 것이 복이라고 생각한다면 복은 세상에 있는 것입니다. 그러나 만일 복이 하나님께 있다면 하나님과 우리를 연결해주는 것이 진정한 복일 것입니다.

이스라엘 사람들은 그 복을 알았습니다. 그리고 이스라엘 백성들과 하나님을 연결해주는 사람은 이스라엘의 제사장이었습니다. 이스라엘에서 가장 부자는 역시 왕이었습니다. 그래서 왕의 열쇠도 두 종류가 나오는 것을 볼 수 있습니다. 하나는 왕의 재정을 책임지는 신하였습니다. 이사야 당시에 셉나라는 재무 책임자가 있었는데, 그는 교만하고 자기 이익 밖에 모르는 자였기 때문에 하나님은 그 열쇠를 빼앗아버리고 그를 공처럼 싸서 먼 외국 땅에 던져버릴 것이라고 경고하셨습니다. 그 대신 엘리아김에게 다윗의 열쇠를 맡기는데 그가 열면 닫을 자가 없고 그가 닫으면 열 자가 없을 것이라고 약속하셨습니다(사 22:22). 이것은 눈에 보이는 복을 말합니다.

그런데 요한계시록에 보면 죽음을 이기신 주님께서 빌라델비아 교회에 다윗의 열쇠를 주시는데 열면 닫을 자가 없고 닫으면 열 자가 없을 것이라고 하셨습니다(계 3:7). 또 예수님은 자신을 메시야라고 고백한 베드로에게 "너는 베드로라 내가 이 반석 위에 내 교회를 세우리니 음부의 권세가 이기지 못하리라 내가 천국 열쇠를 네게 주리니 네가 땅에서 무엇이든지 매면 하늘에서도 매일 것이요 네가 땅에서 무엇이든지 풀면 하늘에서도 풀리리라"(마 16:18-19)고 말씀하셨습니다. 이것은 모두 하늘의 복을 말하는 것입니다.

우리가 이것을 통해서 알 수 있는 것은 이 세상에 있는 복들은 모두 그림자의 복이고 진정한 복은 하나님께 있다는 것입니다. 그런 의미에서 이스라엘 백성들은 모두 복 받은 백성이었습니다. 그런데 그 복의 심지 역할을 하는 사람이 제사장이었습니다. 제사장은 사람들에게 하나님의 복을 줄 수 있는 축복권을 가지고 있었습니다. 그러나 엘리 제사장의 두 아들은 하나님의 축복을 믿지 않고 세상의 타락한 복을 믿은 자들이었습니다.

1. 하나님의 축복을 가진 자들

하나님은 이 세상에 있는 모든 자연과 땅과 복을 만드신 분입니다. 그래서 하나님은 모든 복의 진정한 근원이 되시는 분입니다. 그러나 이 세상에 아무리 좋은 복이 있다고 해도 하나님으로부터 계속 복을 보충받지 못하면 나라나 기업이나 권력이나 학문이나 그 어떤 것이라도 다 망하고 말 것입니다.

이스라엘에는 하나님의 복이 계속 부어지게 하는 사람이 있었습니다. 그 사람은 바로 제사장이었습니다. 그런데 제사장이라고 해서 무조건 하나님의 복을 오게 할 수 있는 것은 아니었습니다. 제사장은 늘 하나님 앞에서 죽을 각오를 하고 제사 드려야 했고 분향해야 했으며, 대제사장은 목숨을 걸고 일 년에 한 번 지성소에 들어가야 했습니다.

하나님께서는 하나님과 이스라엘 사이의 복을 막아 버린 엘리 제사장에게 하나님의 사람을 보내서 막힌 것을 바로 잡으라고 경고하셨습니다.

> 2:27-28, "하나님의 사람이 엘리에게 와서 그에게 이르되 여호와의 말씀에 너희 조상의 집이 애굽에서 바로의 집에 속하였을 때에 내가 그들에게 나타나지 아니하였느냐 이스라엘 모든 지파 중에서 내가 그를 택하여 내 제사장으로 삼아 그가 내 제단에 올라 분향하며 내 앞에서 에봇을 입게 하지 아니하였느냐 이스라엘 자손이 드리는 모든 화제를 내가 네 조상의 집에 주지 아니하였느냐"

하나님께서는 하나님과 이스라엘 백성을 연결해주는 이 제사장의 일을 이스라엘의 어느 지파에도 맡기지 아니하시고 오직 레위 지파 중에서도 아론의 자손들에게만 맡기셨습니다. 하나님은 그 증표로 이스라엘 족장의 열두 족장의 지팡이 중에서 오직 아론의 지팡이에만 하룻밤 사이에 움이 돋고 순이 나고 꽃이 피어서 살구 열매가 열리게 하셨습니다(민 17장). 나중에 이 살구꽃은 성전의 금 등잔대를 만드는 모형이 되는데 성전의 등잔대는 모두 살구 꽃 모양이었던 것입니다. 왜냐하면 살구 꽃이 광야에서는 가장 먼저 피는 꽃이었기 때문입니다. 우리나라로 말하면 매화나 버들강아지와 비슷한 것인데 살구 꽃은 추운 겨울이 지나고 따뜻한 성령의 계절이 오는 것을 가장 먼저 알려주는 꽃이었던 것입니다.

반대로 하나님의 심판을 알려주는 나무도 있습니다. 그것은 바로 무화과나무입니다. 예수님은 무화과나무 가지가 연하여지고 잎사귀를 내면 여름이 가까운 줄 알라고 하셨는데(마 24:32), 그것은 바로 심판의 때를 말하는 것입니다. 하나님의 백성들이 모두 축축 늘어지고 하나님의 말씀도 듣지 않고 세상의 싹이 나기 시작하면 이것은 이미 심판이 가까이 온 증거입니다.

원래 레위 지파는 축복의 지파가 아니었습니다. 그들은 가나안 땅에 있으면서 자기 동생 디나가 강간당했을 때 세겜 사람들에게 할례받으면 결혼시켜주겠다고 속여서 그들을 다 죽여 버렸기 때문입니다. 그들은 죽을 필요가 없는 사람들까지 다 죽였고 거기에다가 거짓말까지 했습니다. 그래서 레위 지파는 저주의 지파였고 사람을 죽이는 지파였습니다. 그런데 하나님의 말씀이 레위 지파인 모세에게 임했고 모세의 형 아론은 힘써 모세의 대변인이 되었습니다. 물론 아론도 시내산 밑에서 금송아지 우상을 만들어서 하나님이 죽이시려고 했지만, 모세가 간절히 기도하는 바람에 다시 쓰임을 받아서 존귀한 하나님의 제사장이 되었습니다.

제사장은 이스라엘 백성들의 죄를 위하여 제사 드리고 그들이 죄 용서받은 것을 선포했습니다. 하나님의 복을 받는 데 있어서 죄가 용서받는 것이 시작입니다. 그리고 제사장은 번제를 드렸는데 그 번제는 바로 기도였습니다. 그리고 제사장은 이스라엘 백성들이 하나님께 바친 고기를 음식으로 먹었고, 이스라엘 백성들의 첫 열매를 받아서 먹었습니다. 그러나 제사장은 자기 땅이 없었고 자기 농사나 목축을 하지 못했습니다. 왜냐하면 하나님의 일이 그들의 농사요 분깃이었기 때문입니다.

레위 지파나 아론의 후손이 하나님의 제사장이나 레위인으로 택함 받은 것은 시내산 사건 때였습니다. 모세가 돌비를 받으러 시내산에 올라가 있던 동안 이스라엘 백성들은 금송아지를 만들어서 섬기며 춤추고 날

뛰었습니다. 그때 모세는 돌비를 던져서 부수고 하나님 편에 선 자들은 칼을 차고 나오라고 했습니다. 그때 레위 지파가 우상에게 절도 하지 않고 술에 취해서 춤추지도 않고 대기하고 있다가 모세의 명령을 듣고 칼을 차고 나와서 자기 동족 삼천 명 가량을 쳐 죽였습니다. 하나님은 레위 지파가 자기 동족보다 하나님을 더 사랑하는 열정을 보시고 그들을 제사장 지파로 택하셨습니다(출 32장).

하나님은 제사장으로 하여금 하나님께 가장 가까이 갈 수 있는 특권을 주셨습니다. 그래서 그들은 분향을 하고 에봇을 입고 번제물을 먹었습니다. 그러나 제사장에게도 어려움이 있었습니다. 그들도 인간이었기 때문에 세상에 가까이 가고 싶은 욕망이 있었던 것입니다. 세상 사람들도 만나고 세상일도 하고 세상 문화도 가까이하고 싶은 욕망이 있었던 것입니다. 그래서 제사장 중에는 직업은 제사장이지만 세상 여자를 몰래 만나기도 하고 세상 방식으로 사는 사람들이 있었습니다.

레위인이나 제사장이 축복의 사람이 되지 못하면 저주의 사람이 되고 맙니다. 제사장이나 레위인의 어려움은 다른 사람들처럼 자유분방하게 살 수 없다는 것이었습니다. 그들은 허구한 날 성전에 붙어서 제사만 드려야 했습니다. 그래야 이스라엘 백성들의 기도한 것이 이루어지고 축복한 것이 이루어졌던 것입니다. 그러나 엘리나 그의 두 아들은 직업은 제사장이지만 실제로는 음란한 이중생활을 했습니다.

하나님은 이들을 책망하셨습니다.

2:29, "너희는 어찌하여 내가 내 처소에서 명령한 내 제물과 예물을 밟으며 네 아들들을 나보다 더 중히 여겨 내 백성 이스라엘이 드리는 가장 좋은 것으로 너희들을 살지게 하느냐"

하나님은 하나님께 드리는 제사를 자신과 이스라엘 백성의 생명으로 생각하지 않고 하나의 돈벌이나 성공의 수단으로 생각하는 것을 하나님의 제사와 예물을 짓밟는 것이라고 말씀하셨습니다. 하나님께 드리는 제사는 드리는 자기가 죽는 것이며 이스라엘 백성이 죽는 것입니다. 그때 그들은 깨끗한 새 사람으로 다시 살아날 수 있습니다. 그러므로 제사장은 결코 돈벌이 수단이나 직업이 될 수 없습니다. 그래서 아무리 많은 사람이 모이고 아무리 많은 헌금이 모여도 이것이 직업이 되고 돈벌이 수단이 되면 하나님의 영광을 짓밟는 것입니다. 그래서 하나님의 제사장이나 레위인은 자신이 하나님께 바쳐졌다는 것을 늘 명심해야 합니다. 마치 노트르담 사원의 꼽추같이 성전 안에 갇혀서 죽으라고 하나님의 일만 해야 하는 것입니다. 그러면 다른 사람들에게 하나님의 복이 임하게 됩니다.

그러면 남에게만 복이 임하면 제사 드리는 제사장은 어떻게 되는 것입니까? 남들에게 임한 복의 부스러기를 모으면 열두 광주리의 복이 넘치게 됩니다. 그래서 제사장이나 레위인들은 부스러기 복으로 살아도 충분한 것입니다. 이것은 모든 목회자에게도 마찬가지입니다. 교인들이 복을 받으면 목회자도 복을 받게 되는 것입니다. 그러나 엘리는 두 아들을 하나님보다 더 사랑했다고 했습니다. 이것은 아마 두 아들이 어렸을 때부터 그랬던 것 같습니다. 고기 중에서도 가장 좋은 고기만 골라서 이 아들들에게 먹인 것입니다. 결국 이 아들들이 그의 우상이 되었던 것입니다. 자식을 사랑하면 사랑할수록 고생을 시켜야 자녀들이 인간의 도리를 알고 하나님의 말씀이 귀한 줄 알게 되는 것입니다. 그러나 엘리는 여기서 실패했습니다.

2. 하나님의 계획의 변경

원래 하나님은 엘리의 집안이 대대로 영원토록 하나님 앞에서 제사장으로 섬기게 할 계획을 가지고 계셨습니다. 그러나 하나님은 엘리가 그 귀한 사명을 받고서도 자식을 하나님보다 더 사랑하는 것을 보고 그렇게 하지 않기로 작정하셨습니다. 그래서 하나님은 엘리의 후손을 제사장 자리에서 쫓아내기로 결정하셨습니다. 왜냐하면 그들이 하나님을 존중하지 않았기 때문입니다. 하나님은 이렇게 말씀하셨습니다.

"나를 존중히 여기는 자를 내가 존중히 여기고 나를 멸시하는 자를 내가 경멸하리라"(30절).

하나님은 이스라엘을 축복하시고 제사장을 축복의 사람으로 택하셨지만, 그들이 하는 것에 따라서 축복하겠다고 말씀하셨습니다. 하나님은 무조건 축복하시는 것이 아닙니다. 하나님을 정성껏 존중하는 자를 하나님께서도 높이시고, 겉으로는 하나님을 섬기는 체하지만 실제로는 하나님의 영광을 짓밟는 자는 하나님께서도 그를 짓밟으셔서 망하게 하신다는 것입니다. 그러므로 우리가 이 세상에서 제일 높은 자 되는 비결이 있습니다. 그것은 바로 하나님을 가장 높이고 하나님의 말씀을 가장 소중하게 생각하는 것입니다. 우리가 하나님의 영광 앞에 엎드리고 하나님을 마음으로 사랑하고 하나님을 바로 믿게 된 것 하나로 만족할 때 하나님은 그 사람을 존중하시는 것입니다.

그런데 실제로 엘리 제사장의 후손은 한참 후에 억울하게 망하게 됩니다. 사무엘상 22장에 그 내용이 나옵니다. 다윗이 사울로부터 도피하다가 성막으로 도망가게 됩니다. 그는 거기서 엘리의 후손 제사장 아비아달에게 먹을 것을 좀 달라고 했는데, 마침 보통 떡이 없어서 성전에서 물린 진설병을 주어서 먹게 했습니다. 그리고 다윗이 그에게 칼이 없느냐고 물으니까 다윗이 죽인 골리앗의 칼밖에 없다고 하면서 그것을 주었습니다. 그러나 사울 왕은 이미 이때 정신병이 깊었기 때문에 제사장들이 다윗과 한편이라고 의심해서 제사장 85명과 그 가족을 다 죽여 버렸습니다. 이들이 모두 엘리의 후손이었던 것입니다. 그리고 아비아달은 엘리의 자손이지만 다윗을 따라다니면서 열심히 도왔습니다.

그러나 제사장 아비아달은 대제사장 자리에 탐을 내서 아도니야를 도와서 왕이 되게 하려고 했다가 나중에 왕이 되는 솔로몬에게 제사장 자리를 박탈당해서 쫓겨나게 되는데, 그 후로는 사독의 후손이 대제사장이 되게 됩니다. 이것이 바로 피를 속이지 못한다는 것입니다. 결국 엘리의 후손은 열심히 일을 하지만 끝에 가서 야망이 나오게 되는 것입니다.

예수님의 제자 가룟 유다는 예수님의 열두 제자 중의 하나까지 되었지만 그 직분의 중요성을 깨닫지 못하고 예수님을 배반함으로 멸망의 자식이 되고 말았습니다. 그리고 그 직분은 다른 사람이 취하게 되는 것입니다.

우리는 자식을 살찌게 해서는 안 됩니다. 자식에게 모든 좋은 것을 다 주어서는 안 됩니다. 세상에서 성공하는 것보다 하나님을 가장 존중하는 사람이 되시기 바랍니다. 하나님을 존중하는 비결이 무엇입니까? 하나님의 교회와 하나님의 말씀을 가장 사랑하는 것입니다. 그러면 처음에는 세상에서 성공한 사람으로부터 무시를 당하기도 하고 욕을 얻어먹기도 하겠지만 결국은 가장 존중받는 자가 될 것입니다.

3. 저주받은 집안

원래 엘리는 하나님의 축복의 사람으로 택함을 받았습니다. 그러나 그가 하나님보다 자식을 더 사랑하고 하나님의 예배를 짓밟았을 때 그들은 더 이상 축복의 사람이 아닌 저주의 사람으로 변하게 되었습니다. 그러나 엘리와 두 아들만 망하는 것이 아니라 이때 이스라엘 전체가 망하게 되었습니다. 왜냐하면 하나님의 축복의 불이 저주의 불로 바뀌게 되었기 때문입니다

> 2:31-32, "보라 내가 네 팔과 네 조상의 집 팔을 끊어 네 집에 노인이 하나도 없게 하는 날이 이를지라 이스라엘에게 모든 복을 내리는 중에 너는 내 처소의 환난을 볼 것이요 네 집에 영원토록 노인이 없을 것이며"

하나님은 제사장이었지만 하나님을 사랑하지 않았던 엘리에게 네 팔과 네 조상의 팔까지 끊어버릴 것이라고 하셨습니다. 그 팔은 바로 젊은 청년들이었습니다. 청년들이 팔인 것입니다. 그래서 우리는 청년들이 많을 때 팔팔하다고 말을 하지 않습니까? 엘리의 집안은 모두 어려서 죽기 때문에 청년도 없고 노인도 없게 될 것입니다. 왜냐하면 그 집은 저주받은 집안이기 때문입니다. 엘리의 집에는 아이들밖에 없을 것입니다. 왜냐하면 모두 시름시름 앓다가 죽을 것이기 때문입니다.

만일 목회자가 돈을 사랑하고 명예를 사랑한다면 그는 더 이상 축복의 사람이 아닐 것입니다. 그가 유명하고 교회가 크면 클수록 더 나라나 교인들을 망하게 할 것입니다. 그는 더 이상 축복의 사람이 아니고 저주의 사람이 되었기 때문입니다.

하나님의 이 말씀 이대로 엘리와 두 아들은 저주의 사람이 되고 맙니다. 이스라엘은 블레셋과 전쟁을 하러 갔다가 전쟁에 지는 바람에 수만 명의 이스라엘 백성들이 죽고 엘리의 두 아들도 죽고 엘리는 그 패배의 소식을 듣고 의자에 앉아 있다가 뒤로 넘어지면서 목이 부러져 죽습니다. 그리고 비느하스의 아내는 아기를 출산하다가 난산을 해서 죽게 됩니다. 아내는 남편도 죽고 시아버지도 죽고 전쟁에 나간 이스라엘 백성도 다 죽었다는 말을 듣고 죽으면서 태어난 아기 이름을 '이가봇'이라고 짓는데 '하나님의 영광이 떠났다'는 뜻이었습니다. 그는 제사장 집안에 시집오면 행복할 줄 알았는데 알고 보니까 남편은 개망나니였고 시아버지는 우유부단했고 결국 이 집은 저주를 받은 집안이 되고 말았던 것입니다.

하나님은 다시 이스라엘에 충실한 제사장을 일으키시겠다고 말씀하셨습니다.

2:35, "내가 나를 위하여 충실한 제사장을 일으키리니 그 사람은 내 마음, 내 뜻대로 행할 것이라 내가 그를 위하여 견고한 집을 세우리니 그가 나의 기름 부음을 받은 자 앞에서 영구히 행하리라"

하나님은 엘리와 그 아들들은 제사장 직에서 쫓아내시지만 새로운 충실한 제사장을 일으키실 것이라고 했습니다. 이미 이때 사무엘은 자라고 있었습니다. 사무엘은 엘리와 그의 아들들이 다 망쳐놓은 이스라엘을 오직 하나님의 말씀으로 재건하는 일을 하게 됩니다. 그러나 궁극적으로 하나님의 축복은 메시야를 통해서 오게 됩니다. 다윗은 이미 하나님 앞에 멜기세덱의 반차를 따르는 영원한 제사장이 계신 것을 알았습니다.

누구든지 예수 믿는 자는 축복의 사람입니다. 그래서 우리는 다른 사람의 나쁜 점을 생각해서는 안 됩니다. 사랑은 악한 것을 생각하지 않는다고 했습니다. 우리가 다른 사람에게 평안을 빌면 그 평안이 그 집에 임할 것이고, 그 집이 그것을 거부하면 그 평안이 우리에게 돌아올 것이라고 했습니다.

결국 물질을 사랑하고 세상을 사랑했던 엘리의 후손들은 영원히 구걸하는 사람들이 되고 맙니다.

2:36, "그리고 네 집에 남은 사람이 각기 와서 은 한 조각과 떡 한 덩이를 위하여 그에게 엎드려 이르되 청하노니 내게 제사장의 직분 하나를 맡겨 내게 떡 조각을 먹게 하소서 하리라 하셨다 하니라"

여기서 엘리의 후손은 끝까지 자신들이 얼마나 엄청난 복의 사람인지 알지 못하고 단지 굶어 죽지 않기 위해서 제사장직 자리 하나를 구걸하게 된다고 했습니다. 우리는 하나님의 택함 받은 제사장들입니다. 다른 사람들을 많이 축복하시기 바랍니다. 그러면 그 복이 우리에게 돌아오게 될 것입니다. 나중에는 그 복의 부스러기만 해도 열두 광주리가 넘게 모이게 될 것입니다. 우리의 삶에 이런 오병이어의 기적이 많이 일어나게 될 것입니다.

08
하나님의 음성 듣기

삼상 3:1-21

우리가 어렸을 때 놀이터에서 놀고 있는데 엄마가 어디 데려가기 위해서 우리를 부르실 때가 있습니다. 그때는 친구와 더 놀고 싶어도 엄마에게 대답을 하고 빨리 집으로 가야 합니다. 또 공항에서는 비행기가 출발해야 하는데 예약한 손님이 아직 보딩을 하지 않으면 'ㅇㅇㅇ손님, 몇 번 출구로 오시기 바랍니다.' 라고 방송을 할 때가 있습니다. 그때 그 손님은 빨리 가지 않으면 그 비행기를 놓치게 될 것입니다.

이와 마찬가지로 하나님은 우리에게 도움을 주시려고 우리를 부르실 때가 있습니다. 그러나 우리는 하나님의 음성을 들은 적이 없기 때문에 하나님께서 부르시는 줄 모르고 자꾸 엉뚱한 곳을 두리번거릴 때가 많을 것입니다. 그때 경험이 많은 사람이 "그것은 바로 하나님께서 너를 부르시는 거야"라고 알려준다면 그때 비로소 하나님이 자기를 부르시는 줄 알고 하나님의 음성을 듣고 하나님을 만나게 되는 것입니다.

우리는 항상 두 가지 종류의 불이 마치 물과 기름처럼 밀고 당기고 있다는 사실을 알아야 합니다. 즉 성령의 불과 사탄의 불입니다. 이것은 서로 대립되는 불입니다. 그래서 성령의 불이 붙고 부흥의 불이 붙으면 마귀의 불은 밀리게 됩니다. 자살, 동성애, 이혼, 전쟁, 성폭행이나 폭동 같은 것이 적어지게 됩니다. 반대로 성령의 불이 꺼지게 되고 부흥의 불이 없어지게 되면 마귀의 불이 맹렬하게 일어나게 됩니다. 그래서 자살, 정신이상, 이혼이나 암환자들이 많아지고 급기야는 폭동이나 전쟁까지 터지게 됩니다.

우리는 부흥의 불이 꺼진 것을 예배를 통해서 알게 됩니다. 벌써 예배가 시시해지고 목회자나 직분자들이 헌금을 사사로이 쓰고 목회자들이 도덕적으로 타락하면 부흥의 불은 꺼진 것입니다. 부흥의 불이 꺼지면 부흥이 없어진 상태로 그냥 유지되는 것이 아닙니다. 그때는 사탄의 불이 맹렬하게 일어나게 됩니다. 그래서 사람들이 술이나 마약에 취하고 서로 별 것 아닌 것을 가지고 싸우고 폭행을 하고 죽이고 자살하고 동성애를 하고 전쟁까지 터지게 되는 것입니다. 그것은 벌써 마귀의 불이 올라오고 있는 것입니다.

사무엘이 어렸을 때 성전에서 봉사했는데 그 당시에 이미 하나님의 제사는 죽어 있었습니다. 그때 제사장 엘리와 그의 두 아들 홉니와 비느하스는 하나님의 제사를 다 더럽히고 죽여 놓았습니다. 그래서 마귀의 불이 시커멓게 일어나고 있었는데 아무도 모르고 있었습니다. 그런데 그때 하나님께서 나이가 어린 사무엘을 부르셨습니다. 그러나 어린 사무엘은 하나님의 음성을 한 번도 들어본 적이 없었기 때문에 하나님께서 찾으셨을 때 자기를 부르시는 줄 알지 못했습니다.

1. 부흥의 불이 꺼진 이스라엘

나무 많은 산에 산불을 내기는 쉽지만 그 불을 끄기는 굉장히 어렵습니다. 산에서 담뱃불을 끄지 않고 버리거나 산에서 밥을 하다가 바람에 불똥이 튀거나 하면 당장 불이 붙게 됩니다. 어떤 경우에는 농부들이 논두

령에서 무엇을 태우다 불씨가 바람에 날려가서 큰불이 되는 경우가 종종 있습니다. 그런데 피우기는 너무 어렵고 꺼지기는 너무 쉬운 것이 바로 성령의 불입니다. 성령의 불은 교회나 이스라엘 공동체 안에 세상을 끌어들이면 그 불이 고약한 냄새를 내면서 잦아들다가 나중에는 꺼져버립니다. 또 지도자들이 죄를 짓고 회개하지 않거나 예배를 목숨 걸고 드리지 않으면 그 불이 쉽게 꺼져버립니다. 그리고 불이 한번 꺼져버리면 다시 붙기가 너무나 어려워지게 됩니다. 그 대신에 마귀의 불이 맹렬하게 타오르게 됩니다.

사무엘이 어렸을 때 성전에는 이미 성령의 불이 꺼져 있었습니다. 그리고 곧 맹렬한 사탄의 불이 다가오고 있었습니다. 그것은 바로 영적인 침체요 전쟁이었습니다. 성전에서 하나님의 불이 꺼졌기 때문에 사람들은 성전에서 하나님의 말씀을 들을 수 없었고 기도의 응답을 받기가 너무 힘들었습니다.

3:1, "아이 사무엘이 엘리 앞에서 여호와를 섬길 때에는 여호와의 말씀이 희귀하여 이상이 흔히 보이지 않았더라"

어린 사무엘은 성전 안에서 엘리 제사장의 몸종이 되어서 여러 가지 잔심부름을 하고 있었습니다. 그런데 엘리의 두 아들 홉니와 비느하스는 성전 제사를 짓밟고 백성들의 성전 제물을 빼앗고 심지어는 성전의 여자들과 성관계까지 하고 있었으니 이미 성전 부흥의 불은 꺼져 있었습니다. 또 엘리 제사장은 목숨을 걸고 하나님의 제사를 지켜야 했지만 그는 자기 아들들을 하나님보다 더 사랑했다고 했습니다. 그래서 엘리는 그 중요한 제사를 두 아들에게 다 맡겨놓고 무슨 짓을 하든지 크게 상관하지 않았던 것입니다. 그 결과는 성전에서 하나님의 말씀은 없어지고 사람들의 열기가 싸늘해졌습니다.

여기에 보면 "여호와의 말씀이 희귀했다"고 했으니 말씀이 있기는 있었다는 뜻입니다. 그러나 그 말씀은 하나님이 엘리를 책망하는 말씀 정도에 불과했지, 이스라엘을 부흥시키는 뜨거운 말씀은 거의 없었다고 볼 수 있습니다. 왜냐하면 엘리와 그의 두 아들이 하나님의 부흥을 막고 있었기 때문입니다. 그래서 성전에는 하나님의 말씀이 없었고 기도의 응답도, 뜨거운 눈물의 기도도 없었습니다. 사무엘의 어머니 한나 때만 해도 성전에서 한나의 통곡하는 기도가 있었고, 한나는 엘리를 통해서 하나님의 응답을 체험했습니다. 그러나 이제는 그런 기도나 그런 응답도 없었고, 성전의 성령의 불은 완전히 꺼지고 말았습니다. 그리고 시커먼 먹구름 같은 마귀의 불, 전쟁의 불이 밀려오고 있었습니다.

그때 엘리는 육신의 눈까지 멀어서 잘 보이지 않았고 그의 영혼까지 어두워지게 되었습니다.

> 3:2, "엘리의 눈이 점점 어두워 가서 잘 보지 못하는 그 때에 그가 자기 처소에 누웠고 하나님의 등불은 아직 꺼지지 아니하였으며 사무엘은 하나님의 궤 있는 여호와의 전 안에 누웠더니"

물론 사람이 나이가 들면 백내장 같은 것이 생겨서 앞을 잘 보지 못하게 됩니다. 그러나 평소에 하나님의 말씀을 가까이해서 앞을 잘 보지 못한다 해도 하나님의 말씀이 언제나 영혼을 환하게 밝혀주어야 합니다. 그러면 오히려 육신의 눈이 어두워졌을 때 영혼의 눈은 더 밝아질 수 있습니다. 왜냐하면 세상의 쓸데없는 것들은 보지 않고 온종일 하나님만 묵상할 수 있기 때문입니다.

《하나님을 아는 지식》이라는 책을 써서 유명한 제임스 패커라는 분이 있습니다. 그는 영국에서 캐나다로 가서 신학교 교수를 했는데, 나이가 구십이 넘으니까 앞이 완전히 보이지 않게 되었다고 했습니다. 그러나 그는 앞이 보이지 않아도 좋다고 했습니다. 그는 온종일 하나님을 생각하고 과거에 외웠던 성경 구절을 묵상하고 천국을 생각하니 더 행복하다고 고백했습니다.

성경에 보면 여로보암이 금송아지 우상을 만드는 원조가 됩니다. 그런데 열왕기상 14장에 보면, 여로보암의 아들이 병들어 죽게 되었을 때 그의 아내를 변장시켜 선지자 아히야를 찾아가서 자기 아들이 살 것인지 물어보려고 했습니다. 이때 아히야는 이미 나이가 많이 들어서 앞을 보지 못했습니다. 그러나 하나님은 이미 아히야에게 여로보암의 아내가 다른 여자로 변장해서 오고 있다고 알려주셨습니다. 그래서 선지자는 그 여자가 자기 집에 들어올 때 "여로보암의 아내여 왜 다른 여자처럼 변장해서 오느냐?"고 하면서 네가 성문에 들어갈 때 네 아들은 죽을 것이라고 예언했습니다. 그리고 그 여자가 성문에 들어갈 때 아들은 그 예언대로 죽고 말았습니다.

사무엘이 성전에서 무엇을 했는지 우리는 자세히 알 수 없습니다. 사무엘은 아마도 앞을 보지 못하는 제사장 엘리가 화장실을 갈 때 데리고 간다든지 혹은 성전의 일곱 등잔대의 불을 켜거나 끄는 것, 혹은 성전 청소하는 일을 도왔을 것입니다. 그러나 엘리의 제사장 사역은 실패였습니다. 왜냐하면 엘리의 나이가 이 정도 들 정도라면 이미 말씀의 제자들을 많이 키워서 여기저기에서 부흥의 불을 일으키고 있어야 했습니다. 그러나 엘리는 자기 자식들만 사랑했고 결국 이 두 자식이 타락하니까 이스라엘 부흥의 불이 꺼지게 되었던 것입니다.

2. 하나님이 사무엘을 부르심

사무엘은 어린 소년이었고 아무도 사무엘을 중요하게 생각하지 않았습니다. 심지어 어른 중에는 사무엘이라는 아이가 있는지조차도 모르는 사람들이 많았습니다. 그러나 하나님은 사무엘을 알고 계셨고 사무엘의 이름을 알고 계셨습니다. 어느 날 새벽에 하나님은 사무엘의 이름을 부르셨습니다.

3:4-5, "여호와께서 사무엘을 부르시는지라 그가 대답하되 내가 여기 있나이다

하고 엘리에게로 달려가서 이르되 당신이 나를 부르셨기로 내가 여기 있나이다 하니 그가 이르되 나는 부르지 아니하였으니 다시 누우라 하는지라 그가 가서 누웠더니"

2절에 보면, 시간은 아직 하나님의 등불이 꺼지지 않았을 때입니다. 하나님의 등불은 저녁에 켜고 아침에는 끄게 되어있었는데 아직 꺼지지 않았을 때니까 아마 동이 트기 전 캄캄한 때였을 것입니다. 그때 하나님은 정확하게 사무엘의 이름을 부르셨습니다. 사무엘은 아직 하나님의 음성을 들은 적이 없었습니다. 그리고 성전에는 자기와 엘리 밖에 없었기 때문에 당연히 엘리 제사장이 자기를 부른 줄 알고 엘리에게 달려갔습니다. 사무엘은 엘리에게 불러서 달려왔다고 했습니다. 그랬더니 엘리는 사무엘이 잠결에 무슨 소리를 잘못 들었다고 생각하고 "내가 안 불렀으니 가서 도로 자라"고 했습니다.

이때까지만 해도 아무 문제가 없는 것 같았습니다. 엘리는 하나님께서 제사장인 자기를 부르지 않고 아무것도 아닌 어린아이를 부르리라고는 꿈에도 생각하지 못했습니다. 그리고 어린 사무엘도 하나님께서 자기 이름을 아시고 자기 이름을 부르리라고는 꿈에도 생각하지 못했던 것입니다. 그런데 하나님은 다시 사무엘을 부르셨습니다. 하나님은 사무엘에게 환상으로 나타나신 것도 아니고 꿈에 나타나신 것도 아니고 사람의 음성으로 직접 부르셨습니다.

사무엘은 또 엘리가 자기를 부르는 줄 알고 엘리에게 달려갔습니다.

3:6, "여호와께서 다시 사무엘을 부르시는지라 사무엘이 일어나 엘리에게로 가서 이르되 당신이 나를 부르셨기로 내가 여기 있나이다 하니 그가 대답하되 내 아들아 내가 부르지 아니하였으니 다시 누우라 하니라"

여기서 우리는 사무엘이 얼마나 순종을 잘하는 아이인지 알 수 있습니다. 다른 아이 같으면 가장 잠이 올 새벽에 부르고 또 부르면 못들은 체하거나 투덜거릴 텐데, 조금도 귀찮은 기색 없이 엘리에게 달려갔습니

08 하나님의 음성 듣기

다. 그러나 엘리는 자기가 부르지 않았다고 하면서 가서 더 자라고 했습니다. 그러나 입때까지만 해도 사무엘은 하나님이 자기 이름을 사람의 목소리로 부르실 줄은 꿈에도 생각하지 못했던 것입니다. 왜냐하면 하나님이 자기 같은 보잘것없는 자의 이름을 알 리도 없고 또 부르실 리도 없다고 생각했기 때문입니다.

3:7, "사무엘이 아직 여호와를 알지 못하고 여호와의 말씀도 아직 그에게 나타나지 아니한 때라"

즉 사무엘은 하나님이 자기 이름을 부르신다고는 꿈에도 생각하지 못했습니다. 그리고 이것은 제사장 엘리도 마찬가지였습니다. 하나님이 부르신다면 제사장인 자기 이름을 부르셔야지, 심부름이나 하는 어린아이의 이름을 부를 리는 없었기 때문입니다.
그런데 하나님은 세 번째 사무엘의 이름을 부르셨습니다. 이것은 보통 일이 아니었습니다.

3:8, "여호와께서 세 번째 사무엘을 부르시는지라 그가 일어나 엘리에게로 가서 이르되 당신이 나를 부르셨기로 내가 여기 있나이다 하니 엘리가 여호와께서 이 아이를 부르신 줄을 깨닫고"

세 번째로 하나님께서 사무엘의 이름을 부르니까 사무엘은 또 엘리에게로 달려갔습니다. 그제야 엘리는 누가 사무엘을 부르셨는지 알게 되었습니다. 왜냐하면 사무엘을 부르신 분은 하나님이셨기 때문입니다. 그때 엘리가 이 사실을 깨닫지 못했더라면 사무엘은 날이 샐 때까지 누웠다가 엘리에게 뛰어갔다가 다시 뛰어오는 일을 반복했을지도 모릅니다. 그런데 엘리는 어떻게 하나님께서 사무엘을 부르시는지 알았을까요? 아마 엘리도 옛날에는 하나님이 그를 이렇게 부르셨던 것 같습니다. 그러나 이제 더 이상 하나님은 엘리를 부르지 않으셨습니다. 하나님은 엘리에게 실망하셨기 때문입니다. 그 대신 하나님은 아무도 알아주지 않는 어린 사무엘을 부르셨던 것입니다.

하나님은 몇 번이 되든지 간에 사무엘의 이름을 불러 주셨습니다. 그 이유는 사무엘에게 하나님의 음성을 듣게 하심으로 그 마음에 하나님의 불을 붙여주려고 하셨기 때문입니다. 이제 더 이상 환상이나 꿈이 아닌 사람의 언어와 음성으로 하나님의 말씀을 들려주려고 하신 것입니다.

3. 여호와여 말씀하옵소서

드디어 엘리 제사장은 사무엘이 자꾸 자기 방에 달려오는 놀라운 비밀을 알게 되었습니다. 그것은 바로 하나님이 사무엘을 부르시는 것이었습니다. 하나님은 엘리를 무시하고 엘리를 건너뛰고 사무엘을 부르시는 것이었습니다.

이제 엘리는 사무엘에게 말합니다. "지금 부르는 것은 내가 부르는 것이 아니라 하나님이 너를 부르시는 것이다. 그러므로 이제 나에게로 올 필요 없이 그냥 거기서 하나님, 말씀하십시오라고 하고 들으면 된다"고 가르쳐 주었습니다.

> 3:9, "엘리가 사무엘에게 이르되 가서 누웠다가 그가 너를 부르시거든 네가 말하기를 여호와여 말씀하옵소서 주의 종이 듣겠나이다 하라 하니 이에 사무엘이 가서 자기 처소에 누우니라"

하나님께서 내 이름을 부르실 때 우리가 해야 할 것은 그냥 듣기만 하면 되는 것입니다. "주여, 말씀하옵소서. 주의 종이 듣겠나이다." 하나님의 종에게 가장 중요한 것은 하나님의 말씀을 듣는 것입니다. 우리는 많은 일을 하거나 많은 계획을 세우는 것을 좋은 것으로 생각하지만, 하나님의 말씀을 듣는 것이 가장 중요합니다. 이제는 더 이상 엘리에게 뛰어갈 필요도 없고, 사람들의 인정을 받을 필요도 없고, 하나님께서 하시는 말씀을 듣기만 하면 되는 것입니다. 그래서 이제 사무엘은 하나님의 말씀을 들었습니다.

> 3:10, "여호와께서 임하여 서서 전과 같이 사무엘아 사무엘아 부르시는지라 사무엘이 이르되 말씀하옵소서 주의 종이 듣겠나이다 하니"

지금 이스라엘의 부흥이 다 꺼졌는데, 하나님께서 사무엘의 이름을 자꾸 부르시는 이유가 무엇일까요?

하나님께서 보시기에 엘리라는 창구는 완전히 막혀 있었기 때문입니다. 그래서 이제는 사무엘을 통해서 말씀을 주시려는 것입니다. 하나님이 말씀을 주시려는데 이스라엘이 젖은 나무가 되어서 불이 붙어도 완전히 타지 않기 때문입니다. 지금 이스라엘에는 블레셋이라는 마귀의 불이 올라오고 있었습니다. 이때 이스라엘에 완전히 하나님의 말씀이 말라버리면 완전히 다 타서 사라져버립니다. 그러나 하나님이 사무엘에게 말씀을 주시면 나무 안에 물기가 있으므로 마귀의 불이 와도 완전히 타 죽지는 않게 됩니다. 그래서 성경에 보면 푸른 나무도 나오고 마른 나무라는 표현이 나옵니다. 우리에게 하나님의 말씀이 있으면 푸른 나무이기 때문에 환란이 와도 완전히 타서 없어지지는 않습니다.

그뿐만 아니라 산불이 났을 때 물론 물도 뿌리고 나무를 베어서 방어막을 치기도 하지만 최후의 순간에는 맞불을 놓기도 합니다. 즉 큰 산불이 덮칠 때 맞은편에 불을 놓으면 두 불이 합쳐지면서 한순간에 산소가 없어지면서 그 불이 꺼져버리게 됩니다. 이렇게 이 세상에서 사탄의 불이 맹렬하게 타오를 때 우리도 하나님 성령의 불을 놓으면 산소가 없어지면서 마귀의 불이 꺼지게 됩니다.

엘리가 잘못한 것은 하나님의 부흥의 불을 지키지 못한 것이었습니다. 그는 성전 등잔대의 불을 켜는 일은 했지만 기도의 불과 말씀의 불과 거룩의 불을 지키지 못했던 것입니다. 엘리는 아무리 사랑하는 아들이라 하더라도 그들이 세상을 하나님의 성전에 끌어올 때 잘랐어야 했습니다.

그러나 그는 자식을 맹목적으로 사랑했기 때문에 그것을 내버려 두었고 그 결과 이스라엘에 부흥의 불이 꺼지게 되었습니다. 그 죄는 영원히 용서받지 못한다고 했습니다.

하나님은 사무엘에게 이렇게 경고의 말씀을 하셨습니다.

> 3:11, "여호와께서 사무엘에게 이르시되 보라 내가 이스라엘 중에 한 일을 행하리니 그것을 듣는 자마다 두 귀가 울리리라"

> 3:14, "그러므로 내가 엘리의 집에 대하여 맹세하기를 엘리 집의 죄악은 제물로나 예물로나 영원히 속죄함을 받지 못하리라 하였노라 하셨더라"

사람 중에 죄짓지 않는 사람은 아무도 없습니다. 누구든지 죄를 지어도 하나님께 나와서 잘못했다고 하면 다 용서해주십니다. 그러나 교회 안에 세상을 끌어들여 부흥의 불을 끈 사람은 성령을 훼방하고 비방했기 때문에 이 세상이나 오는 세상에서 용서를 받지 못합니다. 교회는 순전히 하나님의 말씀으로 부흥되어야 합니다. 그러나 돈이나 건물이나 세상의 명예로 세상을 끌어들여서 부흥의 불을 끈 사람은 성령훼방 죄가 되어서 영원히 망하게 되는 것입니다.

우리는 하나님께서 내 이름을 알고 계신다는 사실을 알아야 합니다. 그리고 하나님이 내 이름을 부를 때 그 말씀을 듣기만 하면 됩니다. 우리에게 하나님의 말씀이 있으면 아무리 큰 환란의 불이라도 끌 수 있습니다. 맞불을 붙여서 마귀의 불을 꺼버릴 수 있는 것입니다. 우리 모두 하나님의 음성을 듣고 마귀의 공격을 이기는 성도들이 되시기 바랍니다.

09

과거와의 단절

삼상 3:15-21

"**어렸을 때** 보면서 자란다"는 말이 있습니다. 어렸을 때 아버지가 술만 마시면 집에 들어와서 아이나 엄마를 때리는 것을 보고 자란 아이들은 자기도 자라서 자기도 모르는 사이에 술을 좋아하게 되고 또 아이나 아내를 때리는 경우가 많다고 합니다. 어렸을 때 본 것이 자기도 모르는 사이에 머리에 각인되어서 너무나도 자연스러운 행동이 되어버리기 때문입니다. 또 어렸을 때 어떤 충격적인 모습을 보거나 겪은 사람은 그것이 한평생 그 사람의 인생을 지배할 때가 많습니다. 예를 들어서 어떤 아이가 어렸을 때 가족 중 누군가가 자살하려고 극약을 먹는 현장을 보았다든지, 혹은 나무에 목을 매달고 죽어있는 것을 보았다면 자신이 그 가족을 지켜주지 못했다는 죄책감에 사로잡혀서 평생 불행하게 사는 경우가 많다고 합니다.

이런 사람이 따뜻하고 사랑에 넘치는 자기 자신을 찾는 방법은 오직 하나밖에 없습니다. 그것은 바로 예수를 믿는 것입니다. 예수를 믿어도 그냥 시시하게 믿어서는 안 되고 철저하게 믿어야 합니다. 그래서 하나님 앞에서 자기에게 나쁜 짓을 한 아버지나 의붓아버지나 신부가 틀렸다는 것을 선언해야 합니다. 그러나 이것은 너무나도 힘든 일입니다. 왜냐하면 자기 아버지를 부정하고 하나님의 종을 틀렸다고 부정하는 것은 지금까지의 자신의 존재를 부정하는 일이 되기 때문입니다. 그러나 우리는 예수 그리스도 안에서 철저하게 과거를 부정할 수 있습니다. 그리고 새로운 인생을 시작할 수 있는 것입니다.

독일의 유명한 신학자 칼 바르트는 우리와는 신학 입장이 좀 다르지만 그래도 성경을 믿으려고 애쓴 사람이었습니다. 그가 활동할 당시 모든 신학 교수들은 자유주의 신학자였습니다. 그들은 성경을 부정하고 인간이 죄인인 것을 믿지 않았습니다. 그리고 도덕적으로 선한 것이 신앙이라고 믿었습니다. 그런데 그가 《로마서 주석》을 썼습니다. 그리고 유명한 자신의 스승이 있는 앞에서 "아니요!"(독일어로 Nein!)라는 강의를 하여 큰 센세이션을 일으킵니다. 그것은 지금까지 그의 유명한 스승들이 가르쳤던 신학이나 성경해석이 다 틀렸다는 폭탄선언이었습니다.

우리는 자기와 매우 가깝고 자기에게 은혜를 끼친 사람이 틀렸다는 말을 하는 것은 참 어렵습니다. 그것은 자기 자신의 뿌리를 부정하는 일이기 때문입니다. 그러나 그것을 틀렸다고 선포하지 않으면 결국 자기 자신도 똑같은 사람이 되고 맙니다.

가끔 손님을 과도하게 대접해야 하는 강박증을 가진 이들이 있습니다. 또 남을 사랑하기 위하여 자기 모든 것을 다 버려야 하며, 자기는 부자가 되어서는 안 되며, 거지가 있으면 집에 데리고 와서 밥을 먹이고 잠을 재우고 옷이나 돈을 주어야 한다는 강박증을 가진 이들이 있습니다. 이런 사람은 그렇게 하지 않는 사람들을 보면 위선자같이 보여서 분노가 치밀어 오르고 자기 배만 살찌우는 이기주의자로 생각해서 저주를 하게 됩니다. 그는 자기와 다른 모든 사람을 악한 자로 간주해서 저주하게 됩니다. 저도 그런 사람 중의 한 사람이었습니다.

저희 아버님은 술만 마시지 않으면 좋은 분이었습니다. 그러나 술을 마시기만 하면 우리를 긴장하게 만들었습니다. 아버지는 술을 드시면 두 시간 이상씩 우리를 꿇어 앉혀 놓고 인생 이야기를 하셨습니다. 그래서 저는 누군가가 길게 이야기하는 것을 아주 싫어하게 되었습니다. 그리고 아버지는 우리가 친구를 데리고 와도 저녁 먹기 전에 보내라고 하셨습니다. 가족은 많았지만 쌀이 없었기 때문입니다. 그런데 친구를 식사시간 전에 보낸다는 것이 저에게는 너무나도 수치스런 일이었습니다.

그래서 저는 결혼하고 난 후에 친구나 교회 청소년들을 집에 많이 데리고 왔습니다. 그러나 아내는 그것을 다 감당할 힘이 없었습니다. 그때 저는 증오심이 일어났습니다. 그것은 의로운 것 같지만 사실은 아버지에 대한 증오심이었습니다. 저는 이것이 아내의 마음을 상하게 하고 정죄할 수 있다는 것을 알았습니다. 그리고 아내에게 사과하고 아버지에 대하여 내가 분노하고 있다는 것을 고백했습니다. 그리고 난 후에 저는 손님을 대접하는 것에 부담이 없어졌고, 대접하지 않아도 아무 상관이 없었습니다. 증오심이 없어졌기 때문입니다.

사무엘은 어렸을 때 부모를 떠나 엘리 제사장 밑에서 모든 것을 보고 자라면서 모든 것에 무책임한 모습의 엘리를 보았습니다. 그리고 사무엘은 엘리가 자기 아들이 제사장이면서도 음란한 짓을 하고 성전 제물을 탈취하는 것을 보고서도 관행으로 알고 책망하지 않는 것을 보고 자랐습니다. 사무엘은 감히 엘리 제사장이 하는 것을 틀렸다고 말할 수 없었습니다. 엘리는 하나님의 종이었고 자기를 키워준 자였고 자신의 은사요 정신적인 부모였기 때문입니다. 그런데 만일 사무엘이 이 상태 이대로 자라게 된다면 그도 그런 것을 당연하게 생각하는 사람으로 자라게 될 것입니다. 나중에는 사무엘의 아들들도 그런 사람으로 자라게 될 것입니다.

그래서 하나님께서는 사무엘에게 주신 첫 번째 말씀이 엘리의 집안이 망한다는 예언이었습니다. 즉 엘리가 얼마나 틀렸으며 그의 집 식구들이 얼마나 저주받은 자인지 말해야 하는 사명을 주셨습니다. 하나님은 사무엘로 하여금 철저하게 엘리를 청산하기를 원하셨습니다. 그러나 사무엘은 그것을 두려워했습니다. 왜냐하면 엘리는 하나님의 종이었고 자기는 하나의 사환에 불과했기 때문입니다. 그러나 과거의 잘못을 단절하지 않으면 새로운 싹이 올라올 수 없습니다. 오래된 썩은 뿌리나 줄기들이 새로운 싹이 올라오는 것을 막아버리기 때문입니다.

1. 사무엘의 두려움

사무엘은 새벽에 하나님께서 네 번씩이나 자기를 불러서 주신 말씀을 듣고 굉장히 두려워했습니다. 하나님은 대제사장 엘리를 그냥 패싱하셨습니다. 하나님은 "나를 존귀히 여기는 자를 내가 존귀하게 대하고 나를 멸시하는 자를 내가 경멸하리라"고 말씀하셨는데 엘리가 하나님의 말씀을 무시했기 때문에 하나님도 엘리를 무시하셨던 것입니다. 하나님은 엘리가 없는 것처럼 대하셨습니다. 그러나 하나님께서 사무엘에게 하신 말씀은 너무나도 무서운 경고의 말씀이었습니다. 어떤 내용이었습니까?

하나님께서는 장차 한 일을 행하실 것인데 그때 그 소문을 듣는 자들의 귀가 울릴 것이라고 하셨습니다. 이것은 마치 사람의 귀에 대놓고 징을 치거나 큰 종을 치면 너무 큰 소리에 귀가 다 울리고 쇼크를 받는 것처럼 사람들이 놀랄 것입니다. 그것은 엘리의 두 아들의 죄가 너무 커서 하나님께서 엘리의 집을 심판하실 것이며, 그 두 아들의 죄는 제사나 예물로도 용서받을 수 없다는 것이었습니다. 엘리와 그의 두 아들은 이스라엘의 부흥의 불을 꺼버린 사람들이었습니다. 그리고 부흥의 불이 꺼진 이스라엘은 다시 부흥의 불이 붙을 때까지 사람들이 무더기로 죽게 되고 치욕을 당하게 될 것이라는 무서운 경고의 내용이었습니다.

그러나 사무엘은 자기가 들은 하나님의 말씀을 엘리에게 말하는 것을 두려워했습니다. 왜냐하면 엘리는 사무엘에게 정신적인 아버지였기 때문입니다. 사무엘이 하나님의 말씀을 엘리 제사장에게 그대로 말하면 엘리는 틀림없이 불쾌하게 생각할 것입니다. 그러나 사무엘은 하나님의 종을 진정으로 존경했고 두려워했으며 좋은 점만 보려고 노력했을 것입니다. 사무엘은 정말 자기를 어렸을 때부터 키워주었던 엘리의 집 사람들과 끝까지 잘 지내고 싶었고 절대로 그들의 나쁜 점을 말하고 싶지 않았을 것입니다. 아마 자기가 자라면 엘리를 친아버지처럼 봉양해 드리고 홉니와 비느하스에게도 은혜를 갚아야 한다고 생각했을 것입니다. 그러나 하나님은 사무엘에게 엘리의 집안의 죄를 드러내시고 그들을 저주하는 말씀을 전하게 하셨습니다. 사무엘은 이것을 매우 두려워했던 것입니다. 이 말을 하면 틀림없이 엘리 집안과 사이가 나빠지게 될 것이고 자기는 배은망덕한 사람이 될 것이기 때문입니다.

> 3:15, "사무엘이 아침까지 누웠다가 여호와의 집의 문을 열었으나 그 이상을 엘리에게 알게 하기를 두려워하더니"

사무엘은 하나님의 말씀을 통해서 엘리와 그의 두 아들이 하나님 앞에서 엄청나게 잘못했다는 것을 알았지만, 대개는 그런 것을 깨닫지 못하는 경우가 많습니다. 왜냐하면 관행이나 습관이라는 것은 늘 언제나 그렇게 해왔기에 그럴 수도 있다고 생각하기 때문입니다.

토인비는 누구든지 진정한 리더가 되려고 하면 광야 생활을 해야 한다고 했습니다. 즉 자기가 속한 사회에서 쫓겨나서 혼자서 모든 것을 밑바닥부터 철저하게 다시 정립하는 시간을 가져야 이런 올무에서 벗어날 수 있다는 것입니다. 그래서 토인비는 그 대표적인 인물로 모세와 세례 요한을 들었습니다. 모세는 미디안 광야에서 사십 년을 돌아다니면서 철저하게 과거의 애굽과 단절했습니다. 세례 요한도 어렸을 때부터 광야에서 살면서 유대 사회의 위선과 단절하는 시간을 가졌던 것입니다. 그래서 이 세상에서 머리가 좋다고 해서 빨리 성공하고 윗사람의 기분을 잘 맞추어주는 것이 당장은 편하고 그것이 유익하게 보여도 결코 좋은 것이 아닙니다. 그는 결국 늙어서 자기가 가장 싫어하는 사람과 똑같은 모습으로 변하게 될 것입니다.

하나님께서는 사무엘이 엘리나 그의 가족으로부터 철저하게 단절되고 새 출발 하기를 원하셨습니다. 왜냐하면 그렇게 해야 진정한 새 부흥이 일어날 수 있기 때문입니다. 그러므로 우리도 철저하게 과거의 나쁜 것과는 단절되어야 합니다. 그렇지만 그것이 열등감이나 콤플렉스로 나와서는 안 됩니다. 그것은 다른 하나의 변형에 불과하기 때문입니다.

우리는 때때로 이 세상에서 실패해서 혼자서 외로운 소외의 시간을 가져야 합니다. 그래야만 우리 안에서 일어나고 있는 모든 악행과 나쁜 관습을 볼 수 있습니다. 지금 우리나라에서 일어나고 교회 대형화나 성장주의는 우상입니다. 그러나 이것을 따라가지 않는 목회자는 아마 아무도 없을 것입니다. 그것이 성공의 길이고 하나님의 축복으로 보이기 때문입니다.

2. 엘리의 질문

엘리는 하나님께서 자신을 부르시지 않고 자기를 무시하고 자기 종을 불러서 말씀하신 것에 대해 이상하게 생각했을 것입니다. 이것은 일종의 패싱이기 때문입니다. 그 이유는 하나님께서 이미 엘리를 경멸하셨기 때문입니다. 이 세상에서 가장 비참한 것은 하나님의 말씀에서 소외되는 것입니다.

사람들은 자기가 다른 사람으로부터 소외되는 것을 가장 싫어합니다. 대개 돈이 없으면 집에서나 친구에게도 소외당하게 되고 못생겼다고 소외당하게 되고 가난하게 살기 때문에 소외당하기도 합니다. 그러나 이 세상에서 가장 큰 소외는 하나님의 말씀에서 소외당하는 것입니다. 사실 자기 자신에 말씀이 임하면 가서 들으면 되는데 자기가 세상을 더 사랑해서 하나님의 말씀을 듣지 못하는 것입니다.

그런데 하나님의 말씀을 들은 자와 듣지 않은 자는 이미 대화가 통하지 않을 정도로 달라집니다. 엘리는 자기 종에 불과한 사무엘에게 질 수 없었기 때문에 사무엘을 불러서 자세히 물어봤습니다. 즉 내가 모르는 것을 하나님이 네게 무엇을 말씀하셨는지 물었던 것입니다. 사실 이것은 사무엘의 엄청난 부담을 줄여주었습니다. 사무엘은 도저히 자기 힘으로는 영적인 아버지인 엘리에게 가서 하나님께서 이런이런 말씀을 하시더라고 말할 자신이 없었습니다. 그러나 엘리의 마음속에는 아직 하나님의 말씀에 대하여 질투하는 마음이 남아 있었는데, 그것이 사무엘로 하여금 말할 용기가 생기게 했습니다.

> 3:17, "이르되 네게 무엇을 말씀하셨느냐 청하노니 내게 숨기지 말라 네게 말씀하신 모든 것을 하나라도 숨기면 하나님이 네게 벌을 내리시고 또 내리시기를 원하노라"

우리는 하나님의 말씀을 듣는 데 있어서 열정이 있어야 합니다. 그것이 바로 그 말씀을 듣지 못한 자신에게는 질투심으로 나타나게 되는 것입니다. 예를 들어서 집에 있을 때 남편은 아내에게 무슨 전화가 오면 누가 전화했고 무슨 내용인지 별 것 아닌 것처럼 하면서 꼭 물어봅니다. 아직 아내에 대한 사랑이 남아 있고 질투심이 남아 있기 때문입니다. 그런데 별 것 아니라고 하면서 무엇인가 감추는 것 같은 느낌이 들면 하나님이 저주를 내리시고 더 내리시기를 원하노라는 마음이 생기게 되는 것입니다. 우리는 하나님께서 하시는 말씀을 다 들어야 합니다. 그렇지 않으면 질투심이 생길 정도로 하나님의 말씀에 대한 열정이 있어야 합니다.

그래서 드디어 사무엘은 용기를 내어서 하나님께서 말씀하신 것을 하나도 빼놓지 않고 엘리 제사장에게 다 말했습니다.

> 3:18, "사무엘이 그것을 그에게 자세히 말하고 조금도 숨기지 아니하니 그가 이르되 이는 여호와이시니 선하신 대로 하실 것이니라 하니라"

사무엘에게 말한 하나님의 말씀은 지금까지 엘리나 그의 아들들이 행해온 것이 모두 틀린 것이라는 경고였습니다. 사무엘은 드디어 이 말을 함으로써 과거의 엘리나 그 두 아들의 영향력에서 단절되게 되었고 새로운 길을 걷게 되었습니다. 우리는 과거에서 단절될 필요가 있습니다. 남들이 하기 때문에 나도 나쁜 짓을 해야 할 이유가 없습니다. 나도 당했기 때문에 남들에게 그대로 갚아주어야 한다면 똑같이 나쁜 사람밖에 되지 못하는 것입니다. 우리가 멋진 새로운 시대를 열려고 하면 나는 당했지만 남에게 갚아주지 말아야 하고, 남들은 다 하지만 나는 손해를 보면서도 하지 않을 용기가 있어야 합니다.

그런데 문제는 이 하나님의 말씀을 들은 엘리의 태도였습니다. 엘리는 하나님께서 무엇인가 새로운 말씀을 주셨는가 해서 사무엘에게 다그쳐 물었지만 새로운 말씀은 하나도 없었고 전부 자기가 다 알고 있는 내용의 말씀뿐이었습니다. 그래서 엘리는 금방 시큰둥해지면서 "이는 여호와이시니 선하신 대로 하실 것이니라"고 하면서 회개도 하지 않고 슬퍼하지도 않았습니다. 그 이유는 이미 엘리의 마음은 완고하게 되어서 하나님의 말씀을 잔소리로 듣게 되었기 때문입니다. 그래서 "하나님이시니까 죽이든지 살리든지 알아서 하시겠지"라고 말할 뿐이었습니다. 아마 엘리는 거의 자포자기의 상태였던 것 같습니다. 즉 내가 무슨 재주로 다 큰 녀석들을 바꾸겠느냐고 생각한 것 같습니다. 그러나 더 중요한 것은 엘리 자신이었습니다. 엘리 자신이 이 모든 것을 만든 장본인이었기 때문입니다.

3. 새로 시작되는 말씀의 시대

과거와 단절된 사무엘에게 새로운 시대가 열리기 시작했습니다. 그것은 모세 이후로 중단되었던 생생한 하나님의 말씀이 임하는 시대가 열렸던 것입니다. 사사의 시대는 성령의 시대였고 능력의 시대였습니다. 그래서 적들이 쳐들어오면 사사에게 하나님의 영이 임하면서 적들을 쳐부수었습니다. 그러나 말씀의 시대는 아주 새로운 시대였습니다. 이것은 이스라엘 백성들이 하나님의 말씀을 듣고 마음속에서부터 변화가 일어나는 것이었습니다.

> 3:19, "사무엘이 자라매 여호와께서 그와 함께 계셔서 그의 말이 하나도 땅에 떨어지지 않게 하시니"

어린 사무엘이 자라는데 하나님이 사무엘과 함께 계셨습니다. 그때 사무엘이 하는 말은 바로 하나님의 말씀이었습니다. 하나님은 사무엘이 한 말 중에서 하나도 땅에 떨어지지 않게 하셨습니다. 여기 땅에 떨어진다고 하는 것은 사무엘이 한 말이 성취되지 않고 실패하는 것을 말합니다. 즉 사무엘이 한 말은 그가 무슨 말을 하든지 전부 다 성취되었던 것입니다. 이것은 정말 놀라운 일이 아닐 수 없습니다. 우리가 평소에 하는 말 중에서는 정말 쓸데없는 말이 많습니다. 우리가 하는 말 중에는 땅에 떨어지는 말도 많고 농담으로 하는 말도 많습니다. 그러나 사무엘이 하는 말은 전부 다 맞는 말이었고 그대로 이루어졌다는 것입니다.

사무엘은 지금까지 사사들이 했던 것이나 엘리나 홉니와 비느하스가 했던 것과는 별개로 독자적인 길을 걷기 시작했습니다. 사무엘도 이제부터는 독자적으로 하나님의 말씀을 듣고 그 말씀을 가지고 사람들의 길을 인도하기 시작했습니다.

> 3:20, "단에서부터 브엘세바까지의 온 이스라엘이 사무엘은 여호와의 선지자로 세우심을 입은 줄을 알았더라"

'단'은 이스라엘 땅의 가장 북쪽에, '브엘세바'는 가장 남쪽에 있는 지방이었습니다. 즉 모든 이스라엘 백성은 사무엘이 하나님의 선지자인 것을 알게 되었습니다. 그에게는 새로운 하나님의 말씀이 있었기 때문입니다. 하나님은 다시 실로의 성전에 나타나시기 시작했습니다.

> 3:21, "여호와께서 실로에서 다시 나타나시되 여호와께서 실로에서 여호와의

말씀으로 사무엘에게 자기를 나타내시니라"

　엘리와 홉니와 비느하스가 제사장으로 있을 때 하나님의 말씀은 희귀했고 하나님은 거의 실로에 나타나지 아니하셨습니다. 그러나 사무엘이 등장하면서 하나님은 자주 실로 성전에 나타나셨습니다. 그런데 이제는 완전히 엘리나 그의 두 아들은 제치고 사무엘에게만 나타나셔서 말씀하셨습니다. 그 이유는 엘리와 그의 두 아들은 이미 하나님 앞에서 불합격 당했기 때문입니다. 하나님은 사무엘을 통해서 그동안 꺼져 있었던 이스라엘의 부흥의 불을 조금씩 일으키기 시작하셨습니다.

　그러나 이스라엘에 다시 부흥의 불이 타오르기까지는 엄청난 대가를 치러야만 했습니다. 죄는 그냥 없어지지 않기 때문입니다. 그래서 이스라엘 백성은 블레셋과의 싸움에서 하나님의 언약궤를 빼앗기고 수천 명 그다음에는 수만 명이 죽고, 제사장들도 모두 죽고 말았습니다. 그리고 사무엘을 중심으로 미스바에서 다시 부흥이 일어나게 됩니다. 그때는 블레셋이 쳐들어왔지만 하나님이 우박으로 내리치셔서 블레셋 사람들은 머리가 다 깨어져서 죽었습니다. 이것이 바로 하나님의 미사일이고 총알입니다.

　우리는 그동안 부흥의 불을 꺼트리지 않으려고 조심했습니다. 지금의 위기는 하나님이 우리나라의 썩은 부분을 도려내시는 것입니다. 우리는 아무리 아프고 고통스러워도 썩은 부분을 도려내야 합니다. 그래서 우리를 통해서 다시 새로운 하나님 말씀의 시대가 열리기를 바랍니다.

10

성전을 더럽힌 결과

삼상 4:1-11

제가 어렸을 때 우리 동네에는 대장간이 있었습니다. 이 대장간에서 아침에 가장 먼저 하는 일은 화로에 불을 붙이는 일이었습니다. 그래서 쇠나 알루미늄을 시뻘겋게 녹여서 쇳물로 만든 후에 틀에 넣어서 부으면 원하는 모양이 무엇이든지 만들어지게 됩니다. 어렸을 때 우리 동네 대장간에서 만드는 것은 주로 식칼이었습니다. 쇳덩이를 불에 넣어서 시뻘겋게 달군 후 모루 위에 놓고 때린 후 물에 넣어서 식히고 또 불에 넣어서 달군 후 또 때려서 식히면 칼이 단단하고 날카롭게 됩니다. 그것을 숫돌에 갈게 되면 날카로운 칼이 되어서 집에서 고기를 자르거나 무나 배추를 자르는 데 사용할 수 있게 됩니다.

이스라엘 백성들이 시내산에서 만났던 하나님은 원전 수백만 배를 합친 것보다 더 뜨거운 분이셨습니다. 하나님 앞에서 온 산이 불덩어리가 되고 바위가 터지며 큰 나팔 소리가 울려 퍼졌습니다. 그때 하나님이 이스라엘 백성들에게 말씀하시는데 얼마나 그 소리가 큰지 이스라엘 백성들은 귀가 찢어져서 죽는 줄 알았습니다. 이때 이스라엘 백성들은 자기들은 하나님 앞에 가면 반드시 죽는다고 하면서 대신 모세에게 가라고 했습니다.

그렇게 해서 드디어 이스라엘 백성들은 하나님을 자기들 안에 모시는 데 성공했습니다. 그것은 바로 성전과 제사와 말씀이었습니다. 즉 이스라엘 제사장들이 하나님의 말씀에 죽을 각오를 하고 순종하고 제사를 드렸을 때 하나님은 이스라엘 백성들에게 기적과 능력으로 나타나셨던 것입니다. 즉 이스라엘 백성들은 반석에서 나오는 생수를 마셨고 병이 치료되었으며 기적이 일어났습니다.

그런데 문제는 이스라엘 백성들이 제사를 엉터리로 드리고 하나님의 말씀에 순종하지 않을 때 어떻게 되느냐 하는 것을 전혀 몰랐다는 것입니다. 이스라엘의 제사장이나 백성들은 하나님이 무서워서 그냥 하나님의 말씀에 순종해오고 있었습니다. 그런데 이스라엘 제사장 중에 아주 간덩이가 부은 사람이 있었습니다. 그들은 바로 엘리 제사장의 두 아들 홉니와 비느하스였습니다. 그들은 오랫동안 하나님의 말씀에 순종해봤지만 아무것도 없었습니다. 그들의 마음속에는 하나님의 성전도 별것이 아니라는 생각이 들어오게 되었습니다. 그래서 그들은 이방 신전을 돌아다니면서 이방 제사를 배웠고 하나님의 성전을 이방화시켰습니다. 그래서 성전 제물을 강탈하고 성전에서 성행위를 했습니다. 그 결과 성전의 불을 꺼트리게 되었습니다.

엘리 제사장 때에는 하나님의 말씀이 아주 희귀했다고 했습니다. 즉 이스라엘 제사장이나 백성들은 거의 하나님의 말씀을 들을 수 없었습니다. 그들의 기도는 응답되지 않았고 성전은 있으나 마나 한 것이 되어버리고 말았습니다. 그러나 이스라엘 제사장이나 백성들은 그것이 무엇을 의미하는지 알지 못했습니다.

우리가 하나님을 모시고 산다는 것은 배가 바다를 항해하는 것과 같습니다. 또 제철소에서 쇳물을 만들어내는 것과 같고 원전을 돌리는 것과 같습니다. 그런데 우리가 하나님의 말씀을 무시하고 고장을 내버리면 이 모든 축복은 재앙으로 변하고 맙니다. 이 재앙을 만들어낸 사람이 사무엘 시대에 엘리 제사장과 그의 두 아들이었습니다.

1. 평신도 운동

하나님의 백성들은 신앙생활을 하면서 계속 머릿속을 떠나지 않는 의문이 있습니다. 그 첫째는 우리가 아무리 하나님을 믿는다고 하지만 인간인 이상 완전하게 믿을 수는 없다는 점입니다. 그래서 나름대로 하나님을 믿는다고 하지만 습관에 빠지기 쉽고 결국 우리에게는 환란과 어려움이 찾아온다는 사실입니다. 우리의 의문은 바로 여기에 있습니다. 우리가 하나님을 믿어도 어려움이 찾아오고 하나님을 믿지 않아도 어려움이 찾아온다면 차라리 내가 하고 싶은 것을 실컷 해보고 어려움을 당하는 것이 낫지 않느냐 하는 것입니다. 하나님의 백성의 가장 큰 어려움은 바로 이것입니다. 우리가 아무리 하나님을 열심히 믿는다고 해도 어려움은 찾아온다는 것입니다. 심지어는 욥같이 그렇게 하나님 앞에서 완전하게 믿으려고 하는 사람에게도 엄청난 시련이 닥쳐와서 망했습니다. 우리가 어차피 어려움을 당하고 환란을 당한다면 하고 싶은 것을 실컷 다 해보는 것이 낫지 않을까요?

또 다른 하나는 내가 아무리 하나님의 말씀을 배우고 하나님을 사랑해도 그것을 알아주는 사람이 아무도 없다는 사실입니다. 차라리 우리가 세상 공부를 하고 세상 지식을 쌓으면 사람들이 당장 알아주고 높은 자리에 올라가거나 유명한 교수가 되겠지만 하나님의 말씀은 아무리 열심히 배우고 좋아해도 아무도 알아주는 사람이 없다는 것입니다. 그래서 우리의 마음속에는 끊임없이 하나님으로부터 탈출해서 세상으로 가고 싶은 유혹이 생기게 됩니다. 세상의 출세와 영광은 그만큼 아름답고 멋지게 보이기 때문입니다.

그러면 한 가지 의문이 하나님의 백성들이 하나님으로부터 도망을 치면 보통 사람으로 남게 되느냐 하는 것입니다. 바로 이것이 문제입니다.

우리가 하나님의 백성이 되었다는 것은 운명이고 피할 수 없는 것입니다. 그럼에도 불구하고 우리가 하나님으로부터 도망쳐서 세상을 따라가게 되면 고장이 나기 시작합니다. 그러므로 하나님의 백성이 신앙생활하기 싫다고 해서 하나님의 말씀을 버리고 세상으로 가면 부흥의 불이 꺼지게 되고 하나님의 에너지는 재앙으로 나타나게 됩니다.

하나님께서 세우신 직분자가 자신의 직분을 소홀히 하고 세상의 돈과 명예를 사랑하고 음란하고 방탕하게 살게 되면 부흥의 불은 꺼지게 됩니다. 이때 당분간은 모든 것이 옛날 그대로 계속되지만 뜨거움이 없어지고 하나님의 말씀을 들을 수 없게 됩니다. 그래서 사무엘이 어렸을 때 하나님의 말씀이 희귀했다고 하는 것은 이미 이스라엘이 추락하고 있다는 것을 의미합니다. 그때 하나님은 전혀 직분자가 아닌 평신도인 사무엘을 통해서 하나님의 말씀을 주셨습니다. 그 이유는 하나님은 이스라엘이 완전히 멸망하는 것을 원치 않으셨기 때문입니다. 그러나 언뜻 보면 그 하나님의 말씀은 아주 미약한 말씀이었습니다.

4:1, "사무엘의 말이 온 이스라엘에 전파되니라"

이 구절은 앞에 있는 말씀과 연결되는 내용입니다. 삼상 3장 21절에 보면 "여호와께서 실로에서 다시 나타나시되 여호와께서 실로에서 여호와의 말씀으로 사무엘에게 자기를 나타내시니라"고 했습니다. 하나님은 엘리가 타락하고 그 아들 홉니와 비느하스가 하나님의 제사를 멸시하고 짓밟았을 때 하나님께서는 한 사환에 불과한 사무엘에게 나타나셔서 말씀을 주셨습니다. 그런데 사무엘을 통한 하나님의 말씀은 이스라엘 전체에 소문이 났습니다. 즉 사람들은 우리의 제사나 성전은 타락했지만 우리 안에 하나님의 선지자가 있기 때문에 아직 우리에게는 희망이 있다는 것을 알았던 것입니다.

하나님으로부터 종으로 부름을 받는 것은 아주 존귀한 일입니다. 그러나 우리가 그 직분을 세상적으로 생각하면 가장 추잡하고 더러운 사람이 될 뿐 아니라 하나님의 불을 꺼트리는 장본인이 됩니다. 민수기 22장 이하에 보면, 하나님은 발람 선지자를 강력한 하나님의 선지자로 부르셨습니다. 그러나 그는 돈에 매수당해서 이스라엘 백성들을 저주하러 가다가 타고 가던 나귀의 책망까지 받았습니다. 돈에 매수된 선지자는 나귀나 애완견보다 못한 사람인 것입니다. 나귀는 발람에게 "너는 왜 나를 세 번씩이나 때리느냐?" 하면서 "앞에 칼을 들고 서 있는 하나님의 천사가 보이지 않느냐?"고 물었습니다. 하나님의 천사는 발람에게 "너는 나귀보다 못한 놈이라"고 하면서 "나귀가 피하지 않았으면 벌써 너를 죽였을 것이라"고 경고했습니다. 발람은 이스라엘을 저주하고 돈을 받고 싶었지만 하나님은 그의 입을 비틀어서 축복의 말을 하게 하셨습니다.

하나님은 사울 왕을 이스라엘의 지도자로 택하셨습니다. 사울은 하나님의 말씀에 순종해서 암몬 왕을 쳐부수었습니다. 그러나 사울은 사람을 두려워해서 하나님의 말씀에 순종하지 못했습니다. 그러자 그에게는 하나님의 성령이 떠나고 악령이 임했습니다. 사울은 악성 우울증으로 고생했습니다. 그는 히스테리를 부렸으며 다윗을 시기해서 죽이려 했고 자기 아들 요나단까지 죽이려고 했습니다. 그가 전쟁하려고 했을 때 하나님은 일절 말씀을 하시지 않으니까 무당에게 가서 물었습니다. 그리고 다음날 많은 이스라엘 백성과 함께 패전했고, 그는 자살하고 말았습니다.

하나님은 이스라엘의 많은 종을 선지자로 제사장으로 왕으로 부르셨습니다. 그러나 그들은 하나님의 직분으로 만족하지 못했습니다. 그 결과 이스라엘은 앗수르에 망하고 유다는 바벨론에 망해서 거의 다 죽임을 당했습니다. 가룟 유다는 예수님의 제자인 것으로 만족하지 못했습니다. 결국 그는 목을 매서 자살했고 줄이 끊어져서 시체가 땅에 떨어져서 배가 터져서 창자가 나왔다고 했습니다. 이것은 모두 여호와의 불이 꺼진 결과입니다.

그런데 하나님은 직분자가 타락했을 때 직분자가 아닌 새로운 사람을 통해서 불을 일으키십니다. 이것이 바로 평신도 운동입니다. 평신도들이 목회자를 통해서 하나님의 말씀을 듣지 못하고 자기들의 영혼이 죽게 되면 자기들끼리 모여서 성경 공부를 하고 기도를 합니다. 이때 직분자들은 이들을 시기하고 정죄하지만 사실은 이렇게 해야 자기 영혼이 살 수 있는 것입니다.

2. 불이 꺼진 것을 모르는 백성들

이스라엘 백성들은 제사장 엘리나 그의 아들 홉니와 비느하스를 통해서는 전혀 하나님의 말씀을 들을 수 없었습니다. 그 대신 그들은 성전에서 심부름하는 사환인 사무엘을 통해서 하나님의 말씀을 들을 수 있었습니다. 사람들은 점점 더 많이 사무엘 앞에 모여서 하나님의 말씀을 들었고 하나님의 뜻을 생각했습니다. 이스라엘 백성들이 사무엘의 말을 들어보니까 이스라엘 백성들은 어마어마하게 위대한 백성이었습니다. 그들은 블레셋의 노예가 아니라 축복의 사람들이었고 이 세상에서 가장 존귀한 하나님의 백성들이었습니다. 즉 이스라엘 백성들은 사무엘의 설교를 듣고 자신의 정체성을 조금씩 깨닫기 시작했던 것입니다. 이스라엘 백성들은 하나님이 함께하시면 자기들이 얼마든지 블레셋 사람들을 이길 수 있고 더 강력한 하나님의 백성이 될 수 있다는 것을 깨달았습니다. 그래서 이스라엘 백성들은 블레셋과 싸워서 독립을 찾기로 했습니다.

그런데 이때 이스라엘 백성들이 깨닫지 못하고 있었던 것은 자신들의 상태였습니다. 이때 그들은 마치 중환자와 같아서 산소 호흡기로 연명을 하고 있었고 부흥의 불은 완전히 꺼져 있는 상태였습니다. 이스라엘 백성들이 사무엘의 말씀을 듣고 자신감을 찾고 용기를 얻는 것은 좋았지만 그들은 아직 중환자였고 전쟁할 힘이 없었던 것입니다. 그래서 자기 자신을 정확하게 안다는 것은 참 어렵습니다.

우리가 하나님의 말씀을 들었을 때 가장 먼저 해야 할 것은 현실로 뛰어들어서 싸우는 것이 아니라 예배를 더 뜨겁게 하고 기도를 더 뜨겁게 해서 불을 더 뜨겁게 일으켜야 합니다. 그러나 이스라엘 백성은 자기들이 깨달은 것을 바로 현실에 적용해서 블레셋과 싸우려고 했습니다. 이 것은 병상에서 오랫동안 누워있던 사람이 이제 겨우 눈을 뜨고 미음을 먹었는데 칼이나 총을 들고 전쟁하러 가려고 하는 것과 같은 것입니다. 이스라엘 백성은 자기들에게 부흥의 불이 오래전에 꺼진 것을 알지 못했 습니다. 이것은 홉니와 비느하스의 잘못이기도 했지만 이스라엘 백성 전 체의 잘못이기도 했습니다. 그들은 신앙의 뜨거움이 없어졌지만 아무렇 지도 않게 생각하고 지내왔던 것입니다. 그들은 이미 오래전에 불이 꺼 진 것을 알아차리고 엘리 제사장과 홉니와 비느하스에게 이야기하고 성 전에 모여서 다시 부흥의 불이 붙도록 뜨겁게 기도했어야 했습니다. 그 러나 그들은 블레셋과 전쟁부터 했고 그 결과는 돌이킬 수 없는 참패였 습니다.

> 4:2, "블레셋 사람들이 이스라엘에 대하여 전열을 벌이니라 그 둘이 싸우다가 이스라엘이 블레셋 사람들 앞에서 패하여 그들에게 전쟁에서 죽임을 당한 군사 가 사천 명 가량이라"

이스라엘 백성들은 하나님이 함께하시면 전쟁에서 이길 것이라는 확신 을 가지고 블레셋과 싸웠지만 그 전쟁에서 이기지 못했습니다. 오히려 죽 임을 당한 이스라엘 백성들만 사천 명이나 되었습니다. 이 당시 사천 명 은 굉장히 많은 숫자였습니다. 이스라엘 백성들은 이해가 되지 않았습니 다. 그들은 사무엘을 통해서 하나님의 말씀을 들었습니다. 그리고 하나님 의 능력을 믿었습니다. 그런데 이스라엘 백성들은 하나님을 믿지 않는 할 례도 받지 않은 블레셋 사람들에게 사천 명이나 죽임을 당했습니다.

그 이유가 어디에 있었을까요? 그것은 그들의 부흥의 불이 꺼져 있었 고 하나님께 드리는 제사의 불이 막혀 있었기 때문입니다. 하나님의 불 이 꺼지면 추락하는 수밖에 없습니다. 하나님의 불을 다시 붙이려고 하 면 이스라엘 백성들은 목숨을 걸고 하나님의 말씀을 붙들어야 합니다. 그런데 이스라엘 백성들은 그것을 알지 못했던 것입니다.

3. 이스라엘 백성들의 잘못된 생각

　이스라엘 백성들은 자신들이 사무엘의 설교로 은혜를 받았고 이제 하나님 백성의 자존감을 찾으려고 전쟁을 하는데 왜 이기지 못했는지 이해가 되지 않았습니다. 그래서 이스라엘 백성들은 자신들이 전쟁에서 진 이유를 의논하기 시작했습니다.

　4:3, "백성이 진영으로 돌아오매 이스라엘 장로들이 이르되 여호와께서 어찌하여 우리에게 오늘 블레셋 사람들 앞에 패하게 하셨는고 여호와의 언약궤를 실로에서 우리에게로 가져다가 우리 중에 있게 하여 그것으로 우리를 우리 원수들의 손에서 구원하게 하자 하니"

　이스라엘 백성들이 블레셋과 싸워서 사천 명이나 죽은 것은 반드시 나쁜 일은 아니었습니다. 왜냐하면 그들은 하나님의 말씀에 대한 믿음에서 이 일을 시작했고 처음에는 실패했지만 또다시 하나님께 돌아와서 기도하면 하나님께서 지혜를 주실 것이기 때문입니다. 그러나 이스라엘 백성들은 바로 답을 찾으려고 했습니다. 옛날 여호수아 후에 다윗이 전쟁을 할 때는 하나님의 언약궤가 있었습니다. 그들은 언제나 언약궤를 앞세워서 전쟁했고 특히 다윗은 모르는 일이 있을 때마다 언약궤나 에봇을 통해서 하나님의 뜻을 물어보았습니다. 그래서 여호수아나 다윗은 전쟁에서 승리했습니다.
　지금 이스라엘 장로들은 여호수아나 다윗을 흉내 내려고 했습니다. 그러나 지금 이스라엘 백성들은 여호수아나 다윗 때의 이스라엘 백성들의 상태와는 엄청난 차이가 있었습니다. 여호수아 때 이스라엘 백성들은 이미 사십 년을 광야에서 연단을 받았고 하나님이 무슨 말씀을 하시든지 순종할 자세가 되어있었습니다. 그러나 사무엘 때 이스라엘 백성들은 이미 하나님의 말씀을 들은 지 오래되었고 이제 겨우 눈을 뜰 수 있는 형편이었는데 여호수아나 다윗을 흉내 내려고 하고 있었던 것입니다. 이것은 마치 제대로 일어서지도 못하는 어린아이가 어른 흉내를 내면서 자기가 모든 것을 다 할 수 있는 것처럼 생각하는 것과 같은 것이었습니다.

그래서 실제로 이스라엘 백성들은 실로의 성막에 가서 하나님의 언약궤를 가지고 전쟁터로 나왔습니다. 그리고 두 제사장 홉니와 비느하스도 하나님의 언약궤를 맡은 책임자로 같이 오게 되었습니다.

이때 이스라엘 백성들은 하나님의 언약궤를 보고 얼마나 용기를 내었던지 소리를 지르는데 땅이 울릴 정도였습니다. 그러나 하나님의 불이 꺼졌을 때의 언약궤는 그냥 하나의 나무 상자에 불과했습니다. 거기에서는 하나님의 능력이 나타나지 않는 것이었습니다. 그것은 더 이상 아무 것도 아니었습니다. 그런데 이스라엘 백성들은 이제 하나님이 전쟁터에 오셨다고 해서 소리를 있는 대로 질러서 땅이 울렸던 것입니다.

이때 놀란 사람들은 블레셋 사람들이었습니다. 블레셋 사람들은 어떻게 해서 이스라엘 진영에서 이렇게 큰 소리가 나는지 알아보았습니다. 그랬더니 블레셋 사람들이 가장 무서워하는 일이 일어나고 있었습니다. 그것은 바로 하나님의 언약궤가 이스라엘 진영에 도착했다는 것이었습니다.

4:6-8, "블레셋 사람이 그 외치는 소리를 듣고 이르되 히브리 진영에서 큰 소리로 외침은 어찌 됨이냐 하다가 여호와의 궤가 진영에 들어온 줄을 깨달은지라 블레셋 사람이 두려워하여 이르되 신이 진영에 이르렀도다 하고 또 이르되 우리에게 화로다 전날에는 이런 일이 없었도다 우리에게 화로다 누가 우리를 이 능한 신들의 손에서 건지리요 그들은 광야에서 여러 가지 재앙으로 애굽인을 친 신들이니라"

여기서 놀라운 것은 블레셋 사람들이 하나님의 언약궤와 이스라엘의 과거에 대하여 잘 알고 있었다는 사실입니다. 이스라엘 백성들은 다 잊어버리고 있는 사실을 블레셋 사람들은 다 기억을 하고 있었던 것입니다. 이것은 완전히 거꾸로 된 것입니다. 이스라엘 백성들의 과거는 그들의 보물이었습니다. 이스라엘 백성들이 과거에 하나님께서 함께하셨던 것을 기억할 때마다 그들은 마음이 새로워지게 되어있습니다. 그러나 이스라엘 백성들은 자신들의 과거를 다 잊었는데 오히려 블레셋 사람들은 기억하고 벌벌 떨었습니다. 우리는 과거에 하나님이 주신 은혜를 기억해야 합니다. 그러면 우리는 하나님이 살아계심을 느낄 것입니다. 굳이 하나님의 언약궤가 없어도 하나님의 말씀을 믿고 나가는 신앙이 더 성숙된 신앙이고 더 바른 신앙입니다.

원래 하나님께서 이스라엘과 함께하시면 블레셋 사람들은 정신을 차리지 못하고 도망갈 준비를 하게 됩니다. 그런데 블레셋 사람들이 오히려 정신을 차리면서 "우리가 이스라엘의 노예가 되지 않으려면 모두 죽을 각오를 하고 싸워야 한다"고 하면서 결사적으로 싸웠습니다. 사실 이 각오는 이스라엘 백성들이 해야 할 생각입니다. 이스라엘 백성들이 죽을 각오를 하고 싸워야 하나님이 함께하시는데 블레셋 사람들이 죽을 각오를 하고 싸웠던 것입니다.

그 결과 이스라엘은 전쟁에서 아주 망했습니다. 이스라엘 백성들은 삼만 명이 죽었고 역사상 처음으로 하나님의 언약궤를 이방인에게 빼앗겼습니다. 그리고 두 제사장 홉니와 비느하스도 죽었습니다. 이스라엘은 엄청난 패배를 겪은 것입니다. 그 이유가 어디에 있습니까? 이스라엘에 부흥의 불이 꺼졌기 때문입니다. 그들이 하나님의 제사를 더럽혔기 때문입니다. 이스라엘은 완전히 망해버렸습니다. 그러나 이것으로 끝이 아니었습니다. 결국 엘리도 이 소식을 듣고 죽습니다. 비느하스의 아내도 아기를 낳다가 이 소식을 듣고 죽습니다. 한 가정과 이스라엘 나라 전체가 완전히 패망하고 말았습니다. 그 이유는 그들이 하나님을 우습게 생각했기 때문입니다. 우리는 다른 어떤 일보다 하나님의 불을 일으켜야 합니다. 하나님의 불이 일어날 때 부흥이 일어나고 기도 응답도 되고 나라를 지킬 수 있고 병도 고침 받을 수 있습니다.

오늘 우리나라 교회는 돈과 성장과 건물을 하나님의 언약궤로 삼아서 하나님의 불을 꺼버렸습니다. 이 상태에서 우리나라는 끊임없이 추락하고 있습니다. 이때 우리는 침착하고 하나님의 불을 다시 일으켜야 합니다. 그리고 죽을 각오를 하고 하나님을 붙들 때 우리는 다시 독수리같이 위를 향하여 올라가게 될 것입니다. 우리가 세상을 사랑하거나 다른 사람을 흉내 내는 것은 의미가 없습니다. 부흥의 불로 사탄의 힘을 이기는 성도들이 다 되시기 바랍니다.

11

이가봇

삼상 4:12-22

우리가 때로는 나름대로 이것이 하나님의 뜻이라고 결단을 하고 실행하게 되었는데 너무나도 나쁜 최악의 결과를 얻을 때가 있습니다. 그때 우리는 과연 하나님의 뜻이 무엇이며 앞으로 어떻게 살아가야 할지 절망하며 의심하게 됩니다.

어떤 분은 한국에서 입시학원을 경영하고 아내는 피아노학원을 운영했는데 그런대로 살았습니다. 그분의 아이들이 피아노를 잘 쳐서 그 부인은 피아노학원을 정리하고 아이들만 데리고 미국에 가서 유명한 사립대에 입학을 시켰습니다. 남편은 처음에는 교회도 열심히 다니고 설교 말씀도 듣고 했지만 가족과 떨어져 있는 기간이 길어지면서 우울증에 빠지게 되었고 식사도 라면만 먹고 나중에는 학원 경영도 안 되니까 결국 자살로 인생을 마치게 되었습니다. 제 생각으로는 자살하기 전에 교회의 교역자와 상담을 하고 비행기 표를 끊어서 미국으로 가서 밑바닥부터 온갖 멸시와 천대를 다 참으면서 살았더라면 다시 길이 열릴 수 있었을 것입니다. 그러나 그분은 너무 비극적으로 자기의 삶을 마치고 말았습니다.

로라 잉걸스 와일더가 쓴 《초원의 집(Little House in the Big Woods)》이라는 책을 보면, 주인공인 로라의 아버지는 사람들이 살지 않는 깊은 산속에서 사냥이나 하면서 조용히 살기를 원하는 분이었는데, 사람들이 점점 더 많이 이사를 와서 사냥 거리는 없어지고 소란해지기 시작했습니다. 그래서 아버지는 그 통나무집을 팔고 마차와 말을 구해서 정처 없이 이사를 떠나게 됩니다. 그러던 중 폭우를 만나서 홍수가 나는 바람에 말과 마차가 강에 떠내려가게 됩니다. 그리고 들판에 통나무집을 지었는데 밤새 인디언들이 몰려와서 이 사람들을 죽일 것인가 말 것인가 토론을 하다가 물러가게 됩니다. 그리고 폭설이 내려서 아버지가 눈구덩이에 빠졌다가 기적적으로 살아서 돌아오기도 합니다. 어느 날 빚을 내서 씨를 뿌렸는데 새카맣게 메뚜기 떼가 날아와서 모든 곡식을 다 먹어버리고 떠나기도 합니다. 또 하루는 식구들이 모두 뇌염에 걸려서 죽어 가는데 옆집 사람이 의사를 데려와서 살기도 합니다. 그런데 로라의 언니는 그 병으로 시력을 잃어서 맹인이 됩니다. 그러나 그들은 모두 살아남아서 아름답게 살게 되는데 로라는 그것을 연필로 노트에 다 적었습니다. 나중에 기자가 된 딸이 엄마에게 그것을 출판하는 것이 좋겠다고 해서 출판을 하게 됩니다. 결국 이 로라의 글은 미국 사람들의 개척정신을 대표하는 책이 됩니다.

우리는 나름대로 하나님의 뜻이라고 생각하고 결정했는데 최악의 결과가 나올 때가 있습니다. 룻기에도 보면 나오미는 나름대로는 하나님의 뜻이라고 생각해서 모압으로 이민을 갔지만 거기에서 남편과 두 아들이 다 죽고 과부 셋만 남게 되었습니다. 그들이 고향인 베들레헴에 돌아온다고 해서 잘 살 수 있는 것이 기다리는 것은 아니었습니다. 그러나 나오미는 모압 여인 룻을 데리고 고향에 와서 보리 이삭을 줍는 비천한 일부터 하기 시작했습니다. 결국 룻은 보아스와 합법적으로 결혼해서 아이를 낳았는데 그의 자손에서 바로 다윗 왕이 출생합니다. 즉 나오미는 다윗 왕의 증조할머니가 되었던 것입니다.

사무엘이 아직 청소년 정도밖에 되지 않았을 때 온 이스라엘의 신앙은 다 썩어 있었습니다. 그러나 사무엘에게는 하나님의 말씀이 임하고 있었고 그의 말은 하나도 땅에 떨어지지 않았습니다. 그때 이스라엘 백성들은 나름대로 하나님의 뜻이라고 생각해서 신앙의 자유를 찾기 위해서 블레셋과 전쟁했지만 참패하고 말았습니다. 그리고 그들은 하나님의 언약궤가 없어서 그렇다고 생각해서 전쟁터에 하나님의 언약궤를 가지고 나가 블레셋과 전쟁했지만 대패를 했습니다. 이스라엘 백성 삼만 명이 죽고 하나님의 궤는 빼앗기고 두 제사장 홉니와 비느하스는 전쟁터에서 죽고 말았습니다. 이스라엘 백성들은 나름대로 하나님의 언약궤를 모시고 용기를 내서 싸우면 이길 것이라고 생각했는데 결과는 대패였던 것입니다.

1. 전쟁에 대패한 이스라엘

이스라엘 백성들은 이번에 블레셋과 싸워서 이기는 것이 하나님의 뜻이라고 믿었습니다. 왜냐하면 이스라엘은 블레셋과 싸우기 위해서 수만 명의 군사가 모였고, 특히 하나님의 언약궤를 가져옴으로 이스라엘 백성들의 사기가 땅이 진동할 만큼 높았기 때문입니다. 이스라엘 백성들은 하나님의 궤가 하나님 자신과 같은 것이라고 믿었기 때문에 하나님이 블레셋과의 전쟁에서 패한다는 것은 상상할 수 없었습니다. 이것은 블레셋 사람들도 마찬가지였습니다. 블레셋 사람들도 이스라엘 백성들이 하나님의 궤를 모시고 온 이상 자기들은 전쟁에서 질 것이라고 생각했습니다. 그래서 그들은 기왕 질 바에야 용감하게 싸우다가 지자고 생각해서 열심히 싸웠는데 생각지도 못하게 전쟁에서 승리하게 되었습니다. 도대체 어떻게 해서 이스라엘 백성들은 하나님의 궤를 모시고 왔는데도 불구하고 블레셋과의 전쟁에서 이렇게 비참하게 패배하고 많은 이스라엘 백성은 죽게 되었을까요?

여기서 우리가 우선 알아야 할 것은 이스라엘 백성은 전쟁하는 데 있어서 어디까지나 아마추어였다는 사실입니다. 거기에 비해 블레셋 사람들은 프로였습니다. 여기서 프로라는 것은 그들은 늘 전쟁하는 것을 연습하고 있었다는 것입니다. 블레셋 사람들은 늘 군대를 뽑아서 편을 갈라 전쟁하는 연습을 늘 하는 자들이었습니다. 거기에 비해 이스라엘 백성들은 지도자도 없고 전쟁 연습을 하지도 않았습니다. 단지 이스라엘 백성들은 지도자에게 하나님의 영이 임하면 자신감이 생기면서 주로 야간 기습전을 했습니다. 즉 다른 나라 백성들이 한참 잠을 자고 있을 때라든지 아니면 아직 정신을 차리지 못하고 있을 새벽 시간에 갑자기 들이닥쳐서 적을 무찔러서 이기는 방식을 썼던 것입니다. 그래서 이스라엘 백성들은 원래부터 하나님이 함께하시지 않으면 전쟁에서 이길 수 없었습니다. 그래서 구약 선지자들은 이스라엘 백성을 "처녀 이스라엘", "또는 처녀 예루살렘"이라고 불렀습니다. 처녀는 원래 전쟁을 연습하는 사람이 아니고 과일을 따고 빨래를 하고 심부름을 하고 부모의 사랑을 받는 자들이지 전쟁을 연습하는 자들이 아니기 때문입니다. 그러므로 이스라엘 백성은 하나님의 지혜와 힘으로 이기는 자들이었습니다.

 그런데 이스라엘 백성들은 사사 삼손처럼 하나님이 자신들을 떠났다는 사실을 알지 못했습니다. 겉으로 보기에는 이스라엘 백성들에게 예배가 이루어지고 있었기 때문입니다. 그러나 이미 엘리의 두 아들 홉니와 비느하스가 하나님의 예배를 다 죽여 놓았습니다. 그래서 이스라엘 백성들이 하나님께 드리는 제사는 죽은 제사였습니다. 이것을 어떻게 알 수 있는가 하면 그들의 제사에는 뜨거움이 없었기 때문입니다. 살아있는 예배에는 뜨거움과 감격이 있습니다. 예배에 뜨거움이 없을 때는 이스라엘 백성들이 아무리 하나님의 언약궤를 가지고 와도 그 언약궤는 하나의 상자에 불과할 뿐 하나님의 불은 나타나지 않았던 것입니다. 즉 이스라엘 백성들의 신앙이 살아있을 때는 기도하면 스파크가 일어났습니다. 이때 불이 붙으면서 이스라엘 백성들은 기습으로 블레셋 같은 정규군을 이기곤 했던 것입니다.

 전쟁할 때 정규군과 예비 병력은 엄청난 차이가 있습니다. 정규군대는 일단 명령이 통하고 진격하라고 하면 진격합니다. 그러나 예비 병력들은 훈련이 되어있지 않기 때문에 조금만 불리하면 도망칠 틈을 찾기 바쁜 것입니다. 블레셋 군대도 이스라엘 백성들에게 하나님의 궤가 왔기 때문에 스파크가 일어나고 엄청난 불이 일어날 줄 알았습니다. 그러나 결국 스파크는 일어나지 않았고 불도 밀려오지 않았습니다.

이스라엘 백성들은 하나님이라는 엄청난 폭탄을 가지고 있었습니다. 이 폭탄이 얼마나 강했던지 홍해를 가르고, 요단강을 쪼개서 세웠습니다. 그런데 홉니와 비느하스 때에는 하나님은 계셨지만 이것을 폭발시킬 수 있는 뇌관이 없었던 것입니다. 하나님은 계시지만 폭발을 하지 않으니까 이스라엘 백성들은 모두 아마추어에 불과했습니다. 그들은 모두 도망치기에 바빴고 엄청나게 많은 백성이 도망치다가 죽고 말았습니다.

> 4:10-11, "블레셋 사람들이 쳤더니 이스라엘이 패하여 각기 장막으로 도망하였고 살륙이 심히 커서 이스라엘 보병의 엎드러진 자가 삼만 명이었으며 하나님의 궤는 빼앗겼고 엘리의 두 아들 홉니와 비느하스는 죽임을 당하였더라"

이번에는 블레셋 사람들이 기습공격을 했던 것 같습니다. 그러니까 미처 이스라엘 백성들이 도망치지 못하고 삼만 명이나 죽었고 하나님의 궤도 그 자리에서 빼앗겨버렸습니다. 그리고 홉니와 비느하스도 죽고 말았습니다. 그렇지 않아도 홉니와 비느하스가 왜 안 죽을까 하고 생각하는 자들이 있었을 것입니다. 그러나 하나님은 혹시라도 이들이 회개하고 돌아올까 기다리고 또 기다리셨습니다. 결국 끝까지 기다리시다가 마지막 순간에 홉니와 비느하스를 죽게 하셨습니다. 결국 삼만 명의 이스라엘 백성들은 지도자를 잘못 만나서 죽은 것이었습니다. 그래서 직장에서나 군대에서나 나라에서나 높은 사람을 잘 만나는 것이 중요합니다. 하나님의 백성은 무조건 승진하거나 높은 자리에 올라가는 것이 꼭 좋은 것은 아닙니다. 상사가 교만하고 하나님을 업신여기는 자면 깨끗하게 물러나는 것도 자기가 사는 길입니다.

2. 이스라엘 백성의 순서

　우리가 어떤 곳에 가면 제일 먼저 해야 하는 것이 불을 피우는 일입니다. 모닥불을 피우든지 군불을 때든지 해서 물부터 끓여놓으면 커피 한 잔 마실 수도 있고 추운 날씨에는 손을 녹일 수 있고 또 곧 식사를 만들 수도 있을 것입니다. 마찬가지로 하나님의 백성들도 어디를 가든지 불부터 붙여야 합니다. 이것은 하나님의 말씀을 듣고 기도할 수 있는 곳을 찾는 것을 말합니다. 그것이 되어야 마음이 정착할 수 있고 심령에 부흥이 일어날 수 있습니다. 그러고 나서는 하나님께 물어보아야 합니다.
　우리가 다윗의 생애를 보면 이것을 바로 알 수 있습니다. 그는 언약궤를 가지고 나가서 싸우기 전에 제사장에게 에봇을 가져오게 해서 하나님의 뜻을 물어보았습니다. 다윗은 지금 "전쟁하러 가야 합니까? 가면 이기겠습니까?" 하는 것을 항상 묻고 결정했습니다. 어떤 때는 하나님이 전쟁하러 가라고 하셨는데도 질 때가 있었습니다. 그것은 아직 준비되어 있지 않거나 혹은 그들 속에 아직 죄가 있다는 것을 의미했습니다.
　오늘 우리는 많은 경우에 사람이나 교회가 거창한 계획을 세워서 교인들을 몰고 가는 것을 볼 수 있습니다. 그런데 그것이 짧은 기간에는 유익하고 좋은 것 같지만 시간이 지난 후에 보면 아무 유익이 없을 뿐 아니라 하나님의 말씀에서 멀어졌던 것을 알 수 있습니다. 특히 요즘같이 교회가 아주 대형화되고 사람들이 많이 모여들 때는 과연 이것이 성령이 하시는 일인지 아니면 인간의 영이 하는 것인지 그 영들을 분별하는 것이 매우 중요합니다. 왜냐하면 인간의 영을 따라가면 당장에는 성공하는 것 같고 굉장한 선교의 효과와 세상에 영향을 주는 것 같은데 몇십 년 지나고 난 후에 보면 도덕적으로 타락하게 되고 영적인 열기는 식어져서 기독교가 추락하는 것을 많이 보게 되기 때문입니다. 그래서 우리는 때때로 아주 짧은 시간에는 하나님의 뜻을 찾지 못할 때가 많이 있습니다. 그래도 우리는 작은 부흥의 불을 피워야 하고 하나님께 계속 물어보아야 합니다. 그러면 당장은 성공하지도 못하는 것 같고 특별하지도 못하는 것 같지만 어떤 순간에 스파크가 일어나면서 큰 부흥의 불이 붙게 됩니다.
  우리는 때때로 하나님의 뜻이라고 생각하고 오늘까지 왔는데 최악의 상태에 빠질 때가 있습니다. 그때 우리는 지나간 것에 대해서는 왈가왈부할 필요가 없습니다. 우리는 지금까지 온 것은 온 것입니다. 우리가 왜 실패했는지, 왜 망했는지는 알 수 없습니다. 그러나 지금까지 하나님께서 함께하신 것은 사실입니다. 이제 여기서부터 새 출발을 하면 되는 것입니다. 물론 실패한 것은 너무나도 가슴이 아픈 일이지만 미련을 가지지 말고 지금이라도 정신을 차려서 꾸준히 나가면 하나님은 최고의 선물을 주실 것입니다.

3. 하나님의 영광이 떠났다

  이스라엘 백성들이 전쟁터에서 삼만 명이 죽고 하나님의 언약궤를 빼앗기고 제사장 두 명이 죽은 것으로 불행의 끝이 아니었습니다. 불행은 그 뒤에 더 계속되고 있었습니다.
  유감스럽게도 이스라엘 백성들은 전쟁에서 대패했습니다. 이스라엘이 전쟁에서 패배하니까 한 사람이 이 패전 소식을 전하기 위해서 실로로 달려왔습니다.

> 4:12, "당일에 어떤 베냐민 사람이 진영에서 달려나와 자기의 옷을 찢고 자기의 머리에 티끌을 덮어쓰고 실로에 이르니라"

  그리스가 마라톤 전투에서 페르시아를 이겼다는 소식을 전하기 위해서 한 병사가 쉬지 않고 달려온 것에서 유래하여 지금까지도 마라톤 경기가 열리고 있는데, 이스라엘은 한 병사가 달려와서 패전의 소식을 전할 수밖에 없었습니다.
  그런데 이때 이미 엘리 제사장의 마음에는 평안이 없었고 불안했습니다. 물론 시험이나 전쟁이나 경기에서 결과가 나오기 전까지는 조마조마 하면서 마음이 불안한 것이 사실이지만, 이미 엘리 제사장의 마음속에는 무엇인가 잘못되었다는 예감이 있었던 것입니다. 이번에는 언약궤를 가져가는데 무엇인가 자연스럽지 않고 마치 빼앗기는 것 같았고, 하나님이 함께하시지 않는 느낌이 들었던 것입니다. 이미 엘리의 집안에는 하나님의 저주가 내려져 있었습니다. 저주라는 것은 조심하라는 뜻입니다. 항상 겸손하고 조심하면 얼마든지 저주를 피할 수 있습니다.

엘리는 죽을 때가 되면서 하나님의 두려움이 임했습니다. 그는 의자에 앉았지만 떨고 있었습니다. 그런데 한 병사의 말을 전해 들은 이스라엘 백성들은 울부짖으면서 소리를 질렀습니다. 왜냐하면 죽은 자들이 자기 남편이고 자식이고 아버지였기 때문입니다.

엘리는 주위 사람들에게 왜 이렇게 울부짖고 소리를 지르느냐고 물어보았습니다. 그래서 진영에서 도망쳐 온 사람이 엘리에게도 그 패전의 소식을 전해주었습니다. 즉 이스라엘 백성들이 엄청나게 죽었고 백성들은 도망을 쳤으며 당신의 두 아들 홉니와 비느하스도 적에게 죽었고 하나님의 언약궤는 블레셋 사람들에게 빼앗겼다고 했습니다. 그때 엘리는 너무 충격을 받아서 의자에서 뒤로 넘어져 버렸습니다. 이때 엘리의 나이가 구십팔 세였습니다. 그러나 앞을 보지 못했고 의자에서 뒤로 넘어지면서 몸이 비만하니까 목이 꺾이면서 목이 부러져 죽었습니다. 결국 하나님을 경멸하는 자는 하나님도 그를 멸시할 것이라고 하셨는데, 하나님은 엘리와 두 아들과 모든 이스라엘 백성들을 비참하게 죽게 하셨던 것입니다. 이것으로 저주가 끝난 것이 아니었습니다.

> 4:21-22, "이르기를 영광이 이스라엘에서 떠났다 하고 아이 이름을 이가봇이라 하였으니 하나님의 궤가 빼앗겼고 그의 시아버지와 남편이 죽었기 때문이며 또 이르기를 하나님의 궤를 빼앗겼으므로 영광이 이스라엘에서 떠났다 하였더라"

하필이면 이때 전쟁터에서 죽은 제사장 비느하스의 아내가 아기를 낳고 있었습니다. 그런데 순산이 아니고 난산이었습니다. 그 아내는 이스라엘에는 항상 하나님의 영광이 있다고 믿었습니다. 그러나 사실은 그것이 아니었습니다. 지금 이스라엘에는 하나님의 영광이 없었습니다. 그래서 이스라엘은 전쟁터에서 삼만 명이나 죽고 전쟁에 졌고 남편도 죽었으며 시아버지인 제사장도 패전 소식을 듣고 의자에서 넘어지면서 죽었다고 들었습니다. 그리고 자신도 난산이어서 살 것 같지 않았습니다. 비느하스의 아내는 아기를 낳기는 낳은 것 같습니다. 그래서 옆에서 돕는 자들이 걱정하지 말라고 하면서 사내아이라고 했습니다. 그것은 엘리 집안의 대가 끊어진 것은 아니라는 뜻이었습니다.

그러나 산모는 사내아이를 낳았다고 해도 얼굴에 표정이 없었습니다. 기쁜 표정도 없었고 소망의 표정도 없었습니다. 그러면서 산모는 "하나님의 영광이 떠났다"는 말만 했습니다. 그래서 아이의 이름을 '이가봇'이라고 지었습니다. '이가봇'은 "영광이 어디에 있느냐?"는 뜻입니다. 이것은 옛날에는 이스라엘에 찬란한 하나님의 영광이 있었는데 지금은 그 영광이 어디 가고 이렇게 비참한 죽음만 남게 되었느냐는 뜻입니다. 비느하스의 아내는 이스라엘의 상태를 정확하게 보았습니다. 지금 이 모든 현상은 하나님의 영광이 떠났기 때문에 일어난 일이었습니다.

그러나 하나님의 영광이 완전히 없어진 것은 아니었습니다. 하나님의 영광은 작지만 아직 남아 있었습니다. 그것은 바로 사무엘이라는 소년에게 하나님의 말씀이 임하는 것이었습니다. 단지 이스라엘 백성들은 좀 더 참고 고생하면서 기다려야 한다고 생각하지 않고 서두르다가 참패하고 말았습니다. 이것이 바로 하나님께서 이스라엘 안에서 죄를 청소하는 방법이었습니다. 하나님은 단 하루 만에 홉니와 비느하스와 엘리를 죽게 하셨습니다. 그리고 이 엄청난 불의와 침체를 보고서도 입을 다물고 있던 이스라엘 백성들을 죽게 하셨고 이제 여인들로 하여금 비통하게 울게 하셨습니다.

하나님은 가까이 있는 자들에게서 먼저 영광 받기를 원하신다고 하셨습니다. 그래서 제사장으로 임명된 지 얼마 안 되는 나답과 아비후가 성전에서 다른 불로 분향했을 때 그들을 쳐서 죽게 하셨습니다. 아론의 아들이 네 명이었는데 두 명이 하루에 죽는 바람에 두 명으로 줄어들게 되었습니다. 하나님은 하나님과 가까이 있는 자들이 먼저 하나님을 두려워하기를 원하시는 것입니다. 지금은 목사들이 하나님을 먼저 두려워하기를 원하십니다. 그러나 목사들이 습관과 세상의 인기나 명예에 빠져서 하나님을 두려워하지 않고 있습니다. 이때 우리는 아직 때가 된 것이 아닌 것을 알아야 합니다. 지금은 큰 전쟁을 할 때가 아닙니다. 지금은 아무리 많은 사람이 모여서 금식하고 수련회를 해도 하나님은 함께하시지 않는 것입니다.

우리는 작은 불을 피워야 하고 고생을 참으면서 하나님께서 말씀하실 때를 기다려야 합니다. 그렇지 않으면 더 비참한 일들이 일어날 수 있습니다. 그동안 우리 개신교에는 수치스러운 일들이 많이 있었습니다. 성적인 문제도 많았고 예배당을 차지하려고 하는 싸움도 많았고 교회를 통째로 아들에게 물려주는 일도 많았습니다. 그러나 교인이나 장로들은 힘이 없으니까 목사들이 날뛰는 것을 그냥 보고 있을 수밖에 없었습니다. 그러나 그들은 성령의 불을 끄고 사탄의 불을 일으키는 사람들이었습니다. 우리는 지금 더 기다려야 합니다. 하나님 교회의 불이 약한데 개인이 너무 성공하는 것도 좋은 것이 아닙니다. 우리는 지금 고난과 수치를 겪고 참고 인내해야 합니다. 그래서 다시 한번 아름다운 부흥의 역사가 일어나기를 바랍니다.

12

빼앗긴 언약궤

삼상 5:1-12

십여 년 전에 큰 쓰나미가 덮쳤던 일본의 동북부 지역은 백 년 전 메이지 시대에도 그곳에 쓰나미가 덮쳤다고 합니다. 백 년 전에 쓰나미를 겪었던 노인들은 후손에게 두 가지를 이야기했다고 합니다. 하나는 방파제를 쌓을 때 반드시 15미터 이상으로 쌓아야 하고, 또 하나는 높은 데 선을 그어놓고 이 아래로는 집을 짓거나 사람이 살아서는 안 된다고 했습니다. 그럼에도 불구하고 시간이 오래 지나면서 안전해 보이니까 옛날 사람들의 말을 무시하게 되었습니다. 그래서 방파제를 15미터로 쌓으면 너무 돈이 많이 들고 바다 경관이 나빠지니까 10미터나 그 아래로 만들었습니다. 그리고 바다에 가까운 쪽에도 집도 짓고 학교도 세우고 심지어는 원전을 많이 지었습니다. 원전을 식히는데 바닷물이 많이 필요했기 때문입니다.

그런데 100년이 지난 후 어느 한순간 갑자기 쓰나미가 일어났는데 그 높이가 거의 15미터였다고 합니다. 그래서 방파제를 15미터 이상으로 지은 마을이나 도시는 안전했지만 그 아래로 지은 마을은 바닷물에 모든 것이 다 쓸려갔습니다. 그리고 큰 문제는 바닷가에 지은 원자력 발전소였습니다. 쓰나미에 전기선이 모두 끊기면서 냉각수를 공급하지 못하니까 우라늄 막대 온도가 점점 올라갔습니다. 이때 원전 안에는 방사능이 많이 누출되어 있었습니다. 결국 원전은 몇 개 폭발해버리고 그 일대는 전부 방사능에 오염되게 되었습니다. 사람이 아무도 살지 않는 그 지역에 몇 년 후에 사람들이 들어가 보고는 끔찍한 장면을 보게 되었습니다. 많은 소나 개가 주인이 줄을 묶어 놓고 피하는 바람에 굶어 죽어있는 모습이었습니다. 그리고 방사능에 오염된 소나 개와 고양이들이 주인도 없이 떠돌아다니고 있었습니다.

만약 우리에게 성경 읽을 자유를 잃어버린다면 어떻게 될까요? 아마 우리는 큰 애로사항을 느끼지 못할지도 모릅니다. 지금 우리에게 성경은 너무 흔한 것이 되어서 그렇게 귀하게 생각하지 않기 때문입니다. 이스라엘 백성들에게 하나님의 언약궤나 제사가 바로 그랬습니다. 그들은 매일 아침저녁으로 제사 드렸고 하나님의 언약궤는 언제나 성전 안에 있었기 때문에 그들은 그것을 별로 귀하게 생각하지 않았습니다. 오히려 이스라엘 백성들은 세상의 새로운 사상이나 자기 멋대로 하고 싶은 것을 행하는 것을 좋아했습니다.

이스라엘 백성들은 하나님의 계명을 깨트리고 싶었습니다. 물론 인간인 이상 어느 정도는 의심해보기도 하고 반항을 해보기도 하지만 할 수 있는 한 하나님께 빨리 돌아오는 것이 좋습니다. 그러나 자기 고집 때문에 끝까지 하나님께 반항하고 하나님을 의심할 때는 가장 소중한 것을 잃어버리게 됩니다. 그것은 바로 자기의 영혼을 잃어버리는 것이며, 하나님의 축복을 잃어버리는 것입니다.

이스라엘 백성들은 늘 하나님께 제사 드리고 늘 하나님의 언약궤는 있으니까 그들은 그것의 소중함을 잃어버렸습니다. 그 대신 그들은 자신들의 육체적인 정욕과 물질적인 탐욕을 채우는 것을 더 중요하게 생각했습니다. 그 결과 이스라엘 백성들은 블레셋과의 싸움에 하나님의 언약궤까지 가지고 나갔지만 삼만 명의 이스라엘 백성들이 죽었고 하나님의 언약궤도 빼앗겨버리고 제사장 홉니와 비느하스는 전쟁터에서 죽고 말았습니다.

오늘 우리에게 바로 하나님의 이 능력이 있습니다. 우리가 하나님의 말씀을 읽고 공부하고 설교할 때 어마어마한 능력이 나타나게 되는 것입니다. 우리가 믿는 것은 바로 이것입니다.

1. 빼앗긴 하나님의 궤

원래 이스라엘 백성들이 광야에서 만난 하나님은 핵무기 수억만 배 되는 불덩어리였습니다. 하나님께서 시내산에 나타나실 때 산 전체가 불덩어리 되었고 진동을 했습니다. 그런데 말씀으로 그 엄청난 능력의 하나님을 작은 언약궤 안에 모시는 데 성공했습니다. 여호수아는 이 언약궤를 가지고 요단강을 끊어서 그 물을 쌓이게 했습니다. 그때 이스라엘 백성들은 요단강을 마른 땅으로 걸어서 건너갔던 것입니다. 그리고 이스라엘 백성들은 여리고 성을 공격할 때도 화살 하나 쏘지 않고 하나님의 언약궤를 들고 돌기만 했는데 그 견고한 성은 무너졌습니다. 심지어는 여호수아가 기브온에서 싸울 때 하나님의 언약궤는 태양과 달을 공중에 머물게 하는 능력을 나타내 보였습니다.

아마 이 정도의 능력이라면 블레셋 사람들은 하나님의 언약궤로 돌진하다가 모두 언약궤 앞에서 다 죽었어야 했습니다. 그런데 이상하게도 하나님의 언약궤는 죽어있었습니다. 이스라엘 백성들이 블레셋과 싸울 때도 언약궤는 아무 능력을 발휘하지 못하는 바람에 이스라엘 백성들은 엄청나게 죽었습니다. 하나님의 언약궤는 오직 침묵하고 있었습니다.

하나님의 언약궤는 이스라엘 백성들에게 힘을 주지 않았고 블레셋 사람들을 쓰러트리지도 않았습니다. 하나님의 언약궤는 그냥 하나의 금으로 된 궤에 불과했습니다. 그래서 블레셋 사람들은 하나님의 언약궤를 승리의 전리품으로 들고 자기 나라로 돌아갔고 하나님의 언약궤는 블레셋 사람들의 전리품이 되고 말았던 것입니다.

왜 하나님의 언약궤는 아무런 능력을 발휘하지 못하고 죽은 것처럼 되어있었을까요? 그것은 바로 이스라엘 제사장들과 이스라엘 백성들이 부흥의 불을 꺼버렸기 때문입니다. 즉 아무리 하나님의 언약궤가 있어도 이스라엘에 부흥의 불이 꺼졌을 때는 아무 힘이 없었던 것입니다. 이것은 마치 하나님께서 이스라엘 백성들에게 주신 언약의 말씀이라도 모세가 하나님을 발견할 때까지 사백년 동안 잠들어 있었던 것과 같은 것입니다. 하나님께서 아브라함과 이삭과 야곱에게 주신 언약의 말씀이 있었지만 이스라엘 백성들은 애굽의 노예였습니다. 또 모세는 애굽과 이스라엘 백성 모두에게서 쫓겨나서 무려 사십 년 동안 미디안 광야에서 헤매면서 다녀야 했습니다. 그러다가 그가 무려 사십 년 만에 불붙는 떨기나무에서 말씀하시는 하나님을 만났을 때 하나님의 말씀은 모세의 지팡이를 통해 기적이 나타나기 시작했던 것입니다.

이스라엘 백성들이 하나님의 말씀을 무시하고 이스라엘에 부흥의 불이 꺼졌을 때 하나님의 궤는 전쟁터에 있었지만 전혀 능력을 발휘하지 않았습니다. 하나님의 궤는 잠들어 있었던 것입니다. 그래서 블레셋 사람들은 자기들이 하나님을 포로로 잡았다고 생각하면서 하나님의 궤를 들고 자기 나라로 돌아갔습니다. 이것은 오늘 우리에게도 마찬가지입니다. 아무리 큰 예배당들이 있고 예수 믿는 사람들이 많아도 우리가 하나님의 말씀을 업신여기고 자기 하고 싶은 대로 하면서 살아간다면 부흥의 불은 꺼지게 되고 하나님의 능력은 나타나지 않을 것입니다. 블레셋 사람들은 이제 하나님의 상징을 전리품으로 빼앗았기 때문에 이스라엘 백성들은 영구적으로 힘을 쓰지 못할 것이라고 생각했습니다. 그러나 하나님의 언약궤는 단순한 상징이나 사기만 주는 것이 아니었습니다. 하나님의 궤 안에는 천지를 지으신 하나님의 능력이 들어있었습니다. 단지 이스라엘 백성들이 스스로 부흥을 포기하고 세상을 따라가는 바람에 하나님의 언약궤를 잠들게 만들었던 것입니다. 이 하나님의 언약궤를 살아있게 하려면 모세와 같이 하나님의 진리를 찾아서 사십 년을 방황할 각오를 해야 합니다. 그리고 모세와 같이 죽을 각오를 하고 불붙는 시내산 위로 올라갈 수 있어야 합니다.

마틴 루터 때 로마 천주교는 온갖 형식과 부패로 하나님의 말씀을 죽여 놓았습니다. 마틴 루터는 처음부터 하나님의 말씀에 그런 능력이 있는 줄 알지 못했습니다. 단지 그는 자기 영혼의 문제를 놓고 고민하고 또 고민했을 뿐입니다. 그러나 그가 그렇게 고민하고 정신적으로 방황하다가 시편과 로마서를 신학생에게 강의하면서 하나님 말씀의 가치를 깨달았을 때 그는 비텐베르크 성당 문에 95개조의 질문을 붙이게 되고, 이것을 통해 결국 전 세계가 바뀌게 되는 계기가 되었습니다. 그전까지만 해도 십자군 전쟁과 온갖 미신으로 어두움에 빠져 있었던 유럽이 잠에서 깨어나게 되었던 것입니다.

루터는 생활비가 부족해서 자기 집에 많은 하숙생을 두고 있었습니다. 그는 식사 때마다 학생들에게 많은 성경 이야기를 해주었습니다. 학생들은 루터가 하는 말이 너무 내용이 좋아서 그것을 전부 노트에 필기했습니다. 그것이 바로 루터의 《탁상 담화》라는 책입니다. 거기에는 욕도 나오고 농담도 나오는데 오히려 루터의 참모습을 잘 볼 수 있다고 합니다. 영국에서는 번역된 루터의 이 책이 금지되고 전부 불태워지게 됩니다. 그런데 딱 한 사람이 그 책의 가치가 아까워서 항아리 같은데 넣어서 땅에 파묻어두게 됩니다. 그 책을 나중에 누군가가 파내게 되어서 빛을 보게 되었고 우리나라 말로도 번역이 되어서 제가 한 권을 가지고 있습니다. 저는 루터의 가장 위대한 업적은 무려 천 년 동안 잠들었던 성경을 깨운 것이라고 생각합니다.

이스라엘 백성들은 이 세상에서 가장 위대한 하나님의 능력을 자신들의 정욕과 물질적인 욕심 때문에 잠재워버렸고 그 바람에 수만 명의 이스라엘 백성들이 죽고 보물은 빼앗기게 되었습니다.

2. 잠을 깨는 하나님의 언약궤

　물론 블레셋 사람들도 하나님의 언약궤의 가치를 잘 몰랐습니다. 단지 그들은 자기들의 신 다곤이 이스라엘의 신을 이겼다고 생각해서 자신들의 신이 최고이고 또 자기들도 최고의 전사라고 믿었습니다. 이제 하나님의 언약궤는 외롭게 되었습니다. 즉 하나님의 언약궤는 이스라엘 백성들이 단 한 명도 없는 블레셋 땅에서 이방 신전에 갇혀 있었던 것입니다. 그런데 놀라운 것은 하나님의 언약궤가 이스라엘 백성들 가운데 있을 때는 침묵하시고 가만히 있기만 했는데 놀랍게도 블레셋 땅에서는 하나님의 언약궤가 잠을 깨기 시작했다는 것입니다. 그 이유는 세상에 타락한 이스라엘 백성들보다는 오히려 이방인들 가운데서 더 하나님의 마음이 덜 타락하고 순진한 것을 보셨던 것 같습니다.

> 5:2-3, "블레셋 사람들이 하나님의 궤를 가지고 다곤 신전에 들어가서 다곤 곁에 두었더니 아스돗 사람들이 이튿날 일찍이 일어나 본즉 다곤이 여호와의 궤 앞에 엎드러져 그 얼굴이 땅에 닿았는지라. 그들이 다곤을 일으켜 다시 그곳에 세웠더니"

　블레셋 사람들은 다곤이란 신을 섬겼는데, 물고기 얼굴을 한 우상이라고 합니다. 왜냐하면 블레셋 족속들은 원래 해양 민족이었기 때문입니다. 다곤은 서 있는 신상이었던 것 같습니다. 블레셋 사람들은 하나님의 궤를 그 다곤 신상 곁에 두었다고 했습니다. 아마도 하나님의 궤를 곁에 두지 않고 그 앞에 두었을 것이라고 생각합니다. 블레셋 사람들은 하나님의 궤가 다곤신의 포로가 되었기 때문에 대등하게 나란히 두기보다는 마치 다곤 신상이 하나님의 궤를 내려다보고 있는 것처럼 그 앞에 두었을 가능성이 많습니다. 다곤 신상은 아주 큰 신상이었고 사람이 함부로 움직일 수 있는 것이 아니었습니다.

　그런데 이튿날 블레셋 사람들이 자기들의 신전에 들어가 보니까 다곤 신상이 엎어져서 하나님의 궤 앞에 절하는 것처럼 되어있었습니다. 그들은 다곤 신상이 하나님보다 높다고 생각하고 있었는데 아예 다곤 신상이 엎어져서 얼굴이 땅에 닿아있었던 것입니다. 그런데 다곤 신상이 그 정도로 넘어지려고 하면 완전히 부서져 있어야 할 텐데 부서지지는 않고 그냥 엎어져서 절하는 모습이었습니다. 블레셋 사람들은 이것이 우연이라고 생각했습니다. 블레셋 사람들은 우연히 지진 같은 것이 일어나서 다곤 신상이 넘어진 줄로 생각했던 것입니다.

이때까지만 해도 블레셋 사람들은 하나님의 궤가 살아있는 궤인 줄 꿈에도 생각하지 못했습니다. 그래서 블레셋 사람들은 아무 생각 없이 다곤 신상을 원래의 위치에 세워놓았습니다. 그런데 그다음 날 아침에 자기들의 신전에 들어갔을 때 너무나도 끔찍한 일이 일어나 있었습니다. 그것은 다곤 신상이 부서진 정도가 아니라 목과 손목이 칼 같은 것으로 잘려져 있었던 것입니다.

> 5:4, "그 이튿날 아침에 그들이 일찍이 일어나 본즉 다곤이 여호와의 궤 앞에서 엎드려져 얼굴이 땅에 닿았고 그 머리와 두 손목은 끊어져 문지방에 있고 다곤의 몸뚱이만 남았더라"

아마 그다음 날에는 블레셋 사람들도 호기심이 생겨서 별일이 없을까 하는 생각이 들어서 아침 일찍 신전에 가보았을 것입니다. 그랬더니 다곤 신상이 다시 엎어져 있었는데 이번에는 머리와 두 손목이 끊어져 있었습니다. 보통 그 큰 덩치의 신상이 넘어지면 배나 가슴이나 머리가 다 박살이 날 텐데 칼로 벤 것 같이 머리와 두 손목이 잘려져서 문지방 위에 올려져 있었던 것입니다.

이때야 비로소 블레셋 사람들은 하나님의 궤가 보통 궤가 아니라 살아있는 궤인 것을 알았습니다. 하나님께서는 어찌 감히 물고기 우상이 하나님을 쳐다볼 수 있느냐는 뜻으로 그것을 쓰러트리셨습니다. 온 세상은 하나님 앞에 무릎을 꿇어야 합니다. 그래도 블레셋 사람들이 깨닫지 못하니까 하나님은 다곤 신상의 머리와 손목을 베서서 그 안에 아무것도 없다는 것을 보여주셨습니다. 다곤은 생각할 수도 없고 말할 수도 없으며 손으로 무엇을 할 수도 없는 돌덩이이고 나무토막에 불과했던 것입니다.

블레셋 사람들은 다곤 신상의 머리와 두 손목이 문지방 위에 놓여 있었기 때문에 그 뒤부터는 문지방을 밟지 않고 뛰어넘어 다녔습니다. 왜냐하면 감히 문지방을 밟는 것은 다곤 신을 밟는 것 같은 느낌이 들었기 때문입니다. 블레셋 사람들은 도대체 아무도 신전에 들어가지 않았는데 어떻게 다곤 신상이 넘어질 수 있었는지 이해되지 않았습니다. 그러나 하나님의 궤에는 아무도 없는 것이 아니었습니다. 거기에는 하나님의 천사가 있어서 다곤 신상을 넘어트렸고 그 머리와 두 손목을 잘랐던 것입니다. 이제 하나님의 궤는 깨어나 있었지만 블레셋 사람들은 미신에 더 빠져들고 있었습니다.

3. 감당할 수 없는 하나님

원래 하나님은 핵무기 수억 만 배 되는 능력을 가지고 계십니다. 그래서 하나님은 단숨에 블레셋 사람들을 다 죽게 하시는 것이 옳을지 모릅니다. 그러면 아무도 하나님을 모르기 때문에 블레셋 사람이라도 하나님을 알게 하시기 위해서 조금씩 조금씩 놀라운 능력을 나타내셨습니다. 하나님께서는 이스라엘 백성들이 타락했을 때 이방인들을 통해서도 하나님 자신을 나타내시는 것입니다.

그런데 블레셋 사람들은 하나님을 도무지 감당할 수 없었습니다. 블레셋 사람들은 도대체 어떻게 해야 하나님의 진노를 멈추게 하는지 전혀 몰랐습니다. 그래서 블레셋 사람들은 속수무책으로 하나님의 언약궤 때문에 엄청난 재앙을 당해야만 했습니다.

5:6, "여호와의 손이 아스돗 사람에게 엄중히 더하사 독한 종기의 재앙으로 아스돗과 그 지역을 쳐서 망하게 하니"

하나님은 아스돗 사람들의 온몸에 독한 종기가 나게 하셨습니다. 그러니까 모든 아스돗 사람의 얼굴과 몸과 팔 다리와 손에는 물집이나 종기가 부풀어서 아팠던 것입니다. 아마 대상포진 같은 것이었는지 아니면 발진티푸스 같은 것이었는지 아니면 종류를 알 수 없는 피부병이었는지 알 수는 없습니다. 분명한 것은 아스돗 사람들의 얼굴이나 몸이나 손에 종기가 있었고 가려웠고 아팠고 심한 경우에는 죽었다는 사실입니다. 그들은 망해버렸습니다. 그들은 얼굴이 망했고 몸이 망했고 자녀들이 망했습니다.

5:7, "아스돗 사람이 이를 보고 이르되 이스라엘 신의 궤를 우리와 함께 있지 못하게 할지라. 그의 손이 우리와 우리 신 다곤을 친다 하고"

이제 아스돗 사람들은 자신들이 하나님의 궤를 가져온 것이 큰 잘못이었고 교만이었다는 것을 알게 되었습니다. 왜냐하면 하나님의 궤는 그들이 감당할 수 없는 것이었기 때문입니다. 우리는 가끔 판도라 상자의 뚜껑을 열었다는 말을 합니다. 즉 잘못해서 재앙의 뚜껑을 열었는데 수습할 수 없게 된 것입니다. 지금 우리나라도 판도라 상자를 열었는데 이제는 수습할 수 없는 것들이 너무 많이 있습니다. 우선 정치 자체가 판도라 상자이고 노조도 판도라 상자입니다. 북한의 핵 문제도 판도라 상자가 되었습니다.

아스돗 사람들은 처음에는 하나님의 궤를 빼앗아왔다고 해서 좋아했는데 이제는 이 궤를 도저히 거기에 둘 수 없었습니다. 그래서 가드에 보내었습니다. 가드도 블레셋의 한 도시국가였습니다. 가드 사람들은 처음에는 뭣도 모르고 그 정도를 가지고 걱정하느냐고 우리가 충분히 감당할 수 있다고 큰소리쳤습니다. 그런데 그것이 아니었습니다.

5:8, "이에 사람을 보내어 블레셋 사람들의 모든 방백을 모으고 이르되 이스라엘 신의 궤를 어찌하랴 하니 가드로 옮겨가라 하므로 이스라엘 신의 궤를 옮겨갔더니 그것이 옮겨간 후에 여호와의 손이 심히 큰 환란을 그 성읍에 더하사 성읍 사람들의 큰 자가 작은 자를 다 쳐서 독한 종기가 나게 하신지라"

블레셋 사람들은 자기 마음대로 하나님의 궤를 가드로 옮긴 것이 아니고 나름대로 그들의 제사장들이 점도 치고 주문도 외운 후에 가드로 가면 되겠다고 해서 옮긴 것이었습니다. 그러나 하나님의 궤를 가드로 옮긴 것은 큰 실수였습니다. 하나님의 궤가 가드로 가면서 가드에 더 큰 재앙이 터졌기 때문입니다. 바로 가드 사람들에게 더 심하고 독한 종기가 생긴 것이었습니다. 그리고 성경에는 나오지 않지만 쥐가 엄청나게 번식했던 것 같습니다. 가드 사람들은 어른이나 아이나 높은 자나 낮은 자나 모두 얼굴이나 몸에 심한 종기가 생겼습니다. 이 독종의 재앙은 출애굽 재앙의 하나에 불과한 것이었습니다. 하나님은 더 심한 재앙을 내리실 수 있었지만 단 하나의 재앙으로 블레셋을 망하게 하셨습니다. 거기에다가 쥐가 엄청나게 번식하면서 모든 양식을 다 갉아 먹었습니다.

이제 가드 사람들도 더 이상 하나님의 궤를 가드에 두면 자기들은 완전히 망한다는 것을 알게 되었습니다. 그래서 그들은 하나님의 궤를 다른 블레셋 도시인 에그론에 보내버렸습니다. 에그론 사람들은 하나님의 궤가 자기 도시로 오는 것을 보고는 가드 사람들이 우리를 죽이려고 그 궤를 여기로 보낸다고 소리를 질렀습니다. 블레셋 사람들은 전쟁에 이기고 신이 나서 하나님의 궤를 가져왔지만 그 누구도 하나님의 궤를 감당할 수 없었습니다.

이제 드디어 블레셋 사람들이 깨달았던 것은 하나님의 궤는 이스라엘로 돌아가야 한다는 것이었습니다. 그리고 이스라엘 백성들이 죄짓지 않고 하나님을 잘 믿어주는 것이 온 세상 사람들이 복 받는 길이라는 비결을 깨달았던 것입니다.

5:11-12, "이에 사람을 보내어 블레셋 모든 방백을 모으고 이르되 이스라엘 신의 궤를 보내어 그 있던 곳으로 돌아가게 하고 우리와 우리 자손이 죽임 당함을 면하자 하니 이는 온 성읍이 사망의 환란을 당함이라. 거기서 하나님의 손이 엄중하심으로 죽지 아니한 사람들은 독한 종기로 치심을 당해 성읍의 부르짖음이 하늘에 사무쳤더라"

블레셋 사람들이 내린 결론은 이 무서운 하나님은 이스라엘로 돌아가야 한다는 것이었습니다. 이스라엘 백성들이 얼마나 독한 사람들이었는가 하면 이런 하나님을 모시고도 수백 년간 괜찮았던 사람들이었습니다. 신약 성경에서 군대 귀신들린 사람은 몸 안에 수천 마리의 귀신이 들어서 미쳤지만 죽지는 않았습니다. 그런데 돼지 떼는 귀신이 들어가자마자 모두 호수에 다 빠져서 죽었습니다(마 8:28-34).

우리가 믿는 하나님은 위대하신 분이십니다. 우리는 하나님의 말씀을 깨우는 자들이 되어야 하고, 하나님의 능력을 깨우는 자들이 되어야 하겠습니다. 우리가 하나님의 말씀을 버리면 이 세상 사람들이 다 죽을 것입니다. 우리밖에 하나님을 감당할 자가 없습니다. 오늘도 하나님을 사랑하시고 가까이하셔서 우리와 세상 사람들이 모두 하나님의 복을 받기를 원합니다.

13

돌아온 언약궤

삼상 6:1-16

사람이 감당할 수 없는 무기나 좋은 것을 가지고 있으면 그것이 오히려 불행이 될 수 있습니다. 예를 들어서 어떤 사람이 총을 주워서 가지고 있다면 언젠가는 그 총으로 친구나 사람을 쏘게 될지도 모릅니다. 또 어떤 사람이 갑자기 엄청난 돈을 가지게 된다고 해도 잘 관리하지 못한다면 얼마 가지 않아서 알거지가 되고 말 것입니다. 우리나라에도 로또 복권에 당첨돼서 몇십억 원을 받은 사람이 몇 년 만에 알거지가 되어서 도둑질을 하다가 잡힌 경우도 있었습니다.

본문을 보면 옛날 블레셋 족속들에게 그들이 감당할 수 없을 정도로 좋은 것이 있었습니다. 그것은 바로 하나님의 언약궤였습니다. 블레셋 사람들은 이스라엘과의 전쟁에서 이기는 바람에 이스라엘 백성들로부터 하나님의 궤를 빼앗았습니다. 이것은 블레셋 사람들에게 큰 명예가 되었고 또 그 언약궤는 순금으로 만들어져 있었기 때문에 녹여서 팔면 큰 재산이 될 수도 있었습니다.

그런데 블레셋 사람들은 그 하나님의 궤를 감당할 수 없었습니다. 그 하나님의 언약궤에서는 마치 방사능이 나오는 것처럼 블레셋 사람들의 피부에 독종이 생기게 했는데 안 생긴 사람이 거의 없었습니다. 그리고 심지어는 블레셋 사람들 중에서 이 독종 때문에 죽어서 길에 누워있는 사람들도 즐비했습니다. 블레셋 사람들은 하나님의 궤가 자신들의 위신을 높여주고 또 순금으로 되어있어서 포기하기에는 너무나 아까웠지만 그대로 두면 이 하나님의 궤가 자기들을 전부 다 죽이리라는 것을 알았습니다. 그래서 블레셋 사람들은 이 하나님의 궤를 포기하게 되는데, 이것을 이스라엘로 돌려보냄으로써 그들은 살게 되었습니다.

1. 이해할 수 없는 하나님

이스라엘 백성들은 하나님이 그 작은 언약궤 안에 들어계신다고 생각했습니다. 마치 어린아이가 라디오 안에 작은 사람이 들어있다고 생각하듯이 이스라엘 백성들은 하나님이 그 언약궤 안에서 말씀도 하시고 주무신다고 생각했던 것입니다. 그러니까 이스라엘 백성들은 하나님이 너무 작은 분이시고 또 너무 세상 물정을 모르는 분으로 생각했던 것입니다. 왜냐하면 하나님은 늘 성막 안에 그것도 지성소 안에서만 갇혀 지내시는 분이기 때문이었습니다. 더욱이 하나님은 모세 때는 언약궤에서 말씀도 많이 하셨지만 엘리 제사장 때에는 거의 말씀을 하시지 않았습니다. 그래서 이스라엘 백성들은 하나님의 말씀보다는 금으로서의 하나님의 가치를 생각했습니다. 이스라엘 백성들은 하나님은 금만큼의 가치가 있다고 생각했던 것입니다.

그런데 이스라엘 백성들이 하나님의 궤를 가지고 전쟁터에 왔지만 하나님은 침묵하셨습니다. 하나님은 이스라엘 백성들을 전혀 도와주시지 않았습니다. 그래서 이스라엘 백성들은 전쟁에서 대패하고 삼만 명이나 되는 사람들이 죽고 하나님의 언약궤는 빼앗기고 말았습니다. 아마 이스라엘 백성들은 블레셋 사람들이 하나님의 언약궤를 빼앗아갈 때 하늘에서 우박이 떨어지거나 언약궤에서 번개가 쳐서 블레셋 사람들을 쫓아버릴 것이라고 생각했을지도 모릅니다. 그러나 하나님의 궤는 끝까지 침묵했고 블레셋 사람들에게 빼앗겨버리고 말았습니다. 그래서 이스라엘 백성이 보기에 하나님의 궤는 그냥 하나의 금 상자 같았고 거기에는 아무런 능력도 없는 것 같았습니다.

그리고 이스라엘 백성들은 하나님의 궤를 빼앗긴 지 7개월이 지났습니다. 아마도 그때까지 이스라엘 백성들은 하나님의 궤를 새카맣게 잊고 있었던 것 같습니다. 그런데 하나님의 궤는 혼자서 블레셋의 신 다곤과 블레셋 사람들과 싸우고 계셨습니다. 하나님의 궤는 다곤 신이 하나님의 궤 앞에서 엎어지게 했고 그다음 날에는 머리와 손목이 잘린 채로 엎어지게 했습니다. 그리고 하나님의 궤가 블레셋에 온 이후로 가는 곳마다 블레셋 사람들에게는 독종이라는 병이 퍼지기 시작했습니다.

우리는 여기서 하나님의 궤의 두 가지 다른 모습을 보게 됩니다. 그 하나는 이스라엘 백성들에 대하여 하나님의 궤는 철저하게 침묵을 했다는 사실입니다. 하나님의 궤는 이스라엘 백성들에게는 아무 말씀도 하지 않았고 있으나 마나 한 존재로 전혀 도움이 되지 않았습니다. 그런데 하나님의 궤가 블레셋에 와서는 마치 잠에서 깨어난 것처럼 활동하기 시작했는데 블레셋의 신 다곤을 쓰러트리기도 하고 그의 머리와 손목을 자르기도 하고 블레셋 사람들을 쳐서 전염병이 퍼지도록 했던 것입니다.

왜 하나님은 이스라엘 백성과 블레셋 사람들에게 서로 다른 방식으로 대하셨을까요? 그것은 하나님이 하나님의 백성과 이방인들을 다른 방식으로 대하시기 때문입니다. 하나님의 백성들이 하나님의 말씀에 불순종하고 세상을 따라갈 때 하나님이 주시는 가장 무서운 징계는 철저한 침묵입니다. 즉 하나님이 이스라엘 백성이나 교회에 아무 말씀도 하시지 않는 것입니다. 그러면 이스라엘 백성이나 하나님의 백성들은 자기 생각이 하나님의 뜻인 줄 알고 자기 생각대로 행하다가 철저하게 망하는 것입니다. 물론 이때 하나님은 전혀 이스라엘 백성들을 도와주시지 않고 자기 멋대로 행하게 하십니다.

그 대표적인 예가 사울 왕입니다. 사울 왕이 하나님의 말씀을 버리고 자기 멋대로 나라를 통치했을 때 하나님은 사울 왕에게 침묵하셨습니다. 사울 왕은 블레셋과 전쟁해야 하는데 어떻게 해야 할지 몰랐습니다. 그러나 하나님은 사울 왕에게 아무 말씀도 하시지 않고 침묵하셨습니다. 결국 사울 왕은 너무 답답하니까 무당을 찾아가서 죽은 사무엘의 영을 올라오게 하라고 명했습니다. 물론 그 죽은 영이 사무엘의 영일 리가 없습니다. 그것은 바로 사무엘을 흉내 내는 귀신이요 마귀였던 것입니다. 그리고 사울은 그다음 날 전쟁터에 나갔다가 자기 아들들은 물론 엄청난 이스라엘 백성들과 함께 죽게 됩니다. 이것이 바로 하나님의 침묵의 결과였습니다. 그래서 하나님의 백성들에게 가장 무서운 것은 하나님이 침묵하시는 것입니다. 그때는 십자가를 들고 있든 성경책을 들고 있든 아무 도움이 되지 않습니다. 하나님은 이미 그들을 떠나신 것입니다.

그래서 하나님이 침묵하시는 것은 성령이 떠나신 것입니다. 이때는 다른 것을 할 생각을 하지 말고 하나님 앞에서 부르짖으면서 눈물로 회개해야 합니다. 다윗은 죄를 짓고 난 후에 울면서 "주의 성령을 내게서 거두지 말아 달라"고 기도했습니다. 삼손도 머리털이 조금 자란 후에 블레셋 사람들이 큰 축제를 할 때 하나님께 "한 번만 나에게 힘을 주셔서 내 눈을 뺀 블레셋 원수를 갚게 해 달라"고 기도했습니다. 그리고 기둥을 껴안고 힘을 주니까 건물이 무너지면서 많은 블레셋 사람들이 죽었습니다.

열왕기상 22장에 보면, 이스라엘 아합 왕 때에 아합은 길르앗 라못이라는 성에 집착했습니다. 그때 선지자들에게 물으니까 전부 거짓 영이 들어가 올라가서 길르앗 라못을 취하라고 예언했습니다. 그런데 그때 하나님의 말씀을 전하는 선지자가 있기는 있었습니다. 그는 미가야 선지자였습니다. 그가 예언하기를 "지금 사백 명의 선지자가 올라가라고 하는 것은 거짓말하는 영이 들어서 그런 것이고 왕이 올라가면 죽는다"고 했습니다. 그러나 아합은 그 말을 듣지 않고 길르앗 라못에 올라갔다가 활에 맞아 죽었습니다.

하나님이 침묵하실 때 거짓말하는 영이 엄청나게 설치게 됩니다. 결국 그 말을 듣고 따라가다가 죽는 것입니다. 요즘 우리나라 정치를 보면 완전히 아첨하는 자로 깔린 것을 볼 수 있습니다. 결국 그것은 아합의 길을 따라가고 있는 것입니다. 하나님의 백성들에게 가장 무서운 것은 하나님이 침묵하시는 것입니다. 그러면 거짓말하는 영들이 우글거리게 됩니다. 결국 자기가 이길 줄 알고 그 길을 따라가다가 죽게 되는 것입니다.

2. 하나님이 블레셋에게 한 방식

하나님은 블레셋 사람들에게는 완전히 침묵하시지 않았습니다. 오히려 조금씩 하나님께서 살아계신 것을 보여주기 시작하셨습니다. 왜 하나님께서는 블레셋 사람들에게는 침묵하시지 않았을까요? 그것은 블레셋 사람들이 하나님을 몰랐기 때문입니다. 하나님은 블레셋 사람들에게도 영광받기를 원하셨습니다. 즉 하나님은 하나님의 백성들이 자신에게 영광을 돌리지 않을 때는 하나님을 모르는 자들을 찾아가셔서 그들에게 하나님의 영광을 보이시고 기적을 보여주시는 것입니다.

하나님께서 블레셋에서 가장 먼저 하신 일은 블레셋의 신 다곤을 쓰러트리신 것이었습니다. 이것은 하나님께서 블레셋 사람들로 하여금 다곤의 정체를 바로 보게 하신 것입니다. 다곤은 쓰러진 신이었고 하나님 앞에서 아무것도 아니었습니다. 단지 인간이 무엇인가 믿기 위해서 의미를 부여한 것에 불과했습니다. 즉 다곤은 인간의 상상력의 결과였던 것입니다. 그래도 블레셋 사람들은 깨닫지 못하고 도로 다곤을 세워놓았습니다. 그다음 날 하나님은 다곤의 머리와 손목을 잘라서 문지방에 갖다 놓으셨습니다. 다곤은 머리가 잘라진 신이고 손목이 잘라져서 그들을 도울 수 없는 신이었습니다. 블레셋 사람들이 이스라엘을 이긴 것은 하나님이 주신 힘으로 이긴 것이었습니다. 그들은 하나님이 주신 힘으로 회개하지 않는 하나님의 백성들을 쳐서 이겼습니다. 그러나 블레셋 사람들은 이를 깨닫지 못했습니다. 그때부터 다곤의 머리와 손이 놓였던 문지방을 밟지 않았습니다. 이것이 바로 하나님이 행하신 기적에 대한 블레셋 사람들의 반응이었습니다.

하나님은 이제 블레셋 사람들을 전염병으로 치시기 시작했습니다. 물론 하나님께서 큰 병으로 블레셋을 치셨더라면 블레셋은 한꺼번에 몰살하고 이 지구상에 그런 나라도 존재할 수 없었을 것입니다. 그러나 하나님은 조금씩 조금씩 블레셋 사람들을 치셨습니다. 그래서 하나님의 궤를 갖다 놓았던 아스돗이라는 곳에서 병이 발발했고 사람들은 병으로 고통받고 죽었습니다. 블레셋 사람들은 자신들에게 생긴 이 병이 하나님의 궤에서 온 것임을 알았습니다. 왜냐하면 그전에는 이런 병이 없었기 때문입니다. 그렇다고 하나님의 궤를 포기하기에는 너무 아까웠습니다. 또 그냥 두려고 하니까 전염병이 퍼져서 사람들이 고통을 받고 자꾸만 죽어 나갔습니다. 그래서 블레셋 사람들은 잔꾀를 내어서 제사장이나 주술 하는 사람들을 모아서 점을 치게 했습니다. 그랬더니 가드가 가장 안전하다는 점괘가 나왔습니다.

그래서 블레셋 사람들은 하나님의 궤를 이웃 도시인 가드로 보내었습니다. 그러나 하나님의 궤가 가드에 가자마자 가드에는 전염병이 창궐하기 시작했고 사람들이 죽어 나가기 시작했습니다. 가드 사람들의 얼굴은 전부 종기가 나 있었고 엄청 많이 죽었습니다. 그들은 하나님의 궤를 감당할 수 없었습니다. 그래서 하나님의 궤를 이웃에 있는 에그론에 보내니까 벌써 에그론 사람들은 하나님의 궤에 대한 소문을 듣고 우리를 죽이려고 저 신의 궤를 우리에게 보내었다고 부르짖었던 것입니다.

왜 하나님은 블레셋에서는 한꺼번에 이들을 몰살시키지 않고 조금씩 조금씩 병이 퍼지게 하셨을까요? 그것은 하나님의 영광을 나타내기 위함이었습니다. 이것이 바로 하나님의 왼손의 능력입니다. 만약 하나님께서 오른손으로 치셨더라면 홍해가 갈라지고 모든 블레셋 사람들이 한 사람도 남지 않고 다 죽었을 것입니다. 그러나 하나님은 블레셋 사람들을 불쌍히 여기시고 또 하나님을 알게 하시기 위해 왼손으로 조금씩 치셨던 것입니다. 지금도 하나님은 악한 자들을 왼손으로 치십니다. 또 악한 나라도 경제적인 제재 같은 것으로 약하게 치십니다. 그 이유는 그들을 불쌍히 여기시며 하나님의 영광을 나타내시기 위해서입니다. 이런 과정을 통해서 하나님을 믿게 되는 사람들도 생기게 됩니다.

하나님의 궤는 블레셋 땅에서 일곱 달 있었습니다.

> 6:1, "여호와의 궤가 블레셋 사람들의 지방에 있은 지 일곱 달이라"

하나님의 궤가 블레셋에 일곱 달 있었다는 것은 블레셋 사람들이 하나님의 궤를 포기하지 않으려고 버틸 수 있는 만큼 버티었다는 것입니다. 그러나 이제 그들이 더 버티다가는 다 죽을 것 같으니까 이들은 하나님의 궤를 어떻게 처분해야 좋을지 다시 의논하게 되었습니다.

3. 감당할 수 없는 하나님의 궤

블레셋 사람들은 이 재앙을 일으키는 골칫덩어리인 하나님의 궤를 어떻게 처분해야 할지 몰라서 다시 모여 회의를 했습니다.

> 6:2, "블레셋 사람들이 제사장들과 복술자들을 불러서 이르되 우리가 여호와의 궤를 어떻게 할까 그것을 어떻게 그 있던 곳으로 보낼 것인지 우리에게 가르치라"

우선 블레셋 사람들이 하나님의 궤를 처분하는 방식에는 여러 방법이 있을 수 있습니다. 그중에 가장 쉬운 것은 불로 태워버리는 것입니다. 하나님의 궤를 불로 태워버리면 거기에 있는 전염병도 없앨 수 있고 또 금덩이가 남을 수도 있을 것입니다. 하나님의 궤를 덮은 금은 상당한 양이었습니다. 그러나 블레셋 사람들은 혹시 그런 식으로 하나님의 궤를 대적했다가는 하나님이 진노하셔서 블레셋 사람들이 전부 다 죽을 수 있다고 생각했습니다. 그리고 블레셋 사람들은 그 하나님의 궤를 땅에 파묻을 수도 있고 배를 타고 가서 바다에 빠트릴 수도 있었습니다.

그러나 하나님은 블레셋의 제사장들이나 복술자들에게 지혜를 주셨습니다. 그것은 첫째, 블레셋 사람들은 전부 하나님의 포로가 되었다는 사실이었습니다. 이것이 나중에 속건제를 통해서 나오게 되는데 속건제라는 것은 인질이 내는 몸값을 의미했습니다. 블레셋 사람들은 자기들이 하나님을 포로로 잡아 온 줄 알았는데 알고 보니까 자기들이 하나님의 포로였던 것입니다. 그리고 그들은 하나님을 피하여 어디에도 갈 수 없었습니다. 그리고 또 하나는 그냥 하나님의 궤를 없애면 지금 병에 걸려 있는 사람들이 다 죽는다고 생각했습니다. 그들은 지금 모든 블레셋 사람들이 전염병에 다 걸려 있는데 이들이 나을 수 있는 방법이 없을까 고민하게 되었던 것이었습니다.

그때 블레셋 제사장들과 복술자들은 이 하나님의 궤를 이스라엘에 돌려보내어서 그들로 하여금 하나님을 섬기게 해야 우리의 포로도 풀리고 병도 낫는다는 생각이 들었던 것입니다. 이것은 바로 하나님이 그들에게 주신 지혜였습니다. 하나님의 백성들이 하나님을 섬겨야 사람들의 병도 낫고 사로잡히는 것도 풀리는 것이었습니다.

블레셋 사람들은 자기 제사장에게 어떻게 이 궤를 돌려보내면 되겠느냐고 물었습니다. 그때 블레셋 제사장은 속건제를 같이 보내어서 이스라엘 백성들이 우리를 위하여 제사를 드려야 한다고 했습니다.

6:3, "그들이 이르되 이스라엘 신의 궤를 보내려거든 거저 보내지 말고 그에게 속건제를 드려야 할지니라 그리하면 병도 낫고 그의 손을 너희에게서 옮기지 아니하는 이유도 알리라 하니"

여기서 중요한 것이 속건제입니다. 즉 우리는 하나님께 포로가 되었다는 뜻으로 우리가 하나님의 인질이니까 몸값을 내야 한다는 것입니다. 만약 이것이 하나님께 받아들여지게 되면 우리 병도 낫는다고 했습니다.

이것이 바로 블레셋 사람들이 가지고 있었던 믿음이었습니다.

블레셋 사람들이 자기 제사장에게 어떻게 속건제를 바치면 되느냐고 하니까 블레셋 제사장들이 방법을 이야기했습니다. 블레셋은 다섯 개의 도시 국가로 되어있으니까 다섯 개씩 속건제를 금으로 바쳐야 한다고 했습니다. 그런데 그들은 그냥 금덩이 다섯 개만 바쳐서는 안 되고 지금 병으로 독종이 심하게 생기게 되었으니까 독종 모양으로 금을 만들어서 바쳐야 한다고 했습니다. 그리고 그때 블레셋에서는 엄청나게 쥐가 번식했던 것 같습니다. 거의 재앙 수준이었습니다. 어떤 사람들은 쥐 때문에 페스트가 퍼졌을 것이라고 하는데 그때는 그런 의학 지식이 없었습니다. 단지 쥐가 엄청나게 많이 번식해서 양식을 다 갉아먹었던 것 같습니다. 그래서 쥐 모양의 금을 다섯 개 만들어서 보내자고 했습니다. 이것은 블레셋 사람들의 기도 제목이었습니다. 즉 하나님께서 저희를 풀어주시고 병도 낫게 해주시고 쥐도 없애달라는 것이었습니다.

그러면 하나님의 궤를 어떻게 이스라엘로 보내느냐는 문제가 남았습니다. 왜냐하면 이제는 전염병의 원인이 하나님의 궤라는 것을 알게 되었기에 아무도 하나님의 궤에 가까이하려고 하지 않았기 때문입니다. 그래서 블레셋 제사장은 아이디어를 내기를 새끼를 낳은 젖 나는 암소 두 마리를 데리고 와서 새 수레에 하나님의 궤를 올려서 속건제인 금 독종과 금 쥐와 함께 보내자고 했습니다.

그런데 이때 블레셋 사람들은 또 하나님을 시험했습니다. 새끼를 낳은 지 얼마 되지 않는 암소들은 새끼를 사랑하기 때문에 새끼에게서 떨어지지 않으려고 하고 새끼가 우는 소리만 나도 바로 새끼에게 달려올 것입니다. 그래서 블레셋 제사장들은 새끼를 낳은 지 얼마 안 되는 암소 두 마리를 잡아와서 수레를 끌게 하고 송아지는 잡아 가두어두자고 했습니다. 그러면 새끼들은 어미 소를 찾아서 계속 울게 될 텐데 암소가 이스라엘로 가지 않고 새끼가 있는 곳으로 돌아오면 이번 질병은 여호와가 주신 것이 아니고, 여호와라는 신도 없는 것이지만, 그럼에도 불구하고 암소들이 이스라엘로 가면 하나님은 확실히 계시고 우리 병도 낫고 우리도 저주에서 풀리게 될 것이라고 했습니다.

그때 송아지는 계속 엄마를 찾아서 울었습니다. 그리고 어미 소도 울었습니다. 그러나 암소들은 좌로나 우로나 치우치지 아니하고 울면서 이스라엘 땅으로 똑바로 갔습니다.

> 6:10-12, "그 사람들이 그같이 하여 젖 나는 소 둘을 끌어다가 수레를 메우고 송아지들은 집에 가두고 여호와의 궤와 및 금 쥐와 그들의 독종의 형상을 담은 상자를 수레 위에 실으니 암소가 벧세메스 길로 바로 행하여 대로로 가며 갈 때에 울고 좌우로 치우치지 아니하였고 블레셋 방백들은 벧세메스 경계선까지 따라가니라"

벧세메스는 블레셋에서 가장 가까운 이스라엘 도시였습니다. 하나님께서는 블레셋 사람들이 생각한 것이 다 옳은 것은 아니었지만 그들의 수준에 맞추어서 그들이 원하는 대로 되게 해 주셨습니다. 송아지가 아무리 울어도 어미 소는 벧세메스로 똑바로 갔습니다. 하나님의 천사들이 암소를 끌고 벧세메스로 올라갔기 때문입니다. 이스라엘 백성들은 한 명도 없었지만 하나님은 그 강한 블레셋 사람들을 모두 포로로 잡으셨고 블레셋 사람들은 하나님의 궤를 감당할 수가 없었습니다. 결국 하나님의 궤는 하나님의 백성들이 모시고 제사 드려야 블레셋 사람들도 살 수 있었던 것입니다.

벧세메스 사람들은 하나님의 궤가 블레셋에서 저절로 돌아오는 것을 보고 신기하게 생각했습니다. 그리고 그들은 하나님의 궤가 다시 돌아온 것을 보고 굉장히 기뻐했습니다. 두 암소는 벧세메스의 여호수아라는 사람의 타작마당에 섰습니다. 이스라엘 백성들은 이스라엘 제사장을 불러서 그 소는 잡아서 죽이고 수레를 땔감으로 태워서 하나님께 번제를 드렸습니다. 그 이유는 그들은 하나님을 잃어버린 백성들이었고 부정했기 때문입니다. 그리고 이때 블레셋 사람들의 전염병도 나았고 또 병도 없어졌습니다.

이때 벧세메스 사람들이 하나님 앞에서 큰 실수를 하게 됩니다. 그들이 하나님께 제사 드린 것은 옳았지만 호기심이 발동했습니다. 그들은 하나님의 궤 안에 무엇이 있는지 알고 싶었습니다. 그래서 벧세메스 사람들은 하나님의 언약궤 뚜껑을 열어서 그 안을 들여다보았습니다. 그 결과 칠십 명이 죽었습니다. 어떤 사본에는 오만 칠십 명이 죽은 것으로 되어 있는데 아마도 이때는 오만 명까지는 모이지 않았을 것 같습니다. 그들은 하나님이 돌아온 것을 기뻐했습니다. 그리고 하나님을 잃은 백성으로 하나님께 언약궤를 끌고 온 소를 잡아서 블레셋 사람들과 자신들을 위하여 번제를 드렸습니다. 그러나 그들은 호기심을 이기지 못하고 도대체 하나님의 궤 안에는 무엇이 들어있을까 보고 싶어서 들여다보다가 즉사했는데 요즘으로 치면 돌연사를 하게 된 것입니다.

하나님은 이 세상의 어떤 군대나 어떤 나라도 즉시 포로로 잡을 수 있습니다. 그러나 하나님은 죄인들을 사랑하셔서 왼손으로 싸우십니다. 그래서 악한 자들은 하나님이 얼마나 강하신지 알지 못합니다. 그러나 하나님의 백성들 가운데 뜨거운 부흥이 일어날 때 하나님은 오른손을 들어서 악한 나라와 악한 자를 치십니다. 우리는 늘 호기심 때문에 실패할 때가 많습니다. 하나님 앞에서 우리의 호기심을 죽이고 하나님을 두려워하는 마음으로 예배해서 세상 사람들의 모든 병이 치료되고 포로된 자리에서 풀려나는 데 앞장서시기를 바랍니다.

14

믿음의 위력

삼상 7:1-17

세상을 살아가면서 큰 위기를 만날 때가 종종 있습니다. 그때 중요한 것은 믿음입니다. 믿음으로 어려움을 이기고 나갔을 때 더 위대하게 되는 사람들이 있는가 하면, 어떤 사람은 믿음이 없어서 어려움을 이기지 못하고 포기하는 바람에 욕은 욕대로 얻어먹고 그의 인생은 실패한 인생이 되고 마는 것입니다. 물론 이 믿음에는 자기 자신에 대한 믿음도 있고, 하나님에 대한 믿음도 있고, 자기 운명에 대한 믿음도 있습니다. 그러나 하나님을 믿는 사람은 하나님에 대한 믿음이 있습니다. 하나님에 대한 믿음은 과연 우리 인생에 어떤 영향을 미칠까요? 그 믿음이 하나님의 말씀과 일치하는 순간 하나님의 능력이 임하게 됩니다.

우리가 가지고 있는 믿음은 어마어마한 폭발력을 가지고 있는 핵폭탄과 같습니다. 그러나 우리는 그 뇌관을 찾지 못하고 있고 그것을 폭발시킬 수 있는 기술이 없으므로 번번이 이 세상에 실패하고 이 세상에 종노릇 하면서 살 때가 많습니다.

이스라엘 백성들이 그러했습니다. 이스라엘 백성들은 어마어마한 하나님의 성막과 언약궤를 두고서도 하나님의 뇌관을 고장 내버렸습니다. 즉 제사장 홉니와 비느하스는 성전에 세상을 끌어들여서 하나님께 바치는 뇌물을 강탈하고 성전에서 봉사하는 여인들과 성관계를 가지는 등 엄청난 죄를 끌어들임으로 하나님의 불을 꺼버렸습니다. 이것은 마치 어마어마한 폭탄이 있지만 뇌관을 고장 내는 것과 같았습니다. 그래서 이스라엘 백성들은 하나님의 궤를 가지고 전쟁터에 갔지만 전쟁에는 지고 이스라엘 백성 삼만 명이 죽고 하나님의 궤는 빼앗기고 말았습니다. 그리고 그 여파는 거의 이스라엘이 망하는 지경까지 오게 된 것입니다. 즉 하나님의 성막은 불타고 더 많은 이스라엘 백성들이 죽었던 것입니다.

이제 이스라엘 백성들은 미래에 대한 희망이 없는 것 같았습니다. 그러나 이스라엘에는 하나님의 선지자가 있었고, 하나님의 말씀이 있었습니다. 이스라엘 백성들은 하나님의 선지자 한 사람의 말씀의 위력이 어느 정도인지 제대로 알지 못했습니다. 그래서 이스라엘 백성들은 하나님의 궤가 돌아오고 난 후에도 무려 이십 년이라는 세월을 허송세월하고 말았습니다.

오늘 우리에게 가장 필요한 말은 '미래에 대한 희망' 입니다. 오늘을 사는 우리에게는 희망이 보이지 않습니다. 그러나 하나님의 말씀 안에는 희망이 있습니다. 왜냐하면 하나님의 말씀은 모든 바위와 산과 골짜기를 부수고 길을 만들 수 있는 위력이 있기 때문입니다.

1. 이십 년을 허비한 이스라엘 백성들

우리는 얼마 전까지 일본 사람들이 자주 했던 '잃어버린 이십 년' 이라는 말을 많이 들었습니다. 일본 경제는 부동산 상승으로 엄청나게 올라간 것 같았지만 거품이 빠지면서 경제가 이십 년 전으로 돌아가 버리고 만 것입니다. 즉 일본 사람들은 이십 년 동안 하나도 앞으로 나가지 못하고 제자리에서 맴돌고 있었다는 뜻입니다. 지금 우리나라의 모든 것은 이십 년을 제자리걸음하고 있는 것이 아니라 사십 년 혹은 육십 년 전으로 돌아가고 있다는 느낌이 듭니다.

 탈북한 사람들의 이야기를 들어보면 가장 놀랐던 것이 거리에 십자가가 많은 것 때문이라고 합니다. 사실 우리나라에는 엄청난 십자가가 있습니다. 그런데 우리는 그 많은 교회의 위력을 제대로 폭발시킬 줄 모르고 있는 것입니다. 또 우리에게는 엄청난 에너지가 있습니다. 그러나 우리는 이 에너지들을 폭발시키지 못하고 자꾸 몇십 년 전으로 돌아가려고 하는 것입니다.

 이스라엘 백성들은 하나님의 궤를 블레셋 사람들에게 빼앗겼지만, 하나님 스스로 이스라엘 백성에게 돌아오셨습니다. 그 이유는 블레셋 사람들은 하나님을 감당할 수 없었기 때문입니다. 그러나 이스라엘 백성들은 하나님의 궤가 돌아온 후에도 무려 이십 년 동안이나 하나님의 궤를 방치해 놓고 있었습니다.

> 7:1-2, "기랏여아림 사람들이 와서 여호와의 궤를 옮겨 산에 사는 아비나답의 집에 들여놓고 그의 아들 엘리아살을 거룩하게 구별하여 여호와의 궤를 지키게 하였더니 궤가 기럇여아림에 들어간 날부터 이십 년 동안 오래 있은지라 이스라엘 온 족속이 여호와를 사모하니라"

 하나님의 궤가 하나님의 성막이 있던 실로로 가지 않고 기럇여아림에 있었던 이유는 무엇입니까? 아마 이때 블레셋 군대가 실로까지 쳐들어와서 성막까지 불태우지 않았나 하는 생각이 듭니다. 성경에는 성막이 불탔다는 말이 없습니다. 그러나 예레미야서를 보면 언젠가 성막이 불탔던 것이 틀림없습니다. 이스라엘 백성들이 보기에 하나님의 궤는 너무나도 까다롭고 예민해서 모실 수 없을 것 같았습니다. 왜냐하면 하나님의 언약궤를 블레셋 사람들이 가지고 간 후 계속 거기에 재앙이 생겼기 때문입니다. 사람들에게 독종이 생기고 쥐들이 버글거리고 사람들이 죽어 나갔을 뿐 아니라 벧세메스로 돌아온 후에도 벧세메스 사람들이 언약궤 안을 들여다보았다고 해서 수십 명이 즉사해버렸던 것입니다. 그래서 이스라엘 백성들은 우리 믿음으로는 도저히 하나님의 궤를 감당할 수 없다고 생각해서 무려 이십 년 동안이나 하나님의 궤를 기럇여아림에 방치하고 그렇게 고생하면서 비참한 생활을 했던 것입니다. 그러나 하나님은 쓸데없이 까다로운 분이 아닙니다. 또 하나님은 우리가 죄인이라는 것을 모르시는 것도 아닙니다.

우리가 하나님의 불을 꺼버리는 가장 큰 이유는 우리에게 세상의 성공이 너무 좋기 때문입니다. 우리는 세상의 돈과 권력과 성공이 너무 좋습니다. 그러나 내가 아무리 하나님께 기도하고 은혜를 받고 하나님의 말씀을 사랑해도 알아주는 사람이 아무도 없습니다. 그래서 우리는 세상과 하나님 사이에 어중간하게 양다리를 걸칠 때가 많습니다. 우리가 세상과 하나님 사이에 양다리를 걸치는 순간 우리는 하나님의 불을 꺼트리게 됩니다. 그러면 우리는 앞으로 나아가지 못하고 계속 제자리를 맴돌든지 아니면 거꾸로 옛날로 돌아가게 되는 것입니다. 이스라엘 백성들은 무려 이십 년 동안 하나님의 궤를 방치해 놓고 있었습니다.

그런데 하나님의 궤가 이스라엘에 온 후에 달라진 것이 있었습니다. 그것은 제사장 한 사람이 하나님의 궤에 붙어서 죽자 살자 기도하고 번제를 드리니까 그곳에 독종이 생기지 않았다는 것입니다. 그리고 아무리 오랜 시간이 지나도 병으로 죽는 사람이 생기지 않았습니다. 이것이 바로 하나님 말씀의 능력이었습니다. 우리가 아무리 죄인이고 부족한 것이 많아도 하나님의 말씀이 하라는 대로 하면 하나님의 불이 붙고 하나님의 능력이 나타나게 되는 것입니다.

그러나 이스라엘 백성들은 이십 년 동안 하나님의 능력을 잊어버리고 오히려 인간의 힘으로 잘 살려고 노력을 했던 것 같습니다. 이스라엘 백성들이 하나님을 등지고 죽자 살자 몸부림쳤지만 그들이 사는 것은 옛날 가장 못살 때와 다른 것이 하나도 없었습니다. 그리고 그때 비로소 이스라엘 백성들은 자기들이 이십 년을 허비했다는 사실을 깨닫기 시작했습니다. 그들의 마음속에는 기왕 이렇게 될 바에야 하나님이나 제대로 믿을 걸 하는 생각이 들었던 것입니다.

이것을 성경에는 "이스라엘 온 족속이 여호와를 사모"했다고 말씀하고 있습니다. 즉 그들은 과거의 시간을 후회하게 된 것입니다. 그런데 하나님에게는 너무 늦은 것이 없습니다. 그들이 후회할 때 바로 그때부터 정신을 차리면 새 출발을 할 수 있습니다.

2. 사무엘에 주도한 부흥 운동

사무엘은 이스라엘 백성의 문제를 정확하게 진단하고 있었습니다. 그동안 사무엘은 이스라엘 백성에게 아무리 하나님을 제대로 믿자고 이야기해도 그들은 듣지 않으리라는 것을 알고 있었습니다. 사람들은 자기가 직접 해보고 결과가 나타나지 않으면 믿지 않는 법입니다. 이스라엘 백성들은 지난 이십 년을 후회하고 있었습니다. 즉 우리가 이렇게 노력해도 아무 소용이 없을 것 같으면 하나님이라도 제대로 믿어보는 건데 하는 마음가짐이 바로 하나님을 사모하는 마음입니다.

사무엘은 이스라엘 백성이 하나님의 축복을 향하여 나아가지 못하고 부흥의 불이 붙지 않는 이유는 그들이 한 발은 세상에 두고 다른 한 발은 하나님께 걸치고 있는 양다리작전 때문이라는 것을 알았습니다. 이스라엘 백성들이 살려고 하면 세상을 향한 다리를 잘라버려야 했습니다. 사무엘은 이스라엘 백성들이 지금 가지고 있는 우상을 다 부수어야 부흥의 불이 붙을 수 있다는 것을 알았습니다. 이스라엘의 문제는 장사의 문제도, 농사의 문제도, 경기의 문제도 아니라 우상이 하나님의 능력을 막고 있었던 것입니다. 그래서 사무엘은 이스라엘 온 족속에게 담대히 이야기했습니다.

7:3, "사무엘이 이스라엘 온 족속에게 말하여 이르되 만일 너희가 전심으로 여호와께 돌아오려거든 이방 신들과 아스다롯을 너희 중에서 제거하고 너희 마음

을 여호와께로 향하여 그만을 섬기라 그리하면 너희를 블레셋 사람의 손에서 건져내시리라"

이스라엘 백성의 마음속에는 지난 이십 년을 후회하는 마음이 있었습니다. 그들은 지난 이십 년 동안 죽으라고 농사짓고 죽으라고 장사하고 죽으라고 공부했지만 되는 것이 아무것도 없었습니다. 이스라엘 백성의 마음속에는 하나님께 돌아가고 싶은데 너무 늦은 것 같았습니다. 그리고 설사 하나님께 돌아가고 싶다고 해도 어떻게 돌아가야 할지 몰랐습니다. 그리고 그들은 하나님께 돌아간다고 해서 반드시 잘 된다는 보장도 없었습니다.

그런데 사무엘 선지자는 이 모든 어려움의 원인이 신앙에 있다고 지적했습니다. 그리고 우리가 하나님께 돌아가는 것은 모든 우상을 부수고 우리 인생을 하나님께 맡기는 것이라고 강조했습니다. 즉 우리는 망하면 망하리라는 각오로 하나님을 믿어야 한다는 것입니다.

이스라엘 백성에게 우상을 부순다는 것은 큰 모험이었습니다. 그들이 바알 상을 부수고 아스다롯 여신상을 부순다는 것은 세상 다른 나라와의 관계를 모두 끊는다는 의미였습니다. 아마 그렇게 하면 블레셋 사람들이 더 크게 공격해올지도 모릅니다. 그런데 이스라엘 백성들의 마음속에는 믿으려고 하면 한번 제대로 믿어야겠다는 간절한 마음이 있었습니다. 이것이 바로 하나님이 주신 마음이었고 믿음이었습니다. 그래서 이스라엘 온 족속은 모두 사무엘의 말에 순종해서 우상을 부수고 여호와만 섬겼습니다.

7:4, "이에 이스라엘 자손이 바알들과 아스다롯을 제거하고 여호와만 섬기니라"

이스라엘 백성들의 마음속에는 하나님께 돌아가고 싶은 뜨거운 마음이 있었습니다. 이것이 바로 불이 일어나는 것이었습니다. 이스라엘 백성의 마음속에는 그동안 오랫동안 꺼져 있었던 신앙의 불이 일어나고 있었습니다.

사무엘은 이스라엘 백성이 우상을 부수고 하나님만 섬기기 시작하자 이것을 개인적인 갱신으로 그쳐서는 안 되고 이스라엘 백성 전체가 하나님께 돌아가는 운동으로 확산해야 한다고 강조했습니다. 왜냐하면 개인적인 회개나 개인적인 뜨거움은 오래가지 못하기 때문입니다. 개인적인 뜨거움의 가장 큰 약점은 오래가지 못한다는 점입니다.

그래서 사무엘은 온 이스라엘 백성에게 미스바라는 곳에 모여서 전체적으로 하나님께 회개하자고 했습니다. 그리고 사무엘은 이스라엘 백성들을 위하여 기도해주겠다고 했습니다.

> 7:5-6, "사무엘이 이르되 온 이스라엘은 미스바로 모이라 내가 너희를 위하여 여호와께 기도하리라 하매 그들이 미스바에 모여 물을 길어 여호와 앞에 붓고 그 날 종일 금식하고 거기에서 이르되 우리가 여호와께 범죄하였나이다 하니라 사무엘이 미스바에서 이스라엘 자손을 다스리니라"

여기서 특이한 것은 이스라엘 백성들이 미스바에 모여 물을 길어 여호와 앞에 부었다는 것입니다. 여기서 물을 부었다는 것은 무엇을 의미하는 것일까요? 이스라엘 백성들은 누구든지 죄를 지으면 진영 밖에 나가야만 했습니다. 그러다가 삼 일째와 칠 일째 되는 날 우슬초라는 식물에 물을 적셔서 죄인에게 뿌리면 그들이 정결하게 되어 하나님 앞에 나아올 수 있었습니다. 그런데 그동안 이스라엘 백성들은 우상을 섬긴 죄가 너무 커서 우슬초로 일일이 뿌릴 수 없었습니다. 그래서 이스라엘 백성들은 모두 물을 뒤집어썼는지 아니면 하나님과 우리 사이에 이렇게 많은 죄가 있었다는 뜻으로 물을 부었는지 모르겠습니다.

하여튼 이스라엘 백성들은 모두 하나님 앞에 물을 붓고 금식하고 하나님 앞에 우상숭배의 죄를 자복했습니다. 즉 이스라엘 백성들이 하나님을 전심으로 사랑하지 못한 것은 우상숭배 때문이었던 것입니다. 우리가 미래에 대하여 염려하면 하나님을 사랑하지 못합니다. 우리는 미래를 하나님께 맡겨야 하고 생각하지 말아야 합니다.

이스라엘 백성들은 자신과 하나님 사이에 세상의 쓰레기들이 꽉 차 있는 것을 보았고 그것을 물을 부어서 씻어내었습니다. 그때 이스라엘 백성에게 어떤 일이 일어났습니까? 물론 겉으로 보기에는 아무 변화가 없는 것 같았습니다. 오히려 겉으로 보기에는 블레셋 군대가 대대적으로 쳐들어와서 이스라엘 백성이 다 죽게 되었습니다. 그러나 눈에 보이지 않는 무엇인가가 일어났는데, 그것은 이스라엘 백성 안에 뜨거운 부흥의 불이 붙게 된 것입니다. 참으로 이상한 것이 바로 이것입니다. 이스라엘 백성은 물을 부었는데 불이 붙게 된 것입니다. 그러나 그 불은 하얀 불이고 눈에 보이지 않는 불이며 아주 강한 불이었습니다. 이제 드디어 이스라엘 백성에게 강한 불이 솟아오르게 된 것입니다. 그러나 이것은 누구의 눈에도 보이지 않는 것이었습니다.

3. 위기의 발생

이스라엘 백성에게 부흥의 불이 일어나자 그 즉시 위기가 발생하게 되었습니다. 그것은 어느새 블레셋 사람들이 이스라엘 백성들이 미스바에 모였다는 것을 알고는 이스라엘 백성들을 죽이기 위해서 대대적으로 쳐들어온 것이었습니다.

> 7:7, "이스라엘 자손이 미스바에 모였다 함을 블레셋 사람들이 듣고 그들의 방백들이 이스라엘을 치러 올라온지라 이스라엘 자손들이 듣고 블레셋 사람들을 두려워하여"

블레셋 사람들은 어떻게 그렇게 귀신같이 이스라엘 백성이 미스바에 모였다는 것을 알고는 이스라엘을 치러 몰려왔을까요? 그것은 그들이 늘 이스라엘 백성의 일거수일투족을 감시하고 있었기 때문입니다. 블레셋 사람들은 이스라엘 사람들이 몇 명 이상 모이면 신고나 허락을 받게 한 것 같고 이렇게 대대적으로 모인 것은 불법이라고 해서 폭력으로 진압하기 위하여 몰려들었던 것입니다.

그런데 이스라엘 백성이 하나님에 대한 불이 붙었을 때는 이미 블레셋의 법은 소용이 없었습니다. 이스라엘 백성들은 무조건 하나님 앞에 모였고 그들이 어떻게 되든지 하나님께 다 맡겨버렸던 것입니다. 그런데 아니나 다를까 블레셋 사람들이 대대적으로 이스라엘 백성을 치러 왔습니다. 이들의 무리에는 사탄의 세력이 있는 것입니다. 하나님의 백성이 영구적으로 빌빌거리고 종노릇 하면 가만히 두겠지만 그들이 뜨거워지거나 기도가 살아나서 정체성을 되찾는 순간 죽이려고 몰려오는 것입니다.

이스라엘 백성은 이 위기 가운데 아주 다급해지게 되었습니다. 그러나 그들은 옛날 같으면 도망쳤겠지만 이번에는 그렇지 않았습니다. 이번에 이스라엘 백성은 사무엘 선지자의 기도의 힘을 믿었습니다. 그래서 이스라엘 백성은 사무엘에게 당신은 여호와께 쉬지 말고 기도해서 우리를 블레셋 사람의 손에서 구원받게 해 달라고 부탁했습니다.

7:9-10, "사무엘이 젖 먹는 어린 양 하나를 가져다가 온전한 번제를 여호와께 드리고 이스라엘을 위하여 여호와께 부르짖으매 여호와께서 응답하셨더라 사무엘이 번제를 드릴 때에 블레셋 사람이 이스라엘과 싸우려고 가까이 오매 그 날에 여호와께서 블레셋 사람에게 큰 우레를 발하여 그들을 어지럽게 하시니 그들이 이스라엘 앞에 패한지라"

그때 사무엘은 알겠다고 하면서 하나님께 기도드리기 전에 먼저 번제를 드렸습니다. 그 번제물은 그야말로 새끼 양이었습니다. 여기에 보면 "젖 먹는 어린 양"이라고 했는데, 이 양은 태어나서 한 달이나 두 달 정도 되는 정말 아무것도 모르는 젖을 먹는 새끼 양이었습니다. 다 큰 양도 있었을 텐데 왜 사무엘은 이런 새끼 양을 하나님께 바쳤을까요? 그것은 지금 이스라엘 백성이 새끼 양 같이 어리고 아무것도 모르며 이제 비로소 하나님을 알려고 한다는 뜻이었습니다.

그리고 사무엘은 이스라엘 백성들을 위하여 부르짖으면서 기도했는데, 하나님께서 그 기도를 들으셨습니다. 사무엘이나 이스라엘 백성은 사무엘의 기도를 하나님께서 들으셨다는 것을 어떻게 알았을까요? 아마 그들은 기도하면서 가슴이 뻥 뚫리는 것 같았고 아무것도 두렵지 않았으며 마음이 뜨거워졌던 것 같습니다. 그들에게는 하나님의 위대하심이 믿어졌던 것입니다.

이때 블레셋 사람들은 이스라엘 백성들을 죽이거나 잡아가려고 덤벼들고 있었습니다. 그때 하나님은 블레셋 사람들을 큰 우레로 공격하셨습니다. 아마도 블레셋 사람들은 우레를 아주 두려워했던 것 같습니다. 그런데 블레셋 사람들에게 번개가 치고 우레가 엄청난 소리로 들렸으므로 블레셋 사람들은 갑자기 두려움에 사로잡히게 되었습니다. 그들은 갑자기 살기 위해서 도망치기 시작했고 이때 이스라엘 사람들은 블레셋을 추격하기 시작했습니다. 블레셋 사람들은 이제 오히려 이스라엘 백성에 의해 죽임을 당했습니다. 길에는 블레셋 사람들의 시체가 널려 있었고 번개와 우레는 계속 블레셋 군대를 공격했습니다. 결국 블레셋 사람들은 죽든지 아니면 완전히 도망치고 말았습니다. 그것도 그냥 도망친 정도가 아니라 죽음에서 겨우 살아난 것이었습니다(이런 것을 식겁했다고 합니다).

> 7:11, "이스라엘 사람들이 미스바에서 나가서 블레셋 사람들을 추격하여 벧갈 아래에 이르기까지 쳤더라"

이스라엘 백성들은 번개가 치고 우레가 울린다고 해서 가만히 있은 것이 아니라 이것이 하나님의 도우심인 줄 알고 번개와 함께 블레셋을 쳤습니다. 그래서 이스라엘 사람들은 아주 먼 곳까지 블레셋 군대를 물리치게 되었습니다. 이제는 신앙의 자유를 되찾게 되었습니다. 그때 사무엘은 돌을 하나 세우고 하나님이 여기까지 우리를 도우셨다고 해서 그곳

이름을 '에벤에셀'이라고 불렀습니다. 이것은 '도움의 돌'이라는 뜻입니다.

> 7:12, "사무엘이 돌을 취하여 미스바와 센 사이에 세워 이르되 여호와께서 여기까지 우리를 도우셨다 하고 그 이름을 에벤에셀이라 하니라"

사무엘이 여기에 돌을 세운 이유는 무엇입니까? 앞으로도 우리가 이런 결단을 하고 하나님을 믿으면 언제든지 하나님이 우리를 상상할 수 없는 방법으로 도우신다는 것을 보여주기 위함입니다.

저는 평신도로 있을 때 교회나 교인들의 신앙의 문제가 항상 올라갔다 내려갔다 하는 기복이 있는 것을 보았습니다. 결국 신앙의 이 기복 때문에 앞으로 나가지 못했던 것입니다. 저는 결국 신앙이 독수리같이 올라가기 위해서는 지속적인 강해설교의 가르침과 기도가 필요하다고 생각했습니다. 우리가 인간인 이상 신앙이 침체하지 않을 수 없고 미래를 염려하지 않을 수 없고 죄에 빠지지 않을 수 없습니다. 그러나 우리가 함께 하나님 앞에 결단하고 기도한다면 하나님은 우리를 도우시며 원수들을 물리쳐 주실 것입니다. 오늘도 이 기도의 능력을 믿으시고 하나님의 능력을 믿는 성도들이 다 되시기 바랍니다.

15

우리도 왕이 필요하다

삼상 8:1-22

어느 나라든지 대통령을 뽑는 선거철이 되면 온 국민이 과연 어느 당 사람을 대통령으로 뽑을지 고심하고, 또 정치인들은 서로 대통령이 되거나 혹은 대통령의 참모가 되어서 자기가 지지하는 사람이 대통령 되게 하려고 애를 씁니다. 일단 대통령이 되기만 하면 그는 국가의 모든 정책을 결정하고 군통수권을 가지며 외국과의 관계에서 나라를 대표하게 됩니다. 그는 나라의 모든 요직에 있는 사람들을 거의 다 임명하게 됩니다. 대통령제 국가에서는 누구든지 대통령이 되면 임기 동안은 그의 나라가 되는 것입니다.

그런데 대통령이 시대의 흐름을 잘 읽고 결단력 있게 정치해서 나라가 아주 완벽히 잘된다면 그 사람은 두고두고 칭송을 받게 됩니다. 그러나 아집에 빠져버리거나 혹은 정치를 망쳐버리면 두고두고 욕을 먹게 되고 어떤 경우에는 탄핵을 당하거나 추방되어서 다른 나라로 망명 가야 할 때도 있습니다. 요즘 우리나라의 모든 권력은 정권을 잡은 자나 그의 추종자들에게 있는 것 같습니다. 거기에 비해 우리 크리스천들은 정치와는 거리가 멀고 오직 위에서 시키는 대로 할 수밖에 없는 처지에 있습니다. 더욱이 나라의 운명이 흔들리거나 나라가 망하려고 할 때도 우리가 할 수 있는 것은 그저 쳐다보고 있는 수밖에 없는 것입니다. 이것이 우리에게는 안타까운 현실입니다.

요즘 우리 청년들은 경제 사정이 어려우니까 어떻게 해서든지 부모님에게 조금이라도 도움이 되려고 아르바이트를 하고 또 등록금을 납부할 때가 되면 걱정을 합니다. 그러나 더 심각한 것은 그렇게 해서 대학을 졸업해도 대기업에 들어가는 것은 바늘구멍에 들어가는 것 같이 어렵다는 것입니다. 이럴 때 우리 크리스천들은 좌절감을 느낄 때가 많습니다. 그래서 우리나라 사람들은 어떻게 해서든지 뛰어난 머리와 훌륭한 생각을 가진 사람이 대통령이 되어서 나라를 바른길로 이끌어가기만 기대하고 있는 것입니다. 그러나 이런 완전한 사람은 존재하지 않습니다.

크리스천으로서 나라가 이렇게 어려울 때 할 수 있는 것이 기도와 말씀 듣는 것밖에 없다고 생각하면 참 답답할 수 있습니다. 우리가 이런 입장에서 보면 성경에서 하나님께서 하시는 일을 도무지 이해할 수 없습니다. 왜냐하면 이스라엘 백성들이 사십 년 광야생활을 끝내고 가나안 땅을 정복해 들어갔을 때 그들에게 가장 필요한 것은 왕이었기 때문입니다. 이스라엘 주위에는 적대감을 가지고 언제든지 쳐들어올 수 있는 나라들이 에워싸고 있었고, 이스라엘 내부에도 아직 항복하지 않고 붙어 있는 이방 민족이 많았기 때문에 이들은 언제든지 가시나 올무가 될 수 있었습니다. 그래서 이스라엘 백성이 안심하고 살려고 하면 왕을 뽑아서 밖에 있는 적들과 내부에 있는 적들을 제압해서 나라를 안정시키는 것이 시급했습니다.

그러나 하나님께서는 이스라엘 백성이 가나안 땅에 들어간 후 수백 년이 지나도록 왕을 뽑게 하시지 않았습니다. 하나님은 이스라엘 백성을 마치 풀밭의 양 떼같이 풀어 놓기만 하셨습니다. 그래서 이스라엘은 적의 지배를 받기도 하고 공격을 당하기도 해서 많은 사람이 죽거나 어려움을 당했습니다. 하나님께서 이스라엘 백성에게 왕을 뽑지 못하게 하신 이유는 하나님이 이스라엘의 왕이셨기 때문입니다. 그러나 하나님은 왕이라고 하시지만 눈에 보이지 않는 왕이었고, 이스라엘은 눈에 보이는 왕이 없었기 때문에 군대나 조직도 없었습니다. 그래서 이스라엘은 적이 쳐들어온 후에야 나팔을 불고 사람들을 모아서 전쟁해야 하니까 늘 불안했습니다.

그래서 사무엘이 늙었을 때 이스라엘의 장로들이 드디어 사무엘에게 몰려가서 우리에게도 왕이 필요하니까 왕을 뽑게 해 달라고 건의를 했습니다. 사사기에 보면 "이스라엘에 왕이 없으므로 사람이 각기 자기의 소견에 옳은 대로 행하였더라"(삿 17:6, 21:25)는 말씀이 여러 차례 나오는 것을 볼 수 있습니다. 이것은 이스라엘에 왕이 없었기 때문에 백성이 자기 멋대로 행동을 했다는 뜻입니다.

어쩌면 이스라엘의 형편이 오늘 우리나라와 비슷할지도 모릅니다. 우리나라는 좌파와 우파가 나누어져 있습니다. 그런데 원래 탁월한 지도자는 이것을 통합시켜서 미래를 향하여 나갈 수 있게 하는 사람이어야 하는 것입니다. 우리도 하나님께 이런 사람을 지도자로 보내 달라고 기도를 해야 할까요? 우리 크리스천이 이런 위기 가운데 할 수 있는 것이 무엇일까요?

1. 이 세상에 특별한 나라

이 세상에서 이스라엘이나 우리나라가 얼마나 특별한 나라인지 이해하지 못하면 우리는 성경을 절대로 이해할 수 없을 것입니다. 우리나라는 우리가 원하든 원하지 않든 이 시대의 이스라엘이 되었습니다.

원래 이스라엘은 하나님께서 히브리인들을 애굽에서 기적의 손으로 건져내시면서부터 시작되었습니다. 하나님의 손은 능력이 있지만 특히 그의 오른손을 폈을 때는 엄청난 능력이 나타났습니다. 그것이 바로 홍해가 갈라지는 기적이었습니다. 홍해의 기적을 믿지 않는 사람은 하나님이 오른손을 가지고 계시다는 것을 믿지 않는 사람입니다. 하나님은 이스라엘의 왕이셨기 때문에 이스라엘에는 왕이 필요 없었습니다. 왜냐하면 하나님은 이스라엘을 눈에 보이지 않는 불말과 불병거로 지켜주시고 불칼을 가진 천사로 지켜주시기 때문입니다. 그래서 이스라엘은 겉으로 보면 조직이 없고 무질서했습니다.

이스라엘은 왕이 없었으므로 항상 적이 쳐들어오고 난 후에야 나팔을 불어서 허둥지둥 백성을 모아서 전쟁했기 때문에 언제나 한 박자가 늦었고 불안정했습니다. 이스라엘 안에도 쫓아내지 못한 많은 이방민족이 있어서 언제나 이스라엘을 공격할 수 있었습니다. 그들은 가시였고 함정이었습니다. 이것은 마치 우리나라 안에도 강성노조 같은 조직이 법을 무시하고 폭력을 행사하는 것과 비슷합니다. 동성애자 같은 경우에도 아무리 다른 사람이 반대해도 굳이 이상한 그들의 축제를 하겠다고 주장하는 것입니다. 이럴 때 정당한 공권력의 행사가 필요합니다.

그러나 하나님은 이스라엘 백성에게 왕을 허락해 주시지 않았습니다. 그 이유는 이스라엘은 하나님께서 말씀으로 다스리는 나라였기 때문입니다. 즉 이스라엘 백성 한 명 한 명이 하나님의 말씀을 듣고 은혜를 받으면 이것이 합쳐져서 부흥이 일어나게 되고 하나님의 축복이 임하기 때문입니다. 그러나 이론적으로는 이것이 가능하지만 실제적으로는 너무나도 어려웠습니다. 왜냐하면 이스라엘 백성은 하나님의 말씀보다는 세상의 성공이나 우상을 더 좋아했기 때문입니다. 그래서 이스라엘에는 부흥이 일어날 때도 있었고 침체할 때도 있었습니다. 이스라엘 백성이 침체하면 여지없이 다른 민족이 쳐들어왔고 실컷 고생하고 돈 번 것 다 빼앗긴 후에 하나님께 부르짖으면 하나님께서 말씀의 종을 보내어 주셔서 적을 물리치고 이스라엘을 구원하셨던 것입니다. 이스라엘 백성에게는 이런 일이 계속 반복되었습니다.

그럼에도 불구하고 하나님은 이스라엘 백성에게 왕을 주시지 아니하셨습니다. 그 이유는 무엇입니까? 하나님은 이스라엘 백성들이 제발 하나님의 뜻을 깨닫게 되기를 바라셨기 때문입니다. 하나님은 이스라엘 백성이 하나님을 믿을 때 반드시 부흥이 오고 복이 온다는 것을 깨닫기를 바라셨던 것입니다. 그러나 이스라엘 백성은 그 고생을 하고 압제당하면서도 눈에 보이지 않는 하나님을 믿는 것이 그렇게 어려웠던 것입니다. 오늘 우리도 아무리 세상이 불공평하고 정치인이 말도 되지 않는 정책을 밀어붙여도 하나님이 왕이시라는 것을 믿고 나간다면 올바르지 않은 많은 정책이 실패하고 우리가 기도한대로 될 때가 많이 있습니다. 그러나 우리는 당장 눈에 보이는 것이 우리 뜻대로 되지 않는다고 해서 불안해하고 두려워하고 있는 실정입니다.

2. 사무엘의 두 아들의 실패

이스라엘 백성들은 사무엘이 이스라엘의 사사로서 이스라엘을 다스린 것에 대해서는 아무 불만이 없었습니다. 왜냐하면 사무엘은 워낙 청렴결백했고 너무나도 철저하게 하나님의 말씀대로 이스라엘을 다스리고 재판했기 때문입니다. 그런데 사무엘에게 두 아들이 있었는데 이 사무엘의 두 아들은 사무엘같이 청렴결백하거나 정직하지 않았던 것입니다. 이것이 이스라엘 안에서 소문이 퍼지면서 요즘으로 말하면 사회가 상당히 시끄럽게 되었던 것입니다.

8:3, "그의 아들들이 자기 아버지의 행위를 따르지 아니하고 이익을 따라 뇌물을 받고 판결을 굽게 하니라"

이스라엘 백성에게는 얼마 전에 이와 비슷한 경험의 트라우마가 있었습니다. 그것은 바로 엘리의 두 아들 홉니와 비느하스의 비행이었습니다. 홉니와 비느하스는 제사장이었지만 하나님께 바치는 제물을 강탈하고 성막에서 여인들과 성관계도 갖는 등 못된 짓을 많이 했습니다. 그들은 도덕적으로도 백성의 본이 되지 못했지만 더 중요한 것은 이스라엘의 부흥의 불을 꺼트린 것이었습니다. 그 결과 이스라엘은 블레셋과 전쟁에서 삼만 명이 죽고 언약궤도 빼앗기고 땅은 초토화되었습니다.

사무엘의 두 아들 요엘과 아비야는 사람들의 뇌물도 받고 재판도 돈을 주는 사람과 돈을 주지 않는 사람을 다르게 판결했던 것입니다. 이때 이스라엘 장로들은 앞으로 사무엘이 죽으면 이스라엘이 또 홉니와 비느하스 때와 같은 재앙을 당하겠구나 생각해서 사무엘을 찾아가서 그의 두 아들의 비행을 말하고 왕을 세우게 해 달라고 요구했던 것입니다.

> 8:4-5, "이스라엘 모든 장로가 모여 라마에 있는 사무엘에게 나아가서 그에게 이르되 보소서 당신은 늙고 당신의 아들들은 당신의 행위를 따르지 아니하니 모든 나라와 같이 우리에게 왕을 세워 우리를 다스리게 하소서 한지라"

사무엘은 이스라엘 장로들의 요구에 마음이 너무 아팠습니다. 그는 자기 아들들이 자기와 같이 하나님의 말씀대로 백성들을 다스리지 않는 것도 마음이 아팠고, 또 장로들이 그것을 기회로 삼아서 왕을 요구하는 것도 마음이 아팠던 것입니다.

그러면 왜 사무엘의 아들들은 아버지의 그 훌륭한 목회를 따라가지 않았을까요? 가장 중요한 이유는 그들이 어렸을 때부터 이스라엘 어른을 가까이에서 보면서 부정적인 것을 많이 보았기 때문일 것입니다. 대개 교회에서 중직자의 자녀들은 아주 어려서부터 교회를 다니면서 부모로부터 교회 어른들에 대한 부정적인 이야기들을 많이 듣고 자라게 됩니다. 그래서 그들은 교회나 하나님의 말씀에 대한 신비감이 더 없어지게 됩니다. 그러나 교회에 처음 오는 아이들은 그런 부정적인 이야기들을 모르고 오직 교회나 성전에서 기도하는 소리나 하나님의 말씀을 전하는 것을 들으니까 그 마음에 하나님에 대한 경외감과 신비감으로 가득 차게 됩니다. 이들에게는 하나님의 성전이 너무 재미가 있으니까 자꾸 가까이하게 되고 나중에는 큰 인물이 되게 되는 것입니다.

그뿐만 아니라 사무엘의 두 아들이 생각하기에 아버지의 신앙은 너무나도 비인간적으로 보였던 것입니다. 그들이 보기에 아버지의 신앙은 인간미가 없어도 너무나도 없었던 것입니다. 즉 사무엘은 하나님의 말씀이 아니라고 하면 아예 들으려고 하지 않고 처음부터 잘라버렸습니다. 두 아들이 보기에 아버지의 신앙은 너무 완벽했기 때문에 자기들로서는 도저히 흉내 낼 수 없었던 것입니다. 그러나 이 두 아들은 사무엘이 얼마나 자기를 부정하며 날마다 자기를 죽여가면서 신앙생활을 하는지 알지 못했습니다. 두 아들은 아버지는 원래부터 자기들과는 다른 분이라고 생각했던 것입니다.

그래서 이 두 아들은 인간적인 것을 좋아했습니다. 사람들 사이에 뇌물을 주고받으며 또 자기들에게 잘 봐달라고 부탁하는 사람의 얼굴을 봐주는 것이 얼마나 좋은 일입니까? 그리고 부모가 유명하면 자녀들은 개인 프라이버시가 없어지는데 그것이 엄청나게 스트레스가 됩니다. 이들은 남들처럼 행동할 수 없습니다. 결국 사무엘의 두 아들은 아버지의 길에 대하여 반발했고 그들은 철저하게 하나님의 말씀에 헌신하지 않았던 것입니다.

어떤 집에서는 아버지가 아들에게 매일 큐티를 하게 하고 또 큐티가 끝난 후에는 설교 테이프를 듣게 하니까 아이가 가출을 해버리고 나중에 불량 청소년이 되어버렸다고 합니다. 그 아이는 아버지가 인간도 아니라고 생각했기 때문입니다. 그래서 아이들이 스트레스를 받지 않고 자기 스스로 하나님을 느낄 수 있도록 부모는 늘 주의해야 하고 아이의 불만이나 이야기를 잘 들어주어야 합니다. 그렇지 않으면 반발심이 생겨서 아무리 사무엘의 아들이라고 해도 말을 듣지 않게 되는 것입니다.

이스라엘 장로들은 사무엘에게 왕을 요구했습니다. 왜냐하면 이스라엘은 왕이 없으니까 군대도 없고 모든 것이 너무 무질서했기 때문입니다. 그리고 적이 언제든지 쳐들어와도 대비가 되어있지 않고 공격을 받고 난 후에야 비로소 군대를 모집하고 전쟁을 해야 하니까 늘 불안했던 것입니다.

예를 들어서 우리가 여유 자금이 있어서 은행에 저축해놓은 것이 있다면 무슨 큰일이 생기더라도 걱정 없을 것입니다. 그런데 저축한 것이 하나도 없이 가족 중에 갑자기 입원하거나 등록할 때가 되어 그때부터 기도하기 시작한다면 가족 모두 너무나도 불안할 것입니다. 오늘 우리에게 가장 큰 문제는 불안입니다. 이 불안을 이기지 못해서 우울증이 생기고 자살을 하기도 합니다. 사실 요즘 우리 주위에는 자살하는 이들이 너무 많습니다. 그 모든 원인이 불안이고 병인 것입니다. 사람들은 우울증에 걸리면 약만 먹으면 된다고 생각하는데 자기에게 맞는 약을 찾는 것도 매우 어렵습니다.

3. 사무엘의 반대

사무엘은 이스라엘 장로들이 이제 이스라엘에도 왕이 필요하니까 왕을 세워달라고 했을 때 그는 찬성하지 않았습니다.

8:6, "우리에게 왕을 주어 우리를 다스리게 하라 했을 때에 사무엘이 그것을 기뻐하지 아니하여 여호와께 기도하매"

사무엘은 이스라엘에 왕이 없어서 얼마나 불안한지 잘 알고 있었습니다. 왕이 없으니까 군대가 없고 군대가 없으니까 늘 전쟁이 일어날까 불안했습니다. 또 사무엘은 자신의 두 아들이 자기 말도 잘 듣지 않고 정직하지 않게 사사의 일을 한다는 것도 알고 있었습니다. 그럼에도 불구하고 사무엘이 왕 제도를 원하지 않았던 이유는 어디에 있었을까요? 물론 사무엘은 하나님이 이스라엘의 왕이시라는 사실을 잘 알고 있었습니다. 그리고 사무엘은 하나님의 능력이 이스라엘을 지킨다는 것도 잘 알고 있었습니다. 이스라엘은 왕이 없어서 늘 불안했고 목소리가 큰 사람이 주도하려고 했고 바른길로 돌아오는데 시간이 많이 걸렸습니다.

그럼에도 불구하고 사무엘이 이스라엘에는 왕이 없어야 한다고 생각했던 이유는 이스라엘에는 큰 것이 한 방 있었기 때문입니다. 그것은 바로 이스라엘의 합심기도였고 하나님의 능력이었습니다. 이스라엘 백성이 불안한 가운데 하나님 말씀의 가치를 깨닫고 하나님 앞에 돌아와서 부르짖으며 기도할 때 하나님은 모든 적을 다 쫓아내는 기적을 행하셨던 것입니다. 사무엘은 그 큰 한 방을 믿었기 때문에 왕을 세워서 이 큰 한 방이 없어지는 것을 걱정했던 것입니다. 이것은 불과 얼마 전에도 있었습니다. 이스라엘 백성이 하나님의 말씀을 듣고 미스바에 모여서 물을 부으면서 기도했을 때 하나님은 큰 것 한 방을 날리셨습니다. 그래서 하나님은 이스라엘을 무력 진압하려고 모였던 블레셋 족속들을 우레와 우박으로 치셔서 승리하게 하셨던 것입니다.

우리는 이 능력을 믿어야 합니다. 우리는 이 세상 정치에 직접 참여할 수 없는 사람들입니다. 우리는 군대도, 힘도, 정치력도 없습니다. 그래서 우리에게는 왕이 없는 것이나 마찬가지입니다. 그러나 우리에게는 큰 것이 한 방 있습니다. 우리가 하나님 앞에서 합심해서 기도할 때 하나님은 세상의 정치를 바꾸시며 전쟁을 막으시며 적들로 하여금 도망가게 하십니다.

그래서 우리는 정치력이 없는 것이 오히려 다행입니다. 우리는 그것이 없어서 불안하고 무기력하지만 우리에게는 하나님의 불방망이가 있습니다. 하나님은 이것으로 적들을 치시고 정책을 바꾸실 것입니다. 우리에게는 그런 징조가 이미 나타나고 있습니다.

그런데 하나님께서는 사무엘에게 이스라엘 백성들의 이 요구를 받아들여서 왕을 세우게 하라고 말씀하셨습니다.

8:7, "여호와께서 사무엘에게 이르시되 백성이 네게 한 말을 다 들으라 이는 그들이 너를 버림이 아니요 나를 버려 자기들의 왕이 되지 못하게 함이니라"

하나님은 이스라엘 백성에게 왕을 세우게 하라고 말씀하셨습니다. 그 이유는 이스라엘 백성들이 믿음이 있어서 하나님의 한 방의 능력을 믿을 때는 왕이 없는 혼란과 고생을 감당할 수 있지만, 믿음이 없을 때는 왕이 없는 것이 그들을 더 불안하게 만들 수밖에 없기 때문이었습니다. 하나님께서는 이스라엘 백성을 애굽에서 인도해 내셨습니다. 이스라엘 백성은 아무리 어렵고 혼란스러운 가운데도 하나님은 우리 왕이라는 믿음이 있었습니다. 그래서 어려울 때 기도하면 에벤에셀 같은 능력이 나타났던 것입니다. 그런데 이스라엘 백성에게는 그 믿음이 사라져버렸습니다. 그래서 이스라엘 백성이 혼란스럽고 불안한 것은 그들에게 고생만 되었지, 기도하게 하는 것이 아니었던 것입니다.

여기서 우리는 놀라운 사실을 발견하게 됩니다. 그것은 우리가 불안하고 안정되지 못할 때 오히려 하나님이 우리의 왕이 되신다는 사실입니다. 반대로 우리가 안정되고 걱정이 사라질 때 우리는 하나님을 왕으로 거부하고 하나님의 말씀도 버리게 된다는 사실입니다. 그런데 이 세상을 살면서 우리에게 가장 위험한 것이 '안정되는 것'이라는 사실을 깨닫게 됩니다. 우리는 불안하면 안정되는 것을 그렇게 원하게 되지만, 막상 안정되면 기도도 하지 않고 육체의 쾌락을 찾게 되고 하나님을 겁내지 않고 슬슬 죄를 짓게 되는 것입니다.

하나님은 기왕이면 이스라엘 백성이 안정되는 것을 원하셨습니다. 하나님은 사무엘에게 이스라엘 백성에게 왕을 뽑아주겠다고 대답하라고 하셨습니다. 그러나 하나님은 사무엘에게 이스라엘 백성이 왕을 뽑음으로 그들에게 얼마나 불필요한 의무가 많이 생기게 되는지 바로 가르쳐주라고 말씀하셨습니다. 그리고 실제로 중요한 것은 그들은 안정을 택함으로 하나님의 큰 능력을 잃게 되는 것이었습니다.

오늘 우리 성도나 청년 중에서 불안하게 생활하는 이들이 많이 계십니다. 그분들에게 드리고 싶은 말씀은 하나님은 왕이시고 여러분에게는 하나님의 능력이 있다는 사실입니다. 우리는 차라리 좀 불안하다 하더라도 하나님이 나의 왕이신 것을 믿고 믿음으로 사시기 바랍니다. 그러면 하나님께서 우리를 위하여 모든 정치를 다 해주실 것입니다.

16

나귀를 잃어버렸을 때

삼상 9:1-27

만일 자기에게 아까운 것을 잃어버렸다면 가슴이 아픈 것은 말로 표현할 수 없을 것입니다. 어떤 학생이 부모님에게 등록금을 받아서 은행에 내려고 하는데 가방에서 돈이 없어진 것을 발견할 때가 있습니다. 그렇지 않아도 집이 어려워서 등록금 마련하기가 어려운데 그것을 잃어버렸다면 자신이 너무나도 바보 같고 분실한 돈을 어떻게 마련해야 할지 몰라 전전긍긍하게 될 것입니다. 여행하는 사람 중에는 간혹 여권을 잃어버리는 사람이 있습니다. 어떤 사람이 외국에서 한국에 오는 비행기를 타러 가야 하는데 가방 안에 여권이 없는 것입니다. 그러면 그 사람은 차를 돌려서 호텔로 돌아가서 온 데를 다 뒤지면서 찾는다고 난리를 칠 것입니다. 그래서 찾으면 다행이지만 만약 찾지 못하면 대사관이나 영사관으로 가서 임시로 여권을 만들어야 하는데 그것이 보통 골치 아픈 일이 아닙니다. 전에 어떤 영상을 보니까 어떤 사람이 핸드백을 자기 차 위에 두고 달리는 모습도 본 적이 있습니다.

어떤 사람이 사기를 당해서 돈이나 땅이나 공장을 잃어버렸다든지 혹은 누군가의 음모에 빠져서 명예를 잃고 감옥살이를 하게 되었다든지 또는 오해를 받아서 사람들의 미움을 받게 되고 따돌림을 당하게 되었다면 그 억울함은 말로 표현할 수 없을 것입니다. 그러나 우리가 이런 일을 당했을 때는 우리에 대하여 하나님의 중요한 계획이 있을 것이고 이때가 바로 기도할 때이며 하나님을 찾을 때인 것을 깨달아야 합니다. 지금 우리나라의 형편은 사람마다 생각이 다 다르겠지만 나라에 대해 깊이 걱정이 될 때이며 우리가 해야 할 것은 바로 기도해야 한다는 것입니다. 왜냐하면 하나님은 우리에 대하여 다른 계획을 가지고 계시기 때문입니다.

이스라엘 백성은 사무엘을 찾아가서 사사 제도로 있는 것은 너무 불안하니까 우리도 왕을 세우게 해 달라고 요구했습니다. 사사라는 것은 왕이 아니었습니다. 이스라엘은 왕이 없으니까 정부도 없고 군대도 없었습니다. 그러니까 사람들은 모두 자기 마음대로 살고 있었고 그러다가 적이 쳐들어오면 그때야 하나님의 영이 임한 사람이 나팔을 불면 백성이 모여서 전쟁을 했습니다. 그러니까 이스라엘에는 '전쟁 준비'나 '체계'라는 것이 없었고 늘 미래가 불안했습니다. 그래서 이스라엘 백성은 사무엘이 늙었을 때 그때를 이용해서 왕을 세우게 해 달라고 요구한 것입니다.

그러나 사무엘은 그 요구를 기뻐하지 않았습니다. 왜냐하면 이스라엘 백성은 왕이 없어서 무질서하고 준비가 안 되어있는 것은 사실이지만 이스라엘에게는 기적의 한 방이 있었기 때문입니다. 이스라엘 백성들이 하나님 말씀의 가치를 깨닫고 하나님 앞에 돌아와서 기도할 때 강한 능력이 임하기 때문입니다. 그러나 이스라엘 백성은 불확실한 하나님의 능력보다는 안정된 조직을 원했습니다. 그래서 하나님은 사무엘을 통해서 이스라엘 백성에게 왕을 주겠다고 약속하셨습니다. 하나님은 이미 베냐민 지파의 한 농사꾼을 이스라엘의 왕으로 내정하셨습니다. 그러나 그 청년은 농사짓는 것만 생각했지 하나님이 자신에 대하여 특별한 계획을 가지고 계신 줄을 꿈에도 생각하지 못했습니다.

1. 하나님의 계획으로 불러내시는 방법

　우리는 사실 하나님께서 나에 대해 어떤 계획을 가지고 계시는지 전혀 알지 못합니다. 우리는 때때로 '왜 나는 다른 사람들처럼 일이 잘 풀리지 않을까?' 하는 것만 생각할지도 모릅니다. 나는 왜 좋은 대학에 다니지 못하고, 나는 왜 취직이 안 되고, 나는 왜 결혼이 되지 않으며, 왜 내 일은 잘 풀리지 않을까, 이런 생각만 하는 것입니다. 그런데 우리 인생의 길이 잘 풀리지 않는 것은 하나님이 나에게 특별한 계획을 가지고 있기 때문입니다. 저도 자신의 인생을 생각해 볼 때 항상 몇 프로가 모자라서 내가 원하는 뜻대로 되지 않을 때가 많았던 것 같습니다. 중학교나 고등학교도 제가 원하는 대로 풀리지 않았습니다. 그런데 나중에 알고 보니까 이것은 처음부터 하나님의 계획이라는 것을 알게 되었습니다. 그러니까 우리는 거의 대개 하나님의 뜻도 모르면서 무작정 길을 가고 있는 것입니다.
　하나님은 베냐민 지파의 기스의 아들 사울이라는 청년을 이스라엘 초대 왕으로 생각하고 계셨습니다. 그런데 이 사울이라는 청년은 얼굴도 아주 잘 생기고 특히 키가 다른 사람들보다 월등하게 큰 사람이었습니다.

> 9:2, "기스에게 아들이 있으니 그의 이름은 사울이요 준수한 소년이라 이스라엘 자손 중에 그보다 더 준수한 자가 없고 키는 모든 백성보다 어깨 위만큼 더 컸더라"

　하나님은 사울이라는 청년에 대하여 특별한 계획을 가지고 계셨습니다. 그것은 그가 이스라엘 나라의 초대 왕이 되어서 이스라엘 백성들을 블레셋의 손에서 구원하는 것이었습니다. 그러나 사울은 하나님이 자기에 대해 그런 계획을 가지고 계시리라고는 꿈에도 생각하지 못했습니다. 사실 이스라엘의 초대 왕이 되고 블레셋과 싸워서 이스라엘 백성을 블레셋의 손에서 구원한다는 것은 얼마나 엄청난 일입니까? 그러나 사울은 하나님의 이 엄청난 계획을 알지 못했습니다. 그래서 하나님은 사울의 집에 큰 어려움이 생기게 하셨습니다. 사울의 집에 있던 암나귀들을 모두 잃어버리게 되었습니다.

> 9:3, "사울의 아버지 기스가 암나귀들을 잃고 그의 아들 사울에게 이르되 너는 일어나 한 사환을 데리고 가서 암나귀들을 찾으라 하매"

암나귀들은 기스의 집에서는 매우 중요한 재산이었습니다. 암나귀는 짐을 나르기도 하고, 타고 다니기도 하고, 새끼를 낳기도 해서 재산을 증식하는 아주 중요한 동물이었습니다. 특히 이스라엘같이 산이 많은 지형에서는 큰 말보다는 나귀가 훨씬 더 유리한 수송 수단이었던 것 같습니다. 기스의 집에는 암나귀가 여러 마리가 있었던 것 같은데 어느 날 그것들을 몽땅 잃어버리게 되었습니다. 이제 기스 집은 어디 가는데도 불편하게 되었고, 농사짓는데도 어렵게 되었고, 물건을 나를 수도 없게 되었습니다. 요즘으로 치면 농사를 짓는데 작은 트럭이나 승용차 같은 것을 잃어버린 것과 같습니다.

사울의 아버지는 이 아까운 암나귀들을 모두 잃어버린 것에 화가 났습니다. 그래서 기스는 아들 사울에게 사환 한 명을 데리고 가서 여기저기를 다니면서 수소문해서라도 꼭 찾아오라고 명령을 내렸습니다. 그러나 사울과 그 사환은 돌아다니면서 아무리 물어보고 또 찾아보아도 암나귀들을 찾을 수 없었습니다.

> 9:4, "그가 에브라임 산지와 살리사 땅으로 두루 다녀 보았으나 찾지 못하고 사알림 땅으로 두루 다녀 보았으나 그 곳에는 없었고 베냐민 사람의 땅으로 두루 다녀 보았으나 찾지 못하니라"

사울과 그 사환은 최선을 다해서 암나귀들을 찾았습니다. 여기서 '에브라임 산지'나 '베냐민 사람의 땅'이라는 것은 거의 도의 경계를 넘어서까지 산지와 평지를 다 찾아보았다는 것입니다. 그러나 암나귀들의 종적은 묘연했습니다. 무엇인가를 잃어버렸을 때 기도를 하는 것이 나을까요? 아니면 기도하는 시간에 직접 찾아보는 것이 더 나을까요? 아마 기도한다고 해서 나귀들이 저절로 돌아오지 않는 이상 그 시간에 직접 찾는 것이 더 나을지도 모르겠습니다.

사울과 사환은 드디어 숩이라는 곳까지 가게 되었는데, 사울은 이제 암나귀를 찾는 것을 포기하기로 했습니다. 왜냐하면 이렇게 멀리까지 와서 찾아도 없는 것을 보면 누가 잡아간 것이 틀림없고 이제 아버지는 돌아오지 않는 자기들을 더 걱정할 것이라고 생각되었기 때문입니다.

우리는 무엇인가 소중한 것을 잃어버렸을 때 하나님께서 나를 새로운 길로 인도하려고 하신다는 것을 생각하지 못합니다. 우리가 무엇인가를 잃어버렸을 때 '하나님의 뜻이 어디에 있습니까?' 이렇게 기도해야 한다는 것도 생각하지 못합니다. 또 그렇게 물어본다고 해서 하나님의 뜻을 들을 수 있는 것도 아닙니다.

그런데 한 사람보다는 역시 두 사람이 같이 있는 것이 확실히 나은 것 같습니다. 아마 사울 혼자 나귀를 찾으러 갔다면 이쯤에서 포기하고 집으로 돌아가고 말았을 것입니다. 그런데 두 사람이 가니까 의논을 하게 되었는데, 특히 이 사환이 신앙 좋은 사람이었던 것 같습니다. 이 사환은 완전히 다른 각도에서 이 문제를 보았습니다. 그것은 우리가 그냥 포기하고 돌아갈 것이 아니라 이 성읍에 있는 하나님의 사람에게 물어보자는 것이었습니다.

> 9:6, "그가 대답하되 보소서 이 성읍에 하나님의 사람이 있는데 존경을 받는 사람이라 그가 말한 것은 반드시 다 응하나니 그리로 가사이다 그가 혹 우리가 갈 길을 가르쳐 줄까 하나이다 하는지라"

우리 모두는 길을 찾고 있는 사람들입니다. 우리는 어디로 가서 누구를 만나야 우리 인생 문제의 답을 찾을 수 있을까요? 이 사환은 하나님의 사람에게 가서 우리가 가야 할 길을 물어보자고 했습니다.

우리는 모두 어느 방향으로 가야 아름다운 인생을 살 수 있을지 알고 싶어 합니다. 그러나 사실 점쟁이가 아닌 이상 어느 누구도 이것이 당신의 길이라고 말할 수는 없을 것입니다. 그러나 하나님의 말씀을 들으러 가는 것이 바른길로 들어서는 첫걸음이라고 할 수 있습니다. 우리가 하나님의 말씀을 듣지 않는 이상 인생의 길은 찾을 수 없습니다.

2. 사무엘과의 만남

사울은 자기 사환의 생각이 좋은 것 같아서 하나님의 사람을 찾아갈 생각이 들었습니다. 왜냐하면 지금까지 고생한 것이 너무나도 아까웠기 때문입니다. 그러나 사울은 자신의 이 초라한 모습으로 하나님의 사람을 찾아가는 것이 부끄러웠습니다. 아니, 하나님의 사람을 찾아가려면 선물도 가지고 당당하게 찾아가야지, 창피하게 아무 선물도 없이 가서 암나귀를 잃었는데 어디로 가면 되느냐고 묻기가 너무 부끄러웠던 것입니다. 그래서 사울은 망설였습니다.

> 9:7, "사울이 그의 사환에게 이르되 우리가 가면 그 사람에게 무엇을 드리겠느냐 우리 주머니에 먹을 것이 다하였으니 하나님의 사람에게 드릴 예물이 없도다 무엇이 있느냐 하니"

우리가 하나님께 돌아가는데도 큰 장애가 있습니다. 그것은 바로 자존심이라는 장애입니다. 하나님께 돌아가는데 무엇인가 멋진 모습으로 그리고 당당한 모습으로 찾아가야지 완전히 빈털터리로 그리고 쫄딱 망한 모습으로 찾아간다면 너무 체면을 구기는 일이라고 사울은 생각했던 것입니다. 사울은 아버지로부터 선지자를 찾아가려고 하면 반드시 예물을 가지고 가야 한다는 교육을 받았던 것 같습니다. 그래서 사울은 또 포기하려고 했습니다. 그랬더니 그 사환이 자기에게 돈이 조금 있는데 그것을 빌려줄 테니까 그것으로 선물을 드리고 하나님의 사람을 찾아가자고 했습니다. 그랬더니 사울도 용기가 생겼는지 "그래, 가자"고 했습니다.

> 9:10, "사울이 그의 사환에게 이르되 네 말이 옳다 가자 하고 그들이 하나님의 사람이 있는 성읍으로 가니라"

이런 것을 보면, 함께 일하는 사람이 신앙 있는 좋은 사람이어야 합니다. 왜냐하면 그런 신앙 좋은 사람은 어떻게 해서든지 하나님의 뜻을 끝까지 찾고 또 기분 나쁘지 않게 설득할 수 있는 능력을 가지고 있기 때문입니다. 특히 사울같이 자존심이 강한 사람에게 잔소리를 퍼붓는다면 반발심이 생겨서 절대로 가지 않을 것입니다. 그러나 이 사환은 사울을 설득시킬 수 있는 지혜를 가지고 있었습니다.

그러나 이들이 알지 못하고 있었던 것은 사무엘이 한 성읍에만 있는 사람이 아니었다는 사실입니다. 사실 그 당시 사무엘은 여러 성읍을 돌면서 재판을 하고 정치를 하고 있었기 때문에 무턱대고 찾아가면 거의 만날 수 없었습니다. 그런데 사울은 무턱대고 사무엘을 찾아갔는데 놀랍게도 사무엘은 그날 그 성읍에 와 있었습니다.

사울은 먼저 비탈길을 올라가다가 물을 길으러 나오는 소녀를 보고 선견자가 여기 있느냐고 물었습니다. 그랬더니 이 소녀는 아주 친절했습니다. 이 소녀는 사울이 묻지 않은 것까지 다 가르쳐주었는데 지금 선견자가 이 성읍에 오셨고 산당으로 올라가고 있는데 거기에서 식사하실 것이라고 했습니다. 그런데 이 성읍 사람들은 선견자가 오기 전에는 절대로 음식에 손을 대지 않는다고 했습니다. 그만큼 이 성읍 사람들은 그 선견자를 존경했던 것입니다. 그런데 이 선견자가 조금 전에 산당을 향해서 올라갔으니까 조금 빨리 가면 선견자를 만날 수 있을 것이라고 했습니다. 사울이 하나님의 말씀을 들으려고 방향을 틀었을 때 놀랍게도 모든 것이 하나씩 착착 풀리기 시작했습니다.

옛날에 밀가루 부대를 풀 때 매듭을 푸는 것이 아주 힘들었습니다. 그런데 맨 끝에 있는 줄을 잘 잡고 당기면 전체가 술술 잘 풀리게 됩니다. 이것이 바로 우리 인생의 문제와 같습니다. 저도 청년 때 제 인생의 문제를 아무리 풀려고 해도 풀리지 않았습니다. 그래서 근본적인 시각을 바꾸어서 내 생각을 완전히 포기하고 하나님 말씀의 관점에서 시작했을 때 술술 풀리기 시작했습니다. 그리고 그때부터 경제적인 어려움도 많이 없어지게 되었습니다. 왜냐하면 장학금을 여러 군데서 받게 되었기 때문입니다.

한편 사울이 사무엘에게 찾아오기 전에 하나님께서는 미리 사무엘에게 내일 한 청년이 너를 찾아올 것이라고 말씀하셨습니다. 그는 베냐민 땅에서 오는 사람인데 너는 그의 머리에 기름을 부어서 이스라엘의 지도자로 삼으라고 말씀하셨던 것입니다.

사울이 성문 안에 들어가자마자 머리와 수염이 허연 노인을 만나게 되었습니다. 사울은 그 노인에게 "선견자의 집이 어디에 있습니까? 좀 가르쳐주십시오."라고 물었더니 "내가 바로 그 선견자"라고 대답했습니다. 그리고 하나님의 선견자는 사울에게 산당에 먼저 올라가라고 하면서 "오늘은 네가 나와 함께 식사하고 내일 아침 떠나기 전에 하나님의 뜻을 알려주겠다"고 했습니다. 그러면서 사무엘은 네가 지금 찾고 있는 암나귀에 대해서는 더 이상 걱정하지 말라고 하면서 암나귀들은 찾았다고 했습니다. 아마 암나귀들은 저절로 돌아간 것 같습니다. 그리고 암나귀보다 훨씬 더 중요한 문제가 있다는 말을 했습니다. 그것은 온 이스라엘이 지금 사울의 등장을 기다리고 있는 것이었습니다.

3. 드러난 하나님의 뜻

청년 사울은 하나님의 사람이 가라고 하는 대로 산당에 올라갔습니다. 거기에는 훌륭한 어른들이 삼십 명 정도 미리 와서 사무엘을 기다리고 있었습니다. 아마 서열을 따지면 사울은 맨 구석에 앉아야만 했을 것입니다. 그런데 사무엘은 오자마자 사울을 최고의 상석에 앉게 했습니다. 그리고 사무엘은 요리인에게 말하기를 내가 따로 두라고 한 고기의 넓적다리와 거기에 붙은 고기로 요리한 것을 가지고 오라고 했습니다. 삼십 명 정도 먹을 정도라면 소를 잡았을 것 같은데 소의 넓적다리와 거기에 붙은 갈빗살은 최고로 맛있는 부위였습니다. 사울은 며칠 동안 제대로 씻지도 못하고 먹지도 못하고 꾀죄죄한 모습으로 왔는데 사무엘은 사울에게 최고로 맛있는 부위의 고기를 가져와서 실컷 먹게 했습니다.

그 이유가 무엇일까요? 이것은 하나님께서 사울에게 자신감을 주시기 위해서입니다. 하나님의 백성들이 고난을 받으면 겸손해지는 것은 좋은데 자존감까지 많이 낮아지게 됩니다. 하나님의 백성들이 자신감이 너무 없으면 아무 일도 할 수 없습니다. 왜냐하면 자신감을 가지고 용기를 가지는 것을 교만이고 인간적인 욕심이라고 생각하기 때문입니다. 우리는 이 두 가지를 참 구별하기 어렵습니다. 즉 우리는 겸손한 것과 비참한 것, 그리고 자신감을 가지는 것과 교만한 것을 구별하기가 어렵습니다. 어떤 때는 교만한 것 같기도 하다가 어떤 때는 비굴한 것 같기도 한 것입니다.

하나님은 요셉을 애굽의 총리로 세우실 때도 애굽 왕으로 하여금 그에게 좋은 옷을 입히게 하고 금 사슬을 목에 걸게 하고 왕의 두 번째 마차를 타고 시위하게 했습니다. 그리고 애굽의 최고의 귀족이었던 제사장의 딸과 결혼시켰습니다. 왜냐하면 요셉은 청년기를 노예와 감옥의 죄수로 보내서 자존감이 낮을 수 있기 때문입니다. 만약 요셉이 감옥 죄수나 노예의 자존감을 갖고 있다면 애굽의 귀족들을 다스릴 수 없었을 것입니다. 그래서 하나님께서 요셉의 자존감을 높여주셨던 것입니다.

이와 마찬가지로 하나님은 암나귀들을 잃어버리고 풀이 죽어서 돌아다니던 청년 사울에게 가장 맛있는 부위를 따로 구별해서 줌으로 자신감을 가지게 했던 것입니다. 그리고 아침 동틀 때 사무엘은 사울을 깨워서 성 끝까지 간 후에 사환은 먼저 가게 하고 사울만 남았을 때 사무엘은 드디어 기름병을 꺼내어서 사울의 머리에 붓고 하나님께서 그를 이스라엘의 지도자로 삼으신다고 말했습니다.

사무엘은 사울에게 아주 중요한 말을 했습니다. 그것은 너는 온 이스라엘이 사모하는 사람이라는 것이었습니다.

> 9:20하, "온 이스라엘이 사모하는 자가 누구냐 너와 네 아버지의 온 집이 아니냐"

그때 청년 사울이 생각하는 것은 오직 암나귀였고 농사를 짓는 것이었습니다. 그러나 하나님은 사울을 온 이스라엘이 사모하는 자로 준비하고 계셨습니다. 아마 우리나라 많은 청년이 사모하고 보기를 원하는 자는 방탄소년단 같은 유명한 가수들일 것입니다. 그러나 진짜 우리에게 필요한 사람은 우리나라의 안보를 지켜주고 경제를 부강하게 해주고 북한의 핵무기나 일본의 도발로부터 우리나라를 안전하게 지켜줄 수 있는 탁월한 지도자일 것입니다. 사실 모든 사람이 다 지도자가 되기를 원하지만 진짜 하나님이 준비하신 지도자는 아직 아무도 모르고 있는 것입니다. 그런데 하나님이 준비한 사람이 아닌 엉뚱한 사람이 사람들의 인기를 끌어서 지도자가 된다면 나라를 완전히 엉망으로 만들어버리는 것입니다.

하나님이 사울을 택하신 이유는 오직 하나인데, 그가 겸손한 사람이었고 사환의 말이라도 기꺼이 듣고 자신이 부족한 줄 아는 사람이었기 때문입니다. 하나님이 사울을 택하셨다고 해서 다 된 것이 아니라 그에게 기회를 주신 것이었습니다. 이때 사울이 '좋다. 내가 죽을 때까지 믿음으로 한번 나가겠다' 고 했더라면 그는 참으로 아름다운 이스라엘의 지도자가 되었을 것입니다. 그러나 그는 왕이 된 후부터 너무 불안하니까 자꾸 인간적인 생각을 의지하다가 하나님의 말씀을 거역하게 되었습니다.

그러므로 우리에게는 믿음이 필요합니다. 아무리 결과가 좋지 않고 사람들이 욕하고 따르지 않는다 하더라도 끝까지 믿음으로 나가는 사람이 아름다운 삶을 살게 됩니다. 즉 자신의 모든 생각과 불안을 부인하고 끝까지 하나님을 믿는 것이 성공하는 길인 것입니다.

17

세 가지 징조

삼상 10:1-8

너무나도 중요한 어떤 문제를 눈앞에 두고 있을 때는 주위 사람들이 하는 말만 가지고는 확신을 가지지 못할 때가 많이 있습니다. 예를 들어서 어떤 분이 암에 걸려서 고통을 받고 있는데 누군가가 기도를 해주고는 암이 다 나았다고 한다면 그 말을 믿을 수 없을 것입니다. 그 사람은 병원에 가서 사진을 찍어보고 조직 검사를 해보고 암세포가 다 없어진 것을 확인하고서야 암이 다 나았다는 것을 확신하고 기뻐하게 될 것입니다. 또 어떤 학생이 하버드나 옥스퍼드 같은 대학에 입학 원서를 내었을 때 부모님이나 선생님이 합격했을 거라고 말해주는 것으로는 아무런 확신을 가질 수 없을 것입니다. 그러나 그 대학에서 합격했다는 통지표가 오면 그때 비로소 정말 내가 합격을 했구나 하는 확신을 가지게 될 것입니다.

열왕기상 18장에 보면, 엘리야는 이스라엘의 왕과 백성이 바알신 같은 우상을 섬기는 것에 대하여 경고하면서, 앞으로 자기가 기도할 때까지는 이 땅에 비가 오지 않을 것이라고 예언했습니다. 그리고 실제로 이스라엘에는 3년 반 동안 비가 한 방울도 내리지 않았습니다. 3년 반 후에 엘리야는 하늘에서 불이 떨어지는 기적을 통해서 하나님이 참 하나님이심을 증거하고 갈멜산에서 다시 비를 주시도록 하나님께 기도했습니다. 그러나 한번 성이 난 하늘은 비를 내리지 않았습니다. 엘리야가 아무리 기도해도 하늘에서는 비가 내릴 구름조차 없었습니다.

그러나 엘리야가 일곱 번 간절히 기도했을 때 엘리야의 종은 서쪽 바다 위에서 손바닥만 한 구름이 보인다고 대답했습니다. 엘리야가 일곱 번 간절하게 기도한 결과는 손바닥만 한 구름이었습니다. 손바닥만 한 구름 가지고는 비를 내리게 할 수 없습니다. 그러나 엘리야는 손바닥만 한 구름을 보고서 하나님이 비를 내리시는 증표로 생각했습니다. 그래서 이스라엘 왕에게 큰비가 올 테니까 빨리 산에서 내려가라고 하는데 아니나 다를까 엄청난 폭우가 쏟아지면서 3년 반 동안 비가 내리지 않아서 고갈되었던 땅의 기근이 모두 다 해결되었습니다.

우리는 인간이기 때문에 하나님께서 나와 함께 계시고 나를 바른길로 인도하시지만 우리는 눈에 보이지 않기 때문에 믿지 못할 때가 많이 있습니다. 하나님이 나와 함께 하시지 않는다면 우리는 불안하고 두려움에 빠져서 신앙이 없는 사람처럼 풀이 죽어있거나 아니면 히스테리만 부릴 것입니다. 이때 우리는 하나님의 작은 증표를 보고 하나님이 나와 함께 하시는 것을 믿어야 합니다.

사울 청년은 집에서 암나귀들을 잃어버리고 그것을 찾아 나섰다가 드디어 사무엘 선지자를 만나게 되었습니다. 사무엘 선지는 사울에게 오늘은 나와 함께 식사를 같이 할 것이고 내일 너를 집으로 보낼 것인데 그때 나는 네 마음에 생각하고 있는 것을 다 이야기해 주겠다고 했습니다. 누군가 내 마음에 가지고 있는 생각을 다 말할 수 있다면 그 사람은 사람이 아니고 신일 것입니다. 우리는 믿음으로 사는 사람들입니다. 우리는 작은 변화나 작은 일들을 통해서 하나님이 나와 함께 하시는 것을 믿어야 합니다.

1. 사울 청년의 마음에 가지고 있던 생각

사울은 평범하게 농사를 짓는 농부였습니다. 이스라엘 나라는 블레셋의 지배를 받고 있으면서 경제적으로 아주 힘이 들었습니다. 사울은 그 나라에서 평범하게 농사나 지으면서 별다른 생각 없이 살아가고 있었을 것입니다. 더욱이 사울은 암나귀들을 잘 지키지 못해서 암나귀들을 다 잃어버렸고 자기 힘으로 암나귀들을 찾으려고 했지만 도저히 찾을 수 없었습니다. 그러다가 자기 사환의 말을 듣고 사무엘 선지자를 만나러 왔습니다. 사울은 사무엘 선지자에게 아직 아무 말도 하지 않았는데, 사무엘은 내일 네 마음에 있는 것을 다 네게 말할 것이라고 사울이 알아듣기 힘든 말을 했습니다. 도대체 사무엘은 사울이 무슨 생각을 하고 있는지 어떻게 알고 있는 것일까요?

> 9:19, "사무엘이 사울에게 대답하여 이르되 내가 선견자이니라 너는 내 앞서 산당으로 올라가라 너희가 오늘 나와 함께 먹을 것이요 아침에는 내가 너를 보내되 네 마음에 있는 것을 다 네게 말하리라"

사울의 머릿속에 든 생각은 크게 두 가지였을 것입니다. 그 하나는 역시 암나귀들을 찾는 것이었습니다. 암나귀들은 사울 집의 재산이었고 암나귀를 찾아야 사울의 집은 손해를 면할 수 있었습니다. 그래서 지금 사울의 머리를 지배하고 있는 생각은 암나귀를 찾는 것뿐이었습니다. '도대체 이 암나귀들은 어디에 가 있는 것일까?' 이것이 해결되지 않으면 사울은 결코 행복하지 않을 것입니다. 이것은 우리도 마찬가지입니다.

우리는 어떤 물건이나 돈을 잃어버렸을 때 그것을 도로 찾아야 한다는 생각으로 머리가 꽉 차서 다른 것은 아무것도 머리에 들어오지 않을 것입니다. 설교를 들으면서도 머리로는 어떻게 해야 그것을 찾을 수 있을까라는 생각만 할 것입니다. 우리 예수 믿는 사람들은 거의 대개 작은 것에 아주 집착하는 경향이 있습니다. 그래서 아주 작은 일이라도 잘못되면 거기에 집착하느라고 다른 것은 귀에 들어오지도 않을 것입니다. 신앙이 좋으면 좋을수록 집착하는 경향은 더 커지게 됩니다. 물론 암나귀를 잃어버린 것이 작은 일은 아니지만 사울은 거기에 매여서 다른 것은 생각할 수도 없었을 것입니다.

그런데 사울에게는 사실 또 다른 숨은 생각이 있었습니다. 그것은 자신의 미래에 대한 생각이었습니다. 사실 저희 중에서 미래에 대하여 생각을 하지 않는 사람은 아무도 없을 것입니다. 사울은 과연 하나님은 미래에 나를 어떻게 쓰실 것인가 하는 생각을 많이 하고 있었던 것 같습니다. 어쩌면 그런 생각을 하느라고 나귀들을 잃어버렸을 수도 있습니다. '하나님은 과연 앞으로 내 인생을 어떻게 쓰실까?' 하는 것이 사울의 아주 중요한 생각이었던 것입니다. 사무엘 선지는 사울에게 내일 아침 너를 보내기 전에 네 마음에 들어있는 생각을 다 말해주겠다고 했습니다. 이것은 참 놀라운 일이 아닐 수 없습니다.

나다나엘은 예수님을 만났을 때 예수님은 그가 무화과나무 아래 있었던 것을 알고 계셨습니다. "내가 너를 무화과나무 아래에서 보았다 하므로 믿느냐 이보다 더 큰 일을 보리라"(요 1:50)고 말씀하셨습니다. 예수님은 수가성 여인을 만났을 때 그가 이미 여러 남자에게 버림받았던 사실을 알고 계셨습니다. 하나님은 우리 마음에 든 생각을 알고 계시며 우리의 미래에 대하여 계획을 가지고 계십니다. 이것은 우리 혼자 힘으로 아무리 생각을 해봐야 그 자리에서 맴돌기만 하고 절대로 풀리지 않습니다. 그러나 하나님의 말씀 앞에 나오면 내 속에 든 생각이 명확해지며 미래에 대해서도 무엇인가를 알게 될 것입니다.

2. 사무엘이 사울에게 기름을 부음

사무엘은 아침 일찍 사울과 사환을 깨웠습니다. 그리고 이제 너희들을 보내겠다고 하면서 사울에게 사환을 먼저 집으로 보내라고 했습니다. 그리고 사무엘은 사울에게 너는 잠깐 머물러 있으라고 하면서 하나님의 말씀을 네게 들려주겠다고 했습니다. 그러나 그것은 단순한 하나님의 말씀이 아니었습니다. 이것은 사울로서는 도저히 상상할 수도 없었고 감당할 수도 없는 어마어마한 하나님의 말씀이었던 것입니다. 사무엘은 사울에게 무릎을 꿇고 앉으라고 한 후에 그 머리에 기름을 부었습니다.

> 10:1, "이에 사무엘이 기름병을 가져다가 사울의 머리에 붓고 입맞추며 이르되 여호와께서 네게 기름을 부으사 그의 기업의 지도자로 삼지 아니하셨느냐"

사무엘은 사울의 머리에 기름을 부어서 그가 이스라엘의 왕이 되어서 모든 이스라엘 백성들을 지휘해서 블레셋을 물리치고 이스라엘 나라를 세울 왕이 될 것이라고 약속했습니다. 이것은 바로 하나님의 말씀이었습니다.

머리에 기름을 붓는다는 것은 세 가지로 생각해 볼 수 있습니다. 첫째는 이 사람을 하나님의 사람으로 구별하는 것입니다. 즉 머리에 기름을 부으면 하나님의 사람이 되기 때문에 다른 사람이 이 사람을 마음대로 시킬 수 없습니다. 그는 하나님의 종이기 때문에 오직 하나님의 말씀에만 순종하면 되는 것입니다. 이스라엘은 세 가지 경우에만 기름을 부었는데 왕이 되거나, 제사장이 되거나, 선지자가 될 때였습니다. 이 사람들은 하나님의 사람으로 구별된 사람이기 때문에 자기 마음대로 살 수 없고 다른 사람이 하라고 하는 대로 할 수도 없었습니다. 오직 하나님의 소유물이 되는 것이었습니다.

사무엘은 사울의 머리에 기름을 부어서 그는 이제 하나님의 기업 즉 이스라엘의 지도자 왕이 되어서 이스라엘 백성을 이끌 것이라고 했습니다. 이것이 바로 사울에 대한 하나님의 계획이었습니다. 사울은 자신의 미래에 대하여 많은 생각을 했던 것 같습니다. 그러나 사울이 생각할 수 있었던 것은 그렇게 큰 생각이 아니었습니다. 그는 기껏해야 농사꾼으로 성공하는 것이라든지 아니면 장사를 할 것인지 혹은 누군가가 독립군을 모집한다고 하면 참가할 것인지 정도의 생각만 했을 것입니다. 그러나 하나님의 계획은 사울로 하여금 이스라엘의 왕이 되어서 이스라엘 전체를 지휘하는 사람이 되는 것이었습니다. 이것은 사울로서는 도대체 믿을 수 없는 것이었습니다.

그리고 기름을 붓는다는 것은 성령을 붓는 것을 의미합니다. 지금까지는 나라에 어려움이 있을 때 드물게 특정인에게 성령이 임했습니다. 그러나 하나님은 앞으로 사울에게는 하나님의 성령이 그가 원할 때마다 부어질 것입니다. 그래서 사울은 성령의 능력으로 적을 이기게 될 것입니다. 그가 기도하거나 전쟁할 때나 하나님의 성령이 수시로 임해서 그를 강한 사람이 되게 할 것입니다.

그리고 기름을 붓는다는 것은 오직 하나님의 능력을 믿는 믿음으로만 살아야 한다는 것을 의미합니다. 만일 사울이 하나님의 말씀만 믿고 나라를 다스리고 적들과 싸우면 하나님이 무조건 이기게 하실 것입니다. 그러나 사울의 마음이 약해져서 하나님의 능력을 믿지 못하고 우상을 숭배하거나 사람들을 믿으면 그 역시 망하게 되는 것입니다. 그래서 사울은 이제 이 시간부터 무조건 믿음으로 살아야만 했습니다. 누가 찬성을 하든지 반대를 하든지 중요하지 않습니다. 왜냐하면 모든 결과에 대해서는 하나님이 책임을 지실 것이기 때문입니다. 그러나 사울은 사무엘의 기름 부음이나 사무엘의 말을 믿을 수 없었습니다. 사울은 그저 평범한 한 농부에 불과했기 때문입니다.

사울은 행정 관료나 군인의 경험이 전혀 없었습니다. 그는 남을 지휘해본 적이 전혀 없는 사람인데 어떻게 이스라엘의 왕이 될 수 있겠습니까? 그리고 이스라엘은 정규군대도 없고 조직도 없는데 어떻게 정규군대를 가지고 있는 블레셋이나 다른 나라와 싸울 수 있겠습니까? 사울은 사무엘이 하는 말을 믿을 수 없었습니다. 그래서 하나님은 사울에게 이것은 하나님이 하시는 것이고, 하나님이 그와 함께하신다는 표적을 세 가지나 보여주셨습니다. 하나님이 표적을 세 가지나 보여주신 것은 완전한 표적인 것입니다. 이것은 절대로 우연히 일어날 수 있는 일이 아닙니다.

3. 하나님의 세 가지 표적

아직까지도 사울의 머리를 지배하고 있던 것은 암나귀에 대한 생각이었습니다. 내가 왕은 고사하고 암나귀들을 찾아서 집에 돌아갈 수 있을까 하는 것이 당장 눈앞에 떨어진 중요한 일이었습니다. 그런데 하나님께서는 사무엘이 아닌 사울이 전혀 모르는 두 사람의 입을 통해서 암나귀들을 찾았다는 말을 듣게 하셨습니다.

> 10:2, "네가 오늘 나를 떠나가다가 베냐민 경계 셀사에 있는 라헬의 묘실 곁에서 두 사람을 만나리니 그들이 네게 이르기를 네가 찾으러 갔던 암나귀들을 찾은지라 네 아버지가 암나귀들의 염려는 놓았으나 너희로 말미암아 걱정하여 이르되 내 아들을 위하여 어찌하리요 하더라 할 것이요"

사울의 머릿속에 든 것 중 본인이 가장 중요하게 생각하고 있던 것은 암나귀들을 찾는 것이었습니다. 이미 사울은 사무엘을 통해서 암나귀들을 찾았다는 말을 들었습니다. 그러나 사울은 어떻게 보면 선지자가 자기를 위로하기 위하여 희망사항을 말했다고 볼 수도 있습니다. 자기가 못 찾은 암나귀들을 과연 누가 찾겠느냐고 의심할 수도 있었던 것입니다. 아무튼 사울은 암나귀를 찾았다는 말을 믿지 못하고 의심하고 있었던 것 같습니다. 사울이 사무엘을 찾아간 것은 암나귀를 찾을 수 있는 길을 물으러 간 것이지 기름 부음을 받으려고 간 것은 아니었습니다. 만약 암나귀를 못 찾았는데 그냥 빈손으로 집에 갔다가 암나귀가 없으면 얼마나 망신을 당하겠습니까? 그리고 하나님의 이름이 얼마나 우습게 되겠습니까? 그래서 우리는 기도할 때도 안 될 만한 것은 아예 기도를 안 할 때도 많이 있습니다.

사울은 집으로 돌아가는 중 베냐민 경계 셀사에 있는 라헬의 묘지 부근에서 전혀 모르는 사람 두 명을 만났습니다. 이 사람들은 성령에 감동이 되어서 사울에게 암나귀를 찾았다고 하면서 아버지가 아들 걱정을 한다고 전했습니다. 전혀 모르는 사람 두 명이 성령에 감동되어서 암나귀를 찾았다고 하는 것은 믿을만한 일이었습니다. 그리고 사울이 가장 걱정하고 있는 것도 아버지가 자기를 걱정하리라는 것이었습니다. 사울은 하나님께서 전혀 모르는 사람의 입을 통해서 자기가 가장 걱정하는 것을 말씀하실 때 이것이 하나님의 말씀이라는 증표로 믿어야 하는 것입니다.

사울은 다행스럽게 암나귀들을 도로 찾았습니다. 그러나 우리는 하나님의 말씀은 듣고 믿음은 생겼지만 잃어버린 돈이나 땅이나 집이나 건강을 찾지 못할 때도 있습니다. 그때 우리는 이것을 하나님의 뜻을 찾는 등록금이라고 생각하여 아까워하지 말고 받아들여야 합니다. 왜냐하면 하나님이 더 큰 것을 주시기 때문입니다.

두 번째는 정말 일어나기 어려운 일인데 이루어진 것이었습니다.

10:3-4, "네가 거기서 더 나아가서 다볼 상수리나무에 이르면 거기서 하나님을 뵈오려고 벧엘로 올라가는 세 사람을 만나리니 한 사람은 염소 새끼 셋을 이끌었고 한 사람은 떡 세 덩이를 가졌고 한 사람은 포도주 한 가죽부대를 가진 자라 그들이 네게 문안하고 떡 두 덩이를 주겠고 너는 그의 손에서 받으리라"

이것은 정말 일어나기 어려운 일이었습니다. 이때는 이미 실로의 성막이 불타버렸던 때인 것 같습니다. 그래서 사람들이 벧엘에 예배를 드리러 갔던 것 같습니다. 그런데 세 사람이 하나님께 제사를 드리러 가게 되었습니다. 어떻게 세 사람의 마음이 맞아서 벧엘로 가기로 하고 길을 떠났는데 그들이 다볼 상수리나무에서 사울을 만나게 되었습니다. 이것은 시간을 정해서 만난 것도 아니고 일부러 만나자고 약속한 것도 아니었습니다. 전혀 모르는 사람들을 다볼 상수리나무에서 만나게 되는데, 그들이 사울에게 인사하면서 떡 세 덩이 중에서 두 덩이만 준다는 것입니다. 세 덩이를 다 주는 것도 아니고 포도주를 주는 것도 아니고 떡 세 덩이 중에서 두 덩이만 준다는 것입니다. 이것은 정말 우연으로는 일어날 수 없는 일입니다. 그런데 이 일이 실제로 일어났습니다. 이것이 사실이라면 지금까지 일어난 모든 일은 절대로 우연일 수 없는 것입니다. 사울의 일거수일투족은 모두 하나님의 손에 붙들려 있고 앞으로 사울의 미래도 하나님의 능력의 손에 붙들려 있는 것입니다.

이제 사무엘은 세 번째 표적을 이야기했습니다. 이것은 가장 어려운 일이었습니다.

> 10:5-6, "그 후에 네가 하나님의 산에 이르리니 그 곳에는 블레셋 사람들의 영문이 있느니라 네가 그리로 가서 그 성읍으로 들어갈 때에 선지자의 무리가 산당에서부터 비파와 소고와 저와 수금을 앞세우고 예언하며 내려오는 것을 만날 것이요 네게는 여호와의 영이 크게 임하리니 너도 그들과 함께 예언을 하고 변하여 새 사람이 되리라"

여기서 "하나님의 산"은 다볼산을 말하는지 분명히 알 수는 없습니다. 그런데 거기에는 블레셋의 부대가 진을 치고 있었습니다. 그런데 놀라운 것은 블레셋 사람들을 겁내지 않고 오케스트라를 앞세워서 하나님을 찬양하며 율동을 하면서 내려오는 선지자의 무리를 만나게 된다는 것입니다. 여기서 예언을 한다는 것은 말로 예언하는 것이 아니라 몸으로 예언하는 것을 말합니다. 그런데 음악에 맞추어서 예언하는 것이니까 춤을 추면서 율동하는 것을 말합니다. 이것은 일종의 엑스터시를 경험하는 것이고 심하면 손발이나 온몸이 떨게 되고 더 심해지면 몰아의 경지에 빠지게 됩니다. 그런데 이 선지자들은 성령에 깊이 감동되어서 거의 몰아경지에서 예언하면서 산을 내려온다는 것입니다. 사울이 이 선지자의 무리를 보는 순간 성령이 아주 강하게 임하게 되어 사울도 자기 체면이나 자존심 같은 것은 다 버리고 선지자들에게 섞여서 같이 예언하고 하나님을 찬양하는 일을 하게 된다는 것입니다.

우리가 여기서 사울에게 경제적으로 가장 중요한 일은 역시 암나귀를 찾았다는 말을 듣는 것입니다. 그리고 사울에게 인간적으로 중요한 일은 아버지가 자기를 걱정하고 있다는 말일 것입니다. 그리고 가장 신기한 것은 전혀 모르는 사람 세 명이 사무엘의 말대로 나타나서 떡을 두 덩이 주는 일일 것입니다. 그들이 집으로 가려고 하면 거리가 멀기 때문에 떡이 필요했습니다.

그런데 마지막으로 사울에게 가장 상상하기 어려운 일은 자기가 하나님의 선지자들과 함께 성령 충만해서 하나님을 찬송하고 예언한다는 것이었습니다. 이 세 가지는 모두 중요하면서도 일어나기 불가능한 일입니다. 그러나 하나님은 이 세 가지 일이 모두 일어나게 하심으로 이제부터 사울의 인생은 하나님의 손에 붙들려 있으며 앞으로는 그가 모든 인간적인 생각들을 다 버리고 오직 하나님의 말씀대로만 걸어가야 한다는 것을 깨닫게 하셨습니다.

10:7, "이 징조가 네게 임하거든 너는 기회를 따라 행하라 하나님이 너와 함께 하시느니라"

사울은 하나님께서 자신에 대해 가지고 계신 계획이 너무 엄청나서 믿을 수 없었습니다. 사울은 도대체 내가 어떻게 이스라엘의 왕이 되며 블레셋과 전쟁해서 이긴다는 말인가? 이것은 말도 되지도 않는다고 생각했습니다. 그러나 하나님은 사울의 마음에 있는 생각을 다 말씀하셨고 인간의 힘으로는 이루어질 수 없는 증표가 이루어지는 것을 보게 하셨습니다. 이 증표들이 이루어진다는 것은 하나님이 함께하신다는 증거였습니다. 하나님은 사울에게 "너는 기회를 따라 행하라"고 하셨습니다. 이것은 기회가 주어지는 대로 실천을 하라고 하신 것입니다. 즉 겁을 집어먹지 말고 성령의 감동이 있을 때 움직이라고 하신 것입니다.

때때로 우리에게 아주 작은 좋은 일이 일어날 때가 있습니다. 이것이 바로 하나님의 증표입니다. 엘리야 때 작은 손바닥만 한 구름이 큰비를 가져왔던 것처럼 작은 증표를 통하여 하나님이 함께 계신 것을 믿고 모든 두려움을 담대히 이기고 승리하시기 바랍니다.

18

틀림없으신 하나님

삼상 10:8-27

우리는 지금 불확실성의 시대를 살아가면서 자신의 미래에 대하여 엄청나게 걱정하고 있습니다. 청년들은 대학을 졸업해도 취직이 안 되어서 걱정이고, 직장인들은 언제 직장을 그만두게 될지 스트레스로 큰 병에 걸릴지 몰라서 걱정입니다. 또 언제 핵전쟁이 터질지, 또 강대국 사이에서 어떤 큰 변수가 생길지 몰라서 불안한 가운데 살아가고 있습니다. 이럴 때는 절대로 흔들리지 않는 큰 힘을 붙잡아야 살 수 있을 텐데 이 세상에 그렇게 큰 힘은 어디에 있을까요? 우리나라는 지금까지 미국이라는 엄청난 힘을 의지해서 살았는데 이제는 미국 자체가 아주 불안정하게 되었습니다. 그러나 하나님은 우리에게 큰 힘이 되십니다. 우리가 하나님을 붙들고 살면 절대로 추락하지 않을 것입니다. 이런 불안정한 때에 만약 어떤 사람이 미래에 일어날 일에 대하여 정확하게 예언을 할 수 있다면 그의 예언을 듣기 위해서 기를 쓰고 찾아갈 것입니다.

그런데 사무엘 선지는 이 세상에서 도저히 일어날 수 없는 일을 예언하는 능력이 있었습니다. 그런데 놀라운 것은 하나님에게는 이런 예언이 중요한 것이 아니라는 사실입니다. 하나님께서 이런 예언을 하시는 것은 우리가 평소에 하나님의 말씀을 소중하게 생각하고 믿도록 하기 위함입니다.

놀라운 것은 이 말씀이 하나님을 움직이게 할 수 있다는 사실입니다. 최근 우리에게는 개인적으로나 국가적으로 우리가 할 수 있는 것이 아무 것도 없다는 사실을 깨달았습니다. 아마 사람들이 할 수 있는 것이라고는 소리 지르는 것밖에 없을 것입니다. 그래서 최근 우리나라 사람들은 소리를 많이 지르는 것을 보게 됩니다. 그런 와중에 우리는 하나님 앞에 나와서 말씀을 듣고 소리를 질렀습니다. 그랬더니 일어날 수 없는 일들이 조금씩 일어나는 것을 보게 되었습니다. 이것은 우리에게 절대로 사소한 일이 아닙니다. 왜냐하면 이런 작은 일은 하나님이 간섭하고 계신 것이며 하나님이 함께하시는 것을 의미하기 때문입니다.

사울 청년의 집에는 좋지 않은 일이 일어나게 되었습니다. 그것은 그 집의 암나귀들을 다 잃어버린 것이었습니다. 사울은 사환 한 명과 아무리 돌아다녀도 암나귀를 찾을 수 없었습니다. 그래서 마지막으로 사울은 하나님의 예언자 사무엘을 찾아갔습니다. 그랬더니 사무엘은 사울에게 도무지 일어날 수 없는 일들을 예언했습니다. 그것은 사울이 이스라엘의 왕이 될 것이며, 잃어버린 암나귀들은 이미 찾았는데 라헬의 무덤이 있는 곳에서 모르는 사람 두 명이 너에게 인사하고 암나귀를 찾았다고 말을 할 것이며, 또 다볼 상수리나무 밑에서 세 사람을 만날 것인데 한 사람은 염소 셋을 끌고 가고 다른 사람은 떡 세 덩이를 가져가고 또 한 사람은 포도주 한 부대를 가지고 갈 것이고, 그 중 한 사람이 떡 두 덩이를 준다는 내용이었습니다. 줄려면 포도주를 다 주든지 염소를 다 주든지 하지 떡 두 덩이만 준다는 것입니다.

그리고 하나님의 산에서 선지자 무리를 만날 것인데 그들을 만날 때 사울도 성령에 충만하여 예언하리라는 것이었습니다. 사울이 사무엘 선지자가 하는 예언을 믿었을까요? 아니면 절대로 이루어질 수 없는 일이라고 하면서 믿지 않았을까요? 그런데 사울의 행동을 보면 하나님의 예언은 하나도 빠짐없이 다 이루어졌지만 사울은 하나님의 뜻을 믿지 못하는 것을 보게 됩니다.

1. 사울에게 이루어진 징조

사무엘은 맨 먼저 사울에게 기름을 부어서 그가 하나님의 사람이 된 것을 증거했습니다. 그리고 사무엘은 하나님께서 사울을 왕으로 쓰신다는 증표로 세 가지 징조가 이루어질 것을 예언했습니다.

그런데 사울에게 가장 먼저 일어난 일은 하나님께서 그의 마음을 변하게 하신 것이었습니다.

> 10:9, "그가 사무엘에게서 떠나려고 몸을 돌이킬 때에 하나님이 새 마음을 주셨고 그 날 그 징조도 다 응하니라"

하나님은 사울에게 "새 마음"을 주셨습니다. 여기서 '새 마음'이라는 것은 마치 아침에 잘 자고 일어났을 때 기분이 아주 개운하고 좋은 것처럼 새로운 하루가 시작되는 기분이 든다는 것입니다. 그리고 '새 마음'은 오늘부터 무슨 일이 닥치더라도 다 부딪혀서 해낼 수 있다는 자신감이 생기는 것을 말합니다. 우리도 어느 순간 갑자기 기분이 개운해지면서 새 힘이 생기고 감정이 좋아질 때가 있습니다. 그것이 바로 하나님이 새 마음을 주시는 것입니다. 우리는 그때 모든 과거의 우울한 일들을 잊어버리고 새 출발을 하면 되는 것입니다.

사울은 처음 사무엘이 기름 부을 때부터 하나님의 예언을 믿을 수 없었습니다. 사울이 이스라엘의 왕이 된다는 것은 말도 되지도 않는 일이었기 때문입니다. 이스라엘에서 왕이 되려고 하면 일단 지파 자체가 크고 사람이 많아야 합니다. 그러므로 유다 지파라든지 아니면 에브라임 지파같이 수가 많은 지파에서 우두머리 노릇을 하는 사람이어야 했습니다.

그러나 그때 베냐민 지파는 가장 작은 지파였고 힘도 없는 지파였습니다. 그리고 사울 자신도 자기가 왕이 되리라고는 한 번도 생각해본 적이 없었습니다. 그런데 사무엘이 얼떨결에 무릎 꿇고 앉으라고 해서 앉았는데 사무엘은 그에게 기름을 부었던 것입니다.

그리고 사무엘은 사울에게 도저히 이해할 수 없는 예언들을 세 가지나 했습니다. 즉 라헬의 묘지에서 두 사람을 만나서 암나귀를 찾았다는 말을 듣게 될 것이고, 다볼 상수리나무에서 세 사람을 만나서 떡을 두 덩이를 받을 것이고, 선지자들의 무리를 만나서 그들에게 섞여서 예언한다는 것이었습니다. 이것은 도저히 사울에게는 일어날 수 없는 일이었습니다.

그러나 맨 먼저 일어난 일은 사울의 마음이 새 마음이 되었다는 것입니다. 사울의 기분은 아주 신선해지고 아침에 눈을 뜬 것처럼 피곤하거나 껍껍한 것들, 즉 암나귀를 잃어버려서 우울했던 기분은 싹 사라지고 무슨 일이든지 새로 시작할 수 있는 마음이 들었던 것입니다. 그리고 사무엘이 예언했던 것은 하나씩 다 이루어졌습니다. 즉 사울은 라헬의 묘지에서 두 사람을 만났는데 그중의 한 사람이 "네가 잃어버렸던 암나귀들을 다 찾았다"고 말을 하는 것이었습니다. 그리고 다볼 상수리나무에서 세 사람을 만났는데, 그중의 한 사람이 사울에게 떡 두 덩이를 주었습니다. 그것도 자기 의지가 아니라 성령의 의지였던 것입니다. 그리고 그중에 가장 대단한 예언의 징표는 선지자들의 무리를 만난 것이었습니다.

드디어 사울과 그 사환이 산에 이르게 되었을 때, 산 위에서 선지자들의 무리가 악기를 연주하면서 내려왔는데 사울을 보고 자기들 안으로 들어오라고 했던 것입니다. 그래서 사울이 선지자의 무리 안에 들어가니까 성령이 사울에게 강하게 임하면서 사울은 엑스터시 상태 즉 황홀경에 빠지게 되었습니다. 그래서 사울은 춤을 추기도 하고 지휘를 하기도 하고 노래를 부르기도 했던 것입니다. 그때 선지자는 일반인들과는 완전히 구별되어 있었던 것 같습니다. 그런데 그 당시 사울은 일개 가난한 농군에 불과했던 것입니다.

우리는 사울이 선지자들 사이에서 춤도 추고 지휘도 하고 노래도 부르는 것을 보며 사람들이 놀라는 것을 보면 평소에는 전혀 사울이 그런 사람이 아니었던 것을 알 수 있습니다. 사울은 농사나 짓고 입 다물고 남이 하라는 일이나 할 뿐이지 다른 사람 앞에서 지휘를 하거나 춤을 추거나 설교를 할 사람이 되지 못했던 것입니다. 그런데 사울이 사람 앞에서 너무나도 성령에 감동이 되어서 춤도 추고 예언도 하고 지휘도 하니까 사람들 사이에서는 난리가 났습니다.

그래서 사람들은 "기스의 아들에게 무슨 일이 일어났느냐?" 하면서 서로 이야기하기 시작했습니다. 이것은 '기스의 아들이 미쳤느냐?' 는 뜻으로 볼 수 있습니다. 또 "사울이 선지자 중에 있느냐?" 했는데 이것은 '사울도 앞으로 선지자가 될 것이냐?' 하는 뜻도 있는 것입니다. 그래서 사람들은 놀라서 "그의 아버지가 누구냐?"고 묻기도 하고 "사울도 선지자 중에 있느냐?" 하는 것이 하나의 속담처럼 되었습니다. 즉 사울이 성령을 받고 선지자들 사이에서 예언했던 것이 사람들에게는 조롱거리가 되었던 것입니다. 사람이 흉내 낼 것을 흉내 내야지 전혀 따라 할 수 없는 것을 따라 하면 욕을 먹게 되는 것입니다. 사울에게는 가장 중요했던 체험이 사람에게는 웃음거리가 되고 말았습니다.

그러나 이것은 하나님께서 사울에게 주신 아주 중요한 증표였습니다. 하나님은 사울의 섬세한 생활을 다 알고 계시고 만일 그가 선지자 노릇을 할 수 있으면 다른 것은 더 잘할 수 있다는 것을 보여주시는 것이었습니다.

우리는 우리 인생에 기도했던 작은 일들이 이루어질 때가 있습니다. 또 어떤 때는 생각하지 못했던 일이 일어날 때도 있습니다. 어떤 때는 사람들에게 조롱거리가 될 수도 있고 속담거리가 될 수도 있습니다. 그러나 우리는 그 작은 일을 통하여 하나님이 나와 함께 하시며 나에게 멋진 계획을 가지고 계신다는 것을 믿어야 합니다.

2. 사무엘의 불발된 계획

사무엘은 사울에게 "이런 징조가 이루어지거든 너는 길갈로 내려가서 칠일 동안 나를 기다리라"고 했습니다. 그러면 사무엘도 길갈로 내려가서 이스라엘 백성들 앞에서 번제와 화목제를 드리고 사울이 왕으로서 어떻게 행동해야 할 것인지 가르쳐줄 것이라고 했습니다.

10:8, "너는 나보다 앞서 길갈로 내려가라 내가 네게로 내려가서 번제와 화목제를 드리리니 내가 네게 가서 네가 행할 것을 가르칠 때까지 칠 일 동안 기다리라"

그런데 성경에 보면 사울이 이런 징조가 다 이루어지는 것을 보고서도 길갈로 내려갔다는 언급이 없습니다. 이것을 보면 사울은 바로 집으로 돌아가 버렸던 것입니다. 사울이 길갈로 내려갔던 것은 사울이 이스라엘 왕이 된 지 2년 후의 일이었습니다. 그때 블레셋 사람들이 이스라엘을 쳐들어왔는데 그때야 비로소 사울은 길갈로 내려갔고 사무엘은 일주일 만에 오기는 왔지만 너무 늦게 오는 바람에 사울은 사무엘 없이 자기가 제사장의 일까지 해서 번제와 화목제를 드려버렸습니다. 그래서 사무엘은 사울에게 화를 내면서 "왜 당신은 제사장이 아닌데 자기 마음대로 제사를 드렸느냐?"고 하니까 사울은 "당신은 일주일이 되어도 오지 않고 백성들은 흩어지고 블레셋 군대는 몰려오니까 내가 부득이해서 먼저 제사 드렸다"고 대답했습니다. 그랬더니 사무엘은 사울에게 "왜 당신은 조금을 더 기다리지 못하느냐? 당신이 조금만 더 하나님을 기다렸더라면 당신의 나라가 길었을 텐데 당신이 기다리지 못했기 때문에 하나님이 당신을 버릴 것이라"고 책망했습니다.

사울은 사무엘의 징조가 이루어지는 것을 보고서도 길갈로 가지 않고 자기 집으로 가버렸습니다. 그 이유는 아마도 사울은 사무엘의 징조가 별 것 아니라고 생각했던 것 같습니다. 오히려 사울은 자기가 선지자들 사이에서 은혜를 받고 예언했다가 사람들의 조롱을 받고는 창피하다고 생각했던 것 같습니다. 그래서 일주일 후면 있을 수 있었던 사울의 왕위 즉위식이 불발되고 말았습니다. 즉 하나님의 징조나 사울이 은혜받은 것이 아무 소용 없게 되어버렸던 것입니다.

사울이 집에 가니까 삼촌이 "너는 도대체 어디 돌아다니다가 이제야 오느냐?" 물었습니다. 그래서 사울은 삼촌에게 암나귀들을 찾으러 돌아다니다가 사무엘을 만나고 왔다고 대답했습니다.

> 10:14, "사울의 숙부가 사울과 그의 사환에게 이르되 너희가 어디로 갔더냐 사울이 이르되 암나귀들을 찾다가 찾지 못하므로 사무엘에게 갔었나이다 하니"

사울은 자기와 사환이 암나귀를 찾으러 갔다는 것과 사무엘을 만났다는 말만 하고, 사무엘이 자기에게 기름을 붓고 하나님의 징조가 이루어지고 자기가 선지자들 사이에서 황홀경에 빠졌었다는 것은 말하지 않았습니다. 어떻게 보면 그만큼 신중한 사람이었다는 뜻으로 이해할 수도 있습니다. 그렇지 않으면 삼촌이 미리 사람들에게 이 말을 퍼트려서 오히려 하나님이 하시는 일을 방해할 수도 있을지 모릅니다. 하나님은 공평하게 제비를 뽑아서 왕을 세우려고 하는데 삼촌이 먼저 선수 쳐서 내 조카가 왕이라고 떠들어댈 수도 있는 것입니다.

그러나 또 다른 의미에서는 이런 징조가 이루어졌음에도 불구하고 사울은 사무엘의 말을 하나님의 말씀으로 믿지 못하고 있었음을 알 수 있습니다. 그 결정적인 증거는 그가 길갈로 가지 않고 집에 머물러 있었기 때문입니다. 우리는 하나님의 기름 부음을 받은 순간부터 내 인생이라고 하는 것은 없습니다. 우리는 하나님이 가라고 하시는 곳으로 가야 하고, 하나님이 기다리라고 하시면 기다려야 합니다. 그러나 사울은 하나님의 징조를 대수롭지 않게 생각했던 것 같고 선지자의 무리와 춤을 추고 예언했던 것을 부끄러운 일로 생각했던 것을 알 수 있습니다. 사울은 인간적으로는 참 겸손하고 좋은 사람이었지만 영적으로는 하나님을 잘 믿지 못하는 사람이었습니다.

3. 하나님의 틀림없는 계획

　사무엘은 모든 이스라엘 백성을 미스바에 모으고 왕을 뽑는 작업을 했습니다. 사무엘은 이스라엘의 왕을 뽑기 전에 먼저 이스라엘 백성이 하나님 앞에서 크게 잘못한 것을 책망했습니다. 즉 하나님은 이스라엘 백성을 애굽에서 인도하여 내신 위대하신 분이십니다. 특히 하나님의 오른손은 홍해를 가르는 능력이 있습니다. 하나님은 이스라엘 백성을 모든 원수의 압제에서 건져내신 이스라엘의 왕이십니다. 그러나 이스라엘 백성은 하나님을 왕으로 믿지 못하고 인간 왕을 요구했습니다. 왜냐하면 인간 왕이 없으면 너무나도 불안했기 때문입니다. 예를 들어서 우리에게 고정된 수입이 없으면 하나님께 일용할 양식을 달라고 아무리 기도를 해도 불안한 것과 마찬가지입니다.

　그러나 이스라엘 백성이 왕을 요구함으로 가장 크게 손해 본 것은 역시 하나님의 한 방이라고 할 수 있습니다. 이스라엘 백성이 하나님 말씀의 가치를 깨닫고 출애굽의 위대함을 깨닫고 하나님 앞에 나와서 회개하며 기도할 때 하나님은 한 방으로 적을 부수어 버리십니다. 즉 질그릇을 쇠몽둥이로 부수듯이 부수어 버리시는 것입니다. 그런데 이스라엘 백성은 이 하나님의 한 방을 포기하고 인간 왕을 가지려 했던 것입니다. 이것은 마치 쇠몽둥이를 버리고 질그릇 항아리를 가지려는 것과 같습니다. 하나님은 이스라엘 백성의 신앙이 이 정도밖에 되지 않는다는 것을 인정하셨습니다.

　그러나 수백만 명이나 되는 이스라엘 백성 가운데서 사울 단 한 사람이 왕으로 뽑힐 가능성은 제로나 마찬가지였습니다. 일단 이스라엘 백성만 해도 열두 개 지파가 있습니다. 사울은 그 지파 중에서도 별 볼 일 없는 베냐민 지파의 집안이었습니다. 사울은 왕으로 뽑힐 가능성도 없을뿐더러 뽑힌다고 해도 다른 큰 지파의 우두머리들이 말을 들을 리 없었습니다. 그래서 사울은 이스라엘의 왕을 뽑는 일에 아예 관심조차 가지지 않고 숨어버렸습니다.

그런데 하나님께서 하시는 일은 틀림이 없었습니다. 먼저 사무엘은 이스라엘 열두 지파에게 리더가 될 만한 사람들 천 명씩을 뽑아서 앞으로 나오라고 했습니다. 그래서 이스라엘 지도자가 될 만한 사람들 만 이천 명이 모였습니다. 물론 사울은 거기에 들지 못했습니다. 하나님은 공평하게 제비뽑기로 왕을 뽑기로 했습니다. 그랬더니 놀랍게도 유다 지파도 아니고 에브라임 지파도 아니고 단이나 납달리 지파도 아니고, 가장 작은 베냐민 지파가 뽑혔습니다. 그다음에 베냐민에서 나온 천 명 중에서 제비를 뽑으니까 마드리 집안이라는 이름 없는 집안이 뽑혔습니다. 또 그중에서 뽑으니까 기스의 집이 뽑혔고 또 제비를 뽑으니까 천 명 중에는 들지도 못했던 사울의 이름이 뽑혔습니다. 하나님은 불가능한 일을 가능하게 하셨습니다.

그런데 미스바에 모인 이스라엘 남자 중에는 사울이 없었습니다. 그들이 아무리 사울의 이름을 부르고 찾아도 찾을 수 없었습니다. 그래서 아마도 사무엘이 하나님께 물었던 것 같습니다. "하나님, 사울이 왕으로 뽑혔는데 찾을 수가 없습니다. 사울은 도대체 어디에 있습니까?" 그때 하나님은 "사울이 짐 보따리들 사이에 숨어있다"고 가르쳐주셨습니다.

> 10:22-23, "그러므로 그들이 또 여호와께 묻되 그 사람이 여기 왔나이까 여호와께서 대답하시되 그가 짐보따리들 사이에 숨었느니라 하셨더라 그들이 달려가서 거기서 그를 데려오매 그가 백성 중에 서니 다른 사람보다 어깨 위만큼 컸더라"

사울은 자기는 도저히 이스라엘의 왕이 될 자격이 없다고 생각해서 짐꾸러미 사이에 숨어있었습니다. 결국 이스라엘 백성들은 왕을 제비로 뽑고서도 그를 찾지 못할 정도로 그는 겸손했던 것입니다.

그런데 여기서 우리가 생각해보아야 할 것은 사울이 이렇게까지 왕이 되는 것을 부담스럽게 생각하고 자신 없어 했는데, 이것이 과연 그의 겸손이냐, 아니면 불신앙이었느냐 하는 것입니다. 우리는 겸손한 것과 너무 지나치게 자신이 없어서 하나님의 말씀마저 불신하는 것을 구별하기가 참 어렵습니다. 어떤 때는 하나님이 아무리 말씀을 주시고 또 그에게 징조가 보여도 절대로 못하겠다고 도망치는 사람이 있습니다. 어떤 사람은 하나님은 전혀 마음도 없으신데 자기가 하겠다고 먼저 설치는 사람도 많이 있습니다. 그러나 사울은 겸손도 했었지만 불신앙도 컸습니다. 왜냐하면 하나님의 징표가 있으면 그것을 가지고 자기 자신을 설득시켜야 하는데 사울은 도망갈 생각만 했기 때문입니다.

사무엘은 이스라엘 백성에게 사울을 소개했습니다. "여호와께서 이스라엘 왕으로 택하신 자를 보라. 이스라엘 중에 이만한 사람이 없느니라"고 했습니다. 과연 사울은 다른 사람들보다 키가 20센티 이상 더 컸습니다. 이 왕의 선출의 공정성을 인정하는 사람들은 만세를 불렀습니다. 그러나 이런 선출방법이나 뽑힌 왕에게 불만을 가진 자들도 많이 있었습니다. 이 사람들은 왕 선출의 무효를 주장했습니다. 즉 이런 소극적인 사람이 어떻게 우리를 전쟁에서 이기게 하겠느냐 하면서 사울을 왕으로 인정하지 않고 예물도 바치지 않았던 것입니다. 왜냐하면 그들은 자기 지파에서 왕으로 미리 찍은 사람이 있었기 때문입니다. 성경은 이런 사람들을 불량배라고 불렀는데 자기 뜻에 맞지 않으면 반대하고 인정하지 않는 부류입니다. 그래서 이스라엘은 사울을 왕으로 뽑기는 했지만 더 이상 아무것도 하지 못하고 모두 흩어져 집으로 돌아가고 말았습니다.

우리가 하나님의 뜻을 아는 것은 참으로 어렵습니다. 기름을 부어도 어렵고 징조가 나타나도 어렵고 황홀경에 빠져도 어렵습니다. 결국 우리는 작은 것을 통해서 하나님의 큰 것을 봐야 합니다. 겸손한 것은 좋지만 너무 지나치게 자신이 없는 것은 하나님의 뜻을 거역하는 것입니다. 우리는 내게 능력 주시는 자 안에서 모든 것을 할 수 있다는 믿음을 가지시기 바랍니다.

19

사울의 용기

삼상 11:1-15

옛날 제가 어렸을 때 좋아했던 만화 중에 〈주먹대장〉이라는 만화가 있었습니다. 그 만화 주인공은 어린 꼬마인데 오른손 주먹이 어른 머리만 하게 컸습니다. 그리고 그 꼬마는 오른손이 그렇게 힘이 세었습니다. 물론 만화이지만 그 꼬마가 오른손 주먹으로 치면 바위도 깨어지고 어른들도 나가떨어졌습니다. 지금도 기억이 나는 것은 어른들이 그 아이만 보면 너는 왜 그렇게 오른손 주먹이 크냐고 묻는 것입니다.

이스라엘 백성은 왕이 없었기 때문에 모든 것이 혼란스러웠고 질서가 없었습니다. 왕이 없었기 때문에 군대가 없었고 그래서 전쟁에 대하여 늘 준비가 되어있지 않았습니다. 이스라엘 백성은 적군이 쳐들어오면 그때야 성령의 감동받은 사람이 나팔을 불어서 사람들을 모아서 전쟁하니까 늘 한 박자 늦었고 언제나 불안했습니다. 그럼에도 불구하고 사무엘은 이스라엘 백성이 왕을 뽑아 달라는 요구에 대하여 기뻐하지 않았습니다. 왜냐하면 이스라엘 백성에게는 하나님이 계셨기 때문입니다. 물론 하나님은 눈에 보이지 않습니다. 그리고 우리가 어려움을 당했을 때 하나님이 어떻게 우리를 도우실지 혹은 안 도와주실지 우리는 알지 못합니다. 그러나 분명한 사실은 하나님의 오른손은 엄청나게 힘이 세다는 것입니다. 특히 하나님이 오른손을 한번 뻗어서 내리치시면 홍해가 갈라지게 되는 것입니다. 그 놀라운 기적이 바로 하나님의 '한 방'인 것입니다.

이 하나님의 오른손은 유다 왕 히스기야 때도 있었습니다. 그때 앗수르 왕 산헤립은 이스라엘을 멸망시키고 유다의 예루살렘도 멸망시키려고 와서 포위하고 이스라엘 왕과 백성을 모욕했습니다. 이때 히스기야는 하나님만 의지하고 구원해줄 것을 간구했습니다. 그날 밤에 하나님의 천사 하나가 내려와서 앗수르 군대를 쳤는데 하룻밤 사이에 앗수르 군사 18만 5천 명이 죽어버렸습니다. 이것이 바로 하나님의 오른손의 위력입니다.

이스라엘 백성이 사무엘에게 왕을 뽑아 달라고 해서 사무엘은 하나님의 뜻에 따라 사울을 왕으로 뽑았습니다. 그러나 이스라엘은 왕만 뽑았지, 되어 있는 것이 아무것도 없었습니다. 심지어는 왕궁도 없고 신하도 없는 데다가 사울을 왕으로 인정하지 못하겠다고 반대하고 떼를 쓰는 사람들이 많이 있어서 사울을 왕으로 뽑은 것은 아무 의미가 없게 되었습니다. 사울이 할 수 있는 일이라고는 자기 집에 돌아가서 농사를 계속 짓는 것밖에 없었습니다.

이때 요단 동쪽에 있는 길르앗 야베스에 위기가 발생했습니다. 그것은 바로 인근에 있는 암몬 족속이 길르앗 야베스를 쳐들어온 것이었습니다. 그러나 이스라엘은 왕이 있어도 있으나마나 했기 때문에 아무 도움을 줄 수 없었습니다. 길르앗 야베스 사람들은 암몬 족속에게 무조건 항복하고 돈을 달라는 대로 주겠다고 타협했습니다. 그랬더니 암몬 족속은 그냥은 안 되고 모든 길르앗 야베스 사람들의 오른쪽 눈을 뽑으라는 것이었습니다. 이 얼마나 기가 막힌 일인지 모릅니다. 모든 길르앗 야베스 사람들은 오른눈이 없이 살아야 한다는 것입니다. 이것은 암몬 족속이 일부러 이스라엘 백성들에게 치욕을 안겨주고 비참하게 하려는 의도였습니다.

우리는 하나님의 오른손에는 능력이 있다는 것을 알기는 알지만 어떻게 이 능력을 우리의 현실에 가져올 수 있는지 그 방법을 알지 못합니다.

그런데 그때 하나님의 오른손의 능력을 가져온 사람은 놀랍게도 가장 소극적이고 부끄러움이 많았던 사울이었습니다.

1. 암몬의 공격과 이스라엘의 치욕

이스라엘은 사울을 왕으로 뽑았지만 그 존재는 없는 것이나 마찬가지였습니다. 이스라엘 왕은 아무 힘이 없었습니다. 그때 암몬 왕 나하스가 요단 동쪽에 있는 길르앗 야베스를 쳐들어와서 차지하려고 했습니다.

> 11:1-2, "암몬 사람 나하스가 올라와서 길르앗 야베스에 맞서 진 치매 야베스 모든 사람들이 나하스에게 이르되 우리와 언약하자 그리하면 우리가 너를 섬기리라 하니 암몬 사람 나하스가 그들에게 이르되 내가 너희 오른 눈을 다 빼야 너희와 언약하리라 내가 온 이스라엘을 이같이 모욕하리라"

암몬 족속은 늘 양을 치기에 좋은 길르앗 땅을 호시탐탐 노리고 있었습니다. 그러다가 어느 순간 엄청나게 많은 군대를 끌고 쳐들어왔습니다. 길르앗 야베스 사람들은 양이나 치는 목동이지 전쟁할 수 있는 사람들이 아니었습니다. 그래서 야베스 사람들은 무조건 암몬 사람에게 항복하고 그들이 달라고 하는 대로 다 주고 거의 노예같이 살려고 생각했습니다. 왜냐하면 그들은 전쟁할 수 있는 무기나 힘이 없었기 때문입니다.

그러나 암몬 왕 나하스의 요구는 아무리 받아들이려고 해도 받아들일 수 없는 무리한 것이었습니다. 그 조건은 길르앗 야베스 사람들이 모두 오른쪽 눈을 다 뽑아야 항복을 받아주겠다는 것이었습니다. 이것을 보면 암몬 왕이 그동안 이스라엘 사람들을 얼마나 미워했는지 알 수 있습니다. 그들은 땅을 뺏거나 혹은 양과 돈을 뺏는 것으로는 직성이 풀리지 않아서 그들의 오른쪽 눈을 다 뽑겠고 그런 식으로 온 이스라엘을 치겠다는 뜻이었습니다. 즉 암몬 족속은 길르앗 야베스 사람들의 눈을 뽑는 것을 시작으로 온 이스라엘 사람들의 오른눈을 다 뽑겠다는 것이었습니다.

한번 길르앗 야베스 사람들이 모두 오른쪽 눈을 다 뽑았다고 생각해보시기 바랍니다. 이 얼마나 끔찍하고 비참한 모습입니까? 더욱이 어린아이나 여자까지 모두 오른눈을 뽑고 살아간다는 것은 볼 때마다 너무 비참한 광경일 것입니다. 이제 길르앗 야베스 사람들은 결정해야만 했습니다. 우리가 오늘 비참하게 어른이나 아이나 남자나 여자나 모두 오른눈을 다 뽑고 비참하게 살아가느냐, 아니면 암몬 사람들의 손에 맞아 죽느냐 하는 것을 택해야 하는 것이었습니다. 오른눈을 뽑고 사느냐 아니면 다 죽느냐 하는 선택의 문제는 어느 쪽도 쉬운 것이 아니었습니다.

우리는 때때로 어려운 상대를 만났는데 도저히 받아들일 수 없는 조건을 내세울 때가 있습니다. 그때는 정말 죽어야 하느냐 아니면 오른쪽 눈을 뽑아야 하느냐 하는 결정의 순간입니다. 이때 야베스 장로들에게 하나님의 지혜가 임했습니다. 그것은 야베스 사람들에게 일주일의 시간을 버는 것이었습니다. 그리고 그들은 신속하게 이 사실을 되든지 안 되든지 이스라엘 온 지역에 알렸습니다.

11:3, "야베스 장로들이 그에게 이르되 우리에게 이레 동안 말미를 주어 우리가 이스라엘 온 지역에 전령들을 보내게 하라 만일 우리를 구원할 자가 없으면 네게 나아가리라 하니라"

야베스 사람들이 암몬 사람의 말을 듣고 흥분해서 소리를 지르거나 당장 싸우려고 하는 것은 스스로 망하는 행위입니다. 야베스 사람들은 일단 자신들은 전혀 싸울 힘이 없다는 것을 보여주었습니다. 단지 우리에게 일주일의 시간을 주어서 이스라엘에 도움을 한번 청할 수 있게 해 달라고 부탁했습니다. 그래서 이스라엘에서 누구든지 우리를 도와줄 자가 있으면 다행이지만 아무도 도와줄 자가 없으면 모두 나가서 오른쪽 눈을 뽑겠다고 했습니다. 사본에 따라서는 암몬 왕이 실제로 오른쪽 눈을 뽑은 곳도 있었다고 합니다.

이것을 보면 국제사회에서 힘을 가지지 못하고 있다는 것이 얼마나 굴욕이고 치욕인지 모릅니다. 우리나라도 일제강점기에 여자들은 정신대에 끌려가야 했고 남자들은 학도병이나 강제노역에 끌려가서 얼마나 많이 죽고 고통을 받았는지 모릅니다.

암몬 왕 나하스는 이미 이스라엘은 왕도 없고 힘없는 나라로 알고 있었기 때문에 야베스 사람들의 요구를 들어주어 일주일을 기다려주기로 했습니다. 그때 야베스 장로들의 행동은 빨랐습니다. 정말 이것은 죽느냐 사느냐의 문제였고, 어린아이나 여인들의 눈을 빼느냐 빼지 않느냐의 문제였기 때문에 신속하게 이스라엘 왕이 있는 기브아에 전령을 보내었습니다. 그러나 이스라엘에는 왕은 뽑아 놓았지만 실제로 되어있는 것은 아무것도 없었습니다. 기브아 사람들도 길르앗 야베스 사람들의 이야기를 듣고 기가 막혀서 모두 소리를 높여 울었습니다.

11:4, "이에 전령들이 사울이 사는 기브아에 이르러 이 말을 백성에게 전하매 모든 백성이 소리를 높여 울더니"

왕이 있는 기브아 사람들도 야베스 사람들의 이야기를 듣고 자기들도 왕만 뽑아 놓았지 군대가 있는 것도 아니고 무기가 있는 것도 아니고 해결할 방법이 없었기 때문에 같이 우는 수밖에 없었던 것입니다.

2. 사울의 용기

사울은 왕으로 뽑히기는 했지만 신하가 있는 것도 아니고 왕궁이 있는 것도 아니고 준비된 것이 아무것도 없었습니다. 거기에다가 사울의 지파는 힘이 없는 베냐민 지파이고, 그런 데다가 성격이 아주 소극적이어서 이런 사람이 어떻게 왕이 되겠느냐고 반대하는 사람이 많았습니다. 그러니 사울은 아무것도 할 수 있는 것이 없었습니다. 그래서 사울은 왕으로 뽑힌 후에도 소를 끌고 밭에 가서 밭 일을 하고 있었습니다. 그런데 사울이 일을 끝내고 소를 끌고 집으로 오는데 사람들이 우는 소리가 들렸습니다. 그래서 사울은 아무 영문도 모르고 왜 사람들이 우느냐고 물었습니다. 그랬더니 그들이 기가 막힌 이야기를 하는 것 아닙니까?

> 11:5-6, "마침 사울이 밭에서 소를 몰고 오다가 이르되 백성이 무슨 일로 우느냐 하니 그들이 야베스 사람의 말을 전하니라 사울이 이 말을 들을 때에 하나님의 영에게 크게 감동되매 그의 노가 크게 일어나"

사울은 드디어 길르앗 야베스 사람들이 울면서 하는 기가 막힌 이야기를 듣게 되었습니다. 그것은 암몬 족속이 쳐들어 왔는데 항복하고 돈을 달라고 하는 대로 준다고 해도 모든 사람이 오른쪽 눈을 뽑아야 항복을 받아주겠다는 이야기였습니다. 그리고 암몬 왕은 앞으로도 이스라엘 백성들의 오른쪽 눈을 다 뽑고야 말겠다는 것입니다. 이것은 이스라엘에 대한 명백한 도전이고 또 하나님에 대한 도전이었습니다.

이 말을 듣는 순간 사울에게 엄청난 분노가 일어남과 동시에 하나님의 영이 크게 임했습니다. 평소에 사울은 아주 소극적인 사람이고 겁이 많은 사람이었습니다. 그는 왕으로 뽑혔을 때도 왕이 되는 것이 싫어서 짐보따리 사이에 숨었던 사람입니다. 그러나 같은 이스라엘 백성인 길르앗 야베스 사람들이 모두 다 눈알이 뽑혀야 한다는 치욕의 소식을 들었을 때 그는 겁을 먹거나 숨지 않았습니다. 오히려 화를 크게 내었습니다. 그러면서 그에게 성령이 임했습니다.

여기서 사울에게 화가 났다는 것은 보통 사람들이 화를 내는 것과는 달랐습니다. 기브아 사람들은 야베스 사람들의 이야기를 듣고 화가 났지만 전부 울고 통곡을 했습니다. 그런데 사울에게는 하나님의 영이 임했습니다. 여기서 하나님의 영이 임했다는 것은 사울의 분노가 폭발한 것이 아니라 하나님의 영이 그를 지배하기 시작했다는 뜻입니다. 즉 하나님의 영이 그의 생각에 영향을 주기 시작했던 것입니다. 그리고 사울은 그 하나님의 영에 순종했습니다. 이것이 바로 사울의 용기였습니다.

우리가 여기서 알 수 있는 것은 하나님의 백성이 위기 때 통곡만 할 것이 아니라 싸우려는 용기를 낼 때 하나님의 오른손의 능력이 등장하게 된다는 사실입니다. 그래서 사탄은 자꾸 우리의 부정적인 사실을 드러내서 우리의 기를 죽이려고 합니다. 사탄은 우리에게 이것도 안 되고 저것도 안 된다고 하면서 우리를 자꾸 주눅 들게 합니다. 그러나 그때 우리가 용기를 낸다면 하나님의 손이 들리게 되는 것입니다. 즉 하나님의 한 방이 나타나게 되는 것입니다.

사울은 자기가 몰고 오던 소 두 마리를 그 자리에서 죽여서 열두 동강으로 잘랐습니다. 사울은 자기 집의 암나귀나 소를 아주 아끼는 사람이었습니다. 그런데 하나님의 영이 임하면서 사울은 아주 적극적인 사람으로 변했습니다. 사울은 열두 동강으로 잘린 소를 전령들의 손에 한 조각씩 주면서 이스라엘 열두 지파에게 가서 보이라고 했습니다. 그리고 사울은 모든 이스라엘 백성들을 소집한다고 발표했습니다. 그리고 만일 소집에 응하지 않으면 그 집에 있는 소를 다 이렇게 토막 낼 것이라고 했습니다.

11:7, "한 겨리의 소를 잡아 각을 뜨고 전령들의 손으로 그것을 이스라엘 모든 지역에 두루 보내어 이르되 누구든지 나와서 사울과 사무엘을 따르지 아니하면 그의 소들도 이와 같이 하리라 하였더니 여호와의 두려움이 백성에게 임하매 그들이 한 사람 같이 나온지라"

옛날의 전령들은 달리기를 매우 잘하는 사람이었습니다. 나중에는 전령들이 말을 타고 왕의 명령을 전했지만, 아마 사울 때만 해도 나귀를 타지도 않고 그냥 발로 달렸을 것입니다. 이때 이스라엘 전령들은 모두 소의 각을 뜬 고깃덩어리를 들고 뛰는 전령이었습니다. 그래서 이스라엘의 모든 전령은 피투성이가 되어서 이스라엘 각 지파에 도착했을 것입니다. 이것은 모든 이스라엘 백성에게 큰 충격이었습니다. 그래서 각 지파마다 이것이 무슨 일인가 하고 모여들었는데 이스라엘 왕이 각 지파를 소집한다고 하면서 지금 이스라엘 한 도시가 공격당하고 있고 그 치욕으로 눈알이 뽑히게 되었다고 전했습니다.

그리고 이 왕이 보낸 전령의 소식을 듣고 모이지 않으면 그들의 소를 다 죽일 것이라고 전했습니다. 이 말을 듣고 하나님의 두려움이 모든 이스라엘 백성에게 임했습니다. 그리고 이스라엘 백성들은 만일 우리가 왕의 말을 무시하고 가지 않으면 왕은 소가 아니라 우리를 죽일 것이라는 두려움이 임하게 되었던 것입니다. 그래서 이스라엘 백성들은 그 전령의 말을 듣는 즉시 구름떼같이 모이게 되었습니다.

> 11:8, "사울이 베섹에서 그들의 수를 세어 보니 이스라엘 자손이 삼십만 명이요 유다 사람이 삼만 명이더라"

길르앗 야베스 사람들이 암몬 족속으로부터 얻은 시간은 일주일이었습니다. 그런데 그 사람들이 마을에 오는 시간이 하루이고 전령이 소의 고깃덩이를 들고 뛰어가는데 하루 정도 걸렸다면 벌써 이틀이 지났을 것입니다. 그러니까 이스라엘 백성들은 나흘 정도 만에 삼십삼만 명이 모였던 것입니다. 그런데 이스라엘 백성들은 전령의 말을 듣자마자 부족회의를 하고 그 즉시 양식을 챙겨서 무기 하나씩 들고 밤이든지 낮이든지 모두 출발해서 정해진 장소로 모여들었던 것입니다. 그것도 그들은 거의 뛰다시피 해서 왔던 것입니다.

요즘도 전쟁할 때 삼십만 명을 전쟁터에 모이려고 하면 주로 밤에 차량 수백 대나 수천 대를 동원해서 몇 달에 걸쳐서 이동하게 됩니다. 그런데 불과 나흘 정도 만에 삼십삼만 명이 모였다는 것은 기적입니다. 이제 길르앗 야베스 사람들은 눈알 뽑힐 시간이 하루밖에 남지 않았습니다. 그때 사울은 길르앗 야베스 사람들에게 내일 해가 더울 때 너희가 구원을 받을 것이라고 했습니다(9절). 해가 가장 더울 때는 정오입니다. 그래서 전령들은 이 기쁜 소식을 가지고 길르앗 야베스로 돌아가서 전하게 되었습니다.

3. 하나님의 능력이 나타남

11:11, "이튿날 사울이 백성을 삼 대로 나누고 새벽에 적진 한가운데로 들어가서 날이 더울 때까지 암몬 사람들을 치매 남은 자가 다 흩어져서 둘도 함께 한 자가 없었더라"

여기서 이스라엘 백성들은 양동작전을 쓰게 됩니다. 우선 사울은 삼십삼만 명의 이스라엘 백성들을 세 부대로 나누었습니다. 그러면 한 부대는 십일만 명이 되었습니다. 사울은 아예 저녁에 출발해서 밤새도록 걸어서 요단강을 밤에 건너 새벽에 적진에 도착하게 했습니다. 그리고 야베스 사람들은 암몬 왕을 찾아가서 우리가 아무리 이스라엘 진영에 도움을 청해도 우리를 도와줄 사람들이 없는 것 같으니까 내일 우리가 모두 나와서 눈알을 뽑을 테니까 그렇게 알고 있으라고 했습니다.

그러니까 암몬 사람들은 이미 자기들이 이겼다고 생각해서 전쟁할 생각은 하지 않고 쉬고 놀았을 것입니다. 그러나 사울은 이스라엘 백성들 삼십삼만 명에게 모두 잠을 자지 않고 밤새도록 걸어서 밤새도록 강을 건너게 했습니다. 물론 그들은 적이 알지 못하도록 아무 소리도 내지 못하게 했습니다. 그들은 걸으면서 농담을 한다든지 웃고 소리를 지른다든지 하지 못하고 오직 침묵으로 걷기만 했습니다.

성경에서 이스라엘 백성들이 전쟁에서 이긴 것을 보면 거의 기습공격이 많습니다. 왜냐하면 이스라엘 백성들은 무기나 전쟁 경험이 없는 자들이었기 때문입니다. 그들이 이렇게 밤새도록 걷고 마음에 준비해서 그들을 공격했을 때 그 수많은 적이 무너졌습니다. 이것은 사울도 마찬가지였습니다. 사울은 새벽에 적들이 깊이 잠들었을 때 이스라엘 백성들로 하여금 담대하게 적진 한가운데 들어가서 그들을 치게 했습니다. 그랬더니 암몬 사람들은 전혀 싸울 준비가 되어 있지 않아서 당황해서 이리 뛰고 저리 뛰고 하다가 이스라엘 백성에게 모두 맞아 죽었습니다. 그래서 날이 더울 때까지 암몬 사람들을 쳤는데 그들이 모두 무너지고 살아남은 자들도 겨우 한 사람씩 뿔뿔이 흩어져서 도망을 쳤습니다.

사울은 드디어 하나님의 오른손의 비밀을 경험했습니다. 그것은 바로 절망적인 순간의 용기였습니다. 그는 안 된다고 생각하지 않고 무조건 하나님의 능력을 믿었습니다. 그리고 하나님은 사울과 함께 일하셨습니다. 즉 하나님은 백성들이 거의 뛰다시피 모이게 하셨고, 사울은 백성들이 모였을 때 시간을 허비하지 않고 밤새 걸어서 강을 건너 잠들어 있는 암몬 족속을 쳤던 것입니다. 암몬 사람들이 새벽에 깊이 잠에 빠져 있었던 것은 술을 마시고 승리에 도취해 있었기 때문입니다. 사울의 용기 때문에 길르앗 야베스 사람들은 아무도 눈알을 뽑지 않아도 되었습니다.

우리에게도 이 하나님의 오른손의 능력이 있습니다. 단지 우리는 그 하나님의 손을 들게 하는 방법을 모를 뿐입니다. 하나님의 오른손이 들릴 때 우리나라 모든 백성이 용기를 내게 되고 적들은 무너지게 됩니다. 그래서 우리는 끝까지 하나님을 신뢰해야 합니다. 인간의 말은 소용이 없습니다. 사울이 너무나도 담대하게 암몬 사람들을 멸망시키는 것을 보고 그제야 이스라엘 백성들은 사울을 반대하고 왕이 되지 못하게 한 자들을 찾아서 죽이자고 목소리를 높였습니다. 그때 사울은 오늘 우리가 이긴 것은 우리가 이긴 것이 아니라 하나님이 이기게 하신 것이기 때문에 우리는 같은 이스라엘 백성들을 죽일 수 없다고 했습니다. 그리고 드디어 이스라엘 백성들은 사울을 데리고 길갈로 가서 왕으로 삼고 사울은 이스라엘의 왕이 되었습니다.

오늘 우리에게는 하나님의 오른손의 능력이 있고 하나님의 한 방이 있습니다. 어려울 때일수록 두려워하지 마시고 용기를 내서 모든 어려움을 다 물리치고 이기시기를 바랍니다.

20

사무엘의 교훈

삼상 12:1-25

우리가 인생의 길을 제대로 가려고 하면 자기 길을 잘 찾아야 합니다. 그런데 그 길을 찾는 것이 너무나도 어렵습니다. 그런데 설상가상으로 자기가 성공할 수 있는 길을 찾았다 하더라도 좌로나 우로나 보지 않고 그 길만 가는 것은 엄청 어렵습니다. 주위에 정치의 유혹, 성이나 돈의 유혹, 명성이나 감투의 유혹, 또는 다른 더 큰 것을 하고 싶은 유혹도 있기 때문에 그 길에서 벗어나게 되는 것입니다. 그래서 젊었을 때 바른 신앙을 가지는 것이 아주 중요합니다. 신앙이 하나의 기준이 되므로 잘못된 길을 가려고 할 때 이것이 잘못되었다는 생각이 들면서 돌아올 수 있기 때문입니다.

우리가 살얼음판을 걸어가려고 하면 얼음이 깨어질 수도 있고 또 얼음판에서 미끄러질 수도 있기 때문에 아주 조심해서 한 걸음 한 걸음 걸어가야 합니다. 그리고 에베레스트 같은 높은 산을 올라가려면 준비를 철저히 해야 합니다. 왜냐하면 올라가다가 눈사태를 만날 수도 있고 강풍에 날려갈 수도 있기 때문입니다. 또 올라가다가 진을 다 빼버리면 내려올 때 힘이 없어서 떨어져 죽는 경우도 많습니다.

또한 사람이 성공해서 높은 자리에 올라가면 더 이상 올라갈 목표가 없어서 살아야 할 의미를 잃어버리고 방황할 때가 많이 있습니다. 어떤 사람은 무리해서 더 높은데 오르려고 하다가 떨어져 죽게 됩니다. 또 어떤 사람은 높은 곳이 좋으니까 거기서 안 내려오려고 몸부림치다가 욕을 먹는 경우가 많이 있습니다.

제가 대학생 때 아주 인기 있는 목사님이 있었습니다. 우리나라를 대표하는 목사 중의 한 분이었습니다. 그 교회 부목사들 중에는 신학박사도 여러 명이 있었지만 그 목사님만큼 설교하는 사람이 없었습니다. 그분이 기도하면서 '하나님 아버지' 하기만 해도 은혜가 되었습니다. 설교도 정말 은혜스러웠습니다. 그러나 그분은 교회를 너무 사랑해서 남에게 맡기지를 못했습니다. 그래서 다음 목사가 오면 쫓아내 버렸고 그러다가 나중에는 자격도 안 되는 자기 아들에게 교회를 물려주었습니다. 그리고 나중에 늙어서 아주 추한 모습으로 돌아가셨는데 그의 장례식에는 아들도 가지 않았다고 합니다. 이처럼 사람이 한평생 깨끗하게 살다가 죽는다는 것은 참으로 어려운 일입니다.

한 때는 미투운동이 일어나니까 모든 남자들이 긴장할 정도였습니다. 미국에서는 올림픽 체조선수 담당 의사가 수많은 어린 여자 선수들을 추행했다고 해서 징역 175년을 언도 받았습니다. 우리나라에서도 차세대 주자라고 하던 유명 정치인이 감옥에 들어갔고 심지어는 해마다 노벨상 수상자가 되지 않나 기대를 했던 아주 유명한 시인도 미투에 걸려서 완전히 숨어서 살게 되었습니다. 그러니까 사람이 너무 높은 자리에 올라가도 내려오는 방법을 몰라서 떨어져 죽게 되고, 너무 거룩한 것처럼 말을 많이 했는데 자기는 정반대로 사는 바람에 추락하게 되고, 어떤 사람은 아예 길을 못 찾아서 망하는 것입니다.

이제 이스라엘 백성은 왕을 원했고 드디어 사울이 왕의 자리에 앉게 되었습니다. 사무엘은 이제 자신이 이스라엘 지도자로서는 내려올 때라고 생각이 되어서 은퇴를 선언하게 됩니다. 그러면서 사무엘은 이스라엘 백성에게 내가 이제 늙어서 자리에서 내려와야 하겠는데 그동안 내가 다른 사람의 가축을 빼앗았다든지 누구를 압제했다든지 뇌물을 받고 부정한 일을 한 적이 있었다면 이야기하라고 했습니다. 그러자 이스라엘 백성들은 사무엘에게 당신은 한평생을 깨끗하게 살았다고 말했습니다.

1. 사무엘의 은퇴 선언

옛날에는 은퇴라는 제도가 없어서 어떤 자리에 오르면 죽을 때까지 하는 것이 원칙이었습니다. 왕도 죽을 때까지 하고 선지자나 제사장도 죽을 때까지 했습니다. 우리나라도 기업체 회장은 회사가 자기 것이기에 죽을 때까지 회장을 하다가 노쇠한 회장이 경영권을 넘겨주지 않을 수 없게 되면 자식들 사이에 왕자의 난이 일어나서 회사를 서로 차지하려고 싸우는 모습을 보게 됩니다. 그런데 사무엘은 이스라엘에 왕을 뽑고 난 후에 자기가 은퇴를 해야 한다는 것을 알았습니다.

12:1-2, "사무엘이 온 이스라엘에게 이르되 보라 너희가 내게 한 말을 내가 다 듣고 너희 위에 왕을 세웠더니 이제 왕이 너희 앞에 출입하느니라 보라 나는 늙어 머리가 희어졌고 내 아들들도 너희와 함께 있느니라 내가 어려서부터 오늘까지 너희 앞에 출입하였거니와"

우리가 인생을 크게 보면 어떤 큰 산에 올라갔다가 내려와서 죽는 것이라고 볼 수 있습니다. 그런데 운동선수들은 대개 이 기간이 짧은 것 같습니다. 육체의 전성기는 대개 십대 후반이나 이십대에 최고의 기량을 나타내다가 삼십대가 되면 체력이 현저하게 떨어지기 때문입니다. 그래서 운동선수 중에 최고의 자리에서 내려오기 싫은 사람들이 유혹을 받는 것이 약물입니다. 어떤 약물 주사를 맞으면 기운이 나고 성적이 옛날같이 나오기 때문입니다. 그러나 약물검사에 걸려서 인생 전체를 망친 선수들이 많이 있습니다. 또 연예인의 경우에는 이성이나 마약 문제에 빠질 위험이 많이 있습니다. 그래서 어떤 사람은 꽃뱀을 조심하라는 말을 하기도 합니다.

어떤 훌륭한 사람은 높은 산 정상까지 올라갔습니다. 그런데 아직 힘이 있고 나이가 있다고 생각합니다. 그리고 정상에서 내려가기는 죽어도 싫습니다. 그래서 더 높은 산에 도전하는 사람들이 있습니다. 그래서 회사를 확장해서 지금까지 하지 않았던 분야에 도전하거나 큰 다른 회사와 합병을 하거나 혹은 더 높은 직책에 오르려고 하는 것입니다. 그러다가 무리가 되어서 회사가 부도나거나 혹은 자신의 감추어진 비리가 드러나서 망하게 되는 경우가 많이 있습니다. 이때는 자기만 망하는 것이 아니라 자기 자녀와 가족이 다 망하게 되는 것입니다.

우리 생각에는 그만큼 높은 자리에 올라갔으면 그것으로 만족하고 내려와도 될 것 같은데 사람 욕심은 절대로 그렇게 되지 않는 것입니다. 왜냐하면 손만 뻗으면 바로 눈앞에 더 큰 권력을 잡을 수 있을 것 같고 자신의 과거는 이미 오래전 일이어서 다 잊어버리기 때문입니다. 그러므로 사람은 올라가는 생각만 할 것이 아니라 내려가는 훈련도 해야 합니다. 즉 적당하게 성취했을 때 그것으로 만족하고 산에서 내려와서 평범하게 사는 연습을 해야 하는데, 그것이 생각대로 잘 안 되는 것입니다. 그러면 산 정상에서 떨어지게 됩니다.

우리는 인생에서 길을 찾는 것이 필요합니다. 그런데 우리는 두 가지 길을 찾아야 합니다. 하나는 내가 이 세상에서 할 일을 찾아야 하고, 다른 하나는 하나님의 말씀 듣는 길을 찾아야 합니다. 두 가지 중 하나만 하면 좋겠지만 그러면 너무나도 비현실적인 삶을 살게 됩니다.

그런데 사무엘은 한평생 살면서 남의 것을 탐내지 않고 깨끗하게 살았습니다.

12:3-4, "내내가 여기 있나니 여호와 앞과 그의 기름 부음을 받은 자 앞에서 내게 대하여 증언하라 내가 누구의 소를 빼앗았느냐 누구의 나귀를 빼앗았느냐 누

구를 속였느냐 누구를 압제하였느냐 내 눈을 흐리게 하는 뇌물을 누구의 손에서 받았느냐 그리하였으면 내가 그것을 너희에게 갚으리라 하니 그들이 이르되 당신이 우리를 속이지 아니하였고 압제하지 아니하였고 누구의 손에서든지 아무것도 빼앗은 것이 없나이다 하니라"

사무엘은 이스라엘에서 아주 인기가 높고 막강한 권한을 가진 자였습니다. 그도 인간이기 때문에 어떤 집 나귀가 좋아 보이면 그것을 타고 다니고 싶었을 것입니다. 그리고 누군가가 사무엘의 말을 듣지 않고 반항하고 애를 먹이면 그 사람에게 복수하고 싶었을지도 모릅니다. 특히 재판할 때 돈 많은 사람이 돈 보따리를 가지고 와서 자기에게 유리하게 재판해 달라고 부탁하면 마음이 흔들릴 수도 있었을 것입니다.

그런데 사무엘에게는 그런 것이 일절 없었습니다. 사무엘은 다른 사람의 나귀를 탐내지도 않았고 소도 탐내지 않았고 어떤 사람에게 복수하거나 돈을 받지도 않았습니다. 사무엘은 한평생 그렇게 살았습니다. 우리가 말로는 그렇게 하는 것이 쉬울 것 같지만 실제로는 그렇게 하는 것이 너무나도 어렵습니다. 어떻게 보면 사무엘의 경우는 너무나도 융통성이 없는 것 같이 보입니다.

어떻게 사무엘은 한평생을 깨끗하게 살 수 있었을까요? 그것은 사무엘이 어렸을 때 하나님의 음성을 경험했던 것과 깊은 관계가 있습니다. 사무엘은 어렸을 때 엘리 제사장의 몸종으로 섬겼는데 어느 날 하나님이 사무엘을 부르셨습니다. '사무엘아! 사무엘아!' 사무엘은 엘리 제사장이 자기를 부르는 줄 알고 몇 번이나 엘리에게 달려갔습니다. 그런데 나중에는 하나님이 자기를 부르신다는 것을 알았습니다. 그때 사무엘은 하나님께서 실제로 계시며 자기에게 말씀을 하신다는 것을 알게 되었습니다. 사무엘은 그때부터 자기가 한평생 추구해야 할 것은 하나님의 음성을 듣는 것이며 기도의 응답을 받는 것이라고 생각했습니다. 그래서 사무엘은 모든 것을 다 포기하고 남이야 돈을 받든지 말든지, 높은 자리에 올라가든지 말든지, 자기는 오직 하나님의 음성을 듣는 일에 집중했던 것입니다.

사무엘은 하나님의 음성을 듣기 위하여 기도했고, 기도의 응답을 받기 위하여 모든 것을 다 버렸습니다. 그랬더니 점점 더 하나님의 말씀이 들리기 시작했고 기도의 응답도 나타나게 된 것입니다. 우리가 신약 성경을 보면 하나님이 말씀하실 때 어떤 사람은 음성으로 듣는데 어떤 사람은 우렛소리로 듣는 사람도 있습니다. 이것이 바로 그 차이입니다. 사무엘은 자기가 높아지는지 낮아지는지 나이가 드는지 상관없이 하나님의 말씀을 듣는 데만 집중을 했더니 한평생 깨끗하게 살 수 있었습니다. 그러나 사무엘은 이제는 은퇴할 때가 되었습니다.

2. 이스라엘의 비밀 무기

사무엘은 사사의 자리에서 은퇴하면서 이스라엘 백성들에게는 놀라운 무기가 하나 있다는 것을 밝혔습니다. 그것은 숨겨놓은 핵무기가 아니었습니다. 바로 하나님의 능력이었습니다. 이스라엘에는 하나님의 한 방이 있었던 것입니다.

그래서 사무엘은 하나님이 이스라엘 백성들을 애굽에서 인도하여 내신 것에서부터 이야기를 시작했습니다.

> 12:6, "사무엘이 백성에게 이르되 모세와 아론을 세우시며 너희 조상들을 애굽 땅에서 인도하여 내신 이는 여호와이시니"

이스라엘 백성들이 반드시 기억해야 할 것은 이스라엘 백성은 특별한 백성이라는 것입니다. 그래서 이스라엘 백성이 자신의 정체성을 잃어버리면 망하게 됩니다. 이스라엘의 역사는 하나님께서 모세와 아론을 통해서 이스라엘 백성을 애굽에서 건져내시는 데서부터 시작됩니다. 그 능력이 무슨 능력입니까? 바로 하나님의 말씀의 능력이었던 것입니다. 하나님은 불붙는 떨기나무 가운데 말씀으로 모세에게 나타나셨습니다. 그러나 떨기나무는 불에 타지 않았습니다. 모세는 하나님의 말씀대로 지팡이를 던졌더니 뱀이 되었습니다. 모세는 하나님의 말씀대로 했더니 나일강이 피가 되었습니다. 수많은 개구리가 올라오고 파리 떼가 올라오고 불우박이 떨어졌습니다. 나중에 하나님의 오른손은 홍해를 갈랐습니다.

그런데 이스라엘 백성이 가나안 땅에 들어가고 난 후에는 말씀에 대한 신뢰가 약해지게 되었습니다. 왜냐하면 가나안 사람들은 바알이나 아세라 같은 우상을 섬겼는데도 이스라엘 백성보다 더 잘 살았고 더 지식이나 문화 수준이 높았기 때문입니다.

그 당시 가나안 족속이 섬기던 바알을 제우스라고 생각하면 이해가 쉬울 것입니다. 옛날 사람에게는 제우스신은 아주 인기가 있었습니다. 그리고 제우스를 믿는 그리스 사람들은 무역해서 식민지를 개척했고 또 민주주의 제도도 만들었습니다. 심지어 그리스 사람들은 어마어마한 페르시아 군대를 두 번씩이나 이기기도 했는데 한번은 마라톤 전투이고 다른 한 번은 살라미스 해전이었습니다. 그렇지만 그리스 사람들은 음란했고 포도주에 취해서 광란에 빠지기도 했습니다. 그리스는 철학도 발달했습니다. 그런데 그리스 사람들은 종이나 여자들을 죽여서 불태워서 인신제사도 드렸습니다. 이런 제우스가 가나안 땅으로 가면 바알이나 아세라로 변했던 것입니다.

이스라엘 백성들도 바알이나 아세라에 매력을 느꼈습니다. 그들도 다른 민족처럼 지식이나 문화를 높이고 싶었습니다. 그러나 그렇게 되면 이상하게도 이스라엘은 힘을 잃으면서 이방 민족의 지배를 받아야 했습니다.

12:9-10, "그들이 그들의 하나님 여호와를 잊은지라 여호와께서 그들을 하솔 군사령관 시스라의 손과 블레셋 사람들의 손과 모압 왕의 손에 넘기셨더니 그들이 저희를 치매 백성이 여호와께 부르짖어 이르되 우리가 여호와를 버리고 바알들과 아스다롯을 섬김으로 범죄하였나이다 그러하오나 이제 우리를 원수들의 손

에서 건져내소서 그리하시면 우리가 주를 섬기겠나이다 하매"

이스라엘 백성들의 위력은 그들이 다른 민족과 다르다는 것을 깨닫고 하나님과 하나님 말씀의 소중함을 깨닫고 하나님께 회개할 때 나타났습니다. 그때 하나님은 하나님의 능력을 보여주셨습니다.

12:11, "여호와께서 여룹바알과 베단과 입다와 나 사무엘을 보내사 너희를 너희 사방 원수의 손에서 건져내사 너희에게 안전하게 살게 하셨거늘"

하나님은 이스라엘 백성이 하나님께 돌아와서 부르짖을 때마다 능력의 종들을 통하여 하나님의 능력을 보여주셨습니다. 여기서 '여룹바알'은 기드온을 말하고, 또 '베단'이라고 되어있지만 베단보다는 바락이 맞는 것 같습니다. 그리고 하나님은 입다와 삼손과 사무엘 같은 능력의 종들을 보내어주셔서 적들을 물리쳐 주셨습니다. 우상들은 돌이나 나무에 불과하고 그것들은 숨도 쉬지 못하고 말도 하지 못한다고 하셨습니다. 우상은 인간의 상상에 불과한 것입니다. 그러나 하나님은 실제로 살아계신 하나님이십니다. 우리가 어려운 가운데서도 크게 두려워하지 않는 것은 이 전능하신 하나님을 믿기 때문입니다.

3. 겁을 집어 먹은 이스라엘

지금까지 이스라엘 백성은 왕이 없어도 잘 지내왔습니다. 그런데 이번에 왕을 요구했던 이유는 암몬 왕 나하스 때문이었습니다. 나하스는 보통 고약한 왕이 아니었습니다. 그는 이스라엘 백성들을 그냥 두는 것으로는 만족하지 않고 오른쪽 눈을 빼어야만 직성이 풀리는 자였습니다. 그러니까 나하스는 어느 한순간 나타난 것이 아니라 상당히 오랜 시간에 걸쳐서 이스라엘을 위협했고 또 설사 이스라엘이 항복한다 해도 눈알을 실제로 뽑았던 것 같습니다. 그래서 이스라엘 백성은 나하스가 너무 무서웠습니다.

사무엘은 이스라엘 백성에게 하나님이 더 무서운지, 나하스가 더 무서운지 물어보아도 소용이 없었습니다. 왜냐하면 하나님은 눈에 보이지 않고 나하스는 언제든지 공격할 수 있는 눈에 보이는 사람이었기 때문입니다. 우리가 머리로는 하나님이 능력 있다는 것을 믿지만 실제로 어려운 일을 당하면 하나님은 눈에 보이지 않고 사람의 모습이 더 무서운 것이 사실입니다.

그래서 사무엘은 이스라엘 백성에게 너희가 나하스를 너무 무서워한 것은 잘못이라고 책망했습니다. 왜냐하면 하나님의 말씀대로 사울이 이스라엘 백성들을 모아서 공격하니까 얼마든지 나하스를 물리칠 수 있었기 때문입니다. 그러나 이스라엘 백성의 마음에는 이것이 우연히 일어난 일일지도 모른다는 생각이 들었습니다. 나하스가 죽지 않은 이상 또 나하스가 일어나서 자기들의 눈알을 뽑겠다고 할지 모르기 때문입니다.

그래서 사무엘은 너희가 하나님을 두려워하지 않고 사람을 두려워하는 것은 잘못이라고 하면서 내가 그 증거를 보여주겠다고 했습니다. 그때는 밀을 베는 시기였기 때문에 비가 오지 않을 때였습니다. 사무엘은 내가 지금 하나님께 기도하면 하나님은 너희 생각이 틀렸다는 것을 비와 우레로 보여줄 것이라고 했습니다. 그리고 사무엘이 하나님께 하나님의 뜻을 보여 달라고 기도했더니 갑자기 하늘에서 비가 쏟아지고 엄청난 우레가 울리기 시작했습니다. 이것은 바로 블레셋 족속들을 쫓아낼 때와 같은 우레였던 것입니다.

이때 이스라엘 백성들은 비로소 하나님은 진짜 기도를 들으시고 응답하시는구나 하는 것을 깨닫고 자기들이 사람을 그렇게 무서워한 것이 죄라는 사실을 깨달았습니다. 그때 얼마나 이스라엘 백성들 위에 비가 퍼붓고 우레가 퍼부어졌든지 이스라엘 백성은 자기들이 다 죽는 줄 알았습니다. 그래서 이스라엘 백성은 사무엘에게 우리가 죽지 않도록 기도해달라고 부탁했습니다. 이때 사무엘은 이스라엘 백성에게 아주 유명한 말씀을 남깁니다. 그것은 바로 "하나님은 너희를 기뻐하시며 나는 너희를 위하여 기도하기를 쉬는 죄를 범하지 않겠다"고 한 것입니다.

> 12:22-23, "여호와께서는 너희를 자기 백성으로 삼으신 것을 기뻐하셨으므로 여호와께서는 그의 크신 이름을 위해서라도 자기 백성을 버리지 아니하실 것이요 나는 너희를 위하여 기도하기를 쉬는 죄를 여호와 앞에 결단코 범하지 아니하고 선하고 의로운 길을 너희에게 가르칠 것인즉"

하나님은 우리를 자기 백성으로 삼으신 것을 기뻐하십니다. 단지 우리가 그것을 믿지 못할 때가 많습니다. 사무엘은 자기가 기도하기를 쉬는 것은 죄라고 했습니다. 예를 들어서 엄마가 어린 아기를 돌보지 않고 내버려두어서 다치게 한다면 그것은 죄를 범하는 것입니다. 마찬가지로 우리 성도들이 마귀가 가득 찬 이 세상에서 어려움을 당하고 있는데 기도하기를 쉬는 것은 우리의 신앙을 포기하는 것과 같은 것입니다. 철조망을 지키는 군인들이 언제 적이 공격할지 모르는데 잠을 자는 것은 죄를 짓는 것입니다. 우리는 기도가 깨어있어야 합니다. 그리고 너무 악한 사람을 두려워하지 말고 하나님의 능력을 믿는 성도들이 다 되시기 바랍니다.

21

기다리지 못한 제사

삼상 13:1-23

우리는 급한 일이 있는데 준비가 되어있지 못하면 당황해하거나 도망치거나 엉터리로 일을 할 때가 많습니다. 예를 들어서 병원에서 응급환자가 들어왔는데 수혈할 혈액이 없거나 수술 준비되어 있지 않으면 다른 병원으로 보내는 바람에 환자가 병원을 제대로 찾지 못해서 죽는 경우도 간혹 있습니다. 또 어떤 사람은 수술할 수 있는 의사 자격이 없는 사람이 버젓이 많은 사람의 성형 수술을 하는 바람에 부작용이 생기고 나중에는 자기도 처벌을 받는 경우도 있습니다.

사실 우리나라 사람들은 성질이 아주 급한 편이고 기다리지 못할 때가 많이 있습니다. 이것은 좋은 점도 있고 나쁜 점도 있습니다. 모든 것을 빨리 빨리 하려고 하니까 다른 나라 사람들은 해내지 못하는 것을 우리나라 사람들은 해낼 수 있는 것입니다. 그 대신 단점은 우리나라 사람들은 모든 것이 빨리 안 되면 포기도 빨리한다는 것입니다.

사울은 이스라엘의 왕이 되었습니다. 사울은 왕이 되면서 이미 놀라운 체험을 했습니다. 그것은 두 가지로 볼 수 있는데, 하나는 사무엘 선지가 이러이러한 일이 일어날 것이라고 말한 세 가지 징조들이 다 성취된 것입니다.

즉 사울은 라헬의 묘지에서 두 사람을 만나게 될 것인데 그들이 암나귀를 찾았다는 이야기를 해준다는 것입니다. 그리고 두 번째는 다볼 상수리나무 밑에서 세 사람을 만나게 될 텐데 한 사람은 염소 세 마리를 끌고 가고 한 사람은 떡 세 덩이를 가지고 있고 한 사람은 포도주 한 부대를 가졌는데 그들 중에 한 사람이 떡 두 덩이를 줄 것이라는 예언입니다. 그리고 세 번째는 하나님의 산에서 찬양하는 선지자의 무리를 만날 것인데 그때 사울에게 성령이 임하면서 사울도 예언하게 된다는 것입니다. 그런데 이것도 다 이루어졌습니다. 이것은 진짜 하나님께서 사울과 함께하신다는 증표라고 할 수 있습니다. 이 세 가지 예언이 다 이루어졌던 것입니다.

또 한 가지의 체험은 사울이 아주 흉악한 암몬 왕 나하스를 이긴 것이었습니다. 암몬 왕 나하스는 요단 동쪽의 이스라엘 족속인 길르앗 야베스에 쳐들어와서 오른눈을 전부 다 뽑아야 항복을 받아주겠다고 했습니다. 이 소식을 들은 사울은 당장 자기가 가지고 있던 소 두 마리를 열두 토막을 내서 전 이스라엘 족속에게 보내면서 지금 당장 모이지 않으면 그들의 소들을 다 죽이겠다고 했습니다. 그때 이스라엘 백성은 삼십삼만 명이 며칠 만에 베섹이라는 곳에 모여서 새벽에 암몬 족속들을 다 쳐서 물리치게 되었습니다. 이것이 바로 하나님의 능력의 한 방이었습니다.

그리고 이 년이 지난 후에 이스라엘에는 감당하기 어려운 일이 일어나게 되었습니다. 왕이 된 사울이 군대를 삼천 명만 남기고 다 해산했는데, 이 삼천 명도 둘로 나누어서 이천 명은 자기가 데리고 있고, 천 명은 아들 요나단에게 맡겼습니다. 그런데 아들 요나단이 기다리지 못하고 자기 수하의 천 명을 데리고 블레셋을 공격하는 일이 일어났습니다. 블레셋의 벌집을 건드려서 블레셋 사람들이 수많은 병거와 마병과 군인들을 모아 이스라엘을 쳐들어온 것입니다. 그런데 이번에는 이스라엘 백성이 도망치기에 바빴습니다.

이때 사울은 사무엘에게 하나님의 도움을 받으려고 하면 어떻게 하면 되느냐고 물어본 것 같습니다. 그랬더니 사무엘이 사울에게 일주일을 기다리라고 하면서 그때 내가 가서 하나님께 번제와 화목제를 드리겠다고 대답했습니다. 블레셋 군대는 새카맣게 몰려오는데 이스라엘 백성은 겨우 육백 명 정도밖에 모이지 않았습니다. 그리고 이 사람들도 자꾸 도망쳐서 바위나 숲이나 요단강 건너편에 숨었습니다. 그리고 약속한 사무엘은 일주일이 다 지나도 오지 않았습니다. 또 사무엘이 와서 번제와 화목제를 드린다고 해서 반드시 하나님의 능력이 나타난다는 보장도 없었습니다. 그러니 이제 사울에게는 하나님께 제사 드리는 일이 기쁜 일이 아니라 자기를 꼼짝 못 하게 매어놓는 밧줄이 된 것입니다. 사울은 도저히 더 이상 기다릴 수 없었습니다. 그래서 사울은 사무엘 대신 자기가 제사를 드렸습니다.

그런데 하필이면 사울이 제사 드리는 것을 마쳤을 때 사무엘이 나타났습니다. 그러면서 사무엘은 사울을 위로하지 않고 왕이 망령된 짓을 했다고 하면서 왜 끝까지 기다리지 못했느냐고 책망했습니다. 이때 사울은 사무엘에게 백성은 흩어져 도망치고 블레셋은 쳐들어오고 당신은 오지 않으니까 내가 부득이하게 제사 드렸다고 변명을 했습니다. 이때 사무엘은 하나님 앞에서 '부득이한 것' 이 어디 있느냐고 하면서 당신은 하나님의 시험에서 떨어졌다고 강조했습니다. 즉 사울이 이 어려운 순간에 끝까지 기다리는 것이 하나님의 시험이었던 것입니다.

1. 이스라엘의 위기

'나라' 라는 것은 자기 나라만 중요한 것이 아니라 이웃 나라와의 관계가 매우 중요합니다. 특히 주위 나라를 불필요하게 자극을 하거나 오해를 사지 않는 것이 중요합니다. 그런데 어떤 통치자들은 자기 국민의 불만을 밖으로 쏟아내기 위해서 옆에 있는 나라를 자극하거나 공격하기도 합니다. 그러면 옆에 있는 나라들이 불안해지게 됩니다.

사울은 왕이 되었지만 주위 나라들을 자극해서는 안 된다고 생각했던 것 같습니다. 그래서 암몬 왕 나하스를 공격하려고 모였던 이스라엘 백성들을 다 집으로 돌려보내고 비상시를 위해 군대 삼천 명만 남겨두었습니다. 그런데 삼천 명도 한군데 모아놓으면 눈에 띄어서 다른 나라를 자극하게 한다고 생각해서 두 파트로 나누어서 이천 명은 자기가 데리고 벧엘과 믹마스에 있게 하고, 한 파트 천 명은 아들 요나단에게 맡겨서 기브아에 있게 했습니다. 즉 사울 왕은 천 명씩 벧엘과 믹마스 그리고 기브아에 두어서 다른 주위 나라에 자극을 주지 않고 좀 더 시간이 지나면서 지켜보려고 한 것입니다.

그런데 아들 요나단은 신앙이 아주 좋고 강한 사람이었습니다. 요나단은 아버지 사울과 같은 체험이 없는 사람이었습니다. 그러나 요나단은 우리는 하나님의 할례받은 백성이기 때문에 할례받지 않은 블레셋과 싸우면 무조건 이긴다는 신앙이 있었습니다. 그래서 요나단은 아버지 사울이 그냥 맡아서 있으라고 한 이스라엘 군대 천 명을 가지고 블레셋 군대를 공격해버렸습니다. 그랬더니 이것은 완전히 블레셋의 벌집을 건드린 셈이 되었습니다. 그렇지 않아도 블레셋 군대는 이스라엘이 왕을 세웠다고 하니까 한번 짓밟아야 하겠다고 노리고 있었는데, 요나단이 블레셋을 공격해오니까 잘 되었다고 해서 새카맣게 많은 군대를 모아서 공격해오게 되었습니다.

13:2-4, "이스라엘 사람 삼천 명을 택하여 그 중에서 이천 명은 자기와 함께 믹마스와 벧엘 산에 있게 하고 일천 명은 요나단과 함께 베냐민 기브아에 있게 하고 남은 백성은 각기 장막으로 보내니라 요나단이 게바에 있는 블레셋 사람의 수비대를 치매 블레셋 사람이 이를 들은지라 사울이 온 땅에 나팔을 불어 이르되 히브리 사람들은 들으라 하니 온 이스라엘이 사울이 블레셋 사람들의 수비대를 친 것과 이스라엘이 블레셋 사람들의 미움을 받게 되었다 함을 듣고 그 백성이 길갈로 모여 사울을 따르니라"

우선 사울은 신중했습니다. 아직 이스라엘이 정식 국가가 되기에는 멀었으므로 삼천 명 정도의 군대만 가지고 좀 더 기다리는 것이 좋겠다고 생각했습니다. 삼천 명의 군대만 가졌다는 것은 나라라기보다는 자치대 성격을 가진 것이었습니다. 거기에다가 이스라엘에는 대장장이가 없어서 이스라엘 전체에 칼은 단 두 자루밖에 없었습니다. 왜냐하면 블레셋 사람들이 혹시 이스라엘에 대장장이를 두었다가는 칼이나 창을 만들어서 군대를 만들 수 있다고 생각했기 때문입니다. 그래서 도끼나 괭이를 손질하려면 모두 블레셋까지 가야 했습니다.

그래서 이스라엘에 칼은 딱 두 자루만 있었는데, 하나는 사울이 차고 있었고 다른 하나는 요나단이 차고 있었습니다. 이것을 보면 이스라엘의 상황이 얼마나 열악했던가 알 수 있습니다. 그러니까 이스라엘의 군대가 삼천 명이라고 하지만 모두 몽둥이를 가졌다든지 아니면 쇠스랑이나 삽을 든 군대였다는 것을 알 수 있습니다. 그러니 이들은 농민이지 정식 군대가 아니었습니다.

거기에 비해 블레셋 군대는 모두 정식 군대였고 전부 군사훈련을 받았고 창과 활과 칼과 방패로 무장한 군인이었습니다. 어디든지 전쟁을 하면 정규군은 아주 강한 편입니다. 보충병은 숫자가 많을지 몰라도 도망가기에 바쁜 사람들이었습니다. 이스라엘을 보충병이라고 한다면 블레셋은 정규군대였습니다.

그런데 사울의 아들 요나단의 생각은 아버지와 달랐습니다. 요나단은 우리는 할례받은 하나님의 백성이기 때문에 할례받지 않은 자들과 싸우면 무조건 이긴다는 믿음을 가지고 있었습니다. 이것은 맞기는 맞는 것이었습니다. 그러나 요나단은 아버지 사울과 의논하지도 않고 무조건 블레셋 수비대를 공격해버렸습니다. 우리가 아무리 믿음이 있다고 하더라도 의논은 해야 합니다. 그러나 요나단은 아버지의 성격은 소심하다고 생각하고, 무조건 공격하는 바람에 공연히 블레셋이란 벌집만 건드리게 되었습니다.

2. 옛날과는 다른 상황

사울이 처음 암몬 왕 나하스를 칠 때는 성령의 바람이 불었습니다. 그 때 사울이 모든 이스라엘 백성은 모이라고 하니까 삼십삼만 명이 단 며칠 사이에 모였습니다. 삼사일 사이에 삼십삼만 명 이상이 한자리에 모였다는 것은 기적입니다. 그래서 이스라엘 백성은 완전히 한마음이 되어서 밤새도록 요단강을 건너서 암몬을 치는 바람에 암몬을 완전히 박살냈습니다. 이것은 하나님의 능력이었고 성령의 바람이 분 것이었습니다. 그러나 그로부터 이 년이 지난 후 블레셋과 싸울 때는 하나님의 능력도 나타나지 않고 성령의 바람도 불지 않았습니다.

13:5, "블레셋 사람들이 이스라엘과 싸우려고 모였는데 병거가 삼만이요 마병이 육천 명이요 백성은 해변의 모래 같이 많더라 그들이 올라와 벧아웬 동쪽 믹마스에 진 치매"

요나단의 공격에 화가 난 블레셋 군대는 그야말로 어마어마한 병력과 무기를 가지고 쳐들어왔습니다. 병거만 삼만이었습니다. 이스라엘은 군대를 다 모아도 삼천 명밖에 되지 않은 데다가 도망간 사람이 많았습니다. 말을 탄 블레셋의 마병은 육천 명이었습니다. 거기에다가 블레셋 군대는 해변의 모래같이 많이 몰려왔습니다. 성령의 바람은 이스라엘에 몰려와야 하는데 오히려 블레셋 쪽에 몰려온 것 같았습니다.

13:6-7, "이스라엘 사람들이 위급함을 보고 절박하여 굴과 수풀과 바위 틈과 은밀한 곳과 웅덩이에 숨으며 어떤 히브리 사람들은 요단을 건너 갓과 길르앗 땅으로 가되 사울은 아직 길갈에 있고 그를 따른 모든 백성은 떨더라"

이스라엘 백성은 위급함을 느꼈습니다. 그들은 블레셋 군대가 공격하기만 하면 자기들은 다 죽는다는 것을 알았던 것입니다. 그래서 그들은 도망치기에 급급했습니다. 너무 급하다 보니까 굴이나 수풀, 바위틈, 웅

덩이에도 숨고 계곡에도 숨었습니다. 그러니까 이스라엘 백성은 겉으로는 보이지 않았지만 숨어있지 않은 곳이 없었습니다. 또 너무 급하니까 요단강을 넘어가서 도망쳤는데 갓과 길르앗 땅까지 갔습니다. 어떤 곳에는 산꼭대기까지 사람들이 움막을 짓고 비나 햇빛을 피하면서 살았습니다. 그리고 도망치지 않고 남은 사람들은 이스라엘의 가장 용감한 사람들이었는데, 이 사람들도 저절로 온몸이 떨었다고 했습니다. 왜냐하면 블레셋 사람들의 무장이나 군대가 너무나도 무서웠기 때문입니다.

아마 이때 사울은 사무엘에게 어떻게 하면 좋으냐고 물었던 것 같습니다. 그랬더니 사무엘은 일주일만 기다리라고 하면서 그때 내가 가서 하나님께 번제와 화목제를 드리겠다고 대답했습니다. 그렇게 약속한 사무엘은 오지 않았습니다. 사울은 사무엘이 온다고 한 날까지 기다렸지만 사무엘은 오지 않았습니다. 그러니까 그나마 용기가 있어서 남았던 사람들까지 흩어지기 시작했습니다.

이때 사울이 해야 할 일은 무엇일까요? 사울이 하나님께서 자기와 함께 하심을 믿었다고 하면 '좋다. 사무엘이 좀 늦는 모양인데 사무엘이 늦게 와서 내가 잡혀 죽는다면 죽겠다. 나는 기다린다. 용감한 자는 기다리라'고 했을 것입니다. 그러나 사울은 흩어지는 사람들을 붙잡고 싶었습니다. 사울은 지금 사무엘의 약속 때문에 아무것도 할 수 없었습니다. 도망을 치거나 이동을 하고 싶어도 사무엘과의 약속 때문에 아무 데도 갈 수 없었습니다. 그래서 드디어 사울은 번제와 화목제물을 가져오라고 해서 자기가 제사 드려버렸습니다.

> 13:8-9, "사울은 사무엘이 정한 기한대로 이레 동안을 기다렸으나 사무엘이 길갈로 오지 아니하매 백성이 사울에게서 흩어지는지라 사울이 이르되 번제와 화목제물을 이리로 가져오라 하여 번제를 드렸더니"

그런데 하필이면 사울이 제사 드린 직후에 사무엘이 나타났습니다. 사울이 기다린 김에 조금만 더 기다렸더라면 좋았을 텐데 그 조금을 기다리지 못했던 것입니다. 하나님께 제사 드리는 것은 왕이 드릴 수 있는 것이 아니었습니다. 그러나 워낙 상황이 다급하다 보니까 왕인 자기가 제사 드려버렸습니다. 사무엘은 사울 왕에게 잘 참았다고 하지 않고 왕이 망령되게 행했다고 하면서 심하게 책망했습니다.

3. 하나님의 시험

왕이나 교수, 대통령, 담임목사는 시험을 치지 않는 것 같지만 사실 이들도 시험을 칩니다. 옛날에 왕이 여자와 술이나 좋아하고 방탕하게 지내면서 사람들을 죽이면 하늘에서 비가 오지 않고 민란이 일어났습니다. 그리고 어떤 왕은 더 강한 나라에 항복해서 이마에서 피가 날 정도로 땅에 머리를 부딪치고 절을 해야만 했습니다. 대통령이 정치를 똑바로 하지 않고 자신의 권력을 가지고 엉망으로 나라를 다스리면 데모가 그칠 날이 없고 경제가 몰락하고 이웃 나라에서 영토 침공을 하고 큰 사고들이 일어나게 됩니다. 교수는 연구를 열심히 하고 학생들을 잘 가르쳐야 하는데 놀기만 하고 감투만 쓰려고 하면 논문표절이라든지 나중에 비리 문제가 터져서 모든 명예를 다 잃게 됩니다. 담임목사도 열심히 기도하고 성경 읽고 설교 준비를 해야 하는데 노는 것을 좋아하고 설교를 제대로 하지 않으면 교회가 시험에 들게 되어서 나중에 쫓겨나게 됩니다.

사울에게 이번 블레셋과의 전쟁은 사울에 대한 하나님의 시험이었습니다. 사울은 군대를 세 곳에 분산시켜 놓았는데 아들 요나단이 의논도 하지 않고 천 명을 데리고 블레셋을 공격해버렸습니다. 그때 이스라엘 백성은 모여지지 않았고 오히려 흩어지고 있었고 성령의 바람은 불지 않았습니다. 게다가 하나님께 번제와 화목제를 드리자고 했던 사무엘은 약속된 일주일이 지나도 오지 않았습니다. 그러나 이것은 사울이 얼마나 하나님을 의지하고 있는지를 알아보려는 하나님의 시험이었습니다.

사무엘은 사울에게 왕이 망령된 짓을 했다고 하면서 왜 하나님의 명령을 지키지 않고 기다리지 않았느냐고 책망했습니다. 그랬더니 사울은 변명했습니다. 지금 블레셋 군대가 믹마스에 몰려 왔는데 곧 이곳으로 내려올 것이고 내려오면 나부터 사로잡아서 욕을 보이고 고문을 할 텐데 백성은 흩어지고 당신은 오지 않아서 부득이해서 내가 번제를 드렸다고 했습니다. 사울은 '부득이한' 제사를 드렸다고 했습니다. 하나님 앞에서 부득이한 것은 없습니다. 하나님이 기다리라고 하면 기다려야 하고, 하라고 하면 하는 것이지 부득이해서 했다는 것은 말이 되지 않는 것입니다.

여기서 당장 사무엘은 사울이 하나님의 시험에서 떨어졌다고 공포했습니다. 하나님이 기다리라고 했으면 기다려야 하는데 사울이 자기 마음대로 제사 드렸기 때문에 하나님은 이제 더 이상 사울을 믿지 않을 것이라고 했습니다. 사울이 조금만 더 기다렸다면 왕의 나라는 아주 길 것이라고 했습니다. 즉 사울의 신앙은 합격되는 것입니다. 그러나 사울은 일주일을 기다리고서 조금 더 기다리지 못해서 하나님의 시험에 불합격하고 말았습니다.

사울이나 오늘의 우리나 모두 어려움을 겪고 있는 문제가 바로 이 '부득이한' 현실입니다. 하나님에게는 능력의 한 방이 있는데, 우리는 그 비결을 모르고 있는 것입니다. 그런데 그 비결은 끝까지 기다리는 것입니다. 한두 번 기도해서 안 된다고 자기 멋대로 해서는 안 됩니다. 우리는 끈질기게 인내하고 기다려야 합니다. 사울이 드린 번제는 엉터리 제사였습니다. 이것은 기다리지 못한 번제였습니다. 그러나 그 후에 하나님의 능력의 한 방이 나타나게 됩니다. 그것은 요나단의 무모한 믿음을 통해서였습니다.

우리는 끝까지 하나님을 신뢰해야 합니다. 우리는 도저히 기다릴 수 없을 때가 있습니다. 이때 하나님의 시간이 다 된 것입니다. 거기서 조금만 더 기다리면 되는데 그것을 기다리지 못하고 자기 멋대로 결정하기 때문에 망하는 것입니다. 우리에게는 하나님의 핵무기 같은 능력이 있습니다. 우리에게는 희망이 있습니다. 우리에게는 위대한 승리가 있습니다. 너무 조급해하지 말고 끝까지 기다리는 성도들이 다 되시기 바랍니다.

22

하나님의 능력

삼상 14:1-23

요즘 우리는 주위에서 이층집이나 사층 건물을 철거할 때 포클레인을 가져와서 너무나도 간단하게 건물을 부수는 것을 볼 수 있습니다. 옛날에는 그런 집을 부수려고 하면 쇠망치를 들고 일일이 부수어야 하니까 시간도 오래 걸리고 힘도 많이 들었습니다. 또 옛날에는 트럭에 흙이나 돌을 실으려고 하면 열 사람이 한 시간 이상 붙어서 삽질해야 했는데 포클레인을 쓰니까 한두 번 정도만 파면 트럭에 흙과 돌이 금방 다 차게 됩니다.

전쟁에서는 탱크가 그렇습니다. 옛날에는 전쟁할 때 군인들이 일일이 총을 쏘면서 돌진해야 했지만 지금은 탱크를 씁니다. 그래서 탱크에서 포탄 한 방만 쏘면 옛날 군인 몇십 명이 하던 이상의 일을 탱크 한 대가 할 수 있는 것입니다. 탱크에 비해 전투기는 더 위력이 있습니다. 비행기 단 한 대가 날아와서 폭탄 한 개만 떨어트리면 온 주위를 불바다로 만들 수 있습니다. 그러나 아무리 탱크나 전투기가 있어도 기름이 없거나 그것을 사용할 줄 모른다면 아무 소용이 없을 것입니다. 특히 요즘 군대는 드론과 무인기를 많이 사용합니다. 무인 비행기를 띄워 거기서 바로 폭탄을 쏘아버리면 훨씬 더 효과적이라고 합니다.

우리 하나님의 백성은 탱크나 드론이나 무인기도 없는 사람들입니다. 그러나 우리에게는 하나님이라고 하는 어마어마한 능력을 가진 분이 있습니다. 그런데 문제는 우리가 하나님의 능력을 우리의 어려운 현실에 끌어오는 방법을 알지 못한다는 것입니다. 그 방법만 터득할 수 있다면 강대국의 군사력, 무기, 전투기와 핵무기 같은 것을 두려워할 필요가 없을 것입니다.

몇 년 전에 우리나라 남해안에 엄청나게 큰 태풍이 밀어닥쳤습니다. 그때 얼마나 태풍이 강했던지 고층 아파트의 유리가 다 깨어졌고 다리가 떠내려가고 심지어는 부둣가에 거대한 크레인도 다 무너졌습니다. 그리고 바닷가에 있던 배들도 많이 부서지고 어떤 배는 육지 위에까지 올라와서 부서져 있었습니다. 그런데 한 작은 바닷가 마을에는 배가 하나도 부서지지 않았고 피해가 거의 없었습니다. 그 이유는 한 공무원 때문이었습니다. 그는 태풍이 오기 전에 마을 사람들을 설득해서 밧줄로 배들을 모두 육지 위에 끌어올리게 하고 그 배들을 전부 밧줄로 묶어 놓았습니다. 그랬더니 그 마을에서는 아무리 바람이 불고 파도가 몰려와도 배가 하나도 부서지지 않았던 것입니다. 그 한 사람의 지혜는 태풍을 물리칠 수 있는 지혜였습니다.

한번은 제가 개척 교회를 할 때 큰 태풍이 왔습니다. 그런데 교회 옆 건물의 간판이 부서져서 덜렁덜렁거리고 있었습니다. 부서진 간판이 잘못해서 떨어지게 되면 대형사고로 이어질 수도 있었습니다. 그래서 저는 비가 오는 가운데 도와줄 사람이 없어서 혼자서 전깃줄을 구해서 덜렁거리는 간판을 겨우 걸어서 끌어올렸습니다. 사람들은 혼자 큰 간판을 끌어올리는 것을 보고 비웃었습니다. 그러나 저는 혼자 한 시간 정도 씨름해서 끌어올리고 단단하게 매어놓았습니다. 그리고는 아무 사고가 없었습니다.

우리 하나님의 백성은 하나님의 능력이라는 어마어마한 능력을 가까이에 두고 있습니다. 하나님의 능력은 세상의 그 어떤 것보다 강합니다. 특히 하나님의 오른손은 바다를 가를 정도의 힘을 가지고 있습니다. 그런데 우리가 그 능력을 사용하는 방법을 모른다면 아무 소용이 없는 것입니다. 하나님의 백성은 더 강한 세력을 만나면 그대로 당하고 말 것입니다. 우리에게 가장 억울한 것이 바로 이것입니다. 어마어마한 탱크나 전투기를 가지고도 활용할 줄 몰라 적에게 당하고 소화기를 사용할 줄을 몰라서 불을 끄지 못하고 있는 것입니다.

1. 여전히 절망적인 이스라엘

사울은 정말 이상한 것을 경험하고 있었습니다. 그것은 사울이 처음 왕이 됐을 때와 지금의 사정이 너무나도 다른 것이었습니다. 처음 사울이 왕이 되려고 할 때는 사무엘이 이야기한 징조가 하루 안에 다 이루어졌습니다. 그리고 사울은 성령을 받아서 엑스터시 상태에서 부끄러운 줄도 모르고 춤도 추고 소리도 지르고 예언을 했습니다. 하나님의 백성에게서 중요한 것이 바로 이것입니다. 하나님을 찬송하고 말씀을 듣고 기도하면서 모든 부끄러움이 없어지는 것입니다. 우리가 하나님을 부끄러워하거나 은혜받은 것을 부끄러워하면 은혜를 덜 받은 것입니다.

사울이 왕으로 뽑혔을 때는 완전히 발동이 걸려 있어서 암몬 왕 나하스를 물리쳤습니다. 그런데 사울은 왕이 된 지 2년만에 이미 이스라엘의 발동이 완전히 꺼져 있었습니다. 이번에 쳐들어오는 블레셋 사람들은 병거만 삼만이고 마병이 육천이고 군대는 바닷가의 모래처럼 몰려들었는데, 그것을 본 이스라엘 백성은 다 도망쳐서 굴이나 숲이나 웅덩이에 숨어버리고 육백 명만 겨우 남아 있었습니다. 거기에다가 하나님께 번제와 화목제를 드리자고 한 사무엘이 오지 않으니까 그 남아 있던 육백 명도 떠나려고 했습니다. 그래서 사울은 너무 다급해서 자기가 제사 드렸습니다. 그랬더니 그때야 사무엘이 나타났습니다. 그리고 사울은 왕이지만 사무엘에게 야단만 실컷 맞았습니다. 엔진 시동이 꺼진 이스라엘 백성은 달라도 너무 달랐습니다. 그들이 할 수 있는 것은 아무것도 없었습니다.

그런데 사울에게 아무 방법이 없는 것은 아니었습니다. 왜냐하면 아직 불씨를 일으킬 수 있는 방법이 남아 있었기 때문입니다.

> 14:2-3, "사울이 기브아 변두리 미그론에 있는 석류나무 아래에 머물렀고 함께 한 백성은 육백 명 가량이며 아히야는 에봇을 입고 거기 있었으니 그는 이가봇의 형제 아히둡의 아들이요 비느하스의 손자요 실로에서 여호와의 제사장이 되었던 엘리의 증손이었더라 백성은 요나단이 간 줄을 알지 못하니라"

사울과 함께 있는 자들은 육백 명이었는데, 이것은 기드온과 함께 싸웠던 삼백 명보다 두 배나 많은 숫자입니다. 더욱이 사울에게는 제사장의 에봇이 있었는데 그 에봇에는 우림과 둠밈이라는 보석이 있었습니다. 하나님께서는 이 보석을 통해서 단답형의 답을 주셨습니다. 즉 '예스'와 '노'의 답을 주셨던 것입니다. 지금 이스라엘 백성 육백 명이 떨고 있는 것은 당연합니다. 왜냐하면 이들의 시동이 꺼졌기 때문입니다.

이때 사울은 멍청하게 있을 것이 아니라 작은 불을 지펴야 했습니다. 그것은 에봇을 통해서 하나님께 자꾸 물어보는 것입니다. 즉 하나님께 '우리가 지금 싸울까요? 아니면 후퇴할까요?' 라고 묻는 것입니다. '공격을 한다면 낮에 할까요? 밤에 할까요?' 라고 묻는 것입니다. 그러나 사울은 불이 붙었을 때 싸우는 것은 할 수 있었지만 불이 꺼졌을 때 불을 피우는 방법을 알지 못했습니다. 그래서 사울은 육백 명의 군사를 데리고 벌벌 떨면서 아무것도 하지 않고 망연자실해서 석류나무 아래 있기만 했던 것입니다.

우리는 부흥의 불이 꺼졌을 때 부흥이 일어나지 않는다고 다른 사람을 비판이나 하고 멍청하게 앉아 있어서는 안 됩니다. 이것은 전혀 도움이 되지 않습니다. 우리는 작은 불씨부터 피우는 일을 해야 합니다. 즉 사람을 붙들려고 할 것이 아니라 하나님을 붙들고 하나님의 불을 붙여야 하는 것입니다.

2. 요나단의 믿음

요나단은 상당히 무모한 믿음을 가지고 있었습니다. 그것은 자기들은 하나님께 할례받은 자들이기 때문에 할례받지 않은 블레셋 사람을 반드시 이긴다는 믿음이었습니다. 요나단을 할례받지 않은 블레셋 사람들을 볼 때 멧돼지나 들짐승같이 생각했던 것입니다. 이것은 다윗도 마찬가지였습니다. 그러나 사실은 멧돼지도 조심해야 합니다. 멧돼지도 맹수에 속하기 때문에 집에서 키우는 돼지 같은 줄 알고 쉽게 생각하고 덤벼들다가는 물리거나 받혀서 죽거나 중상을 입을 수 있습니다. 그러나 멧돼지는 들이받고 무는 것은 잘할지 몰라도 사람처럼 지혜가 있지는 못합니다.

요나단의 마음에는 블레셋 군대가 아무리 많아도 하나님을 의지하는 믿음으로 이길 수 있다는 확신이 있었습니다. 요나단이 이런 믿음을 가지고 있었다면 왕인 아버지에게 이런 이야기를 하고 그리고 제사장이 입고 있는 에봇을 가지고 하나님께 물어보는 것이 옳은 방법이었을 것입니다. 그러나 요나단은 정교하게 불을 지피는 방법보다는 일단 일을 저지르고 보는 스타일이었습니다. 그래서 왕에게 보고하지도 않고 자기 부하 한 명을 데리고 이스라엘 진영을 빠져나와서 블레셋 군대가 있는 곳까지 갔습니다.

그리고 요나단은 일단 자기 부하와 의논했습니다. 요나단은 자기 부하에게 "하나님이 오늘 무슨 일을 하실 것 같은데 하나님의 구원은 사람이 많고 적은데 달려 있지 않다"고 하면서 "내가 블레셋을 공격하면 너도 같이 가겠느냐?"고 물었습니다. 그러니까 그 부하도 요나단과 똑같은 신앙의 사람이어서 그런지 몰라도 자기도 같이 가겠다고 했습니다.

이제 요나단의 숙제는 지금 이렇게 자기 혼자 힘으로 블레셋을 공격하는 것이 과연 하나님의 뜻일까 아닐까 하는 것이었습니다. 만약 이것이 하나님의 뜻이라면 두 사람뿐이지만 블레셋 사람들을 쳐서 이길 것이고, 만약 이것이 하나님의 뜻이 아니라면 자기 둘은 블레셋 사람에게 잡혀서 수치를 당하든지 칼이나 창에 찔려 죽든지 할 것입니다. 우리는 어떤 믿음을 가지고 있어도 그것이 하나님의 뜻인지 아닌지 모를 때가 많아서 망설이게 됩니다.

《빨간 머리 앤》을 쓴 루시 몽고메리는 작가가 되려고 수도 없이 글을 써서 출판사에 보냈는데 그때마다 거절당했습니다. 그러다가 어떤 때는 몇 달러짜리 원고료를 받을 때도 있었습니다. 그는 낙심이 많이 되었지만 글을 쓰는 것 외에 할 수 있는 것이 없었기 때문에 계속 글을 써서 보냈습니다. 그러면서 몽고메리의 글은 세련되게 되었고 내용도 더 좋아지게 되었습니다.《빨간 머리 앤》도 거절당할 줄 알았는데 그것이 히트하면서 그는 세계적인 아동 작가가 되었습니다. 루시 몽고메리는 출판사에 거절을 많이 당하면서 훌륭한 작가로 만들어지고 있었던 것입니다.

우리도 사실 기도나 믿음에서 많이 거절당하면서 훌륭한 믿음의 사람으로 만들어지는 것입니다. 그러나 기도해도 금방 응답이 없으니까 내가 믿음이 없고 기도해도 소용이 없구나라고 하면서 실망할 때가 많습니다. 우리는 바로 옆에 하나님이라는 어마어마한 능력을 가지신 분을 모시고 있지만 그 능력을 끌고 오는 방법을 알지 못합니다. 그래서 우리는 늘 이 세상에서 악한 자들에게 당하면서 살아가고 있는 것입니다.

우리는 하나님의 뜻을 알기 위해서 기드온처럼 양털을 가지고 시험을 해보는 방법이 있을 것입니다(삿 6:36-40). 그렇지 않으면 삼손처럼 하나님에게 능력을 달라고 소리를 지르면서 부르짖는 방법도 있을 것입니다(삿 16:28). 그렇지 않으면 내면적인 확신을 하나님의 뜻이라고 믿고 죽으면 죽으리라고 하면서 일을 저지르는 방법도 있을 것입니다. 에스더 같은 경우에는 모든 유대인들에게 삼 일간 금식기도를 해 달라고 하고 난 후에 죽을 각오를 하고 아하수에로 왕에게 나아갔습니다(에 4:16).

요나단은 하나님의 뜻을 적인 블레셋 사람의 입을 통해서 확인하는 방법을 택했습니다. 이것은 기드온이 두 번째 쓴 방법이기도 했습니다. 즉 기드온은 양털로는 확신이 서지 않으니까 밤에 적진에 들어가서 적들이 꾼 꿈을 이야기하는데 오늘 보리떡이 미디안 진을 부순다는 말을 듣고 하나님이 오늘 자기를 사용하셔서 미디안을 부순다는 것을 확신했습니다(삿 7:9-14).

그래서 요나단은 무기를 든 부하와 함께 환한 대낮에 블레셋 진영 앞에 나가기로 했습니다. 즉 요나단이 있는 곳과 블레셋 군대가 있는 사이에는 계곡이 있고 양쪽에는 절벽이 있었습니다. 요나단은 블레셋 사람들이 자기를 보고 여기로 올라오라고 하면 올라가서 치는 것이 하나님의 뜻이고, 거기에 있으라고 하면 올라가지 않는 것이 하나님의 뜻이라고 생각했습니다. 적의 입을 통해서 하나님의 뜻을 확인하는 방법은 드물게 쓰는 하나님의 뜻을 아는 방법의 하나입니다. 그러나 요나단은 이 방법을 통해서 하나님의 뜻의 증표를 찾기로 했습니다.

14:9-10, "그들이 만일 우리에게 이르기를 우리가 너희에게로 가기를 기다리라 하면 우리는 우리가 있는 곳에 가만히 서서 그들에게로 올라가지 말 것이요 그들이 만일 말하기를 우리에게로 올라오라 하면 우리가 올라갈 것은 여호와께서 그들을 우리 손에 넘기셨음이니 이것이 우리에게 표징이 되리라 하고"

그래서 우리는 평소에 하나님의 말씀이 우리 안에 충만하게 흐르게 하는 것이 중요합니다. 왜냐하면 우리에게 하나님의 말씀에 충만한 상태에서 하나님이 어떤 증표를 보이면 이것이 하나님의 뜻인지 아니면 내 욕심인지 알 수 있는데, 만일 우리 속에 고갈되어 있으면 이것이 하나님의 뜻인지 내 욕심인지 구분이 되지 않아서 망설이다가 고민만 더 커지게 되는 것입니다. 우리는 모든 가능성을 다 생각할 수 없습니다. 우리는 다른 것은 다 내려놓고 아주 큰 것 하나 붙들고 이것이 하나님께서 나에게 주시는 것인지를 생각해야 하는 것입니다.

요나단과 그 부하가 블레셋 사람들이 보는 앞에서 절벽 밑에 나타났을 때 블레셋 사람들이 요나단을 우습게 알고 히브리 사람들이 숨었던 구멍에서 나온다고 하면서 "너희는 우리가 있는 곳으로 올라오라"고 했습니다. 그래서 요나단은 블레셋 사람에게 올라가는 것이 하나님의 뜻인 줄 알고 두 손으로 절벽을 기어서 블레셋 사람들이 있는 곳으로 올라갔습니다.

3. 하나님의 위력

하나님에게는 무시무시한 한 방이 있습니다. 이것은 어떤 군대도 이길 수 없고 바다나 강도 막을 수 없는 것입니다. 요나단이 지금 블레셋 군대를 향하여 올라가는 것이 하나님의 뜻이라고 믿고 올라갔을 때 드디어 하나님의 오른손의 능력이 나타나기 시작했습니다.

일단 요나단은 절벽을 두 손으로 기어서 올라간 후에 등에 멨던 칼을 꺼내서 블레셋 사람들을 치기 시작하니까 블레셋 사람들이 맥을 추지 못하고 쓰러지고 있었습니다. 그리고 요나단의 부하도 따라가면서 블레셋 사람들을 쳐서 죽였습니다. 요나단은 하나님의 능력으로 칼춤을 추듯이 블레셋 사람들을 치고 블레셋 사람들은 요나단 앞에서 밀리면서 칼에 죽고 뒤로 넘어지면서 밟혀서 죽었습니다. 그리고는 블레셋 사람들의 징크스가 나타나기 시작했습니다. 그것은 그들이 한번 무너지기 시작하면 정신없이 무너지게 된다는 것입니다. 블레셋 군대는 여호와의 능력이 나타나기만 하면 마치 고양이 앞에 쥐처럼 부들부들 떨고 꼼짝도 하지 못했습니다.

그래서 요나단과 부하가 블레셋을 향하여 달려들 때 거기에 여호와의 능력이 나타나고 있었습니다. 블레셋 사람들이 보기에는 이것은 마치 사자나 호랑이가 자기들에게 덤벼드는 것처럼 느껴졌던 것입니다. 들판에 있는 블레셋 군대나 모든 백성은 공포에 떨었습니다. 그리고 더 놀라운 것은 땅이 점점 진동하기 시작했다는 것입니다.

14:15, "들에 있는 진영과 모든 백성들이 공포에 떨었고 부대와 노략꾼들도 떨

었으며 땅도 진동하였으니 이는 큰 떨림이었더라"

　절벽 위에 있는 부대는 파견 부대인 것 같았는데 평지에 있는 군인들도 어떤 큰 공격이 시작된 줄 알고 떨었고 따라온 많은 백성의 얼굴에도 공포심이 드러났습니다. 노략꾼은 아마 선발부대였던 것 같은데 그들도 떨었습니다. 그런데 곧 진짜 하나님의 능력이 나타나기 시작했습니다. 그것은 땅이 흔들리기 시작하는 것이었습니다. 그러다가 엄청난 지진으로 나타나게 되었습니다. 이때 요나단은 마치 신들린 사람처럼 블레셋 진영을 돌아다니면서 블레셋 사람들을 쳤는데 블레셋 사람들은 요나단을 피해서 이리 도망치고 저리 도망치기 바빴습니다.

　그때 골짜기 너머 이스라엘 본진에서 파수꾼이 보니까 블레셋 사람들이 진영 중에서 이리 도망치고 저리 도망치고 난리가 난 것이었습니다. 그때 사울은 이스라엘 백성들을 모이라고 해서 점호를 해보니까 두 명이 비었습니다. 즉 요나단과 그의 부하가 없었던 것입니다. 이때야 비로소 사울은 제사장 아히야를 불러서 하나님의 궤를 가져오라 하고 하나님께 전쟁해야 하는지 말아야 하는지를 물었습니다. 지금 전쟁이 한참 벌어지고 있고 불이 붙고 있는데 사울은 불을 붙여야 하는지 말아야 하는지 묻고 있는 것입니다. 이것은 하나님과 박자가 맞지 않는 것입니다. 사울도 이것은 너무 늦은 방법이라고 생각했는지 제사장에게 네 손을 거두라 하고 블레셋과 싸우는 전장에 가보니까 블레셋 사람들이 전부 미쳐서 같은 블레셋 사람들끼리 칼로 치면서 죽이고 있었던 것입니다.

14:19-20, "사울이 제사장에게 말할 때에 블레셋 사람들의 진영에 소동이 점점 더한지라 사울이 제사장에게 이르되 네 손을 거두라 하고 사울과 그와 함께 한 모든 백성이 모여 전장에 가서 본즉 블레셋 사람들이 각각 칼로 자기의 동무들을 치므로 크게 혼란하였더라"

　사람이 공포심에 사로잡히게 되면 적인지 같은 편인지 구별하지 못하고 자기만 살려고 아무 데나 대놓고 총을 쏘든지 칼을 휘둘러 찌르게 됩니다. 하나님의 능력이 작동하니까 블레셋 사람들은 극도의 공포심에 사로잡히게 되었던 것입니다. 그래서 그들은 자기만 살려고 눈에 보이는 사람들은 다 적인 줄 알고 자기끼리 죽여서 큰 혼란이 일어난 것입니다. 전쟁도 밤에 잘못하다 보면 자기편끼리 오인사격을 해서 죽이는 경우가 있습니다.

이때 이스라엘 백성 안에도 자각이 일어나게 되었는데, 블레셋 진영 안에 붙잡혀 일하고 있던 이스라엘 사람들이 일어나서 블레셋을 치게 되었습니다. 그리고 이스라엘 사람 중에서 블레셋 군대가 무서워서 산에 숨어있던 사람들이 블레셋이 도망하는 것을 보고 모두 다 나와서 블레셋 사람들을 추격해서 싸웠습니다. 이날에 이스라엘은 대승리를 거두었습니다. 드디어 하나님의 능력이 나타났기 때문입니다.

우리는 지금 하나님의 엄청난 능력을 가지고서도 이것을 사용하는 방법을 모르기 때문에 불은 꺼지고 마귀는 모든 무기를 다 꺼내서 덤벼드니까 잔뜩 겁을 집어먹고 있는 형편입니다. 일단 하나님의 백성들이 겁을 먹지 않는 것이 시작입니다. 그리고 큰불은 꺼졌지만 작은 모닥불부터 피워야 합니다. 우리가 하나님의 표적을 보아야 합니다. 하나님의 표적은 우리 주위에서 어디서나 볼 수 있습니다. 심지어 적의 말을 통해서도 들을 수 있습니다. 이 믿음을 가지고 진격하면 하나님의 능력이 나타날 것입니다.

오늘도 우리가 하나님을 믿는 것이 부끄럽지 않아야 하겠습니다. 찬양하고 기도하는 것이 부끄럽지 않아야 하겠습니다. 하나님의 능력으로 사탄을 이기는 성도들이 다 되시기 바랍니다.

23

요나단을 살리느냐 죽이느냐

삼상 14:24-52

오래전에 교회의 한 자매를 만났는데 그 자매는 좀 내성적인 성격이었습니다. 그런데 그 자매가 저를 보자마자 막 우는 것입니다. 그래서 왜 우느냐고 물어보니까 자기는 늘 나이가 마흔이 넘기 전에 죽을 것이라고 생각했다는 것입니다. 그런데 이번 주에 생일을 지나고 며칠을 더 살아 있으니까 놀라워서 우는 것이라고 했습니다. 저는 그런 것이 일종의 근거 없는 강박증이라고 하면서 나도 늘 오십 대쯤 죽지 않을까 생각했던 적이 있었다고 했습니다. 또 우리는 일이 잘될 때 더 사업을 확장할 것인지 아니면 지금 수준에서 만족하면서 그냥 있어야 하는지 판단이 잘 안 될 때가 있습니다.

우리 하나님의 백성에게는 하나님의 능력이라고 하는 어마어마한 능력이 있습니다. 그런데 어느 누구도 이 하나님의 능력을 자신의 현실에 끌어올 능력이 없다는 것입니다. 하나님의 능력을 자신의 현실에 자유자재로 끌어올 수 있는 능력을 가졌던 사람은 모세나 엘리야 같은 하나님의 사람들뿐이었습니다. 그럼에도 불구하고 모세나 엘리야도 현실의 어려움을 이겨내지 못해서 하나님 앞에 엎드려 죽게 해 달라고 절망할 때가 있었습니다. 그런데 우리 예수님은 하나님의 능력을 자유자재로 사용하셨습니다. 보리떡 다섯 개로 오천 명을 먹이기도 하시고 물 위를 걷기도 하시고 심지어는 죽은 사람을 살리기도 하셨습니다.

오늘 우리에게 중요한 것은 과연 이 하나님의 능력을 나의 현실에 가져올 수 있느냐 없느냐 하는 것입니다. 그래서 우리는 무조건 '나는 안 된다. 나는 못한다'는 강박증을 가질 필요가 없습니다.

사울이 왕이 된 지 2년이 되었을 때 블레셋 군대가 쳐들어왔습니다. 그때 블레셋 군대는 병거가 삼 만이고 마병이 육천이며 군대는 바닷가의 모래같이 많았다고 했습니다. 그런데 이스라엘 백성들은 다 도망치고 겨우 육백 명만 남았는데 이들도 벌벌 떨고 있었습니다. 이때 사울의 아들 요나단이 정말 무모한 짓을 했습니다. 즉 우리는 할례받은 하나님의 백성이고 블레셋 사람들은 할례받지 않은 들짐승 같은 자들이니까 우리가 쳐들어가서 그들을 무찌르자는 것이었습니다. 이때 요나단은 하나님의 뜻을 확인하기를 원했는데 그것을 블레셋 사람들의 입에서 나오는 말로 확인하자고 했습니다.

요나단은 자기와 그의 부하가 블레셋 사람들 앞에 나타났을 때 블레셋 사람들이 자기들에게 절벽 위로 올라오라고 하면 올라가서 블레셋을 치는 것이 하나님의 뜻이고, 올라오지 말고 거기 있으라고 하면 가지 않는 것이 하나님의 뜻으로 알자고 했습니다. 이것은 어떻게 보면 정말 무모한 방법이었습니다. 그런데 블레셋 사람들은 요나단과 그의 부하를 보았을 때 이리로 오라고 했습니다. 그리고 요나단과 그의 부하가 절벽을 기어 올라가서 블레셋 사람들을 쳤을 때 드디어 하나님의 능력이 나타났습니다. 블레셋 사람들은 완전히 패닉 상태에 빠져서 자기끼리 죽이기 시작했고 땅도 흔들렸습니다. 이스라엘 백성들은 단 두 명이 블레셋의 엄청난 군대를 무너지게 만들었던 것입니다. 이날 이스라엘 백성은 대승리를 거두었습니다.

이것이 바로 우리가 풀어야 할 숙제입니다. 그것은 어떻게 하면 하나님의 그 어마어마한 능력을 나의 현실에 끌어올 수 있느냐는 것입니다. 물론 성경적인 근거는 있습니다. 예수님은 "너희에게 겨자씨 한 알만한 믿음만 있으면 산을 명하여 여기서 저기로 옮겨지라 하면 옮겨질 것이라"고 하셨습니다(마 17:20). "두세 사람이 내 이름으로 모인 곳에는 나도 그들 중에 있느니라"(마 18:20)고 하셨습니다. 그리고 "너희가 내 안에 거하고 내 말이 너희 안에 거하면 무엇이든지 원하는 대로 구하라 그리하면 이루리라"(요 15:7)고 말씀하셨습니다. 예수님과 세 제자가 변화산에 올라갔을 때 거기서 주님이 변화되시고 모세와 엘리야가 나타났습니다. 사실 모세와 엘리야는 그야말로 능력의 종이었습니다. 그러나 베드로는 나중에 말하기를 이런 체험보다 더 중요한 것이 예언의 말씀이라고 했습니다(벧후 1:17-21).

성경은 "마귀를 대적하라 그리하면 너희를 피하리라"(약 4:7)고 했습니다. 그래서 우리는 모여야 합니다. 그리고 주님의 말씀을 붙들고 하나님의 세미한 음성을 들으면서 마귀와 싸워야 합니다.

1. 사울의 금식의 맹세

사울은 하나님의 능력을 가져오는 비법은 금식의 맹세라고 생각했습니다. 사울은 보통으로 믿어서는 하나님의 능력을 가져올 수 없고 금식을 하든지 아니면 무슨 서원을 해야 한다고 생각했던 것입니다. 그래서 사울은 모든 이스라엘 백성에게 "저녁 곧 블레셋 사람들을 다 칠 때까지는 어떤 음식이라도 먹지 않겠다"는 맹세를 하게 했습니다. 그래서 이스라엘 백성은 하나님의 능력이 임하게 하기 위해서 그날은 전쟁하면서 온종일 아무것도 먹지 않겠다는 엄숙한 맹세를 하나님께 했습니다.

14:24, "이 날에 이스라엘 백성들이 피곤하였으니 이는 사울이 백성에게 맹세시켜 경계하여 이르기를 저녁 곧 내가 내 원수에게 보복하는 때까지 아무 음식물

이든지 먹는 사람은 저주를 받을지어다 하였음이라 그러므로 모든 백성이 음식물을 맛보지 못하고"

사울은 하나님의 능력을 끌고 오기 위해서는 보통으로 신앙생활을 해서는 안 되고 하나님 앞에서 온 백성이 금식해야 한다고 생각했습니다. 그리고 사울 왕은 백성 전부에게 금식의 맹세를 하게 했습니다. 그러나 금식해야 하나님이 우리를 도우신다고 생각하는 것은 옳지 않습니다. 왜냐하면 하나님이 우리를 도우시려고 하면 우리가 금식하든지 하지 않든지 상관없이 우리를 도우시기 때문입니다. 하나님은 정말 다양한 방법으로 일을 하십니다. 그래서 우리는 평소에 하나님을 가까이하고 하나님의 음성을 듣는 훈련을 해야 합니다.

사실 어떤 일이 있어도 금식을 해서는 안 되는 사람들이 있습니다. 그 중에 군인이 있습니다. 군인에게 가장 무서운 적은 추위와 굶주림입니다. 군인은 먹어야 전쟁할 수 있으므로 군인을 굶기는 것은 아주 무서운 적입니다. 그리고 임신한 여인도 금식해서는 안 됩니다. 왜냐하면 뱃속에 있는 아기가 양분을 먹어야 하기 때문입니다. 하나님 앞에서 우리의 부족함을 고백하기 위해서 금식을 할 수 있지만 하나님 앞에서 잘 보이기 위해서 해서는 안 되는 것입니다.

이스라엘 백성은 전쟁하다가 숲속에 들어가게 되었는데, 그때 땅에 꿀이 흐르고 있었습니다. 요나단은 사울 왕이 백성에게 금식의 맹세를 시킬 때 그 자리에 없었기 때문에 그 금지사항을 듣지 못했습니다. 그래서 지팡이 끝으로 꿀을 찍어서 먹었는데 눈이 환하게 뜨였습니다. 그러나 백성들은 아무도 꿀을 먹는 자가 없었습니다. 왜냐하면 그들은 모두 금식의 맹세를 했기 때문입니다.

사실 우리가 아무것도 먹지 못한 채로 피곤하면 눈이 감기고 눈앞이 흐릿해지게 됩니다. 그때 맛있는 음식을 먹게 되면 눈이 번쩍 뜨이고 눈앞이 환해지게 됩니다. 요나단은 꿀을 지팡이로 찍어서 먹었는데도 눈이 환하게 뜨였습니다.

14:26-27, "백성이 수풀로 들어갈 때에 꿀이 흐르는 것을 보고도 그들이 맹세를 두려워하여 손을 그 입에 대는 자가 없었으나 요나단은 그의 아버지가 백성에게 맹세하여 명령할 때에 듣지 못하였으므로 손에 가진 지팡이 끝을 내밀어 벌집의 꿀을 찍고 그의 손을 돌려 입에 대매 눈이 밝아졌더라"

요나단은 꿀을 조금만 찍어 먹었는데도 눈이 밝아지고 새 힘이 생겼는데, 백성들은 금식의 맹세를 했기 때문에 아무도 꿀을 먹지 않았습니다. 그래서 이스라엘 백성들은 온종일 굶으면서 싸우고 있었던 것입니다.

그때 어떤 이스라엘 백성이 요나단에게 "왕이 모든 백성에게 금식을 맹세하게 했기 때문에 온 백성들이 온종일 굶으면서 싸우고 있다"고 실상을 말해주었습니다. 이때 요나단은 아버지가 왕이지만 아버지의 방법이 틀렸다고 했습니다. 하나님의 능력은 금식하거나 특별 헌금을 한다고 해서 오는 것이 아닙니다. 하나님의 뜻에 맞는 노하우를 개발해야 합니다.

백성들은 모두 굶고 싸웠기 때문에 처음에는 잘 싸웠지만 나중에는 배고픈 것을 참을 수 없게 되었고 전부 눈이 뒤집히다시피 배가 고파서 정신을 차릴 수 없었습니다. 그러다가 이제는 백성들이 짐승들을 보기만 하면 무조건 덤벼들어서 그 자리에서 죽여서 피 있는 채로 짐승의 고기를 구워서 뜯어 먹었습니다. 사울이 백성에게 금식의 맹세를 시켰기 때문에 백성들은 오히려 피째 먹지 말라는 하나님의 계명을 어기게 되었습니다(레 19:26).

사울은 이 소식을 보고 받은 후 비로소 백성에게 피째 짐승을 먹지 말라고 하면서 소를 끌고 오라고 한 후 큰 바위에서 짐승들을 도살하고 피를 뺀 후 고기를 먹게 했습니다. 결국 사울의 무리한 금식이 백성들로 하여금 하나님의 계명을 더 어기게 했던 것입니다.

2. 더 싸울 것인가 멈출 것인가?

　우리가 운동 경기를 하거나 또는 사업을 할 때 흐름을 잘 이용하는 것이 성공하는 데 아주 중요한 역할을 합니다. 만약 어떤 팀이 승세를 타고 있어서 경기를 이기고 있을 때 힘을 더 내서 다른 모든 경기를 다 이겨버리면 우승도 할 수 있을 것입니다. 또 사업이 잘되어서 물건이 잘 팔리고 있을 때 건물을 더 지어서 더 큰 회사로 발전할 수도 있을 것입니다. 그러나 사업을 너무 무리하게 해서 빚을 낸다든지 또 선수들이 너무 탈진하게 되어버리면 망치거나 더 악화되는 경우가 종종 있습니다. 그래서 손자는 "지피지기(知彼知己)면 백전불태(百戰不殆)"라고 했습니다. 즉 자기를 알고 적을 알면 백번 싸워도 망하지 않는다는 뜻입니다.

　사울 왕은 오늘처럼 이렇게 블레셋이 모두 도망치는 절호의 기회를 놓치지 않고 밤에 공격하면 더 큰 승리를 얻을 수 있다고 생각했습니다. 지금 사울의 선택은 오늘 이렇게 생각지도 않게 갑자기 이기게 되었을 때 더 공격해서 완전한 승리를 거두느냐 아니면 여기서 멈추느냐 하는 것이었습니다.

> 14:36, "사울이 이르되 우리가 밤에 블레셋 사람들을 추격하여 동틀 때까지 그들 중에서 탈취하고 한 사람도 남기지 말자 무리가 이르되 왕의 생각에 좋은 대로 하소서 할 때에 제사장이 이르되 이리로 와서 하나님께로 나아가사이다 하매"

　어떻게 생각하면 사울의 생각은 좋은 생각일 수도 있습니다. 갑자기 하나님의 능력이 나타나서 블레셋 사람들이 정신없이 도망쳤기 때문에 블레셋 사람들도 무슨 작전이나 대책이 있을 수 없었을 것입니다. 이때 이스라엘 백성이 공격하기만 하면 그들은 도망칠 것이 뻔했습니다. 그래서 백성들도 찬성했습니다. 그러나 제사장은 하나님께 한번 물어보자고 했습니다. 그래서 사울 왕은 하나님의 언약궤 앞에서 하나님께 물어보았습니다.

14:37, "사울이 하나님께 묻자오되 내가 블레셋 사람들을 추격하리이까 주께서 그들을 이스라엘의 손에 넘기시겠나이까 하되 그 날에 대답하지 아니하시는지라"

사울 왕은 하나님께 물었지만 하나님은 아무 대답이 없었습니다. 하나님은 침묵하셨던 것입니다. 때로는 우리가 하나님께 물어도 하나님이 아무 대답하시지 않을 때가 많이 있습니다. 또 때로는 하나님이 대답하셔도 우리가 듣지 못할 때가 많이 있습니다. 하나님의 침묵은 도대체 무슨 뜻일까요? 어떤 의미에서 하나님께서 침묵하시는 것은 침묵 자체가 응답일 때가 있습니다. 즉 오늘 아침까지만 해도 이스라엘 백성은 그 많은 블레셋 사람 앞에서 벌벌 떨고 도망치거나 숨고 있었습니다. 그런데 하나님의 능력이 요나단을 통해서 나타나면서 블레셋 사람이 서로 찔러 죽이고 도망치는 큰 승리를 거두었으니 그것으로 충분한 것입니다.

만약 여기서 이스라엘 백성이 더 큰 승리를 한다면 그들의 마음은 교만해져서 잘난 체하고 더 교만해질 것입니다. 그래서 이스라엘 백성이 이미 졌다고 생각했었던 전쟁에서 이겼으면 그것으로 충분한 것입니다. 이제 그들은 좀 더 생각하는 시간을 가지고 자신을 성찰하는 시간이 필요했던 것입니다.

그래서 하나님이 아무 대답도 하시지 않고 침묵하시는 것은 다른 단계로 넘어가기 전에 준비 기간을 가지게 하시는 것일 수 있습니다. 우리는 쉬지도 않고 계속 달리기만 하면 뭐가 뭔지 모르게 되고 자기도 모르게 교만해지거나 잘난 체해서 함정에 빠지기 쉽습니다. 그러므로 너무 정상을 위해서 달리기만 하는 것이 좋은 것은 아닙니다. 우리는 때때로 병이나 다른 일로 휴식이 필요할 때가 있습니다.

그러나 사울은 하나님이 이렇게 침묵하시는 것은 자기들 안에 죄가 있기 때문이라고 생각했습니다. 그래서 사울은 여리고 정복 시 아간의 경우처럼 이스라엘 백성 안에 죄인을 찾아내기로 했습니다. 만약 이스라엘 안에 아간 같은 죄인이 있어서 하나님이 침묵하셨다면 아예 하나님의 능력 자체가 나타나지 않았을 것입니다. 그러나 하나님의 능력이 나타났다고 하는 것은 하나님께서 모든 이스라엘 백성을 사랑하시고 용납하신 증거입니다. 지금은 사울이 멈추어야 할 때였습니다. 왜냐하면 전쟁에서 이기는 것보다 더 중요한 것은 부흥의 불이 꺼진 것을 살리는 것이었기 때문입니다. 이런 것을 보면 목회도 자꾸 행사 위주로 나가는 것이 꼭 좋은 것이 아닙니다. 그런 식으로 계속하다 나중에 행사를 하지 않으면 자기들은 아무것도 하지 않는다고 생각하게 될 것이기 때문입니다.

3. 요나단을 죽일 것인가?

사울 왕은 하나님께 물어도 하나님이 아무 대답하시지 않는 이유는 자기들 안에 죄인이 있기 때문이라고 생각했습니다. 그래서 죄인을 찾아서 죽이기로 결정했습니다. 그래서 사울 왕은 모든 이스라엘 군대 지휘관을 다 모아 놓고 누구에게 죄가 있는지 알아보자고 했습니다. 혹시 내 아들 요나단에게 죄가 있어도 그를 죽일 것이라고 선포했습니다. 이것을 보면 사울이 대단히 하나님을 잘 믿는 것 같고 철저한 것같이 보입니다. 그러나 사울의 신앙은 하나님이 원하시는 신앙이 아니었습니다. 일단 그의 신앙이 아주 경직되어 있는 것을 볼 수 있습니다. 하나님의 백성의 신앙은 살아있어야 하고 말랑말랑해야지, 어떤 기준이 맞지 않는다고 해서 죽이거나 처벌하는 것은 신앙이 좋은 것은 아닙니다.

그러나 사울 왕은 철저하게 하나님을 믿어야 한다고 생각해서 죄인을 잡아내기로 했습니다. 그래서 모든 지휘관이 한편에 서고 사울과 요나단이 다른 편에 서서 제비를 뽑으니까 사울 왕과 요나단이 뽑혔습니다. 이번에는 사울 왕과 요나단이 제비를 뽑으니까 요나단이 뽑혔습니다. 사울 왕은 요나단에게 "네가 죽어야 하겠다"고 하면서 무슨 죄를 지었느냐고 물어보았습니다. 그랬더니 요나단은 자기는 왕이 백성에게 금식 맹세를 시키는 것을 듣지 못했기 때문에 숲속에 들어갔을 때 벌집에 꿀이 있는 것을 보고 지팡이 끝으로 찍어 먹었다고 대답했습니다. 그러나 맹세를 어긴 것은 어긴 것이니까 죽이면 죽겠다고 대답했습니다. 이때 사울 왕은 요나단을 죽이라고 명령을 내렸습니다.

14:44, "사울이 이르되 요나단아 네가 반드시 죽으리라 그렇지 않으면 하나님이 내게 벌을 내리시고 또 내리시기를 원하노라 하니"

그러나 우리가 한번 생각해보면 아무리 하나님을 잘 믿는 신앙이라 하더라도 지팡이 끝으로 꿀을 한번 찍어 먹었다고 해서 죽어야 한다는 것은 너무 한 것이었습니다. 그러나 하나님은 아무리 작은 죄라 하더라도 침묵하신 것은 사실이었습니다. 하나님에게는 아무리 작은 죄라도 죄는 죄였던 것입니다. 우리는 보통 큰 악의가 없는 선의의 거짓말을 죄가 아니라고 생각할 때가 많습니다. 그러나 아무리 선의의 거짓말이라 하더라도 죄는 죄인 것입니다. 그것도 다 회개해야 할 죄입니다. 단지 그것이 죽을죄는 아닙니다.

그러나 사울은 이것도 맹세를 어겼기 때문에 죽을죄라고 생각했습니다. 그래서 사울 왕은 신하들에게 요나단을 죽이라고 명령을 내렸습니다. 그러나 백성들이 말을 듣지 않았습니다. 백성들은 아무리 왕의 말이라 하더라도 이것은 말이 되지 않는다고 생각했습니다. 즉 요나단은 오늘 하나님의 능력으로 큰 승리를 가져온 사람이었습니다. 이런 사람을 지팡이 끝으로 꿀을 조금 찍어 먹었다고 해서 죽이는 것은 백성들이 생각하기에 아무리 왕의 명령이라 하더라도 이것은 하나님의 뜻이 아니었던 것입니다. 그래서 모든 백성이 요나단을 죽이는 것을 반대했습니다.

14:45, "백성이 사울에게 말하되 이스라엘에 이 큰 구원을 이룬 요나단이 죽겠나이까 결단코 그렇지 아니하니이다 여호와의 살아 계심을 두고 맹세하옵나니 그의 머리털 하나도 땅에 떨어지지 아니할 것은 그가 오늘 하나님과 동역하였음이니이다 하여 백성이 요나단을 구원하여 죽지 않게 하니라"

백성들은 하나님의 손에 사용되어 큰 능력을 나타내게 한 요나단을 죽이는 것은 하나님의 뜻일 수 없다고 생각했습니다. 그래서 아무리 왕의 명령이라고 해도 백성들이 거부해서 요나단을 죽이지 못하게 했습니다.

요한복음 9장에 보면 예수님이 날 때부터 맹인된 사람의 눈을 뜨게 했는데 바리새인들은 예수님이 안식일에 병을 고쳤다고 해서 그를 율법을 어긴 범법자라고 비난했습니다. 그러나 맹인이었던 사람은 그럴 리 없다고, 맹인의 눈을 뜨게 한 사람이 율법을 어긴 자가 될 수 없다고 하면서 그는 하나님의 선지자라고 대답했습니다. 그리고 그 맹인이었던 사람은 하나님은 악한 자의 기도를 듣지 않으신다고 했습니다.

오늘 우리나라에는 위에 있는 사람이나 힘이 있는 사람이 말한다고 해서 무작정 찬성하고 맹목적으로 추종하며 아첨하는 사람들이 많이 있습니다. 그러나 이 사람들은 자기 영혼을 팔아먹는 사람들입니다. 백성들은 왕의 잘못된 신앙과 결정을 거부했습니다. 이것이 바른 백성의 자세입니다. 한때 그들은 겁을 집어먹고 도망치기도 했지만 한번 이기고 난 후에는 하나님의 뜻을 깨달을 수 있었습니다. 이것이 바로 침묵이 필요한 이유였습니다. 우리는 무조건 바쁜 것이 좋지 않습니다. 때로는 병이나 때로는 직장을 쉬면서 생각하는 시간을 가지고 자신의 인생 방향을 수정할 줄 아는 성도들이 되시기 바랍니다.

24

사울 왕의 시험

삼상 15:1-19

우리 하나님에게는 어마어마한 능력과 축복이 있습니다. 그런데 하나님은 우리에게 그 축복을 주시기 전에 우리가 과연 그 축복을 받는데 적합한 사람인지 아닌지 믿음을 시험해보십니다. 우리가 시험을 당했을 때 욥처럼 입으로 하나님을 원망하지 않고 묵묵하게 견딘다는 것은 너무나도 어려운 일입니다. 그래서 야고보 사도는 우리에게 시험이 오는 것을 즐거워하라고 했습니다(약 1:2). 왜냐하면 억지로 시험을 통과하다가는 자기도 모르는 사이에 원망과 불평의 말을 쏟아 놓기 때문입니다.

하나님께서는 이스라엘 백성에게 가나안 땅의 축복을 주시기 전에 이스라엘 백성들을 물도 양식도 없는 광야로 몰아가셨습니다. 사실 집도 없고 땅도 없고 먹을 것도 없고 낮에는 무지무지하게 더운 그곳에서 미래가 전혀 보장되어있지 않은 상태에서 원망 한마디 하지 않고 하나님의 말씀만 따라간다는 것은 사실 불가능한 일입니다. 그래서인지 이스라엘 백성은 하나님을 많이 원망했습니다. 그리고 이스라엘 백성은 모세를 버리고 다른 지도자를 세워서 애굽으로 도로 돌아가려고 무진 애를 썼습니다. 그 결과 이스라엘 백성은 하나님의 시험에 불합격했습니다. 그래서 애굽을 나왔던 장정 육십만 명 중에서 두 명, 여호수아와 갈렙만 통과해서 가나안 땅에 들어가고 나머지는 모두 광야에서 죽고 말았습니다. 그리고 이스라엘 백성은 40일이면 갈 수 있는 가나안 땅을 뺑뺑 돌다가 40년 만에 들어가게 되었습니다.

그런데 우리에게는 세상의 실패가 시험이 될 수 있지만, 성공이란 것이 더 무서운 시험이 될 수도 있습니다. 왜냐하면 사람이 성공하고 유명해지면 자기도 모르게 교만해지고 또 하나님의 말씀을 소홀히 하게 되기 때문입니다. 하나님은 이스라엘 백성의 요구를 들으시고 사울을 왕으로 뽑아주셨습니다. 사울은 왕이 되면서 하나님에게는 무지무지한 한 방의 능력이 있다는 것을 알게 되었습니다. 암몬 족속이 길르앗 야베스 사람의 오른눈을 다 뽑겠다고 했을 때 사울이 소 두 마리를 열두 토막으로 잘라서 이스라엘 열두 지파에 보내자 삼십삼만 명의 이스라엘 백성이 모였고 그들은 새벽에 공격해서 암몬 족속을 다 무찔렀습니다. 그런데 사울의 걱정은 하나님의 이 엄청난 능력이 늘 나에게 온다는 보장이 없다는 것이었습니다.

사울은 왕이 되고 이년 후에 블레셋과 싸우게 되었을 때 아무리 나팔을 불어도 백성은 모이지 않았습니다. 또 얼마 모이지 않은 백성 중 간신히 육백 명만 남고 나머지는 모두 도망쳐버렸습니다. 이번에는 하나님이 사울과 이스라엘을 버리신 것 같았습니다. 그러나 사울의 아들 요나단이 거의 무모할 정도의 믿음을 가지고 그의 부하와 함께 단 두 명이 블레셋을 공격했을 때 또 하나님의 한 방의 능력이 나타나서 이스라엘은 블레셋을 크게 이겼습니다.

그러나 사울은 불안했습니다. 하나님의 능력이 늘 이런 식으로 나타난다는 보장이 없었기 때문입니다. 사울 왕은 하나님의 능력이 나타나는 비결을 알지 못했습니다. 그래서 사울은 하나님의 말씀을 가까이하는 것보다는 자기 주위에 싸움을 잘하는 용감한 사람들을 스카우트해서 모았습니다.

14:52, "사울이 사는 날 동안에 블레셋 사람과 큰 싸움이 있었으므로 사울이 힘 센 사람이나 용감한 사람을 보면 그들을 불러모았더라"

사울 왕은 자꾸 사람의 힘을 의지하려고 했습니다. 사도 바울은 우리가 연약한 것이 유익하다고 했습니다. 우리가 연약할 때 하나님의 강한 능력이 나타나기 때문입니다(고후 12:9). 그래서 하나님은 사울이 도저히 미덥지가 않아서 그의 믿음을 시험해보시기로 했습니다. 그것은 바로 사울 왕으로 하여금 아말렉 사람들을 치게 하는 것이었습니다.

1. 아말렉을 치라

어느 날 하나님은 사울 왕에게 사무엘 선지를 보내서 이스라엘 백성을 모아 아말렉 족속을 치라고 명령하셨습니다.

15:1-2, "사무엘이 사울에게 이르되 여호와께서 나를 보내어 왕에게 기름을 부어 그의 백성 이스라엘 위에 왕으로 삼으셨은즉 이제 왕은 여호와의 말씀을 들으소서 만군의 여호와께서 이같이 말씀하시기를 아말렉이 이스라엘에게 행한 일 곧 애굽에서 나올 때에 길에서 대적한 일로 내가 그들을 벌하노니"

보통 나라에서는 왕이 모든 명령을 내리게 되어있습니다. 왕이 한번 명령을 내리면 신하나 백성은 그 명령에 무조건 복종해야 합니다. 그러나 이스라엘은 달랐습니다. 이스라엘은 선지자가 하나님의 말씀을 받아서 왕에게 전했고, 왕은 하나님의 말씀을 집행하는 사람에 불과했던 것입니다. 그런데 후에 다윗 같은 경우에는 자기 자신이 하나님의 말씀을 많이 묵상해서 직접 하나님의 말씀을 듣기도 하고, 기도해서 응답을 받기도 했습니다. 그러나 다윗도 죄를 지었을 때는 나단 선지가 와서 그를 책망했습니다.

보통 나라에서는 왕이 강한 군대를 만들어서 다른 나라를 정복해서 이기는 것이 성공이었습니다. 옛날에는 전쟁도 하나의 중요한 비즈니스였기 때문입니다. 양과 소를 빼앗고 사람들을 잡아가 포로로 삼는 것은 전부 돈이었습니다. 그러나 이스라엘은 달랐습니다. 이스라엘 백성은 하나님의 양이기 때문에 다른 짐승들을 잡아먹지 않았습니다. 왜냐하면 양은 풀만 먹으면 되기 때문입니다. 그래서 목자의 역할은 양을 훈련시켜서 말로 만들어서 전쟁하게 하는 것이 아니었습니다. 목자는 양을 푸른 풀밭과 물가로 데리고 가서 좋은 풀을 뜯어 먹게 하면 양이 튼튼해지게 되고 새끼도 잘 낳게 되는데, 그때 좋은 털을 많이 만들어 그것을 팔면 되는 것입니다.

이와 마찬가지로 하나님의 백성은 다른 것을 먹이지 않습니다. 오직 하나님의 말씀만 먹이면 그들은 자기들이 알아서 기도하고 말씀에 순종해서 부흥이 일어나게 됩니다. 물론 양 한 마리 한 마리는 연약해서 말씀에 순종이 잘되지 않습니다. 그때 왕이 '우리 모두 하나님의 말씀대로 한번 살아보자!' 하고 왕이 먼저 모범을 보이면 혼자서는 안 되던 것이 같이하면 다 되게 되는 것입니다. 그래서 하나님의 백성에게 가장 중요한 것은 하나님의 말씀을 먹이는 것이고 왕은 그 본을 보이고 리더십을 나타내는 것이었습니다.

외국에는 어린이들이 양을 타고 달리기하는 경기가 있습니다. 아이들이 양 위에 올라타서 떨어지지 않고 결승점에 먼저 통과하면 이기는 것입니다. 하지만 양에게 가장 중요한 일은 하나님 말씀의 꼴을 먹는 것입니다. 물론 하나님의 백성들은 혼자서는 약하기 때문에 자꾸 쓰러집니다. 그때 리더가 "우리가 하나님의 말씀대로 살면 반드시 성공한다"고 하면서 본을 보이면 백성들이 모두 따라 하게 됩니다.

하나님은 사울 왕에게 아말렉을 치라고 명령하셨는데, 그 이유는 그들이 이스라엘 백성이 애굽에서 나올 때 공격했기 때문이라고 하셨습니다. 이스라엘 백성이 애굽에서 나온 것은 사울 왕 때보다 이백 년쯤 전의 일이었습니다. 그런데 하나님은 아말렉 족속이 이백 년쯤 전에 한 일을 잊지 않으시고 기억하고 계셨습니다. 왜냐하면 하나님은 이 세상에서 일어나는 모든 일을 하나도 잊지 않고 다 기억하시기 때문입니다.

그러면 왜 하나님은 이 아말렉 족속을 출애굽할 때 징벌하시지 않고 수백 년이 지난 후에 사울 왕에게 공격하게 하셨을까요? 그것은 이때가 아말렉의 전성기였기 때문입니다. 하나님은 악한 자들이 아직 힘이 약하고 작을 때에는 그냥 기다려주십니다. 작은 대적은 쳐봐야 별로 표시가 나지 않기 때문입니다. 그래서 하나님은 이 악한 자들이 괴물이 될 때까지 기다리십니다. 그래서 하나님은 악한 자가 가장 커졌을 때 그때 단숨에 치시는 것입니다. 하나님은 아말렉이 아주 커질 때까지 기다리셨습니다.

그런데 드디어 하나님의 시험 문제가 나오게 되었습니다. 그것은 하나님께서 사울 왕에게 아말렉의 모든 사람, 어른이나 아이, 왕이나 백성, 양이나 소와 낙타, 나귀까지 하나도 넘기지 말고 다 죽이라고 명령하신 것입니다.

> 15:3, "지금 가서 아말렉을 쳐서 그들의 모든 소유를 남기지 말고 진멸하되 남녀와 소아와 젖 먹는 아이와 우양과 낙타와 나귀를 죽이라 하셨나이다 하니"

일단 하나님의 말씀을 듣는 것 자체는 어렵지 않았습니다. 그러나 나중에 이 말씀을 순종하려고 했을 때 엄청난 시험이 오게 되었습니다. 그 이유는 양이나 낙타나 여자나 아이는 모두 돈이나 마찬가지였기 때문입니다. 이것은 그야말로 현찰을 땅이 파묻거나 강에 버리는 것과 같기 때문입니다.

그러면 왜 하나님은 아무것도 모르는 여자아이나 젖 먹는 아이나 가축까지 다 죽이라고 하셨을까요? 그것은 바로 아말렉 족속의 유전인자가 독사의 유전인자를 가지고 있었기 때문입니다. 예를 들어서 태어난 지 얼마 안 되는 새끼 독사는 아무것도 모릅니다. 그러나 새끼 독사에도 독은 있습니다. 새끼라고 해서 귀여워하다가 물리면 그 독에 죽는 것입니다. 여자 독사라고 해서 독이 없는 것이 아닙니다. 우리 속담에도 여자가 한을 품으면 오뉴월에 서리가 내린다고 했습니다. 하나님께서는 소나 양이나 낙타나 나귀까지 다 죽임으로 아말렉을 영원히 심판하기를 원하셨던 것입니다.

그러나 이스라엘 백성에게는 이것들이 모두 돈이나 마찬가지였습니다. 이스라엘 백성들은 이것들을 가지고 가기만 하면 부자가 되었던 것입니다. 이것이 바로 시험이었습니다. 즉 하나님은 사울 왕이나 이스라엘 백성이 돈이나 명성을 다 포기하고 하나님의 말씀에 순종하는지를 보려고 하셨던 것입니다.

2. 이스라엘의 완벽한 승리

아말렉 족속은 광야나 사막에 사는 유목민이었습니다. 그래서 이들은 어디든지 도망칠 수 있기 때문에 모두 잡아 죽인다는 것은 참으로 어려운 일이었습니다. 그러나 이번에 사울은 완벽한 작전을 준비해서 아말렉 족속이 거의 도망치지 못하게 하고 포위해서 다 잡아 죽이는 데 성공했습니다. 이것은 하나님의 능력이 또 나타났기 때문입니다. 이번에는 사울 왕도 하나님의 능력이 어느 정도 나타났다는 것을 알 수 있었습니다.

15:4-5, "사울이 백성을 소집하고 그들을 들라임에서 세어 보니 보병이 이십만 명이요 유다 사람이 만 명이라 사울이 아말렉 성에 이르러 골짜기에 복병시키니라"

여기에 보면 이스라엘 백성이 유다 사람 포함해서 이십일만 명이 모였습니다. 이십일만 명은 전의 삼십삼만 명보다는 적지만 그래도 상당한 숫자가 모인 것입니다. 그래서 우리는 어떤 일을 할 때 시작하기도 전에 하나님의 백성이 모이는 숫자나 열정을 보고 이번에 이기리라는 것을 느낄 때가 많이 있습니다. 그런데 아말렉 족속은 원래 텐트에 사는 족속인데 이제는 아예 성까지 가지고 있었습니다. 이것이 바로 그들의 함정이었고 그들의 기동성을 상당히 떨어지게 했습니다. 옛날에는 성이 없었기 때문에 아무 데서나 말이나 낙타를 타고 도망치면 되었지만 이제는 문명화되어서 성이나 집을 가지고 있어서 기동성이 제한되었던 것입니다. 사울은 백성들을 가까이에 있는 골짜기에 숨겨두었습니다. 겉으로 보기에는 아무것도 아닌 것 같지만 골짜기 안에 이십만 명이 들어있으니까 그야말로 보안이 철저해야 했습니다.

이때 사울 왕은 준비를 철저히 했습니다. 사울 왕은 먼저 밀사를 보내어서 겐 족속에게 통지했습니다. 즉 그들은 이스라엘과 싸울 이유가 없기 때문에 모두 그곳을 빠져나가라고 한 것입니다. 겐 족속은 원래 성에 살지 않았습니다. 이들은 모세의 장인 이드로의 후손이었는데 이스라엘 백성들을 따라서 이곳까지 왔던 것입니다. 모세가 이드로에게 가지 말고 자기들의 안내자가 되어 달라고 부탁했기 때문입니다. 그래서 겐 족속이 광야에서 이스라엘의 눈이 되어주었습니다. 그리고 그들은 만나 부스러기를 먹고 하나님의 은혜 부스러기를 먹었던 것입니다. 하나님도 겐 족속을 사랑하셨습니다.

15:6, "사울이 겐 사람에게 이르되 아말렉 사람 중에서 떠나 가라 그들과 함께 너희를 멸하게 될까 하노라 이스라엘 모든 자손이 애굽에서 올라올 때에 너희가 그들을 선대하였느니라 이에 겐 사람이 아말렉 사람 중에서 떠나니라"

하나님은 고난 중에 있는 자기 백성을 도운 자를 영원히 잊지 아니하십니다. 그래서 작은 자에게 냉수 한 그릇을 주어도 상이 있다고 말씀하셨습니다(마 10:42).

그런 후에 이스라엘 백성은 여러 겹의 포위망을 만들고 끝까지 추격해서 아말렉을 쳤습니다.

15:7-8, "사울이 하윌라에서부터 애굽 앞 술에 이르기까지 아말렉 사람을 치고 아말렉 사람의 왕 아각을 사로잡고 칼날로 그의 모든 백성을 진멸하였으되"

24 사울 왕의 시험

이스라엘 백성에게 또 하나님의 능력이 나타나게 되었습니다. 그래서 이스라엘 백성은 광야에서부터 거의 애굽 앞 술까지 추격해서 아말렉 족속을 다 쳤습니다. 왕은 사로잡고 양이나 소나 모든 좋은 것은 남기고 나쁜 것이나 보기 싫은 것들을 전부 다 죽였습니다. 아말렉 족속 중에 왕을 빼고는 모두 다 죽였고 소나 양은 못생긴 것들만 다 죽였습니다.

3. 불완전한 순종

사울 왕은 거의 하나님의 뜻에 순종했습니다. 여기서 '거의' 라는 것은 백 퍼센트가 아니라는 뜻입니다. 사울 왕은 어느 정도 하나님의 말씀에 순종했을까요? 거의 구십 퍼센트 정도는 순종한 것 같습니다. 일단 사람은 왕 한 명을 빼고는 다 죽였습니다. 그리고 짐승은 못생긴 것은 다 죽였습니다. 그 대신 잘 생기고 탐이 나는 것은 살려두었습니다. 사실 우리는 이것을 이해할 수 있습니다. 사울 왕은 아말렉 왕 아각을 살려서 끌고 갔는데 왕을 산 채로 잡아간다는 것은 죽이는 것보다 아주 큰 명예였습니다. 그리고 수만 마리의 소나 양이나 낙타나 나귀를 살려서 끌고 갔는데 이것은 모두 지금의 현찰과 같은 재산이었기 때문입니다.

이스라엘 백성은 어떻게 그 멀쩡한 소나 양이나 낙타를 죽일 수 있는지 이해가 되지 않았습니다. 사실 그 당시는 사람도 잡아서 가면 얼마든지 노예로 팔 수 있었습니다. 그러나 이스라엘 백성은 사람들을 죽였습니다. 거기까지는 하나님의 말씀에 순종할 수 있었습니다. 그러나 그들이 양이나 소를 본 순간 죽이기에는 너무나도 아깝다는 생각이 들었습니다. 이것들을 끌고 가면 그대로 부자가 될 수 있는데 이 아까운 것들을 죽이려고 하니까 도저히 죽일 수 없었던 것입니다.

이때 필요한 것이 왕의 리더십입니다. 왕이 백성에게 "나도 하나님의 말씀이 다 이해되는 것은 아니지만 이번 전쟁은 우리 힘으로 이긴 것도 아니고 하나님의 능력으로 이긴 것이기 때문에 우리 한번 끝까지 순종해보자"고 하면 또 다 순종했을 것입니다. 그러나 사울 왕 자신이 하나님의 말씀에 순종할 생각이 부족했습니다. 왜냐하면 그는 군인을 많이 고용했기 때문에 그들에게 줄 돈이 필요했기 때문입니다. 그리고 사울 왕은 아각을 본 순간 죽이는 것보다는 포로로 끌고 가서 종으로 쓴다면 자신의 명예가 엄청 올라갈 것 같았습니다.

그래서 사울은 아말렉 왕 아각을 살리고 모든 좋은 가축도 다 살려서 끌고 의기양양하게 이스라엘로 돌아왔습니다. 그러나 사울은 더 큰 것을 잃어버렸습니다. 그것은 바로 하나님의 능력이었습니다. 사울 왕은 하나님의 시험에 불합격했던 것입니다. 왜냐하면 하나님은 사울이나 이스라엘 백성이 돈과 명예를 버리고 하나님의 말씀에 온전히 순종했으면 계속 하나님의 능력을 주시려고 생각했기 때문입니다.

> 15:10-11, "여호와의 말씀이 사무엘에게 임하니라 이르시되 내가 사울을 왕으로 세운 것을 후회하노니 그가 돌이켜서 나를 따르지 아니하며 내 명령을 행하지 아니하였음이니라 하신지라 사무엘이 근심하여 온 밤을 여호와께 부르짖으니라"

사울 왕은 하나님의 시험에 불합격했습니다. 그런데 그것은 그가 실패했기 때문이 아니라 성공했기 때문에 실패한 것이었습니다. 그는 성공했기 때문에 마음이 교만해져서 하나님의 말씀에 백 퍼센트 순종할 생각이 없어졌던 것입니다. 사울 왕은 이제 자신의 명예와 부를 하나님의 말씀보다 더 중요하게 생각하게 된 것입니다. 요즘 우리나라에서도 목회에 아주 크게 성공하고 난 후에 돈이나 명예 때문에 불합격하는 종들을 많이 보게 됩니다. 교회가 너무 크고 너무 돈이 많기 때문에 포기할 수 없는 것입니다. 그러나 그는 미리 자기 자신을 알았어야만 했습니다. 즉 자기가 너무 성공하게 되면 명예나 부가 아까워서 포기하지 못하리라는 것을 알았어야만 했던 것입니다.

사무엘은 근심해서 밤새도록 부르짖으면서 기도를 했습니다. 왜냐하면 이스라엘의 목자가 바른길에서 벗어나서 제멋대로 달리고 있었기 때문입니다.

> 15:12, "사무엘이 사울을 만나려고 아침에 일찍이 일어났더니 어떤 사람이 사무엘에게 말하여 이르되 사울이 갈멜에 이르러 자기를 위하여 기념비를 세우고 발길을 돌려 길갈로 내려갔다 하는지라"

이미 사울은 자신의 전승비를 세우기 위해서 갈멜산으로 갔다고 했습니다. 그는 자기 이름을 남기고 싶었던 것입니다. 그러나 이름이라는 것은 사람의 가슴에 남는 것이지 돌에 새긴다고 해서 천년만년 가는 것이 아닙니다.

사울은 사무엘을 만났을 때 자기는 하나님의 명령대로 다 행했다고 말했습니다. 왜냐하면 이미 끌고 온 소나 양이나 낙타는 다른 데 감추어두었기 때문입니다. 그때 사무엘은 "내 귀에 들리는 이 양의 울음소리와 소의 울음소리는 무엇이냐?"고 물었습니다. 그랬더니 사울은 하나님께 제사 드리기 위해서 좋은 것을 골라 가지고 왔다고 했습니다. 이미 사울과 사무엘은 대화가 되지 않는 상태에 있었습니다. 사울은 자기는 하나님의 명령대로 다 순종했다고 하고 사무엘은 제대로 순종하지 않았다고 말하고 있는 것입니다.

우리는 모두 하나님의 말씀에 적당하게 순종하지 말고 철저하게 백 퍼센트 순종하는 성도들이 다 되시기 바랍니다.

25

제사보다 순종

삼상 15:17-35

세계에서 가장 유명한 사이클 대회는 매년 프랑스에서 열리는 〈뚜르 드 프랑스〉 대회입니다. 어떤 선수가 그 대회에서 한번 우승을 했다고 하면 그는 세계적으로 유명한 사이클 선수가 되는 것입니다. 그런데 그 대회에 한 영웅이 있었습니다. 그는 그 대회에서 무려 일곱 번이나 우승한 선수였습니다. 그는 '랜스 암스트롱' 이라는 미국 선수였고 타임지 표지 인물로도 선정되기도 했습니다. 그는 암에 걸렸는데 그 암을 이기고 또 그 대회에 나가서 우승을 했습니다. 이것은 어느 누구도 해낼 수 없는 영웅적인 기록이었습니다. 그러나 얼마 후 그는 금지된 약물을 사용했다는 것이 밝혀지게 되었습니다. 스포츠에서 약물 테스트에서 걸린다는 것은 별 것 아닌 것 같지만 그야말로 사형선고와 같습니다. 결국 그는 선수 자격을 박탈당하고 그동안 세계 대회에서 우승한 것도 모두 실격처리가 되었고 그의 이름은 사이클계에서 영구히 사라지게 되었습니다.

육상에서도 이와 비슷한 일이 많이 있습니다. 캐나다 출신의 벤 존슨은 우리나라 88올림픽에서 세계적인 선수 칼 루이스를 이기고 금메달을 차지했습니다. 그러나 벤 존슨은 얼마 후 그에게서 금지된 약물이 나왔다는 이유로 선수에서 영구 제명을 당하게 됩니다. 물론 금메달도 박탈당합니다. 그는 최고의 자리까지 올라갔다가 인생 가장 밑바닥으로 굴러떨어지게 되었습니다.

사울 왕이 아말렉을 쳐서 사람들을 다 죽이고 왕까지 사로잡아 온 것은 인간적으로는 대승리였고 흠잡을 데가 없는 대성공이었습니다. 사울 왕은 이스라엘이나 주위 나라에서 높은 인기를 누리게 되었습니다. 그러나 하나님 앞에서는 너무 달랐습니다. 사울은 하나님의 도핑 테스트에 걸려서 왕으로 실격하고 만 것입니다. 하나님께서 사울에게 아말렉을 치라고 한 것은 사울이 하나님의 말씀에 얼마나 철저히 순종하는지 테스트하는 것이었습니다. 사울은 마치 경기에서는 일등을 했지만 약물검사에 걸려서 선수 자격을 상실한 것과 같았습니다.

그래서 이후로 사울에게서 하나님 성령의 능력이 떠나게 됩니다. 사울은 사람들의 인기는 얻었지만 하나님의 능력의 한 방은 잃어버리고 말았던 것입니다. 이후로 사울은 계속 스트레스를 받고 사람들을 의심하고 사람들의 무시를 당하면서 죽을 때까지 치욕스럽게 살아가게 됩니다.

1. 사울이 스스로 작게 여길 때

우리는 여기서 왜 하나님은 하필이면 그 작은 베냐민 지파의 사울을 택하셔서 이스라엘의 초대 왕으로 세웠는지 그 이유를 알 수 있습니다. 그것은 사울이 자기 스스로 작은 자라고 생각하고 있었기 때문입니다.

15:17, "사무엘이 이르되 왕이 스스로 작게 여길 그 때에 이스라엘 지파의 머리가 되지 아니하셨나이까 여호와께서 왕에게 기름을 부어 이스라엘 왕을 삼으시고"

사울은 왕이 되기 전에 자기 자신을 작게 생각했습니다. 왜냐하면 그는 다른 사람 앞에 내놓을 것이 아무것도 없었기 때문입니다. 그의 지파는 가장 작은 베냐민 지파였고 사울의 집은 가난했습니다. 그리고 사울은 잘할 수 있는 것이 아무것도 없었습니다. 그러다 보니까 사울은 겸손할 수밖에 없었습니다. 하나님은 이스라엘 안에서 가장 겸손한 자를 찾아보니까 바로 사울이었습니다. 그래서 하나님은 사울의 집의 암나귀를 잃게 하셔서 사무엘을 만나서 기름 부음을 받게 하셨던 것입니다.

그런데 사울은 왕이 되고 전쟁에서 몇 번 이긴 후에 자기 스스로를 대단히 크게 생각하게 되었습니다. 자기가 생각해보니까 왕은 대단한 자리였습니다. 그리고 자기가 생각해도 자기는 대단한 사람이었습니다. 그래서 사울은 자기가 더 커져야 한다고 생각했습니다. 사울이 더 커지려고 하니까 부하들도 더 필요했고 재물도 더 필요했고 전쟁에서도 더 크게 이겨야 했습니다. 사람은 자기가 성공할 가능성이 없으면 그냥 살아있는 것으로 만족을 합니다. 그러나 그가 자꾸 성공하게 되면 더 성공하기 위해서 현실에 만족하지 못하고 더 많은 생각을 하고 많은 시도를 하게 됩니다. 그러다가 불법에 빠지기도 하고 여자 문제에 빠져들기도 하고 부정을 저지르기도 합니다. 왜냐하면 이제는 돈도 많아지게 되고 그런 세계에서는 그런 것이 예사이기 때문입니다.

사람이 낮은 자리에 있고 가난할 때는 스스로 작게 생각합니다. 왜냐하면 자기 힘으로 할 수 있는 것이 아무것도 없기 때문입니다. 그런데 그가 하나님의 사랑을 받아서 크게 되면 더 이상 자신을 작게 생각하지 않습니다. 왜냐하면 자기가 이미 커졌기 때문입니다. 그때 자기 자신을 작게 생각한다는 것은 과거로 돌아가는 것밖에 되지 않고 비참하게 되는 것밖에 되지 않습니다. 그런데 사람은 크게 된 그 자체로 만족하지 못하고 더 크게 되기 위해서 많은 것을 생각하게 됩니다. 왜냐하면 얼마든지 더 크게 될 수 있는 길이 보이기 때문입니다. 이처럼 사울 왕은 이제 왕이 되고 난 후에는 스스로를 작게 생각하지 않았습니다. 이제 사울에게 중요한 것은 하나님의 말씀을 듣고 순종하는 것이 아니었습니다. 더 큰 왕이 되고 더 큰 사람이 되는 것이었습니다.

사람이 스스로 작게 여길 때 하나님이 사랑하셔서 높여주십니다. 그런데 하나님이 높여주시든지 안 높여주시든지 스스로 작게 생각한다는 것은 참 어렵습니다. 스스로 작게 여긴다는 것은 열등감을 잔뜩 가지고 살아가고 있다는 것인데 우리는 열등감에서 벗어나려고 늘 몸부림을 치고 있기 때문입니다.

그러면 우리는 평생을 늘 부족하게 살아야 한다는 뜻입니까? 우리는 한 번도 자기 자신을 대단한 사람으로 생각하면 안 되는 것입니까? 누구나 자기 자신을 대단하게 생각하게 되면 항상 스스로 교만하고 죄를 짓고 자기가 최고인 줄 알게 되는 것입니다. 그래서 우리는 항상 자기가 부족한 줄 알도록 스스로 생각을 많이 해야 합니다. 우리는 자칫 잘못하면 교만의 늪에 빠지게 되고 자칫 잘못하면 열등감에 빠지게 되기 때문입니다.

2. 인간적으로 완벽한 승리

사울 왕이 아말렉을 쳐서 이긴 것은 인간적으로는 나무랄 데가 없는 완벽한 승리였습니다. 그러나 하나님의 눈으로 보기에는 완전한 실패였습니다. 왜냐하면 사울은 하나님의 약물검사에 걸려서 실격을 당했기 때문입니다.

> 15:18-19, "또 여호와께서 왕을 길로 보내시며 이르시기를 가서 죄인 아말렉 사람을 진멸하되 다 없어지기까지 치라 하셨거늘 어찌하여 왕이 여호와의 목소리를 청종하지 아니하고 탈취하기에만 급하여 여호와께서 악하게 여기시는 일을 행하였나이까까"

하나님께서 사울 왕을 보내시면서 가장 중요하게 생각하신 것은 아말렉 사람을 진멸하는 것이었습니다. 그런데 만일 우리가 사울 왕의 입장이라고 한다면 우선 전쟁에서 이기는 것이 더 중요했을 것입니다. 왜냐하면 인간적인 입장에서 생각한다면 물론 아말렉 사람들을 다 죽일 수 있으면 좋겠지만 그것보다 전쟁에 이길지 질지 알 수 없기 때문입니다. 그래서 아마도 사울 왕에게는 모든 아말렉 사람을 다 죽이는 하나님의 명령보다는 우선 전쟁에서 이기는 것이 더 중요했을 것입니다.

만약 사울이 정말 믿음을 가지고 있었다면 "하나님께서 모든 아말렉 사람을 다 죽이라고 하신 것을 보니까 우리가 이 전쟁에서 이기는 것은 틀림이 없다. 그래서 전쟁에서 이기는 것은 물론이지만 하나님의 말씀에 초점을 맞추어서 남자나 여자, 부자나 가난한 자, 잘생긴 자나 못생긴 자나 모두 심판하는데 목표를 두어야 할 것이다"라고 생각했을 것입니다. 즉 사울은 하나님께서 다 죽이라고 말씀하셨으면 전쟁에 이기는 것을 확신했어야 하는 것입니다. 그러나 사람을 죽이려고 하면 동정심도 생기게 되고 의심도 들게 되기 때문에 하나님이 말씀하셨으면 우리는 미쳤다고 생각하고 다 죽이는 것이 옳다고 백성을 설득했어야 했을 것입니다. 우리는 자칫 잘못하면 하나님보다 더 거룩하기 쉽고 하나님보다 더 사랑이 많기 쉽고 하나님보다 더 똑똑하기 쉽습니다. 그러나 우리가 하나님보다 더 거룩하고 더 똑똑할 수는 없습니다.

그런데 사울은 놀랍게도 전쟁에서 너무 쉽게 이겼습니다. 아말렉 사람들은 살려고 몸부림치기에 바빴습니다. 이때 사울은 욕심이 생겼습니다. 그것은 이긴 김에 가축을 약탈해서 백성과 내가 부자가 되어야 하겠다는 생각이었습니다. 그래서 사울 왕이나 이스라엘 백성은 하나님의 말씀은 다 잊어버리고 주인이 없는 가축을 약탈하느라 정신이 없었습니다. 이스라엘 왕이나 백성은 전쟁에 이겼을 때 절제를 잃어버렸던 것입니다. 그래서 아말렉 사람들의 가축을 정신없이 약탈했습니다. 사무엘은 이것은 하나님이 악하게 생각하시는 것이라고 강조했습니다.

그러나 인간적인 눈으로 보면 사울이나 이스라엘 백성이 잘못한 것은 아무것도 없었습니다. 그들은 전쟁에서 싸워서 이겼고 상대편 백성을 거의 다 죽였으며 양들과 소들은 약탈했습니다. 그들은 완벽한 승리를 거두었습니다. 그러나 하나님이 보시기에는 이것은 악한 일이었다고 말씀하고 있습니다. 왜냐하면 사울이나 이스라엘 백성이 하나님의 말씀에 순종하는데 부족했기 때문입니다. 그러면 과연 사울 왕이나 이스라엘 백성은 하나님의 말씀에 몇 퍼센트 정도 순종했을까요? 그들은 백성들은 다 죽였고 왕만 잡아 왔고 좋은 가축은 다 살려왔으니까 90퍼센트 정도 순종했다고 볼 수 있을지 모르겠습니다. 어떻게 보면 95퍼센트 정도 순종했다고 볼 수도 있습니다. 그러나 하나님께서 보시기에 이들은 모두 불합격이었던 것입니다. 왜냐하면 그들은 100퍼센트 하나님의 뜻에 순종하지 않았기 때문입니다.

그런데 우리의 경우에도 보면 과연 100퍼센트 하나님의 뜻에 순종한다는 것이 가능하겠습니까? 예수님은 여인을 보고 음욕을 품은 자마다 이미 간음했다고 하셨는데(마 5:28) 여인을 보고 음욕을 품지 않는 사람이 어디에 있으며, 모든 영광은 하나님께 돌리라고 하셨는데 우리는 자칫하면 내 자신을 자랑했고, 성경은 거짓말하지 말라고 했는데 우리는 거짓말을 너무 자연스럽게 많이 하였고, 탐심은 우상숭배라고 했는데(골 3:5) 우리가 남의 것을 탐내었던 적이 얼마나 많았던가요? 우리에게 사실 하나님의 뜻에 100퍼센트 순종한다는 것은 불가능한 일입니다. 그런데 사울은 조금 5퍼센트나 10퍼센트 정도 하나님의 말씀에 불순종했기 때문에 그는 불합격을 당하게 된 것입니다.

그런데 아브라함 같은 경우에는 백 세에 낳은 독자 이삭을 하나님이 정하신 산에 가서 바치라고 하니까 그는 정말 아들을 데리고 가서 칼을 뽑아서 번제를 드리려고 했습니다. 아브라함이 그럴 수 있었던 이유는 그가 하나님께 미친 사람이었기 때문입니다. 우리가 정상적으로는 하나님의 말씀에 100퍼센트 순종할 수 없습니다. 그런데 미친 듯이 믿으면 나도 모르게 100퍼센트가 되는 것입니다.

사울은 사무엘에게 자기는 하나님의 말씀에 순종했다고 말했습니다.

15:20-21, "사울이 사무엘에게 이르되 나는 실로 여호와의 목소리를 청종하

여 여호와께서 보내신 길로 가서 아말렉 왕 아각을 끌어 왔고 아말렉 사람들을 진멸하였으나 다만 백성이 그 마땅히 멸할 것 중에서 가장 좋은 것으로 길갈에서 당신의 하나님 여호와께 제사하려고 양과 소를 끌어 왔나이다 하는지라"

사울은 사무엘에게 "당신은 무엇을 잘 모르고 말씀하시는 것 같은데 우리는 여호와의 명령에 다 순종을 했다"고 했습니다. 우리는 하나님이 가라는 길로 갔고, 모든 아말렉 사람을 죽였고, 그 왕을 끌고 왔으며, 가축들은 죽였지만 그 중에 좋은 것은 하나님께 제사 드리려고 끌고 왔다는 것입니다. 아주 좋은 가축들이 있는데 그냥 죽여 버리는 것보다 하나님께 제사 드리는 것이 훨씬 더 가치가 있는 것이 아니냐는 항변입니다. 그러면서 우리는 하나님의 말씀에 다 순종했다는 것입니다.

사실 인간의 눈으로 보면 사울 왕이나 이스라엘 백성은 너무 잘한 것 같습니다. 그들은 아말렉 사람들을 다 죽이고 왕은 잡아왔습니다. 그리고 하나님까지 생각해서 제사 드릴 양이나 소까지 잡아 왔습니다. 얼마나 잘한 일입니까? 그러나 하나님이 보시기에는 왜 왕은 살려왔느냐는 것입니다. 잡아 온 것과 죽인 것은 다른 것입니다. 하나님이 죽이라고 했으면 죽여야 하는 것입니다. 그리고 좋은 양이나 소는 하나님께 바치려고 잡아 왔다는데 하나님은 그런 말씀을 하신 적이 없습니다. 하나님은 다 죽이라고 하셨고, 죽이라고 했으면 죽이는 것이 하나님의 뜻입니다.

사도행전 5장에 보면, 아나니아와 삽비라는 자기 재산을 팔아서 사도들에게 바치려고 했습니다. 그런데 다 바치기는 아까우니까 반은 감추어 두고 전부라고 하며 바쳤습니다. 그런데 베드로는 헌금을 바치는 사람에게 "어찌하여 이 일을 네 마음에 두었느냐 사람에게 거짓말한 것이 아니요 하나님께로다"고 꾸짖었는데 이 말을 듣고 부부가 다 죽임을 당했습니다.

25 제사보다 순종

3. 순종이 제사보다 낫다

여기서 사무엘은 거의 폭탄적인 선언을 하게 됩니다. 그것은 지금까지 하나님께 제사 드리는 것만이 최고라고 생각했던 이스라엘 백성에게 순종이 제사보다 훨씬 더 중요하다고 말한 것입니다.

> 15:22, "사무엘이 이르되 여호와께서 번제와 다른 제사를 그의 목소리를 청종하는 것을 좋아하심 같이 좋아하시겠나이까 순종이 제사보다 낫고 듣는 것이 숫양의 기름보다 나으니"

지금까지 이스라엘 백성은 하나님께 나아가는 길은 제사밖에 없다고 생각했습니다. 즉 이스라엘 백성은 제사를 통하여 하늘 문이 열리며 그래서 우리가 죄 용서받고 하나님의 복을 받는다고 생각했습니다. 이것은 사실이었습니다. 이스라엘 백성이나 이 세상 어느 누구도 하나님께 나아가는 길은 제사밖에 없었습니다. 제사를 통해서 죄 용서를 받았고 제사를 통해서 기도 응답을 받을 수 있었습니다. 그런데 제사는 독립된 것이 아니었습니다. 즉 제사가 제사가 될 수 있었던 것은 그것이 하나님의 말씀이었기 때문입니다. 그래서 제사가 응답되는 것은 제사 의식이 완전해서가 아니라 그들이 하나님의 말씀을 믿고 순종했기 때문에 응답되는 것이었습니다. 십계명도 살아있는 계명이 되는 것은 기계적으로 잘 지켰기 때문이 아니라 믿고 순종했기 때문에 그 말씀에서 불이 나오는 것이었습니다.

그래서 이스라엘 백성이 제사 드리는 것은 하나님의 말씀에 순종하는 한 부분이었고, 우리가 하나님을 가장 기쁘게 하는 비결은 그분의 말씀을 듣는 것입니다. 우리가 하나님의 말씀을 듣다 보면 내가 죄인인 것을 깨닫게 되고, 그 죄를 씻음받기 위해서 제사도 드리고 회개의 기도도 드리게 되는 것입니다. 그래서 결국 우리가 하나님께 나아가는 길은 예수 안에서 하나님의 말씀을 듣는 것입니다.

우리가 눈에 보이지 않는 하나님을 어떻게 사랑하겠습니까? 더욱이 마음을 다하고 목숨을 다하고 뜻을 다하여 하나님을 사랑하라고 하셨는데 눈에 보이지도 않는 하나님을 어떻게 사랑할 수 있겠습니까? 우리는 눈에 보이는 하나님이신 예수님은 사랑할 수 있습니다. 적어도 예수님이 하나님께서 보내신 분이라는 것은 믿을 수 있을 것입니다. 우리는 예수님을 통해서 하나님이 나를 사랑하신다는 것은 믿을 수 있습니다. 그것을 믿는 것이 하나님을 사랑하는 것입니다.

그리고 우리가 하나님의 말씀만 믿기는 어렵습니다. 그러나 성경 말씀은 내 영혼에 무엇인가 주는 것이 있습니다. 하나님의 말씀은 영혼에 영원히 마르지 않는 샘물을 줍니다. 우리가 그것을 가치 있게 생각하고 사랑하는 것이 하나님을 사랑하는 것입니다. 그런데 사울이나 이스라엘 백성들은 형식적으로만 하나님의 말씀에 순종하면 된다고 생각했습니다. 그러니까 백 퍼센트 순종할 수 없었던 것입니다.

사무엘은 하나님의 말씀을 듣지 않고 자기 멋대로 믿는 것이 우상숭배하는 것이라고 강조했습니다.

> 15:23, "이는 거역하는 것은 점치는 죄와 같고 완고한 것은 사신 우상에게 절하는 죄와 같음이라 왕이 여호와의 말씀을 버렸으므로 여호와께서도 왕을 버려 왕이 되지 못하게 하셨나이다 하니"

하나님의 말씀대로 믿지 않고 자기 멋대로 믿는 것이 점치는 것이고 사신 우상에게 절하는 것과 같다고 했습니다. 우리는 처음부터 끝까지 하나님의 말씀만 듣고 그대로 행해야지 거기에 자기 생각을 더하고 다른 사람들의 생각을 더하는 것은 우상숭배 하는 것과 같다는 것입니다. 그래서 사무엘은 사울이 철저하게 하나님의 말씀을 믿지 않았기 때문에 하나님도 사울을 멀리하고 그를 버려서 왕이 되지 못하게 할 것이라고 했습니다. 지금 이 순간부터 사울은 이름만 왕이지 하나님 능력의 한 방은 없어지게 되는 것입니다.

25 제사보다 순종

사울은 사람에게 인정받고 싶은 욕심에 아각 왕과 짐승들을 하나님의 능력과 바꾸고 말았던 것입니다. 오순절 이후에 베드로와 요한은 성전에 기도하러 들어가다가 구걸하는 장애인을 보고 "은과 금은 내게 없거니와 내게 있는 이것을 네게 주노니 나사렛 예수 그리스도의 이름으로 일어나 걸으라"(행 3:6)고 했습니다. 이것이 바로 능력의 한 방입니다.

이후에는 두 가지 사건이 일어나게 됩니다. 하나는 사울 왕이 백성 앞에서 제사 지내기 위해서 사무엘에게 같이 가달라고 부탁한 것입니다. 그러나 사무엘은 사울과 같이 가지 않겠다고 하니까 사울 왕이 사무엘의 옷을 잡아당기다가 옷이 찢어지게 되었습니다. 그때 사무엘은 사울 왕에게 하나님이 이스라엘을 찢어서 다른 사람에게 줄 것이라고 했습니다. 자기의 소중한 것을 찢어서 빼앗기게 된다는 것입니다.

이 세상에서 가장 아픈 것이 교회가 찢어져서 빼앗기는 것입니다. 결국 교회를 하나님의 말씀대로 이끌지 않으면 옷처럼 찢어지게 됩니다. 결국 사무엘은 사울과 같이 가서 제사 드렸지만 하나님은 그 뜻을 변개하지 않으신다고 했습니다. 부모가 죄를 짓든지 누구든지 죄를 지으면 언젠가는 갚아야 합니다. 그리고 그 결과는 비참합니다.

15:29, "이스라엘의 지존자는 거짓이나 변개함이 없으시니 그는 사람이 아니시므로 결코 변개하지 않으심이니이다 하니"

또 다른 하나의 일은 사무엘이 이제 자기는 완전히 살았다고 좋아하고 있는 아말렉 왕 아각을 찍어서 쪼개어 죽였습니다(33절). 아각이 그런 식으로 사람들을 죽였기 때문입니다. 그는 인정사정없는 무자비한 인간이었습니다. 그는 사울이 자기를 죽이지 않으리라는 것을 알고 좋아했습니다. 그러나 그는 사무엘이라는 하나님의 선지자가 있는 줄 몰랐습니다. 사무엘은 아각을 용서하지 않고 자기가 하던 방식대로 죽였습니다.

우리는 하나님의 말씀에 완전히 순종하지 못하고 적당하게 순종할 때가 많습니다. 우리에게 결단이 필요합니다. 한번 믿으려고 하면 제대로 믿자는 결단을 하고 하나님이 이기게 하시리라는 것을 믿고, 모든 두려움과 비겁함을 버리고 아각을 찍듯이 세상을 찍어 승리하는 성도들이 다 되시기 바랍니다.

26

숨겨진 사람

삼상 16:1-13

어떤 변호사가 정치인들을 비판하다가 명예 훼손죄에 걸려서 구치소에 들어가게 되었습니다. 그런데 자기 옆방에 있는 죄수가 너무나 인물도 잘생기고 또 정치에 대해 잘 알고 있어서 자기 생각으로는 어떤 장관이나 대통령의 비서가 정권이 바뀌면서 잡혀 온 모양이라고 생각했다는 것입니다. 그래서 어느 날 교도관에게 물어보았다고 합니다. 제 옆방에 있는 죄수가 누구입니까? 그러니까 그 교도관이 하는 말이 그는 유명한 연쇄 살인범이라고 이야기하더라는 것입니다.

사람은 한번 겪어보기 전에는 그 사람이 어떤 사람인지 정말 알 수 없습니다. 어떤 사람은 겉으로 보기에는 너무나도 잘 생기고 말도 잘하고 학벌도 좋은데 실제로는 비겁하고 거짓말만 하는 사람이 있는가 하면, 어떤 사람은 겉으로 보기에는 왜소하고 아무것도 하지 못할 것 같은데 실제로는 아주 똑똑하고 용감하고 책임감 있는 사람이 있는 것입니다.

사무엘은 젖을 떼자마자 하나님의 성전에 바쳐져서 한평생 하나님의 말씀과 함께 산 사람이었습니다. 사무엘은 거의 패망해가고 있는 이스라엘을 다시 일으켜 세운 하나님의 사람이었습니다. 더욱이 사무엘의 기도는 이스라엘 백성을 짓밟으려고 공격하는 블레셋 군대를 박살 내버리는 하나님의 능력을 나타내게 했습니다. 그러나 사무엘도 인간이었기에 나이가 들어서 노인이 되었고 지도자의 자리에서 물러나게 되었습니다. 그리고 이스라엘 백성들은 사무엘에게 왕을 요구해서 사울이 왕으로 뽑히게 되었습니다.

그러나 이 사울이 겉보기와 실제가 너무 많이 다른 사람이었습니다. 사울은 겉보기에는 아주 겸손하고 인간적이고 의리가 있는 사람으로 보였습니다. 한 가지 부족한 점이 있다면 하나님의 말씀에 대한 순종이 좀 약하다는 것이었습니다. 그리고 사울은 왕이 되면서 이미 하나님의 능력을 몇 번이나 경험했습니다. 그런데 그의 이 한 가지 약한 것이 결국은 치명적인 결점으로 나타났습니다. 사울 왕은 하나님의 능력을 몇 번이나 경험했지만 하나님의 능력을 믿지 못했습니다. 하나님의 능력은 한번 나타나면 대단했지만 늘 나타난다는 보장이 없었기 때문입니다. 그래서 사울은 아말렉을 치면서 하나님의 시험에서 떨어지게 됩니다. 그때 사울의 중심이 드러났습니다. 사울은 겉으로는 하나님을 사랑하는 것 같고 순종하는 것처럼 보였지만 실제로는 사람의 인기를 모으고 자기 잇속을 챙기는데 빨랐던 것입니다.

1. 사무엘의 미래에 대한 걱정

사무엘은 자신이 기름을 부어서 세운 왕이 점점 하나님의 말씀으로부터 멀어지고 이스라엘 부흥의 불길은 꺼져가고 있는 것을 보게 되었습니다. 사무엘은 자기 앞 세대였던 엘리 제사장의 집안이 다 부셔놓은 이스라엘을 영적으로 부흥시키기 위하여 한평생을 다 바쳤는데, 자기가 기름 부어 세운 사울 왕이 하나님의 말씀에 관심이 없고 거짓말이나 하고 자기와 똑같이 싸움을 잘하는 사람들이나 끌어모으는 것을 지켜보았습니다

다. 그리고 백성은 그런 모습을 아주 좋아해서 하나님의 말씀은 저버리고 완전히 세상적으로 넘어가 버리고 말았습니다.

사무엘이 평생에 걸쳐서 바로 세워놓은 이스라엘이 사울 한 사람에 의해서 몇 년 만에 완전히 세상 나라로 기울어지고 말았던 것입니다. 이것을 보고 사무엘은 매일 슬퍼하고 낙심에 차 있었습니다. 그러나 하나님의 나라는 그렇게 쉽게 망하지 않습니다. 그 이유는 온 세상이 하나님을 버리고 타락한 것으로 보여도 하나님은 그중에서 다시 부흥을 일으킬 사람을 감추어놓으시기 때문입니다. 그래서 하나님은 사무엘에게 너무 낙심하지 말라고 위로하시면서 너는 다시 일어나서 새로운 사람 찾을 준비를 하라고 말씀하셨습니다.

> 16:1, "여호와께서 사무엘에게 이르시되 내가 이미 사울을 버려 이스라엘 왕이 되지 못하게 하였거늘 네가 그를 위하여 언제까지 슬퍼하겠느냐 너는 뿔에 기름을 채워 가지고 가라 내가 너를 베들레헴 사람 이새에게로 보내리니 이는 내가 그의 아들 중에서 한 왕을 보았느니라 하시는지라"

하나님은 이미 사울을 포기하셨습니다. 하나님은 사울을 버려 이스라엘의 왕이 되지 못하게 하셨다고 말씀하셨습니다. 이것은 그에게 다시 하나님의 오른손의 능력을 베풀지 않으신다는 말씀입니다. 즉 이스라엘은 나라이고 사울은 왕이지만 더 이상 하나님 능력의 한 방이 나타나는 나라가 아니라는 것입니다. 그러나 사무엘은 사울에 대한 미련을 버리지 못했습니다. 그래서 어떻게 하면 사울이 다시 옛날의 처음 순수했던 모습으로 돌아올 수 있을지 매일 고민하고 기도하고 있었던 것입니다. 그러나 하나님은 이미 사울이 다시 돌아오지 않는다는 것을 잘 알고 계셨습니다. 그래서 하나님은 사무엘에게 네가 언제까지 사울을 위해서 슬퍼하겠느냐고 하시면서 새로운 사람을 찾아 나서라고 말씀하셨습니다. 그 사람이 바로 이스라엘에 부흥을 일으킨 다윗이었던 것입니다.

성경은 다윗에 대하여 이렇게 말씀하고 있습니다.

행 13:22, "폐하시고 다윗을 왕으로 세우시고 증언하여 이르시되 내가 이새의 아들 다윗을 만나니 내 마음에 맞는 사람이라 내 뜻을 다 이루리라 하시더니"

개역한글 성경에는 "내가 이새의 아들 다윗을 만나니 내 마음에 합한 사람이라"고 했습니다. 다윗은 인간적인 많은 결점에도 불구하고 하나님의 마음에 딱 맞는 사람이었습니다. 하나님께서 이스라엘 전체에서 하나님의 마음에 맞는 사람이 있는가 찾고 또 찾아보다가 드디어 베들레헴 사람 이새의 아들 중에 그런 사람이 있었던 것입니다.

그러나 그 당시 다윗은 나이가 어린 소년에 불과했습니다. 우선 베들레헴이라는 곳은 유다 도시 중에서 가장 작은 곳이었습니다. 거기에다가 이새의 집에는 아들이 많은데 그렇게 부요한 집이 아니었습니다. 이새는 아들만 여덟이었는데 그 막내가 바로 다윗이었습니다. 사실 많은 형 중에서 막냇동생은 귀여움을 받기보다는 형들의 심부름을 다해야 하고 또 형들로부터 수시로 야단맞는 종이나 마찬가지였습니다. 군대로 치면 내무반에서 모든 궂은일을 다해야 하는 신참과 같습니다.

한번은 해군 부대에 부흥회가 있어서 갔는데, 군대에서 승용차를 내주었습니다. 운전병은 온종일 저를 태우고 운전하느라 고생이 많았습니다. 그래서 제가 군목 목사님에게 운전병을 부대에 보내지 않고 저렇게 고생만 시켜도 되느냐고 물었더니, 그 목사님은 저 친구를 부대에 보내지 않는 것이 제일 잘 대우해주는 것이라고 했습니다. 일단 부대에 가면 선임들에게 시달리기 때문이라고 했습니다.

다윗은 가난한 집에서 아들만 여덟 있는 집의 막내였습니다. 그런데 위에 있는 형들은 키가 아주 크고 잘생겼습니다. 그러나 다윗은 형들의 그늘에 가려서 존재의 의미조차도 없었습니다. 다윗은 늘 심부름이나 하고 늘 형들에게 맞기나 하고 온종일 양이나 치는 것이 그의 할 일이었습니다. 이 당시에는 남자가 양을 치는 것은 가장 비전 없는 사람의 일이었습니다. 남자가 성공하려고 하면 키가 크고 잘 생겨서 군인으로 뽑혀야 했습니다. 그러나 다윗은 너무 어리고 작아서 군인이 될 수 없었습니다.

26 숨겨진 사람

그런데 다윗의 집은 영적인 재산이 어마어마한 집안이었습니다. 다윗의 할머니 중에는 여호수아가 여리고 성을 공격할 때 도움을 주었던 기생 라합이 있었습니다. 그런데 라합은 믿음의 여성이었습니다. 그리고 또 다윗의 할머니 중에는 모압에서 시어머니를 따라 이스라엘로 왔던 모압 여인 룻이 있습니다. 그리고 다윗은 옛날 야곱이 예언했던 이스라엘의 지도자가 나온다고 했던 유다 지파였습니다. 다윗은 다른 것은 몰라도 하나님의 말씀 하나만큼은 미친 듯이 사랑했습니다. 그래서 아버지나 할머니가 하나님의 말씀을 가르쳐줄 때 다른 형들은 연애할 생각이나 하고 엉뚱한 공상에 빠질 때도 다윗은 하나님의 말씀을 듣는 데는 눈이 반짝반짝할 정도로 들었고 그것을 외웠으며 노래로 부르기까지 했습니다.

다윗은 어느 날 자기가 그렇게 존경하던 사무엘 선지자가 자기 동네에 와서 제사 드린다는 소문을 들었습니다. 그때의 제사는 요즘으로 치면 부흥회와 같은 것이라고 할 수 있습니다. 그러나 사실 사무엘은 장차 이스라엘의 왕이 될 사람을 보러 오는 것이었고 그에게 기름을 부을 생각이었습니다. 그러나 이때 다윗은 너무 나이가 어리고 막내가 되어서 그 존경하는 사무엘의 제사에도 갈 수 없었습니다.

그런데 다윗에게는 하나님 말씀의 체험이 있었습니다. 다윗은 혼자 양을 칠 때 자주 사자나 곰이 양 새끼를 잡아먹으러 오거나 또 물고 가기도 했습니다. 그런데 이상하게도 다윗은 사자나 곰이 무섭지 않았습니다. 왜냐하면 하나님의 말씀을 품고 있으므로 하나님이 늘 자기와 함께하신다는 믿음이 있었기 때문입니다. 그래서 다윗은 사자나 곰이 양을 잡으러 오면 도망치지 않았습니다. 그리고 곰이나 사자가 어린양을 물고 가면 따라가서 뒤에서 덮쳐서 수염을 당기거나 입을 벌리게 해서 양을 구해내었습니다. 그런데 다윗의 가장 큰 특징은 다른 것은 아무것도 모르지만 하나님의 말씀에는 거의 미치다시피 한 것이었습니다.

2. 하나님이 사무엘을 보내심

하나님께서는 사무엘을 다윗에게 보내어 만나게 하시고, 장차 왕으로 기름을 붓게 하시려고 생각하셨습니다. 그러나 사무엘은 함부로 다윗에게 갈 수 없었습니다. 왜냐하면 사무엘이 베들레헴에 가면 금방 사울에게 보고가 될 것이고, 더욱이 거기에서 누구에게 기름을 부었다는 것을 알게 된다면 당장 사무엘과 그 기름 부은 사람을 죽일 것이기 때문입니다. 이제 사울 왕은 사무엘에게 친구가 아니라 적이었습니다.

사무엘은 하나님께 자기는 베들레헴에 갈 수 없다고 말씀드렸습니다.

16:2-3, "사무엘이 이르되 내가 어찌 갈 수 있으리이까 사울이 들으면 나를 죽이리이다 하니 여호와께서 이르시되 너는 암송아지를 끌고 가서 말하기를 내가 여호와께 제사를 드리러 왔다 하고 이새를 제사에 청하라 내가 네게 행할 일을 가르치리니 내가 네게 알게 하는 자에게 나를 위하여 기름을 부을지니라"

여기서 우리는 사무엘이 거짓말이라고는 할 줄 모르는 아주 고지식한 사람임을 알 수 있습니다. 그래서 누군가가 사무엘에게 어디에 가시느냐고 물으면 그는 "하나님이 기름 부으시라는 사람을 찾아서 기름을 부으러 간다"고 대답할 것이 틀림없습니다. 사무엘도 이것을 알고 있었기 때문에 그곳에 갈 수 없었던 것입니다. 요즘 우리나라 지도자의 특징은 거짓말을 너무 잘한다는 것입니다. 잠시 기자들의 질문을 피하거나 혹은 정치적인 어려움을 피하기 위해 잠시 후면 곧 들통이 날 것도 얼굴색 하나 변하지 않고 태연하게 거짓말을 합니다. 어떤 때는 목회자들도 거짓말을 합니다. 그러나 요즘은 옛날과 달라서 사람들이 얼마나 정보에 빠르고 거짓말을 잘 찾아내는지 모릅니다. 그리고 이 거짓말을 잘하는 사람들은 더 이상 사람들의 머리에서 기억이 될 가치가 없게 됩니다. 그들은 모두 거짓말쟁이기 때문입니다.

그래서 하나님은 사무엘에게 사울을 따돌릴 방법을 가르쳐주셨습니다. 그것은 사무엘에게 아무 말도 하지 말고 암송아지를 한 마리 끌고 가라는 것입니다. 누군가가 사무엘에게 어디 가느냐고 물으면 제사 지내러 간다고 이야기하면 되는 것입니다. 이것은 거짓말이 아니기 때문입니다. 암송아지를 끌고 가는 자체가 제사 드리러 가는 것을 말해주기 때문입니다. 그리고 하나님은 사무엘에게 베들레헴에서 오랫동안 제사 드리지 못해서 축복의 제사 드리러 왔다고 하면서 이새의 식구들을 초청하라고 하셨습니다.

예수님은 제자들에게 붙들려가거든 무슨 말을 해야 할지 걱정하지 말라고 말씀하셨습니다. 왜냐하면 너희 안에 계신 성령께서 하실 말씀을 주실 것이기 때문이라고 했습니다. 만일 성령께서 하실 말씀을 주시지 않으면 어떻게 해야 합니까? 그때는 가만히 있는 것이 답입니다. 우리는 하나님의 말씀을 전할 때 말재간이니 논리 같은 것은 중요하지 않습니다. 왜냐하면 성령께서 그중에서 들을 자에게 듣게 하시기 때문입니다. 그리고 우리가 하나님의 말씀을 가지고 전했다면 반드시 은혜받은 자가 있다는 것을 믿어야 합니다. 내가 설교를 잘했다거나 못했다거나 하는 것으로 걱정할 필요가 없는 것입니다.

이제 하나님은 사울을 하나님의 계획에서 따돌리셨습니다. 그 이유는 이제 그가 하나님 앞에서 가치 없는 자가 되었기 때문입니다. 하나님의 말씀을 듣지 않는 자는 하나님의 계획에서 소외되는 것입니다.

드디어 사무엘이 베들레헴에 갔을 때 그곳은 난리가 났습니다. 왜냐하면 사무엘은 온 이스라엘이 존경하는 선지자였기 때문입니다. 베들레헴 장로들은 떨면서 사무엘에게 "평안 때문에 오셨습니까?"라고 물었습니다. 아니면 "우리가 야단맞을 일이 있거나 재앙 맞을 일이 있어서 오셨느냐?"는 뜻입니다. 사무엘은 평안이라고 하며 함께 제사를 드리자고 하면서 이새의 가족들을 초청하라고 했습니다.

3. 사람을 외모로 보지 말라

사무엘은 이새의 가족들과 베들레헴의 유명한 집 식구들을 제사에 초청하고 함께 하나님께 제사 드렸습니다. 그리고 아마도 사무엘은 간단하게 하나님의 축복 말씀도 전했을 것입니다. 그리고는 거기에 온 사람들을 소개해주면 좋겠다고 해서 집집마다 아들들이나 딸들을 소개한 것 같습니다. 아마 젊은 사람들에게는 이 시간이 가장 중요한 시간이었을 것입니다.

드디어 이새의 집안 순서가 되어서 이새의 맏아들 엘리압이 사무엘 앞에 소개되어 나왔습니다. 사무엘은 이새의 맏아들 엘리압을 보고 그가 얼마나 키가 크고 잘 생겼는지 과연 하나님께서 기름 부으실 사람이 이 사람이구나라고 생각했습니다. 그러나 하나님은 사무엘에게 "사람의 키나 용모를 보지 말라"고 하면서 "그 사람은 내가 정한 사람이 아니라"고 말씀하셨습니다.

16:6-7, "그들이 오매 사무엘이 엘리압을 보고 마음에 이르기를 여호와의 기름 부으실 자가 과연 주님 앞에 있도다 하였더니 여호와께서 사무엘에게 이르시되 그의 용모와 키를 보지 말라 내가 이미 그를 버렸노라 내가 보는 것은 사람과 같지 아니하니 사람은 외모를 보거니와 나 여호와는 중심을 보느니라 하시더라"

아마 이새의 맏아들 엘리압은 잘 생기기는 잘 생겼던 것 같습니다. 그리고 키도 아주 컸던 것 같습니다. 그러나 하나님은 이미 엘리압의 인간 됨됨이를 오래전부터 지켜보셨던 것입니다. 그런데 하나님은 엘리압의 속은 겉과 달리 옹졸하고 비열하며 거짓된 것을 많이 보셨으므로 그에 대해 실망하셨습니다. 그래서 하나님은 이미 엘리압을 버리셨습니다.

그러면서 하나님은 아주 중요한 말씀을 하셨습니다. 사람은 그 사람의 외모를 보지만 여호와는 중심을 보신다는 것입니다. 사실 우리가 다른 사람을 보면 외모가 잘생긴 사람을 좋아하게 되어있습니다. 남자나 여자가 잘생기고 키가 크면 훌륭하리라 생각하기 쉽습니다. 그런데 사람을 외모나 조건만 보고 믿었다가 나중에 실망하게 되는 경우가 많습니다. 남자나 여자나 이성 문제에서 깨끗하지 않으면 지저분한 사람이 됩니다. 또 돈 문제에 깨끗하지 않으면 나중에 관계가 매우 나빠지게 됩니다. 그런데 크리스천은 중심을 보는 방법이 있습니다. 어떤 사람이 자기 장점이나 성공에 대하여 말을 많이 하는 것은 겉모습이겠지만 자기가 고난당한 것에 대해 이야기하는 것은 진실한 모습일 가능성이 많습니다.

이새의 두 번째 아들 아비나답이 사무엘 앞에 나와서 소개를 했습니다. 그러나 하나님은 이 사람도 아니라고 하셨습니다. 하나님은 아비나답도 오래전부터 보고 계셨던 것입니다. 그의 허영심이라든지 겉치레를 하나님은 보셨던 것입니다. 세 번째 아들은 삼마였는데 하나님은 이 사람도 하나님께서 택한 사람이 아니라고 하셨습니다.

여기서 우리가 알 수 있는 것은 다른 사람은 그 누구도 내 속을 모르지만 하나님은 오래전부터 보고 계신다는 사실입니다. 하나님의 마음에 가장 합한 사람은 누구일까요? 하나님의 말씀을 가장 사랑하는 사람인 것입니다.

이새는 자기 아들 일곱 명을 모두 사무엘에게 소개했습니다. 그러나 하나님은 전부 아니라고 말씀하셨습니다. 이것이야말로 귀신이 곡할 노릇이 아닐 수 없습니다. 하나님은 이새의 아들 중에서 기름 부을 사람이 있다고 말씀하셨는데, 이새의 아들 일곱을 다 소개했는데도 하나님은 아니라고 하시는 것입니다. 여기에 하나님의 말씀과 현실 사이에 모순이 생기게 됩니다. 하나님은 이새의 아들 중에 있다고 말씀하셨는데 그중에 없는 것입니다. 보통 사람 같으면 무슨 착오가 있다고 생각하고 돌아가서 다시 생각해보자고 할지도 모릅니다. 그러나 이럴 때 중요한 것은 물어보는 것입니다. 사무엘은 이새에게 물어보았습니다. "아들이 많은데 이 아들이 전부냐, 혹시 빠진 아들이 없느냐?"

그랬더니 아주 중요한 사실을 듣게 되었습니다. 사실은 막내가 하나 더 있다는 것이었습니다. 그러나 너무 어리고 못생겨서 오늘 이 귀한 자리에 함께 못하고 양을 치고 있다는 것이었습니다.

> 16:11, "또 사무엘이 이새에게 이르되 네 아들들이 다 여기 있느냐 이새가 이르되 아직 막내가 남았는데 그는 양을 지키나이다 사무엘이 이새에게 이르되 사람을 보내어 그를 데려오라 그가 여기 오기까지는 우리가 식사 자리에 앉지 아니하겠노라"

다윗은 아버지에게도 아들 취급을 받지 못하고 있었습니다. 그는 하인이나 종이나 마찬가지였습니다. 그러나 하나님은 다윗의 됨됨이를 보셨습니다. 바로 이 사람이 이스라엘의 부흥을 일으킬 사람이었던 것입니다.

> 16:12, "이에 사람을 보내어 그를 데려오매 그의 빛이 붉고 눈이 빼어나고 얼굴이 아름답더라 여호와께서 이르시되 이가 그니 일어나 기름을 부으라 하시는지라"

막내 다윗이 들어오는데 사무엘이 보니까 참 멋있어 보였습니다. 그는 일단 건강했습니다. 얼굴이 붉다는 것은 뺨이 붉어서 혈색이 좋다는 뜻입니다. 매일 게임이나 해서 햇빛을 보지 못해서 허연 얼굴이 아니었습니다. 그리고 눈이 빼어나고 아주 맑다고 했습니다. 그것은 욕심이 없고 나쁜 생각을 하지 않는다는 뜻입니다. 그리고 얼굴이 아름다웠습니다. 이것은 기생오라비같이 생겼다는 것이 아니라 당당하게 생겼다는 뜻입니다. 남자는 당당해야 합니다. 너무 우쭐거리거나 가벼워서도 안 되고 비겁해서도 안 되고 아첨하려고 해서도 안 되는 것입니다.

이에 사무엘이 기름병의 뚜껑을 열고 다윗에게 기름을 부으니까 하나님의 영이 다윗에게 강하게 임했습니다. 다윗은 이 순간부터 훨씬 더 성숙하고 강한 사람이 되었던 것입니다. 하나님은 나의 중심을 보십니다. 사람에게 잘 보이려고 하지 마시고 하나님 앞에서 진실한 사람이 되시기 바랍니다.

27

사울의 고통

삼상 16:14-23

요새 암보다 더 무서운 병은 바로 우울증입니다. 왜냐하면 암에 걸리면 살려고 하는 의지라도 있어서 많은 환자가 수술받아서 완치되지만 우울증은 자기 자신이 살려고 하지 않고 순간적으로 죽음을 선택해버리기 때문입니다. 우리나라는 암으로 죽는 사람보다 우울증으로 자살하는 사람이 훨씬 더 많습니다.

우울증은 겉으로 보면 멀쩡하고 전혀 아픈 사람이 아닌 것 같습니다. 그러나 그 속은 어딘가 꽉 막혀 있고 안에서 부글거리면서 터지려는 것입니다. 그러다가 이것을 견디지 못하면 삶을 포기하려고 하므로 굉장히 위험한 병입니다. 그래서 자살을 많이 하는 한강 다리에는 '한 번만 더 생각하자'라는 글귀가 적혀 있다고 합니다. 하여튼 우울증은 현대의 병인데 스트레스나 자신의 성격으로 생기는 병이고 피할 수 없습니다.

오랫동안 사람들은 마음도 육체처럼 병이 들 수 있다는 것을 인정하지 않았습니다. 그래서 부모는 자녀에게 돈이나 주고 공부만 하게 하면 할 수 있는 것을 다 한 것으로 생각했습니다. 그러나 사람의 마음도 육체처럼 병이 드는데 이것은 본인도 병든 것을 잘 모를 뿐 아니라 주위 사람들도 전혀 알지 못합니다. 더욱이 이 마음의 병을 치료하는 것은 보통 어려운 일이 아닙니다. 우리나라는 두 사람 중 하나는 거의 우울증에 걸려 있다고 보아야 할 것입니다.

사울 왕은 이스라엘 백성이 모두 사모하고 동경하는 이스라엘의 왕이 되었습니다. 사울은 여러 번의 전쟁에서 승리해서 명성을 날렸고, 주위에는 유명한 장수들을 뽑아서 부하로 삼으면서 그 권세가 대단했습니다. 사울은 인간으로 보기에는 부족한 것이 아무것도 없었습니다. 그러나 문제는 그도 인간이었다는 사실입니다.

사울은 남이 알지 못하는 병에 걸려서 고통받고 있었습니다. 그것은 바로 히스테리성 우울증이었습니다. 처음에는 아무도 사울의 병을 알지 못했는데 점점 그 증세가 심해지는 바람에 그의 측근들도 그 병을 알게 되었습니다. 그런데 사울은 키도 다른 사람의 머리 하나는 더 컸지만 체력도 아주 뛰어난 사람이었던 것 같습니다. 사울은 이런 히스테리를 앓으면서도 자살 같은 극단적인 선택을 하지 않고 끝까지 살았습니다. 그러다가 나중에 블레셋과 전쟁하면서 패배하게 되었을 때 자신의 칼 위에 엎드려져 자살로 파란만장한 생을 마치게 됩니다.

1. 하나님이 부리시는 악령

처음 하나님이 사울을 왕으로 부르실 때 성령이 그에게 강력하게 임하면서 그는 춤도 추고 더워서 옷을 벗기도 하고 예언을 하기도 했습니다. 여기서 예언이라는 것은 일종의 엑스터시에 빠지는 것인데, 일종의 입신(入神)을 하는 것입니다. 그리고 사울은 하나님의 능력이 임하는 것도 체험해서 여러 번 전쟁에서 이겼습니다. 그리고 사울은 이스라엘의 영웅이 되었습니다.

그러나 사울은 하나님의 시험에서 떨어져 버렸습니다. 하나님께서 사울에게 아말렉을 치라고 하시면서 사람도 다 죽이고 양과 소와 가축도 다 죽이라고 명령했는데, 사울은 사람들을 기쁘게 하려고 좋은 가축은 다 살리고 아각 왕도 죽이지 않고 살려서 포로로 잡아 왔던 것입니다. 사울이 하나님의 시험에 불합격한 후부터 사울에게는 성령의 임재가 사라져버렸습니다. 그런데 사울의 이 시험은 결정적인 것이 아니었습니다. 이후에라도 사울이 얼마든지 하나님의 뜻을 찾아서 순종하면 회복이 가능한 것이었습니다. 그러나 사울은 자신의 생각을 바꿀 마음이 전혀 없었습니다. 그런 사울에게 성령이 떠난 후유증으로 히스테리가 생기기 시작했습니다.

16:14. "여호와의 영이 사울에게서 떠나고 여호와께서 부리시는 악령이 그를 번뇌하게 한지라"

하나님의 성령이 사울에게서 떠나면서 그 빈자리를 하나님이 부리시는 악령이 대신하게 되었습니다. 그때부터 사울은 생각이 복잡해지고 의심이 많이 생기게 되고 나중에는 화가 폭발하기 시작했습니다.

그런데 왜 성경은 사울의 우울증을 "여호와께서 부리시는 악령"이라고 했을까요? 아마도 이때만 해도 우울증이라는 것을 잘 몰랐던 것 같고 또 사울에게 나타나는 증세가 귀신들린 것은 아닌데 좋지 않은 분노나 의심으로 나타나니까 여호와께서 부리시는 악령이라고 표현한 것 같습니다. 이 당시에 귀신들린 사람들은 금방 알 수 있었습니다. 이런 사람은 정신도 제정신이 아니고 음성도 변하고 미쳐서 발작하게 되므로 이런 현상은 틀림없이 귀신 들린 것이었습니다. 그런데 사울은 귀신 들린 것은 아니고 정신도 제정신인데 감정의 통제가 되지 않았던 것입니다. 그런데 사울의 이 증세는 늘 나타났던 것이 아니라 가끔 혹은 자주 나타났던 것 같습니다.

전에 제가 알고 있던 한 신학자가 있었습니다. 이분은 특히 청교도 신학과 조직 신학에 정통했습니다. 이분은 오래전에 기도를 뜨겁게 하던 중에 성령의 불을 받았다고 합니다. 그때부터 음성도 커지고 손도 뜨거워졌다고 합니다. 이분은 화란에서 유학했는데 화란에는 산이 없어서 기도할 만한 곳을 찾지 못해서 차를 타고 독일까지 건너가서 나무를 붙들고 소리 지르며 실컷 기도하니까 속이 좀 시원했다고 합니다. 이분은 성령의 역사를 사모했고 부흥을 아주 중요하게 생각했지만 자신의 화를 참지 못했습니다. 누가 자기 말에 반대하거나 또 어떤 일에 화가 나면 얼굴이 벌겋게 되면서 통제가 되지 않았습니다. 성경에 보면 비둘기 같은 성령이라고 했는데 이분에게는 언제나 화의 불이었습니다. 그는 화를 참지 못했습니다. 그분은 그것 말고는 다른 증세는 없는 것 같았습니다. 그래서 지금도 살아계시고 건강하신 줄 알고 있습니다.

그런데 또 다른 신학자 한 분이 계셨는데 이분은 칼빈의 책을 많이 수집했습니다. 그런데 이분은 화를 잘 표현하는 분은 아니지만 스트레스를 많이 받은 것 같습니다. 그는 몇 년 동안 병에 걸려서 집 밖을 나가지 못했는데 부인의 도움을 받지 않으면 옷을 입을 수도 없었다고 합니다. 병원에서는 병명도 모르겠다고 하고 거의 중풍환자 같은 상태에 있었는데, 아마 스트레스성 우울증인 것 같았습니다.

우리가 이것을 통해서 알 수 있는 것은 하나님의 백성도 얼마든지 우울증에 걸릴 수 있고 때로는 자살을 많이 생각한다는 사실입니다. 그러나 많은 경우는 실행에 옮기지 못하지만, 너무 사정이 좋지 못하거나 사탄의 공격이 심하면 자살해버리기도 하는 것이 사실입니다.

사람의 마음에는 감정이라는 것이 있어서 외부의 분노나 충격을 완충해주는 역할을 하게 됩니다. 마치 어머니가 아기를 배었을 때 양수가 있어서 아기를 충격에서 보호해주는 것과 비슷합니다. 그런데 사람이 누구든지 지속적으로 스트레스를 받으면 이런 감정이 다 말라버립니다. 그러면 기분이 좋지 않은 생각을 완충해주지 못하는 것입니다. 그래서 너무 기분이 나쁘고 화가 나고 살 생각이 없는 지경에 이르면 폭발하는 것입니다. 그런데 하나님의 백성에게는 바로 이런 분노나 우울증을 치료해주는 것이 있는데, 그중에 예배가 아주 중요합니다.

대개 사람들이 우울증에 걸리는 것에 가장 큰 요인으로 스트레스가 있습니다. 특히 사람으로부터 지속적으로 상처를 받는다거나 혹은 성공을 위해서 자기 스스로 스트레스를 오랫동안 준다면 쉽게 우울증에 걸리게 됩니다. 혹은 이미 성공을 한 후에 삶의 목표가 없어졌을 때도 우울증이 찾아오게 됩니다. 그리고 마음속으로 미래에 대한 염려가 있으면 우울증이 오기도 합니다. 대개 성공한 사람이 자살하는 것은 내 인생의 목표를 다 이루었다는 허탈감 때문에 오는 경우도 있고, 지금은 정상에 있지만 곧 떨어질 것 같은 불안이 있기 때문에 그 압박감을 이기지 못하고 자살하기도 합니다.

특히 하나님의 종 같은 경우에는 하나님의 말씀을 전하고 큰 부흥이 일어날 때는 그렇게 기쁠 수 없고 성령에 충만합니다. 그러나 그 시간이 다 끝나고 숙소로 돌아가면 허전하고 아무것도 할 수 없다는 것이 견딜 수 없게 만들기도 합니다. 그래서 대개 하나님의 종들은 자신의 진액이 다 빠질 때까지 하나님의 말씀을 전하는데 그러다가 완전히 기름이 떨어지게 되면 병이 나든지 아니면 죄를 짓든지 하게 됩니다. 왜냐하면 그 중간 상태는 없기 때문입니다.

오늘 사람들은 마음에 사랑이 없습니다. 사람들은 잘살게 되었지만 사랑이 고갈되어서 자녀나 제자나 부하에게 많은 스트레스를 줍니다. 이것이 사실 그들을 죽여가고 있는 것입니다. 그런데 예배를 드리면 성령이 임하시기 때문에 얼마든지 살 수 있습니다. 오히려 고통은 있지만 절대로 죽지는 않습니다.

특히 성격적으로 모든 것이 완벽해야 직성이 풀리는 사람들은 우울증에 걸리기 쉽습니다. 그래서 이런 사람은 방 청소를 하지 않는다든지 방 안을 돼지우리처럼 해 놓고 사는 법을 배워야 합니다. 그런데 나중에 실제로 그렇게 됩니다. 왜냐하면 나중에 병이 오면 손가락 끝 하나 움직이고 싶지 않기 때문입니다. 그리고 고무줄이 끊어져도 좋은 의사를 만나서 약을 먹으면 정상적으로 살아갈 수 있습니다.

그런데 세상 사람 중에는 자신이 높은 자리에 있거나 성공했다고 해서 갑질을 하거나 모든 것을 자기 뜻대로 해야 직성이 풀리는 사람들이 있습니다. 그 사람들도 자기가 하나의 인간에 불과하다는 것을 깨달아야 합니다. 왜냐하면 그렇게 하지 않으면 자꾸 죄를 짓게 되기 때문입니다. 이런 사람들은 평범한 삶으로는 만족하지 못하고 자꾸 법을 어겨야 자기가 특별한 것 같고 우월한 기분이 들기 때문입니다. 그러다가 나중에는 수습할 수 없게 되는 것입니다.

그나마 사울에게 다행스러운 것은 우울증이 오기는 했지만 히스테리성으로 왔다는 것입니다. 이것은 늘 우울해서 자기 가슴을 답답하게 하는 것은 아니었습니다. 사람 중에 우울증이 병으로 오면 견디기 어려운 경우가 있습니다. 그러나 사울은 늘 히스테리가 온 것은 아니고 예측은 할 수 없지만 가끔씩 찾아왔던 것입니다. 그리고 사울은 이 히스테리를 발작을 통해서 다른 사람들에게 다 분풀이를 했습니다. 사울은 소리를 지르기도 하고 창이나 물건을 던지기도 하고 부수기도 하면서 분풀이를 했기 때문에 자살할 생각은 들지 않았던 것 같습니다. 대개 자살하는 사람들은 남에게 말을 하지 않고 참는 사람이지, 분풀이하고 히스테리를 부리거나 갑질을 하는 사람들은 자살은 하지 않는다고 합니다.

2. 사울의 우울증 치료

다른 사람들이 보기에 사울은 부족한 것이 없는 사람이었습니다. 그는 이스라엘에서 가장 존경받는 왕이었고 재산도 많았고 키도 컸고 이스라엘의 영웅이었습니다. 그러나 문제는 그도 인간이었기 때문에 자기 자신을 다스릴 수 없었다는 것입니다. 그는 자기감정 즉 자기 자신의 분노와 의심과 히스테리를 다스릴 수 없었습니다. 그래서 자기 신하들 앞에서 자주 히스테리를 폭발시켰습니다. 결국 신하들도 왕이 정상적인 상태가 아니라는 것을 알게 되었습니다. 그래서 그들은 왕에게 이 히스테리 발작을 치료해야 하지 않겠느냐고 제안하게 되었습니다.

사울의 히스테리를 치료하는 방법은 여러 가지가 있을 수 있습니다. 그중에 가장 중요한 방법이 성전에 올라가서 기도하고 찬송하고 말씀을 듣는 것입니다. 다윗도 성령이 그를 떠나신 것 같았을 때 "주의 성령을 내게서 거두지 마시며"라고 외치며 기도했습니다. 사울이 성전에 올라가서 하나님께 자신의 영혼이 고갈되었다는 것을 고백하고 성령을 회복시켜 달라고 기도했으면 하나님께서 또 엑스터시를 주셨을지 모릅니다. 그러나 사울의 신하들은 성전으로 올라가자는 말을 하지 않았습니다. 그들은 성령을 믿지 않았기 때문입니다. 그들은 전쟁은 잘할 수 있었지만 성령의 능력은 믿지 않는 사람들이었습니다.

사울의 신하들은 사울에게 음악 치료의 방법을 권했습니다. 즉 왕이 어디를 가거나 움직이지는 않고 악기 연주를 잘하는 사람을 불러서 왕의 상한 마음을 치료받게 하는 것입니다. 이것도 좋은 방법이지만 음악을 모르는 사람이나 혹은 음악의 영성이 잘 맞지 않으면 역효과가 날 수도 있을 것입니다.

16:16, "원하건대 우리 주께서는 당신 앞에서 모시는 신하들에게 명령하여 수금을 잘 타는 사람을 구하게 하소서 하나님께서 부리시는 악령이 왕에게 이를 때에 그가 손으로 타면 왕이 나으시리이다 하는지라"

우리가 이것을 통해서 알 수 있는 것은 다행스럽게도 사울은 음악을 좋아했던 사람이었다는 것입니다. 예를 들어서 모차르트가 무엇을 하는 사람인지도 모르는 사람에게 모차르트의 음악을 연주하게 한다면 그 사람의 화는 더 폭발하게 될지도 모릅니다. 요즘은 그림을 그리게 해서 마음을 차분하게 하고 자신의 분노와 감정을 그림으로 표현하게 하는 방법을 쓰는 경우도 많이 있다고 합니다. 그러나 사울은 그림을 그릴 사람이 아닌 것 같습니다. 하여튼 사람이 자기가 아주 좋아했던 음악을 오랜만에 들으면 굉장히 기분이 좋아지고 눈물이 날 때도 있습니다. 그러나 아마 자꾸 들으면 그때는 별로 감동이 오지 않을지도 모릅니다.

하나님의 종들이 우울증이 생기는 가장 큰 이유는 너무 하나님의 일을 하느라고 진을 다 빼버렸기 때문입니다. 그러다가 무슨 실망스러운 일이 생겼을 때나 충격을 받았을 때 낙심되면서 죽고 싶은 마음이 생기게 됩니다. 엘리야 같은 경우에도 3년 반을 참으면서 하늘에서 비가 오지 않기 기도하므로 모욕을 당하고 나중에 하늘에서 불이 떨어져 승리하고 비까지 왔지만 백성이나 왕이 변하지 않은 모습을 보고 로뎀나무 아래서 하나님께 자신을 죽여 달라고 간구했습니다.

스펄전 목사 같은 경우는 너무 많은 교인에게 설교하면서 진을 다 빼게 됩니다. 스펄전은 턱수염을 길렀는데 그러면 목이 좀 따뜻하게 보호된다고 합니다. 그런데 그때 《종의 기원》이 발행되고 기독교가 성경을 부인하고 세상이 난리가 났습니다. 그때 스펄전은 그들과 논쟁을 하면서 진을 더 빼게 되고 고질적인 통풍으로 고통받다가 지팡이가 미끄러져서 넘어져서 앞니가 다 부러지게 됩니다. 그리고 삼 년 정도 더 살다가 결국 죽게 됩니다. 그런데 막상 스펄전이 죽었을 때는 얼마나 많은 사람이 조문을 왔던지 장례 예배를 한 번에 다 드리지 못하고 일곱 번인가 나누어서 드렸다고 합니다.

교인들이 대개 영적인 침체에 빠지는 이유는 하나님의 말씀을 지속적으로 듣지 못하기 때문입니다. 아무리 신앙이 좋은 사람이라 하더라도 복음을 듣지 못하면 침체가 오게 되고 나중에는 이 세상에 살아야 할 의욕을 잃어버리면서 죽고 싶은 마음이 들게 됩니다. 그때는 무조건 복음이 있는 교회를 찾아서 복음을 들어야 살 수 있습니다.

교인 중에도 너무 오래 병중에 있거나 혹은 죄를 지은 경우에도 침체가 오게 됩니다. 《주홍글씨》라는 소설을 보면 하나님 말씀의 자유를 찾아서 신세계로 떠나간 청교도 사이에서 어떤 젊은 여인이 임신하게 됩니다. 그러나 그 여자는 아무리 욕을 얻어먹고 감옥에 갇히면서도 상대 남자가 누구인지를 밝히지 않습니다. 그런데 이 여자를 사랑했던 남자는 딤즈데일이라는 젊은 목사였습니다. 그는 사람들 앞에서는 의인이었지만 양심의 가책으로 자기 가슴에 상처를 내면서 스스로 고통을 받다가 나중에 심판대에 스스로 올라가서 죽습니다. 다윗의 경우도 음란죄를 저지르고 그것을 완전 범죄로 꾸미려고 충성된 신하까지 죽였지만 그의 죄는 들통나게 됩니다. 결국 하나님은 다윗의 곪은 죄를 터트리셔서 회개하게 하셨던 것입니다.

사울은 신하들의 말을 듣고 그것도 좋은 방법이라고 생각해서 악기 연주를 잘하는 사람을 찾아서 데리고 오라고 했습니다.

3. 다윗의 등장

성경 여러 곳에서 나타나는 것을 보면, 다윗은 악기를 만드는데 천부적인 재능이 있고 또 연주하는데 탁월했던 것을 알 수 있습니다. 물론 옛날에도 수금이나 현악기를 만들어서 파는 데도 있었겠지만 다윗은 모두 자기가 악기를 만들어서 연주했습니다. 그런데 그것을 보통으로 잘 만들거나 연주를 잘 한 것이 아닌 것 같습니다.

우리나라의 어떤 소프라노는 유럽에서 '나비 부인' 오디션에 시험을 치게 되었을 때, 교회에서 말씀을 듣다가 크리스천은 외모를 너무 꾸미면 안 된다는 설교를 듣게 되었다고 합니다. 그때 엄마와 쌍꺼풀 수술을 하러 가기로 되어있었는데 그 자매는 그 말씀에 순종해서 쌍꺼풀 수술을 하지 않고 찢어진 눈으로 오디션을 봤다고 합니다. 그리고 그 자매가 나비 부인으로 뽑히게 되었다고 합니다. 다른 소프라노들이 노래를 다 잘 부르는데 그중에서 가장 동양적인 이미지를 주는 가수는 눈이 찢어진 이 소프라노뿐이라고 생각했다는 것입니다.

신하들은 당장 이새의 아들 다윗을 추천했습니다. 그만큼 다윗의 악기 연주는 뛰어났던 것입니다.

16:18, "소년 중 한 사람이 대답하여 이르되 내가 베들레헴 사람 이새의 아들을 본즉 수금을 탈 줄 알고 용기와 무용과 구변이 있는 준수한 자라 여호와께서

그와 함께 계시더이다 하더라"

사울의 젊은 신하는 방탄소년단이나 싸이를 소개하지 않고 다윗을 소개했습니다. 다윗을 보니까 수금을 잘 타고 용기도 있는데 특히 중요한 것은 여호와께서 그와 함께 하시더라는 것입니다. 즉 다윗은 성령이 있는 사람이었고, 그의 음악의 영성은 하나님을 찬양하는 것이었습니다.

우리는 음악에도 영성이 있다는 것을 알아야 합니다. 그래서 너무 세상적이거나 마귀적인 음악은 벌써 리듬이나 음색 자체가 우리 귀에 맞지 않습니다. 그런데 하나님을 찬양하는 음악은 벌써 음악 자체를 통해서 성령이 역사하시기 때문에 마음에 위로가 되고 치료가 되는 것입니다. 그런데 그런 찬양을 인도하는데 뛰어난 재능을 가진 사람들이 있는 것을 보게 됩니다. 한번은 영국에서 두 곳에서 예배를 드리게 되었는데 한 곳에서는 별로 은혜가 되지 않았습니다. 왜 그랬는지는 이유를 알 수 없었습니다. 그런데 다른 한 곳에서는 여성이 찬양을 인도하는데 마음이 굉장히 위로가 되었습니다.

사울 왕은 사신을 이새에게 보내서 네 아들 다윗을 내게로 보내라고 연락했습니다. 그래서 이새는 다윗에게 한 가죽부대의 포도주와 염소새끼를 나귀에 실려서 사울 왕에게 보내었습니다.

그런데 역시 다윗의 수금 연주는 사울의 히스테리성 발작을 치료하는데 큰 도움이 되었습니다.

16:23, "하나님께서 부리시는 악령이 사울에게 이를 때에 다윗이 수금을 들고 와서 손으로 탄즉 사울이 상쾌하여 낫고 악령이 그에게서 떠나더라"

이 정도면 다윗의 악기 연주는 굉장한 것이었습니다. 그리고 사울이 음악을 들을 수 있는 실력도 대단한 수준이었습니다. 그래서 사울이 다윗을 아주 좋아했다고 하는데 나중에 다윗이 골리앗을 죽이고 왔을 때는 사울이 다윗을 전혀 알아보지 못하게 됩니다. 이것은 어떻게 된 것일까

27 사울의 고통

요? 다윗은 청소년이고 자꾸 자라기 때문에 조금 시간이 지나면 몰라볼 수 있습니다. 우리도 어떤 아이들을 어렸을 때 한 번 보고 그 아이들이 중고등학생이 되었을 때 보면 너무 자라서 몰라보게 됩니다. 또는 성경의 저자가 여러 명이다 보니까 다른 관점에서 적었을 수도 있습니다. 그런데 성경 저자는 억지로 성경을 매끄럽게 통일시키지 않고 모순되는 것은 모순되는 대로 내버려 두었습니다.

우리는 오늘 하나님 앞에서 상한 마음이 다 치료받아서 사탄이 틈을 타지 못하게 하는 성도들이 다 되시기 바랍니다.

28

이길 수 없는 대적

삼상 17:1-30

우리 속담에 "계란으로 바위 치는 격"이라는 말이 있습니다. 아무리 계란으로 바위에 던져도 바위는 꿈쩍하지 않고 계란만 박살 나고 말 것입니다. 그러나 다른 경우도 있습니다. 어떤 사람이 자기가 반대하는 정치인이 지나가는 것을 보고 계란을 던져서 그 얼굴에서 계란 노른자가 질질 흘러내리게 된다면 계란 하나로 대단한 망신을 줄 수 있는 것입니다. 때로는 군인이 소총을 가지고 싸우고 있는데 상대방이 탱크를 몰고 나타났다면 소총을 가지고는 아무 소용이 없을 것입니다. 그때는 빨리 후퇴하든지 도망을 치든지 죽든지 할 수밖에 없을 것입니다.

우리는 때때로 이 세상에서 자기 힘으로는 도저히 감당할 수 없는 큰 어려움을 만날 때가 있습니다. 예를 들어서 어떤 학생은 너무 집에 돈이 없어서 아무리 대학에 들어가고 싶어도 들어갈 수 없을 때가 있을 것이고, 또 어떤 청년은 취직해보려고 수십 군데 이력서를 내보아도 지방대학이라고 해서 떨어지기를 반복할 때 직장은 정말 극복하기 어려운 적이 될 수 있습니다.

예수님의 제자들이 예수님과 함께 배를 타고 갈릴리 호수를 건너가고 있을 때 갑자기 큰 폭풍이 몰아쳤습니다. 이때 제자들은 너무 겁에 질려서 몸부림치다가 나중에 주무시고 계신 예수님을 깨웠습니다. 그때 예수님은 제자들을 책망하셨습니다. "어찌하여 무서워하느냐 믿음이 작은 자들아." 그러면서 바람과 바다를 꾸짖으시니까 즉시 잔잔하게 되었습니다(마 8:23-27). 예수님은 제자들에게 왜 무서워하느냐고 책망하셨습니다. 즉 이런 어려움이 생겼을 때 무서워하지 않는 것만 해도 큰 성공이라는 것입니다. 그리고 이런 어려움이 생겼을 때 우리가 이 어려움보다 더 높은 자리에 있다는 것을 알아야 합니다.

얼마 전에 제가 아는 한 여성을 만났습니다. 이 여성은 미국에서 경영학 석사까지 하고 좋은 회사에서도 일해보고 한국에 와서 미디어 계통에서 대학 교수도 하고 유명한 배우와 영화를 만들기도 했습니다. 그러나 그 여성은 직장을 더 이상 구할 수 없었고 돈도 떨어졌습니다. 그녀는 모든 곳에 원서를 다 냈습니다. 심지어는 유치원에서 일하는 것이나 음식점에서 서빙 하는 것이나 가능한 모든 곳에 원서를 냈지만 다 떨어지고 말았습니다. 그녀는 하나님께 간절하게 기도했지만 응답은 없었습니다. 그러다가 거의 굶어 죽게 되었을 때 비로소 길이 열렸습니다. 그것은 아주 유명한 아트스쿨의 직원이 되는 것이었습니다. 그런데 아직 그 직장에 가려고 하면 한두 달이 남았기 때문에 그동안만 굶어 죽지 않으면 된다고 웃으면서 말했습니다. 길이 열린 것을 알고 기다리는 것은 일도 아닙니다.

1. 블레셋에 나타난 거인

원래 가나안 땅에는 거인족이 살고 있었습니다. 이 거인들은 성질이 포학하고 무자비했습니다. 그런데 여호수아가 가나안 땅을 공격하면서 거인들을 거의 다 죽였습니다. 사실 이스라엘 백성이 이 거인들을 죽인다는 것은 쉬운 일이 아니었지만 그들이 믿음에 충만해서 정신없이 덤벼드니까 거인들도 힘을 못 쓰더니 그 유명한 세 거인이 이스라엘 백성의 손에 맞아 죽었습니다. 그러나 블레셋 사람들의 혈통 중에 그 거인의 유전자가 남아 있었습니다. 그중에서 가장 강했던 자가 오늘 본문에 나오는 골리앗이었던 것 같습니다.

블레셋 군대는 다시 이스라엘로 쳐들어왔습니다. 그 이유는 정상적으로는 블레셋이 절대로 이스라엘에 질 수 없었기 때문입니다. 이스라엘에는 군대가 얼마 없었습니다. 그러나 블레셋에는 정규 군인만 수만 명이나 되었습니다. 블레셋 사람들은 처음에는 이상하게 우박에 떨어져서 지고 그다음에는 마술에 걸린 것처럼 너무나도 이상하게 자기끼리 싸우다가 졌습니다. 이제 블레셋은 정신을 똑바로 차리고 쳐들어왔습니다. 그들의 전략은 가장 힘센 장군을 앞세워서 먼저 이스라엘 백성의 기를 완전히 꺾어 놓은 후에 그들을 노예로 만들든지 죽이든지 할 생각이었습니다. 그래서 이번에 블레셋이 맨 앞에 내세운 장군은 골리앗이라는 거인족이었습니다.

골리앗은 키가 3미터 가까이 되었고 성격도 굉장히 불같고 힘도 무지무지하게 센 장군이었습니다. 이제 이스라엘은 보기만 해도 도저히 이길 수 없는 적과 싸우게 되었습니다. 지금까지 이스라엘이 블레셋을 이긴 것은 그야말로 어찌하다 보니까 자기들도 모르게 이긴 것이었습니다. 사실 이스라엘 백성은 하나님의 능력으로 이겼지만 하나님의 능력은 늘 나타나는 것이 아니었던 것입니다. 이스라엘 백성은 수많은 블레셋 군대와 골리앗을 보았을 때 기부터 죽고 말았습니다.

17:3-4, "블레셋 사람들은 이쪽 산에 섰고 이스라엘은 저쪽 산에 섰고 그 사이에는 골짜기가 있었더라 블레셋 사람들의 진영에서 싸움을 돋우는 자가 왔는데 그의 이름은 골리앗이요 가드 사람이라 그의 키는 여섯 규빗 한 뼘이요"

블레셋 군대는 이번 전쟁에는 서두르지 않았습니다. 그 대신 그들은 싸움을 돋우는 자를 내보내어서 이스라엘을 욕하면서 시비를 걸었는데, 그는 어마어마한 거인이었던 것입니다. 골리앗은 무거운 놋 투구를 썼고 몸에는 비늘로 된 갑옷을 입었는데 갑옷의 무게만 해도 오천 세겔(지금 중량 단위로 약 57kg)이라고 했습니다. 즉 다른 사람들은 무거워서 도저히 입을 수 없는 갑옷을 골리앗은 입고 있었던 것입니다. 골리앗은 그만큼 힘이 센 사람이었습니다. 거기에다가 다리에는 놋으로 된 각반을 찼고 어깨에는 놋으로 된 단창을 매었는데, 온몸에서 놋이 햇빛을 받아서 번쩍번쩍 빛이 났습니다. 어떻게 보면 골리앗은 사람이 아닌 신상처럼 보였습니다. 거기에다가 창을 들었는데 창 자루 굵기만 해도 베틀 채만 해서 다른 사람들은 잡을 수도 없었고 창날 무게만 해도 육백 세겔(지금 중량 단위로 약 6.7kg)이었습니다. 아마 보통 사람은 들기도 힘들었을 것입니다.

골리앗은 쩌렁쩌렁하는 목소리로 이스라엘 백성에게 소리를 쳤습니다. "너희들은 모두 빨리 항복하지, 왜 싸우려고 나왔느냐?"고 하면서 이스라엘에 대한 온갖 욕을 하면서 하나님과 이스라엘 백성을 모욕했습니다. 그리고 이스라엘 백성에게 제안했습니다. 즉 모든 사람이 다 싸울 필요 없이 너희 중에서 가장 강한 사람 한 명만 나와서 나를 죽이면 우리가 너희 종이 되고 내가 그를 죽이면 너희가 우리 종이 되어야 한다는 것이었습니다. 그러나 이스라엘 백성 중에서 감히 골리앗의 말이 틀렸다고 말할 수 있는 사람은 한 사람도 없었습니다.

17:10-11, "그 블레셋 사람이 또 이르되 내가 오늘 이스라엘의 군대를 모욕하였으니 사람을 보내어 나와 더불어 싸우게 하라 한지라 사울과 온 이스라엘이 블레셋 사람의 이 말을 듣고 놀라 크게 두려워하니라"

블레셋 사람들이 골리앗을 내보내서 이스라엘을 모욕한 것은 이스라엘 백성의 기를 죽이고 그들을 비겁하게 만들려는 전략이었습니다. 즉 '우리는 이렇게 강하다. 너희 중에서 덤빌 자가 있으면 한번 나와 봐라!'는 뜻이었습니다. 그리고 블레셋 사람들은 골리앗을 통해서 지금까지 이스라엘 백성이 하나님으로부터 받았던 은혜는 아무것도 아니고 너희들은 지금 거기에 있으면 안 된다고 말하는 것이었습니다. "너희들이 어찌어찌해서 지금 이 자리까지 오게 되었는지 모르겠지만 실력을 한번 봐라. 너희들이 그곳에 있을 자격이 있는지. 너희들이 하나님이 인도하셨다는 말은 거짓말이다. 그것은 우연에 불과하다."고 깔보고 있는 것입니다.

그런데 이스라엘 백성은 이 거인 골리앗 앞에서 반박할 힘이 없었습니다. 결국 이스라엘 백성은 블레셋이 쳐들어오면 도망치다가 잡혀 죽든지 노예가 되어서 팔려가든지 할 수밖에 없었습니다. 이스라엘 백성은 무려 사십일 동안 매일 골리앗의 입술에서 나오는 욕을 얻어먹어야 했습니다.

17:16, "그 블레셋 사람이 사십 일을 조석으로 나와서 몸을 나타내었더라"

골리앗은 아침저녁으로 그 번쩍번쩍 빛나는 놋으로 된 갑옷과 투구를 쓰고 나와서 이스라엘의 하나님과 백성을 모욕하고 저주했습니다. 그런데 이스라엘 백성은 그 말에 한마디도 반박하지 못했습니다. 그 말에 반박했다가는 자기가 나가서 싸우다 죽어야 했기 때문입니다. 이스라엘 백성은 무려 사십 일 동안 똑같은 저주의 말을 듣고도 반박의 말을 전혀 하지 못했습니다. 그러니 이제 그들은 골리앗의 말에 세뇌되어서 자기들은 전혀 별 볼 일 없고 아무 가치 없는 존재라는 생각을 가지게 되었을 것입니다. 즉 이스라엘 백성은 욕을 먹고 저주를 당하는 사십일 동안 모든 자신감을 다 잃고 말았던 것입니다. 이것은 정신적으로 이미 완전히 패배한 것을 말합니다.

요즘 사람들은 다른 사람들로부터 이런 잔소리를 들으면 스트레스를 엄청나게 받습니다. 그리고 나중에는 병에 걸립니다. 그 말 안에 독이 들어 있기 때문입니다. 지금 이스라엘 백성의 마음은 모두 독사의 독이 올라 있어서 퉁퉁 부어 있었고 썩어가고 있었습니다.

2. 할례받지 못한 자에 대한 인식

이때 다윗은 고향 베들레헴에서 양을 치다가 아버지의 심부름으로 그 전쟁터에 오게 되었습니다. 이 당시에는 가족이 군인으로 나가면 양식을 집에서 가져가야 했던 것 같습니다. 아버지는 어린 다윗에게 "네 형이 세 명이나 전쟁터에 나가 있는데 양식도 가져가고 또 위에 있는 상사의 양식도 가져가고 형들이 무사히 잘 있는지 증표를 가져오라"고 심부름을 시켰습니다. 아버지는 아마도 다윗이 전쟁터에 가는 것이 무서워 중간에서 돌아올까 봐 형들의 답장 같은 것을 받아오라고 시켰던 것입니다. 다윗은 집에서도 "네가 할 수 있는 것이 뭐가 있겠느냐"는 식의 무시를 당했던 것 같습니다. 그래서 다윗은 아버지의 심부름으로 형들이 싸우고 있는 전쟁터에 오게 되었습니다.

> 17:17-18, "이새가 그의 아들 다윗에게 이르되 지금 네 형들을 위하여 이 볶은 곡식 한 에바와 이 떡 열 덩이를 가지고 진영으로 속히 가서 네 형들에게 주고 이 치즈 열 덩이를 가져다가 그들의 천부장에게 주고 네 형들의 안부를 살피고 증표를 가져오라"

다윗이 이 양식을 가지고 갔을 때 사울은 블레셋 사람들과 엘라 골짜기에서 싸움을 하고 있는 중이었습니다. 그러나 정식으로 싸우는 것은 아니고 아직도 대치하고 있는 중이었습니다. 다윗이 전쟁터로 가니까 양편 군대가 서로 대치하면서 소리를 지르고 있었습니다. 그때 블레셋 쪽에서 이 거인 골리앗이 나와서 소리를 지르니까 이스라엘 진영이 갑자기 조용해지게 되었습니다. 그 이유는 골리앗의 그 덩치와 힘에 모두 자신감을 잃어버렸기 때문입니다. 골리앗이 그 묵직한 창으로 한번 휘두르면 이스라엘 사람들 대여섯 명은 나가떨어질 것 같았습니다. 그리고 골리앗을 공격할 수 있는 빈틈이 거의 없었습니다. 머리에는 투구를 썼고 온몸은 갑옷을 입었으며 다리에도 각반을 찼고 또 앞에는 방패를 든 자가 막아서 있었습니다.

> 17:23-24, "그들과 함께 말할 때에 마침 블레셋 사람의 싸움 돋우는 가드 사람 골리앗이라 하는 자가 그 전열에서 나와서 전과 같은 말을 하매 다윗이 들으니라 이스라엘 모든 사람이 그 사람을 보고 심히 두려워하여 그 앞에서 도망하며"

그날도 골리앗은 나와서 하나님과 이스라엘 군대를 저주하며 욕을 했습니다. 그런데 이스라엘 백성은 골리앗만 보면 도망하기에 바빴습니다. 왜냐하면 골리앗은 그들이 상대하기에는 너무 강한 자였기 때문입니다. 이스라엘 백성들은 어떻게 해서든지 골리앗 쪽에 서지 않으려고 했습니다. 골리앗 쪽에 선다는 것은 가장 먼저 죽는 것을 의미했기 때문입니다.

그런데 어린 다윗은 골리앗을 무서워하지 않았습니다. 왜냐하면 우리는 참 살아계신 하나님을 믿는 자들이고, 골리앗은 할례도 받지 않은 자로 여겼기 때문입니다.

> 17:26, "다윗이 곁에 서 있는 사람들에게 말하여 이르되 이 블레셋 사람을 죽여 이스라엘의 치욕을 제거하는 사람에게는 어떠한 대우를 하겠느냐 이 할례 받지 않은 블레셋 사람이 누구이기에 살아 계시는 하나님의 군대를 모욕하겠느냐"

아마 이때 사울 왕은 골리앗을 죽이는 자에게는 여러 가지 상을 준다고 약속했던 것 같습니다. 즉 왕의 딸까지 주어서 사위를 삼고 많은 재물도 주고 세금도 면제해준다고 약속했던 것 같습니다. 다윗은 이 상에 귀가 솔깃했습니다. 다윗에게 중요한 것은 우리는 하나님의 할례를 받은 자들이지만 블레셋이나 골리앗은 할례를 받지 않은 자들이라는 사실이었습니다. 다윗은 어떻게 할례도 받지 않은 자가 살아계신 하나님의 군대를 모욕하느냐고 흥분했습니다. 이때 다윗은 할례를 받지 않은 자를 마치 야생동물처럼 생각했던 것입니다. 즉 힘은 세고 사납기는 하지만 야생동물은 머리 하나는 사람을 따라올 수 없는 것입니다.

다윗은 골리앗을 야생동물이라고 생각하니까 무섭지 않았습니다. 다윗은 양을 치면서 야생동물을 잡아보았던 경험이 많았기 때문입니다. 다윗은 골리앗을 무서워하지 않고 오히려 현상금에 더 관심이 있었던 것입니다. 그러나 성령의 기름 부음 받은 사람이 현상금에 더 관심을 가지는 것은 좋은 것이 아닙니다. 기름 부음 받은 사람은 어디까지나 이스라엘 백성에게 관심을 가져야 합니다.

3. 하나님의 임재 경험

다윗이 골리앗 같은 거인을 보고도 무서워하지 않았던 이유는 다윗이 평소에 하나님이 자신에게 임재하는 경험을 많이 했기 때문입니다. 이런 경험이 없었더라면 다윗도 골리앗을 이길 수 없었을 것입니다. 다윗의 형 세 사람도 전쟁터에 와 있었지만 실제로 골리앗을 보니까 무서워서 끽 소리를 낼 수도 없었습니다. 그런데 다윗이 군인도 아니면서 "저 골리앗은 아무것도 아니다. 내가 얼마든지 싸워서 이길 수 있다. 현상금이 얼마나 되냐?"고 주위에 묻고 다니니까 큰 형이 화를 냈습니다.

17:28, "큰형 엘리압이 다윗이 사람들에게 하는 말을 들은지라 그가 다윗에게 노를 발하여 이르되 네가 어찌하여 이리로 내려왔느냐 들에 있는 양들을 누구에게 맡겼느냐 나는 네 교만과 네 마음의 완악함을 아노니 네가 전쟁을 구경하러 왔도다"

형은 다윗이 전쟁을 구경하러 와서 쓸데없는 소리를 한다고 하면서 다윗에게 불같이 화를 냈습니다. 즉 자기가 전쟁을 하지 않으니까 무슨 소리든지 할 수 있다는 것입니다. 사람은 다른 사람의 문제에 대해서는 얼마든지 이런 소리 저런 소리 할 수 있지만 막상 자기 자신이 그 경우를 당하면 너무나도 속이 타서 입안에서 불이 나오게 되는 것입니다. 형은 다윗에게 너는 못된 아이라고 하면서 남들은 죽느냐 사느냐 하는데 너는 구경이나 하려고 한다며 심하게 책망했습니다.

그러나 다윗에게는 경험이 많이 있었습니다. 그것은 바로 하나님께서 자기에게 임재하는 경험이었습니다. 다윗은 혼자 들판에서 양을 치다가 사자나 곰이나 맹수들의 습격을 받을 때가 자주 있었습니다. 물론 처음에는 다윗도 맹수들이 무서웠습니다. 그런데 다윗이 맹수를 가로막고 작대기를 들고 소리를 지르면 사자나 곰도 마음대로 덤벼들지 못했습니다. 그리고 다윗이 더 자신감을 얻게 되었을 때 사자나 곰이 양 새끼를 물고 가면 뒤를 따라 달려가서 수염을 잡고 사자와 곰을 때려죽이기도 했습니다.

그런 가운데 다윗은 혼자 양을 치면서 무수히 연습한 것이 하나 있었습니다. 그것은 바로 물맷돌 던지기였습니다. 다윗은 조금 거리가 떨어진 데 있는 곰이나 사자나 늑대를 물맷돌로 백발백중시키는 실력을 가지게 되었습니다. 이것은 무수한 연습으로 된 것이었습니다.

다윗은 단 한 번도 실수가 없습니다. 그것은 하나님께서 다윗과 함께하셨기 때문입니다. 다윗은 이번에 골리앗도 어떤 방식으로 이기느냐 하는 것이 문제이지 하나님께서 함께하시기 때문에 이기는 것은 틀림없다고 믿었습니다. 골리앗이 자기 힘만 믿고 하나님과 할례받은 자들을 공격한 것은 큰 실수였던 것입니다. 골리앗은 야생동물에 불과했기 때문입니다. 그들은 하나님의 백성을 보면 도망가야 사는데 사십일 동안이나 저주하고 욕을 했다는 것은 너무 자기 자신을 몰랐던 것입니다.

다윗은 사울 왕에게 이렇게 설명을 했습니다.

17:37, "또 다윗이 이르되 여호와께서 나를 사자의 발톱과 곰의 발톱에서 건져내셨은즉 나를 이 블레셋 사람의 손에서도 건져내시리이다 사울이 다윗에게 이르되 가라 여호와께서 너와 함께 계시기를 원하노라"

오늘 우리가 사는 세상에도 우리 힘으로는 도저히 극복할 수 없는 대적이 있습니다. 그러나 그들이 할례받지 않은 자들인 이상 반드시 허점이 있습니다. 우리는 그 허점을 알아야 합니다. 그리고 우리는 자꾸 하나님이 임재하시고 기도에 응답하시는 연습을 꾸준히 해야 합니다. 그렇지 않으면 큰소리만 치게 되지 실전에는 약하게 됩니다.

그러나 예수님은 산상보훈에서 악한 자를 대적하지 말라고 하셨습니다. 악한 자가 오른편 뺨을 때리면 왼편 뺨을 돌려대며 겉옷을 가지려고 하면 속옷까지 벗어주라고 했습니다. 그 이유는 우리에게는 더 큰 상급이 있고 더 중요한 것이 있기 때문입니다. 그들은 우리가 상대할 대상이 되지 못하는 것입니다. 우리가 싸울 대상은 악한 영들이고 마귀이며 우리 안에 있는 교만입니다. 하나님이 우리에게 야간투시경을 주셔서 밤에도 사탄을 보게 하시고, 사탄을 이기면 모든 것을 다 이길 수 있는 것입니다. 사탄을 이기시는 성도들이 다 되시기 바랍니다.

29

거인과의 싸움

삼상 17:31-58

우리가 이 세상을 살다 보면 큰 환난을 한두 번 당하게 됩니다. 이때 어려움에 겁을 집어먹고 도망을 치는 사람들이 있습니다. 어떤 사람은 게임으로, 어떤 사람은 자살로, 어떤 사람은 술로, 어떤 사람은 노숙자가 되는 것으로 현실에서 도피해버립니다. 그러면 그 사람의 인생을 망치게 됩니다. 우리가 어려움이 와도 무서워하지 말고 하나님의 말씀 속으로 들어가면 그 안에서 그 어려움을 풀 수 있는 하나님의 열쇠를 찾을 수 있습니다. 그 열쇠를 찾아서 돌리면 되는 것입니다.

어떤 분은 어렵게 공부를 해서 박사학위를 얻었습니다. 그러나 그에게 대학교수 자리는 하늘의 별 따기와 같았습니다. 그래서 시간 강사를 하고 있었는데 그것마저도 법이 바뀌면서 오래 할 수 없게 되었습니다. 그래서 택배와 야간운전을 하면서 근근이 살아간다고 했습니다. 또 어떤 분은 신학박사가 되었는데 시간 강사도 못하게 되니까 택배를 하다가 다른 차가 음주 운전을 하고 달려오는 바람에 교통사고가 나서 아깝게 목숨을 잃고 말았습니다.

미국에서는 종종 정신이 이상한 사람이 권총이나 기관총 같은 것을 잔뜩 들고 와서 술을 마시는 곳이나 학교에서 사람들을 무차별로 쏘아 죽인 기사를 볼 수 있습니다. 사람이 아무리 빠르다고 해도 총알보다는 더 빠를 수 없습니다. 그래서 많은 사람이 아무 이유도 없이 총에 맞아 죽게 됩니다. 그럴 때 쓰는 말이 "그 사람은 잘못된 시간에 잘못된 장소에 있었다"는 말입니다. 우리말로 번역을 하자면 "운이 나빴다"는 뜻입니다.

우리는 때때로 내 힘으로는 절대로 감당할 수 없는 어려움을 만날 때가 있습니다. 그것이 공부의 문제일 수도 있고 직장의 문제나 사업의 문제나 전쟁의 문제일 수도 있습니다. 그런데 우리가 하나님을 믿는다고 해서 나를 괴롭히는 상대를 때려눕히거나 전쟁을 막을 수 있을까요? 우리는 하나님을 믿는 믿음 하나만으로 미래를 헤쳐나갈 수 있을까요?

한번은 아주 관심 있는 이야기를 듣게 되었습니다. 그것은 아시아 최고 부자라는 알리바바 쇼핑몰로 성공한 마윈의 말이었습니다. 그는 항상 실패만 했다고 했습니다. 그는 초등학교 시험에 2번 낙제했고, 중학교 시험에는 3번, 대학도 삼수해서 들어갔을 정도로 낙제생이었습니다. 또 그는 하버드대에 열 번 지원했다가 열 번 모두 거절당했으며 대학 졸업 후 30개 이상의 일자리에 지원했지만 모두 떨어졌다고 했습니다. 그리고 유명 프랜차이즈 판매점 직원채용에서 지원자 24명 중 23명이 고용되고 한 명이 떨어졌는데 그 한 명이 바로 마윈이었습니다. 또 경찰이 되려고 지원했을 때 5명 지원자 중에서 자기 혼자만 떨어졌다고 했습니다. 그 후에도 그는 몇 번 경찰에 지원했지만 그때마다 떨어졌다고 합니다. 그는 잘 생기지도 못했고 대단한 능력도 없는 열등생이었습니다. 그러나 그에게는 끈질긴 데가 있었습니다. 그리고 아무리 떨어져도 또 도전하는 낙관적인 마음이 있었습니다. 그는 마침내 알리바바라는 쇼핑몰로 중국 최대의 기업가로 성공하게 되었습니다.

오늘 우리에게 중요한 것은 우리가 하나님을 믿는 믿음 하나로 이 어려운 현실 가운데서 전쟁을 막고 내 힘으로 도저히 극복할 수 없는 어려움을 이겨내고 성공할 수 있느냐는 것입니다. 즉 우리에게 과연 하나님은 어떤 존재이며 하나님의 이름은 어떤 힘을 가지고 있느냐 하는 것입니다.

이스라엘 백성은 막강한 힘을 가진 블레셋 군대와 싸우게 되었습니다. 거기에다가 블레셋 군대는 거인족을 내세워서 이스라엘 백성을 위협했습니다. 그 거인 골리앗은 무려 사십일 동안 매일 전쟁터 앞에 나와서 하나님과 그 백성을 모욕하고 위협했습니다. 이스라엘 백성 중에서 이 거인에게 반박할 수 있는 사람은 아무도 없었습니다.

그런데 마침 그때 다윗이 아버지의 심부름으로 형들에게 먹을 것을 가지고 그 전쟁터에 오게 되었습니다. 다윗은 이상하게도 골리앗이 하나도 무섭지 않았습니다. 그리고 다윗은 주위 사람에게 자기는 골리앗과 싸워서 이길 수 있다고 말을 했습니다. 그래서 드디어 다윗은 사울 왕을 만나게 되었고 골리앗과 싸우게 되었습니다. 그러나 객관적인 눈으로 볼 때 다윗은 절대로 골리앗과 상대가 되지 않았습니다. 골리앗은 마치 거인 로봇과 같았습니다. 그의 온몸은 놋으로 만든 투구와 갑옷으로 에워싸서 빈틈이 없었고 단창과 긴 창과 칼과 방패로 완전 무장하고 있었습니다. 그러나 다윗은 투구도, 갑옷도 없었고 칼과 창도 없었습니다. 다윗은 싸우러 나갈 때 오직 여호와의 이름으로 나아간다고 소리를 질렀습니다.

1. 만군의 여호와의 이름

전쟁에 나간 이스라엘 사람 중에 감히 거인 골리앗과 싸워서 상대할 수 있는 사람이 없었습니다. 그런데 시골에서 갓 올라온 어린 다윗이 아무 겁도 없이 자기가 골리앗을 상대해서 싸울 수 있다고 하니까 큰 형은 다윗에게 화를 내며 야단만 치고 다른 사람들도 귀담아들으려고 하지 않았습니다. 그러나 다윗이 자꾸 현상금에 관심을 보이고 자기가 진짜 골리앗과 싸울 수 있다고 주장하니까 이 말이 곧 왕의 귀에까지 들어가게 되었습니다. 왕은 다윗을 기특하게 생각해서 부하들에게 한번 데리고 오라고 했습니다. 그러나 다윗을 본 사울 왕은 곧 실망하고 말았습니다. 왜냐하면 척 보기에도 그는 전혀 골리앗의 적수가 되지 못했기 때문입니다. 그런데 이때 다윗의 자세는 달랐습니다. 다윗은 오히려 사울 왕을 위로하는 말을 하였습니다.

> 17:32, "다윗이 사울에게 말하되 그로 말미암아 사람이 낙담하지 말 것이라 주의 종이 가서 저 블레셋 사람과 싸우리이다 하니"

정치를 해보면 모든 사람이 알게 되지만 사람들은 할 수 있는 대로 위에 있는 사람의 눈치만 보든지 아니면 부정적인 이야기만 할 때가 많습니다. 이것은 이것 때문에 안 되고 저것은 저것 때문에 안 된다고 하면서 모두 부정적인 이야기만 하고 책임지려고 하는 사람은 없을 때가 많습니다.

그 당시 사람들은 왕이 얼마나 긴장하고 낙심하며 마음이 상해 있는지 모를 때가 많았습니다. 그래서 부하들은 자꾸 왕에게 무엇을 해 달라고만 하지, 왕이 정작 위로가 필요하다는 것은 깨닫지 못했습니다. 그러나 다윗은 사울 왕을 만났을 때 이미 접근하는 것 자체가 달랐습니다. 다윗은 사울 왕이 저 거인을 상대로 해서 무려 사십일 동안 얼마나 많이 정신적으로 고통을 받았고 시달렸는지 알 수 있었습니다. 그래서 다윗이 사울에게 가장 먼저 한 것은 위로하는 말이었습니다. 막상 '사람'이라고 했지만 사실은 '왕'을 말하는 것입니다. '왕'은 저 거인을 보고 이제는 낙담하지 마시라고 했습니다. 왜냐하면 이 다윗이 나가서 저 거인과 싸워서 왕의 모든 걱정을 다 씻어버릴 테니까 왕은 아무것도 걱정하지 말라고 위로했습니다.

차가 고장 나서 잘 나가지 않거나 무슨 소리를 낼 때 전문가와 아무것도 모르는 사람은 그것을 대하는 자세가 벌써 다릅니다. 아무것도 모르는 사람은 이것도 만져보고 저것도 만져보고 큰일 났다고 하면서 엉뚱한 부속을 갈아 끼울 때가 있습니다. 그러나 아주 실력이 뛰어난 전문가는 이것 때문에 그렇다고 하면서 아주 간단하게 수리하고 수리비용도 얼마 들지 않을 때가 많습니다. 우리 몸이나 자동차나 나라 일에도 마찬가지입니다.

그러므로 어떤 어려움이 생겼을 때는 그 일에 전문적인 지식이나 기술을 가진 사람을 찾거나 상담하는 것이 중요합니다. 우리 교회에는 교회 인테리어 문제에 천부적인 재능을 가진 분이 계십니다. 그분과 의논하면 모든 것을 우리 상상을 뛰어넘는 최고의 수준으로 만들어놓습니다. 그러니까 막상 어디서 부서지거나 고쳐야 할 곳이 생겨도 처음에는 이것을 어떻게 해야 하나 걱정하지만 한번 맡겨보면 상상하지 못한 최고의 작품이 나오는 것입니다. 이것은 목회도 마찬가지입니다.

목회에 있어서 진정으로 부흥의 노하우를 모르는 사람은 이런 프로그램을 도입하고 안 되면 다른 프로그램을 도입하고 교인들을 훈련을 시킨다고 해서 비용은 비용대로 들고 많은 고생을 시킵니다. 그러나 전문적인 지식을 가지고 있는 사람은 교인들을 고생시킬 필요 없이 말씀 하나만 가지고 모든 교인이 행복해지고 부흥이 일어나게 되는 것입니다. 이것은 우리나라 핵문제나 환경 문제도 마찬가지입니다.

하나님의 백성은 다른 사람들을 위로할 수 있어야 합니다. 우리가 다른 사람들의 장점을 보면 얼마든지 위로하거나 용기를 줄 수 있습니다. 그런데 다윗은 정말 하나님의 이름을 자신의 능력으로 생각하고 있었다는 사실입니다. 다윗이 골리앗과 싸우게 되었을 때 골리앗은 그야말로 완전 무장이었고 빈틈이 없었습니다. 그의 투구는 놋으로 만든 투구여서 활로나 창으로 찔러도 구멍이 나지 않는 것이었고 갑옷도 모두 놋 비늘로 되어 있어서 빈틈이 없었습니다. 다리마저도 놋으로 된 각반을 차고 있어서 다리를 공격해도 소용이 없었습니다.

골리앗은 쩌렁쩌렁 울리는 소리로 다윗을 보고 업신여기는 말을 했습니다. "네가 나를 개로 여기고 막대기를 가지고 내게 나아왔느냐 하고 그의 신들의 이름으로 다윗을 저주하고 그 블레셋 사람이 또 다윗에게 이르되 내게로 오라 내가 네 살을 공중의 새들과 들짐승들에게 주리라"(43-44절 참조)고 했습니다. 골리앗은 단창과 창의 명수였습니다. 던지기만 하면 상대방은 백발백중으로 창에 찔려서 죽었습니다. 그가 창을 휘두르고 칼을 휘두르면 어떤 장수도 튕겨나지 않을 수 없었습니다. 그러나 다윗은 지팡이 하나만 가지고 있었습니다. 그는 갑옷도 없었고 투구도 없었고 창이나 단창이나 칼도 없었습니다. 단지 주머니 안에는 물매와 물맷돌이 있었을 뿐입니다. 골리앗이 골짜기가 울릴 정도로 큰소리를 지르는데 다윗은 조금도 기가 죽지 않고 큰소리를 질렀습니다.

> 17:45, "너는 칼과 창과 단창으로 내게 나아 오거니와 나는 만군의 여호와의 이름 곧 네가 모욕하는 이스라엘 군대의 하나님의 이름으로 네게 나아가노라"

이때 다윗이 소리 지른 것이 중요합니다. 하나님의 백성이 승리할 때 그들은 모두 기가 죽지 않고 자신들의 믿음을 선포했습니다. 다윗은 골리앗에게 "네가 모욕하는 이스라엘 군대의 하나님의 이름으로 네게 나아가노라"고 했습니다. 소리를 지르지 못하는 백성은 이미 기가 죽은 것입니다. 하나님의 백성이 소리를 지를 때 하나님의 능력이 나타나게 됩니다.

골리앗은 다윗을 보고 무슨 생각을 했겠습니까? 그는 이미 싸움은 끝이 났다고 생각했을 것입니다. 이스라엘은 어디에서 사람이 없어서 아이를 내보내었는데 그 아이는 갑옷도 투구도 없고 창이나 칼도 없었습니다. 그냥 지팡이만 하나 들고 나온 것입니다. 골리앗이 창으로 한 번만 내려치면 지팡이는 두 동강이 날 것이고 그리고는 이 아이의 머리를 쪼개버릴 것이라고 생각했습니다. 그러나 다윗은 만군의 하나님 여호와의 이름으로 싸우러 나갔습니다. 그런데 만일 하나님의 이름이 아무런 능력을 나타내지 않으면 어떻게 되는 것입니까? 다윗은 그 자리에서 이 무지막지한 사람에게 두 동강이 나고 말 것입니다. 이날이 다윗에게는 마지막 날이 되고 마는 것입니다.

이때 우리는 영의 눈이 열려야 합니다. 우리의 영의 눈이 열리면 골리앗보다 수십 배 크신 분이 골리앗을 내려치려고 주먹을 쥐고 계신 것을 보게 될 것입니다. 즉 엄청나게 크신 분이 우리와 함께 있는 것입니다. 골리앗은 이미 자신의 정체를 이야기했습니다. 골리앗은 다윗에게 "네가 나를 개로 알고 지팡이를 들고 나왔느냐?"고 했습니다. 사실 다윗은 골리앗을 개로 알고 나왔는데 자기가 자기 입으로 "내가 개냐?"고 말하고 있는 것입니다. 악한 사람들은 자신의 정체성을 자기 입으로 말할 때가 많습니다.

다윗은 또 소리를 질렀습니다.

17:47, "또 여호와의 구원하심이 칼과 창에 있지 아니함을 이 무리에게 알게 하리라 전쟁은 여호와께 속한 것인즉 그가 너희를 우리 손에 넘기시리라"

우리 생각으로 전쟁은 무기와 군인들의 수에 달린 것 같습니다. 이것은 어느 정도 틀림없습니다. 그런데 하나님의 백성에게는 전쟁이 다릅니다. 그것은 오직 영의 힘에 달린 것입니다. 그래서 하나님이 힘을 주시면 아무리 강한 군대도 밀릴 수밖에 없는 것입니다.

그래서 하나님은 이스라엘 백성에게 마병이나 군사들의 수를 의지하지 말라고 강조하셨습니다. 실제로 전쟁을 하는데 마병의 수는 아주 중요했습니다. 그러나 하나님은 또 다른 능력이 있다고 말씀하셨는데 그것은 바로 하나님의 능력인 것입니다.

2. 다윗의 전쟁 준비

다윗은 전쟁하기 전에 먼저 준비를 해야만 했습니다. 이때 사울 왕은 어떻게 해서든지 다윗에게 도움되도록 자기가 쓰는 투구를 씌우고 자기 갑옷을 입히고 자기 칼을 매게 했습니다. 그런데 다윗은 너무 작은 아이여서 사울의 투구를 쓰니까 눈이 보이지 않았습니다. 다윗이 사울의 갑옷을 입으니까 옷이 땅에 질질 끌려서 움직이는 데 불편했습니다. 또 사울의 칼을 차니까 너무 길어서 칼을 뽑을 수 없었습니다. 그래도 옛날에는 군인에게 왕의 투구를 써보고 왕의 갑옷을 입고 왕의 칼을 한번 차 본다는 것은 평생의 명예였습니다. 또 옆에서 왕의 옷을 입고 나가서 싸워야 골리앗이 조금 기가 죽을 것이라고 말하는 사람도 있었을 것입니다. 그러나 다윗은 사울 왕의 투구나 갑옷이나 칼이 자기와는 맞지 않는다는 것을 알았습니다.

  다윗은 맹수들과 싸우면서 맹수의 앞발이 얼마나 무서운지 잘 알고 있었습니다. 그 앞발에 한번 걸리거나 찍히면 살이 다 찢어지게 되는 것입니다. 골리앗도 맹수이기 때문에 골리앗의 앞발은 그의 창이나 단창이었습니다. 이것을 피할 수 있는 길은 재빠른 행동밖에 없었습니다. 다윗이 가장 믿을 수 있는 무기는 지팡이이지만 골리앗에게는 통하지 않을 것입니다. 그는 지팡이보다 훨씬 강한 창과 단창을 가지고 있기 때문입니다. 결국 다윗은 왕의 옷을 다 벗어버리고 평소의 자신의 모습이 되었습니다. 그리고 다윗은 냇가로 가서 물맷돌 다섯 개를 골랐습니다. 지팡이가 도움되지 않는다면 이제는 물맷돌을 쓸 수밖에 없었기 때문입니다. 다윗이 물맷돌을 고르면서 그가 한 것이 무엇이겠습니까? 그것은 바로 기도였을 것입니다.

  "하나님, 저는 하나님의 이름을 걸고 싸우겠습니다. 하나님이 살아계심을 나타내기를 원합니다. 제 목숨 하나 죽는 것은 상관없습니다. 단지 하나님의 이름이 욕되지 않게 해주시기 바랍니다. 저 짐승 같은 거인을 이길 수 있는 힘과 용기를 주시기 바랍니다."

  다윗의 무기는 아무도 모르게 하는 기도였습니다. 그리고 그가 기도한 힘으로 골리앗에게 소리를 쳤을 때 골리앗은 잠시 놀란 것 같습니다. 소년치고는 너무나도 담대했기 때문입니다. 골리앗은 약간 정신이 흐릿해진 것 같았습니다.

3. 틀림없으신 하나님

다윗은 거기에 서 있을 수만 없었습니다. 다윗은 빨리 움직여야 골리앗의 발톱에 걸려들지 않기 때문입니다. 골리앗은 이미 중무장을 하고 있었기 때문에 무거워서 천천히 다윗을 향해서 오고 있었습니다. 그런데 다윗은 골리앗을 향해서 아주 빨리 달렸습니다. 빨리 달리는 목표에게는 아무리 단창이나 긴 창을 던져서 맞추기가 쉽지 않습니다. 아무리 골리앗이 싸움에 능한 사람이라 하더라도 빨리 달리는 아이를 맞추기가 쉽지 않았습니다. 아마 골리앗은 다윗을 창으로 맞추려고 자꾸 겨냥했던 것 같습니다. 그때 다윗은 달리면서 주머니에서 물맷돌을 꺼내어서 달리면서 물맷돌을 던졌습니다.

> 17:48-49, "블레셋 사람이 일어나 다윗에게로 마주 가까이 올 때에 다윗이 블레셋 사람을 향하여 빨리 달리며 손을 주머니에 넣어 돌을 가지고 물매로 던져 블레셋 사람의 이마를 치매 돌이 그의 이마에 박히니 땅에 엎드러지니라"

보통 사람이 이마에 돌을 맞으면 피를 흘리며 쓰러질 것입니다. 사실 골리앗은 빈틈이 없었습니다. 그러나 그의 이마는 비어있었습니다. 옛날 투구는 눈 사이에도 쇠가 내려오게 만들었는데 골리앗은 투구만 동그랗게 있었든지 아니면 그가 투구를 좀 들었는지도 모르겠습니다. 다윗은 달려가면서 물맷돌을 던졌기 때문에 정지 동작이 없었습니다. 그야말로 우리가 메이저리그에서 보듯이 공중에서 돌을 던진 것입니다. 아마 다윗은 이번 전쟁에 죽을 각오를 하고 나왔기 때문에 돌을 던지면서 '여호와의 이름으로 맞으라'고 외치면서 온 힘을 다해 던졌을 것입니다. 그런데 이 작은 돌에 엄청난 힘이 있었습니다. 그 돌이 골리앗의 이마 해골을 깨고 이마에 박혀 버린 것입니다.

골리앗이 '악!' 하는 소리를 내면서 쓰러지니까 방패든 부하들은 도망치기 시작했습니다. 다윗은 멈추지 않고 계속 달려가서 쓰러진 골리앗을 자기 발로 밟았습니다. 우리는 악한 사탄의 머리를 발로 밟아야 이기는 것입니다. 다윗은 칼이 없었기 때문에 골리앗의 칼을 빼서 그의 머리를 잘랐습니다. 이런 용기는 소년의 담력으로는 상상할 수 없는 것이었습니다.

그리고 다윗은 골리앗의 머리를 들고 소리를 질렀습니다. '나는 하나님의 능력으로 이겼다'는 것입니다. 이 모습을 본 블레셋 사람들은 또 떨리기 시작했습니다. 저런 조그만 소년이 거인을 이겼다면 이스라엘은 얼마나 강한 족속입니까? 더욱이 오늘은 하나님께서 일하시는 날이었습니다. 블레셋 사람들은 전부 살려고 도망치기 시작했습니다. 그러니까 이스라엘 백성은 전부 용기를 내서 블레셋 군대를 추격하기 시작했습니다. 그날 길에는 블레셋 사람들의 시체와 부상병으로 덮여 있었습니다. 역시 만군의 여호와의 이름은 살아 있었습니다. 하나님의 이름은 수천 발의 대포보다 더 위력이 있었습니다.

오늘 우리에게 중요한 것은 과연 오늘 우리에게도 하나님의 이름이 이런 능력이 되고 있느냐 하는 것입니다. 우리나라가 지금까지 망하지 않은 것은 하나님의 능력 때문입니다. 하나님은 우리에게 말을 많이 사지 말라고 하셨습니다. 군대의 수도 중요하지 않다고 하셨습니다. 우리에게는 핵무기도 중요하지 않습니다.

오늘 우리에게 하나님께서 영의 눈을 열어주셔서 엄청나게 크신 하나님의 능력을 볼 수 있게 되기를 바랍니다. 앞으로도 우리는 기도하면서 하나님의 능력을 구해야겠습니다. 우리는 끝까지 부흥을 구하고 우리나라가 핵무기로 무너지지 않고 전쟁이 터지지 않도록 끝까지 기도로 승리해야겠습니다.

30

승리 후의 시험

삼상 17:55-18:16

사람에게는 모두 자신이 최고가 되고 남들이 자기보다 못하기를 바라는 시기심이 있습니다. 이 시기심은 굉장히 위험한 것입니다. 왜냐하면 모든 모략과 나쁜 계획이 다 이 시기심에서 나오기 때문입니다. 그래서 어떤 사람이 멋도 모르고 높은 자리에 올라가서 잘난 체하다가는 다른 사람이 그의 과거의 잘못을 다 캐내어 폭로하면 그의 인생은 망하고 마는 것입니다. 이런 시기심은 정치계에 가장 심하지만 운동선수에게도 많이 나타나게 됩니다.

어떤 선수가 실력이 출중해 모든 상을 다 쓸어 담으면 팬들이 엄청 많이 생기고 좋은 평판을 얻게 됩니다. 그러나 실제로 그때부터 그는 엄청난 시기에 시달리게 됩니다. 그래서 자기편에서나 상대편에서도 시기하는 사람이 생겨서 부상하기 쉽습니다. 팬 중에서도 미워하는 팬이 생겨서 악플을 달기도 하고 경기장에서 욕을 하기도 합니다. 그때 만일 기분이 나쁘다고 해서 욕하는 사람과 대놓고 싸우면 굉장히 나쁜 평판을 받게 됩니다. 그가 이런 시기에 시달릴 때 더 겸손하라는 뜻인 줄 알고 열심히 운동해서 정말 실력이 있는 사람이 되면 진정한 스타가 등장하게 되는 것입니다.

우리는 성공하면 기분이 우쭐하게 되고 모든 사람이 자기를 좋아할 것이라고 착각해서 긴장을 좀 풀게 됩니다. 사탄은 바로 그런 틈을 타고 파고들어서 치명적인 상처를 주어 높은 데서 떨어지게 만듭니다. 그러므로 우리 성도들은 너무 잘 되거나 너무 유명해지는 것을 조심해야 합니다.

다윗은 거인이고 이스라엘의 대적이었던 골리앗을 물맷돌 하나로 쓰러트린 후 달려가서 그의 칼을 빼어 그의 목을 베었습니다. 이때 온 이스라엘은 흥분의 도가니에 빠졌습니다. 모든 이스라엘 백성은 용기를 내어서 블레셋 군대를 쳐서 모두 다 시체로 만들어버렸습니다. 이스라엘 백성이 이길 수 없는 전쟁에서 승리해서 돌아오니까 온 이스라엘 백성은 남자나 여자, 어린아이나 노인 할 것 없이 다 거리로 나와 환호성을 지르면서 군인들을 영접했습니다. 그때의 영웅은 당연히 다윗이었습니다. 다윗은 나이도 어린 데다가 뛰어난 용기를 가지고 최고의 적을 쓰러트렸기 때문에 최고로 인기가 있었습니다.

그러나 다윗은 이때 전혀 생각하지 못한 시련이 다가오고 있었습니다. 다윗이 가장 존경하고 있던 이스라엘의 왕이 다윗을 시기하기 시작했던 것입니다. 그래서 얼마 지나지 않아 다윗은 몰락하게 됩니다. 즉 다윗은 몇 번이나 죽음의 위기를 겪게 되고, 결국 왕의 도망자가 되어서 모든 명예나 지위를 다 잃어버리고 빈손으로 도망치게 됩니다.

1. 저 소년이 누구냐?

다윗의 믿음은 결코 헛된 것이 아니었습니다. 그리고 하나님도 다윗을 버리지 아니하셨습니다. 다윗은 거인 골리앗에게 "너는 칼과 창과 단창으로 내게 싸우러 나오지만 나는 만군의 하나님 여호와의 이름으로 나아간다"고 소리를 지르고 뛰어가면서 물맷돌을 던졌는데 그것이 골리앗의 이마에 박히면서 골리앗은 쓰러졌던 것입니다. 다윗은 골리앗의 칼로 그의 목을 벴는데 온종일 그 골리앗의 머리와 칼을 들고 다녔습니다. 왜냐하면 적이 덤벼들면 칼로 싸워야 했고 골리앗의 머리는 자기 전리품이므로 누구에게도 뺏길 수 없었기 때문입니다. 다윗은 사울 왕이 오라고 부르는데도 골리앗의 머리를 들고 갔습니다. 놀라운 것은 모든 것이 다윗의 믿음대로 되었다는 것입니다. 하나님은 다윗의 창이 되어주셨고 칼이 되어주셨고 힘이 되어주셨던 것입니다.

우리에게 하나님의 이런 능력이 나타나려고 하면 죽을 각오를 하고 나가야 합니다. 우리가 비겁하면 하나님은 나의 칼이나 창이 되어주시지 않을 뿐 아니라 오히려 골리앗의 칼에 찔려 죽을 것입니다. 우리가 죽는 것을 무서워하지 않고 온 힘을 다하여 달려나갈 때 하나님의 능력이 임하게 됩니다. 그때 우리는 하나님의 살아계심을 체험하게 되는 것입니다. 그래서 비겁하면 아무 일도 할 수 없습니다.

이때 사울 왕도 다윗에게 관심을 갖게 되었습니다. 사울 왕은 군사령관인 아브넬에게 "저 소년이 누구의 아들이냐?"(55절)고 물었습니다. 그랬더니 아브넬은 "맹세코 저는 알지 못합니다' 라고 대답했습니다. 이 앞장에 나오는 내용을 보면 다윗은 분명히 왕의 악사로서 왕 앞에서 수금을 탔다고 되어있는데도 왕은 그가 다윗인지 알지 못했던 것입니다. 이것을 보면, 사울이나 다른 사람들이 아무도 다윗에게 관심을 가지지 않았다는 것을 보여줍니다. 더욱이 군사령관 아브넬 같은 경우에는 음악과는 거리가 먼 사람이었기 때문에 다윗이 누구인지 모르는 것이 당연했을 것입니다.

아마 다윗은 왕 앞에서 수금을 타다가 또 상당 기간 왕 앞에 가지 못했던 것 같습니다. 왜냐하면 전쟁이 터졌기 때문입니다. 아마 그동안 다윗은 키도 많이 자라고 모습도 많이 달라졌을 것입니다. 옛날에는 수금이나 잘 타고 노래나 잘 부르는 악사였는데 어느 순간 키가 커지고 근육이 생기면서 늠름한 용사가 되어있었던 것입니다.

그래서 사울은 다윗을 알아보지 못하고 그에게 "소년이여 누구의 아들이냐?"고 물으니까 "저는 베들레헴 사람 이새의 아들입니다"라고 대답했습니다. 그리고 모든 사람이 기뻐했습니다. 이 기쁨의 에너지를 모을 수만 있다면 참 좋을 것입니다. 이제 다윗은 이겼고 이스라엘도 이겼습니다. 이제 이스라엘을 망하게 하는 원수들도 죽었고 모두 안심하고 살 수 있었습니다. 다윗의 인기는 최고였고 그는 유명한 사람이 되었습니다. 어떤 사람이 말하기를 "자고 일어나니까 유명하게 되어 있었다"고 했습니다. 다윗은 하루아침에 이스라엘에서 가장 유명하고 인기 있는 사람이 되었습니다.

2. 오랜만에 나타난 성령의 능력

하나님의 백성이 가지고 있는 가장 무서운 무기는 칼이나 창이나 단창이나 사람의 힘이 아닙니다. 하나님의 백성의 가장 강력한 무기는 하나님의 오른손의 능력입니다. 하나님의 오른손의 능력은 전혀 예측할 수 없고 인간의 힘으로는 막을 수 없는 아주 강력한 힘입니다. 그 능력은 다양한 모습으로 나타났는데, 모세에게는 홍해를 가르는 능력으로 나타났습니다. 여호수아에게는 요단강을 세우고 여리고 성을 무너뜨리고 해와 달을 머물게 하는 능력으로 나타났습니다.

그리고 사울 왕에게 성령이 떠나기 전에는 암몬 왕 나하스가 길르앗 야베스 사람들의 오른눈을 뽑겠다고 했을 때 이스라엘 백성이 한꺼번에 삼십삼만 명이 몰려드는 것으로 나타났습니다. 요나단이 블레셋을 공격했을 때는 블레셋 사람들의 패닉과 땅이 떨리는 것을 통해서 나타났습니다. 그리고 이번에 다윗을 통해서는 물맷돌 하나로 깔끔하게 나타났습니다.

이것을 알아본 사람이 있었습니다. 그는 바로 사울의 아들 요나단이었습니다. 즉 성령의 사람은 성령의 사람을 알아보게 된다는 것입니다. 도둑은 도둑을 알아보고 소매치기는 소매치기를 알아보는 것과 같습니다. 마찬가지로 하나님의 백성은 성령의 사람을 알아봅니다. 하나님의 사람들은 절대로 유명한 사람이고 부자라고 해서 알아보는 것이 아닙니다. 오히려 부자를 알아보는 사람은 욕심이 있는 사람일 것입니다. 하나님의 백성은 어떤 사람이 큰일을 하고 유명하다고 해서 좋아하지 않습니다. 왜냐하면 그것은 어디까지나 인간적인 열심이기 때문입니다.

성령의 역사는 일단 깨끗합니다. 그리고 겸손하면서도 아주 강력합니다. 이것은 이미 사람의 힘이나 능력이 아닙니다. 그리고 모든 사람에게 기쁨이 있고 하나님께 영광을 돌립니다. 그래서 하나님의 백성은 성령의 능력을 사모하게 됩니다. 그래서 어떤 사람을 통해서 하나님의 능력이 나타나게 되면 얼마나 기뻐하고 좋아하는지 모릅니다.

찰스 스펄전은 열일곱 살부터 설교하기 시작했습니다. 설교하기에 그는 너무 어렸습니다. 그러나 어른들은 기뻐하면서 "애야, 다음 주에도 와서 설교를 해주었으면 좋겠구나."라고 하자 "예, 기꺼이 다음 주에도 와서 설교를 하겠습니다."라고 씩씩하게 대답했습니다. 그리고 스펄전은 열아홉 살에 런던에 있는 뉴 파크 스트릿 교회에 청빙을 받습니다. 그 당시 그 교회는 텅텅 비다시피 했는데 어느 순간에 다 차버려서 예배당을 다시 지어야 했습니다. 그때 스펄전은 가까이에 있던 음악당을 빌려서 예배를 드렸는데 5천 명 이상이 들어갈 수 있는 음악당이었습니다.

그런데 거기에서 스펄전은 큰 시험을 당합니다. 예배 중에 어떤 사람이 갑자기 '불이야!'라고 소리를 지르는 바람에 사람들이 서로 빠져나가려고 밀쳐서 열 사람 이상이 깔려 죽는 대형사고가 발생한 것입니다. 이 사고는 누군가가 스펄전을 시기해서 부흥에 방해하려고 소리를 지른 것이었는데, 결국 많은 사람이 죽고 스펄전에게도 큰 상처가 되었습니다.

사울의 아들 요나단은 다윗이 성령의 능력이 임하는 사람이라는 것을 알아보았습니다. 요나단도 성령이 임하시는 것을 체험했고 그것을 사모하고 있었기 때문입니다. 그래서 요나단은 그때부터 다윗을 보물같이 생각하고 사랑하기 시작했습니다.

18:1, "다윗이 사울에게 말하기를 마치매 요나단의 마음이 다윗의 마음과 하나

가 되어 요나단이 그를 자기 생명 같이 사랑하니라"

요나단이 다윗을 보니까 정말 촌스럽게 생겼고 세련된 것도 없었지만, 그의 마음은 순수했고 깨끗했으며 하나님의 성령이 있는 사람이었습니다. 요나단은 이런 사람을 얼마나 사모하면서 기다렸는지 모릅니다. 그래서 요나단은 다윗을 자기 생명처럼 사랑했습니다. 그리고 다윗에게 자기 집에 돌아가지 못하게 하고 왕과 군대 높은 사람들과 함께 있게 했습니다. 그리고 옷이 남루하니까 자기 겉옷을 벗어주고 군복도 주고 칼도 주고 활도 주고 허리띠도 주었습니다. 다윗은 한순간에 목동이고 심부름꾼의 옷에서 정식 군인의 옷 그것도 완전히 정교복을 입게 되었습니다. 그리고 사울 왕은 분쟁이 있는 여러 곳에 다윗을 보내었는데, 그때마다 아주 작전이나 전투를 뛰어나게 했기 때문에 당장 군대의 우두머리가 되었습니다. 그것은 사령관쯤 되었다는 뜻입니다.

3. 좋은 일 후에 일어난 시험

우리에게 아주 좋은 일이 있을 때 이것은 하나님께서 주시는 복임에 틀림없고 기뻐할 일입니다. 그럼에도 불구하고 사탄은 이것을 시기해서 하나님의 백성을 이간질하고 심지어는 하나님의 종들에게 깊은 상처를 주거나 멸망의 구렁텅이로 빠트릴 때가 있습니다.

사울 왕과 다윗과 이스라엘 백성이 전쟁에서 이기고 돌아왔을 때 수많은 백성이 나와서 노래하면서 이들을 영접했습니다. 그중에서 가장 강력한 것이 여인들의 노래였습니다. 여인들에게 인기가 높다는 것은 정말 인기가 있는 것이었습니다.

18:6, "무리가 돌아올 때 곧 다윗이 블레셋 사람을 죽이고 돌아올 때에 여인들이 이스라엘 모든 성읍에서 나와서 노래하며 춤추며 소고와 경쇠를 가지고 왕 사

울을 환영하는데"

여인들이 모두 집에 있는 작은 북이나 트라이앵글 같은 것을 가지고 성읍에서 나와 장단을 맞추어 춤을 추면서 노래를 불렀는데 대단히 볼만했습니다. 여인들이 다같이 노래를 부르고 또 수많은 사람이 나와서 캐스터네츠나 작은 북 같은 것을 치면서 춤을 춘다면 굉장히 볼만했을 것입니다. 그런데 이때 문제가 되었던 것은 여인들의 노래 가사였습니다. 그때 여인들이 불렀던 노래 가사에는 다윗을 사울보다 훨씬 더 능력 있는 용사로 불렀던 것입니다.

18:7, "여인들이 뛰놀며 노래하여 이르되 사울이 죽인 자는 천천이요 다윗은 만만이로다 한지라"

여인들에게는 왕인 사울보다 시골 소년 다윗이 훨씬 인기가 있었습니다. 우리는 이것을 얼마든지 이해할 수 있습니다. 사울은 이미 나이 들어가는 어른이었고 그의 전쟁 소식은 여러 번 들었습니다. 그러나 다윗은 소년이었고 지금까지 전혀 알려지지 않은 사람이었는데, 하나님의 능력으로 단숨에 거인 골리앗을 쓰러트려서 이스라엘로 이기게 했습니다. 그러니까 여인들에게 다윗이야말로 떠오르는 해였고 얼마나 멋있는 하나님의 사람이었는지 모릅니다. 그래서 사울이 죽인 자가 천 명이라면 다윗이 죽인 자는 만 명이라고 노래했습니다. 우리는 이것을 이해해야 합니다. 젊은 사람이 얼마나 귀엽고 신선하며 사람들에게 기대를 가지게 합니까?

그러나 그렇지 않은 경우가 많이 있습니다. 예를 들어서 집안에 새 며느리가 들어오면 얼마나 젊고 예쁘고 사랑스럽습니까? 그러나 나이가 든 시어머니나 시누이들은 시기해서 못살게 구는 경우가 많이 있습니다. 그래서 이것저것 트집을 잡아서 일을 못 한다고 구박하고 욕을 할 때가 있는 것입니다. 목회자도 나이가 들면 젊은 새 목사가 와서 젊고 싱싱하게 목회하는 것이 보기에 좋아야 할 텐데 그렇지 않은 경우가 많습니다. 자신의 모든 것이 빼앗긴 것 같고 젊은 사람이 자기 마음대로 모든 것을 바꾸어버리는 것 같아서 속이 상하는 것입니다. 이것이 바로 시기하는 것입니다.

사울 왕의 마음은 여인들이 부르는 노래에 시기심이 꽉 차게 되었습니다. 그래서 사울은 이 노래를 듣고는 불쾌하여 엄청나게 화를 내었고 다윗이 왕위를 노릴 것이라고 자기 마음대로 오해하게 되었습니다.

> 18:8, "사울이 그 말에 불쾌하여 심히 노하여 이르되 다윗에게는 만만을 돌리고 내게는 천천만 돌리니 그가 더 얻을 것이 나라 말고 무엇이냐 하고"

노래는 어디까지나 노래로 생각하고 인기는 다윗이 누리는 게 당연하다고 생각해서 이날만큼은 왕이라도 뒤로 좀 물러서 있었더라면 사울도 마음이 아주 넓은 사람이 되었을 것이고, 다윗도 그것으로 끝났을 것입니다. 그러나 사울은 그날 후로 마음이 꽁하게 되어서 다윗을 주시하기 시작했습니다.

> 18:9, "그 날 후로 사울이 다윗을 주목하였더라"

여기서 주목하였다는 것은 좋지 않은 미움의 감정을 가지고 항상 다윗을 대했다는 뜻입니다. 그런데 다윗은 그 사실을 전혀 모르고 있었습니다. 왜냐하면 마음속으로 누군가를 미워하거나 시기하는 것은 겉으로 잘 드러나지 않기 때문입니다. 그러다가 드디어 사고가 터지게 되었습니다.

어느 날 드디어 사울에게 히스테리성 발작이 다시 재발하게 되었습니다. 그런데 이날 따라 히스테리의 강도가 아주 심했던 것 같습니다. 다윗은 옛날에 자기가 했던 것처럼 빨리 수금을 챙겨서 타기 시작했습니다.

> 18:10, "그 이튿날 하나님께서 부리시는 악령이 사울에게 힘 있게 내리매 그가

> 집 안에서 정신 없이 떠들어대므로 다윗이 평일과 같이 손으로 수금을 타는데 그 때에 사울의 손에 창이 있는지라"

사울 왕에게 히스테리성 발작이 일어나니까 집안에서 헛소리하면서 정신없이 떠들어대고 소리를 질러대었습니다. 다윗은 어떻게 해서든지 사울 왕의 발작을 멈추게 하려고 수금을 타는데 그 순간 사울에게는 다윗을 죽이고 싶을 정도로 미운 마음이 생겼습니다. 그때 사울은 손에 창을 가지고 있었는데 수금을 타는 다윗을 벽에 박으려고 창을 힘있게 던졌습니다. 다윗이 사울 왕의 창을 피하니까 그 창을 주워서 또 다윗에게 던졌던 것입니다. 이것은 엄청난 사고였습니다. 즉 이것은 단순한 히스테리성 발작이 아니라 분명히 살인미수였던 것입니다. 사울은 다윗을 얼마나 증오했던지 창으로 벽에 박아 죽이려 할 정도로 미워했던 것입니다. 이 일을 어떻게 처리해야 합니까? 다른 사람 같으면 창을 던진 사람을 체포해서 감옥에 가두고 재판해야 했을 것입니다. 그런데 창을 던진 장본인이 왕인데 이것을 어떻게 재판을 해야 합니까?

그런데 다윗은 다윗대로 이 일이 이해되지 않았습니다. 왜냐하면 다윗은 사울 왕이 자기를 시기하리라고는 꿈에도 생각하지 못했기 때문입니다. 그러나 다윗에게는 야생동물의 본성이 있었습니다. 그래서 다윗은 수금을 타면서도 고개를 숙이고 악기만 보고 있었던 것이 아니라 왕의 태도를 보고 있었던 것입니다. 한번 피하고 난 후에도 안심했던 것이 아니라 주의해서 보니까 왕이 창을 주워서 또 자기에게 던지려는 것을 알고는 그 자리를 피했던 것입니다. 이것은 어떻게 보면 이스라엘이 블레셋을 이긴 후 왕궁 안에서 일어난 싸움이라고 볼 수 있습니다. 그러나 이것을 해결할 수 있는 사람은 아무도 없었습니다.

사울은 하나님께서 다윗과 함께 계신 것을 알고는 더욱 더 다윗을 미워했습니다. 그러나 다윗은 그것을 잘 이해하지 못했습니다. 왜냐하면 다윗은 현실 세계가 얼마나 복잡하고 치사한지 제대로 알지 못했기 때문입니다. 다윗은 단지 왕이 히스테리성 발작이 일어나서 창을 던졌다고 생각했습니다. 어디까지나 병이지 왕의 본심은 아니라고 생각했던 것입니다.

그 후로도 다윗은 모든 일에 더 지혜롭게 일을 처리했습니다. 그런데 그러면 그럴수록 사울 왕은 다윗을 더 미워했습니다. 악령이 주는 시기심 때문이었습니다. 상대방이 똑똑하고 아름답고 정의로울수록 더 미워하는 것이 못난 인간의 시기심인 것입니다. 그럴 때 시기하는 자와 싸울 필요가 없습니다. 바보같이 져주는 것이 지혜로운 것입니다. 왜냐하면 결국 하나님께서 이기게 하실 것이기 때문입니다.

하나님은 우리로 하여금 좀 더 겸손하고 부드러운 사람이 되라고 이런 가시 같은 사람을 붙여주십니다. 우리에게 이런 가시가 있으면 엄청나게 스트레스를 받고 죽을 것 같기도 합니다. 기회만 있으면 이 가시는 우리를 찌르려고 하고 때로는 죽이려고 할 때도 있습니다. 그때마다 우리는 이 가시를 이기려고 해서는 안 됩니다. 우리는 가시를 통해서 더 유연해지고 겸손도 배우고 현실을 알아야 하겠습니다. 그래서 무조건 높이 올라가려고 하는 사람은 결국 떨어지게 됩니다. 우리가 사는 이 세상은 마치 살얼음판 같기 때문에 조심해서 걸어가야 합니다.

에베레스트산에 올라가는 등산가들도 올라가는 것에만 욕심을 내다가는 정상에 오른 후 내려올 때 떨어져 죽는다고 합니다. 그래서 높은 산을 등산할 때 힘을 남겨두어서 안전하게 내려와야 목적을 달성하게 되는 것입니다. 마귀가 미친 것처럼 날뛰는 이 현실에서 시기심에 상처받지 말고 안전하게 살아가시기 바랍니다.

31

구사일생의 탈출

삼상 18:17-30

아프리카의 열대 지방 같은 데는 밀렵꾼들이 극성을 부립니다. 이 밀렵꾼들은 철사 같은 것으로 올무를 만들어놓는데 그 올무에 걸려들면 아무리 사나운 짐승이라도 빠져나오지 못하고 결국 죽게 됩니다. 옛날에는 짐승들을 사냥하기 위해서 큰 구덩이를 파서 거기에 나무를 깎아서 날카로운 창을 꽂아놓으면 짐승들이 그 함정에 빠져 죽게 됩니다. 그런데 사람들이 세상을 살아가다 보면 다른 사람들을 망하게 하려고 함정을 파서 정적을 걸려들게 해서 죽게 하거나 망하게 할 때가 있습니다.

남아프리카 공화국의 대통령을 지냈던 넬슨 만델라는 흑인무장 조직에 가담했다는 이유로 로벤섬에 있는 감옥에 갇혀서 무려 26년을 보내게 됩니다. 백인 간수들은 만델라에게 그 섬을 살아서 나가지 못하고 여기서 죽을 것이라고 위협했습니다. 그러나 만델라는 그 감방 안에서 열심히 운동해서 젊었을 때보다 체력이 더 좋아지게 되었습니다. 백인들은 그를 죽여야겠다고 생각해서 한 흑인을 매수해서 지금 탈출 계획이 다 되어있는데 그를 따라서 나가기만 하면 된다고 유혹했습니다. 그러나 사실은 백인들이 총을 가지고 기다리고 있다가 만델라를 살해하려는 계획이었습니다. 그것은 바로 죽음의 함정이었던 것입니다.

만델라는 이 고통스럽고 비인간적인 감옥을 탈출할 수 있다는 말에 잠시 귀가 솔깃했지만 당당하게 감옥을 나가야 한다고 생각했습니다. 그래서 그는 그 탈옥에 동참하지 않고 죽임을 당하지 않았으며 그 후에 당당하게 감옥에서 나와서 마침내 대통령으로 당선되게 되었습니다. 그는 백인들이 흑인들을 학대한 것을 다 조사는 하되 처벌하지는 않겠다는 발표를 했습니다. 만델라는 이 복수하지 않는 정신으로 오랫동안 지속되었던 흑백의 갈등을 끝나게 만들었습니다.

존 번연이 쓴 《천로역정》을 보면 '크리스천'이 천성길을 떠난 지 얼마 되지 않아서 절망의 늪에 빠지게 됩니다. '크리스천'과 '연약'이라는 사람은 천성길을 바라보고 가다가 발을 잘못 디디는 바람에 그만 절망의 늪에 빠지고 말았습니다. 연약이라는 사람은 겨우 헤엄을 쳐서 자기가 오던 방향으로 가서 집으로 돌아가고 말았습니다. 그런데 크리스천은 기를 쓰고 천성 쪽을 향해서 가는데 죄의 짐이 무거워서 점점 늪으로 빠져들었습니다. 그때 마침 '도움'이라는 사람이 지나가다가 이 모습을 보고는 팔을 내밀어서 건져주었습니다. 하나님의 백성이 이런 늪에 빠지는 이유는 세상 현실의 경험이 없기 때문입니다.

사울 왕은 다윗의 인기를 보고 그를 시기했습니다. 여인들이 "사울이 죽인 자는 천천이요 다윗이 죽인 자는 만만이라"고 했을 때 그냥 웃고 넘어가면 되는데, 엄청난 시기가 일어나면서 분노했던 것입니다. 여인들은 거짓말을 하지 못하니까 자기들의 감정을 그대로 드러내었다가 다윗은 사울에게 미운털이 박히게 되었던 것입니다. 사울은 이런 시기심 때문에 더 히스테리가 심했던 것 같습니다. 그래서 다윗이 수금을 탈 때 창을 던져서 두 번이나 죽이려고 했습니다.

그런데 사울 왕이 가만히 생각해보니까 자신이 그래도 왕인데 다윗 같은 소년을 창을 던져 죽이려는 행위는 영 체신이 서지 않았던 것입니다. 그래서 사울은 머리를 써서 다윗을 죽음의 함정에 넣어서 블레셋 사람의 손에 의해 죽이는 작전을 짰습니다. 그리고 아무것도 모르는 다윗은 그 함정에 걸려들었습니다. 우리가 살아가는 이 세상은 마치 살얼음판 위를 걷는 것과 같기 때문에 자칫 잘못하면 얼음이 깨어지면서 물에 빠져 죽게 됩니다. 이렇게 해서 죽으면 개죽음밖에 안 되는 것입니다. 그래서 너무 유명해지는 것이나 높아지는 것을 조심해야 합니다.

1. 사울 왕이 사용한 미끼

사울 왕은 처음 골리앗과 싸울 때 모든 이스라엘 사람이 겁을 집어먹고 싸울 생각을 하지 않으니까 골리앗과 싸우는 사람에게 포상을 걸었던 것 같습니다. 즉 골리앗과 싸워서 이기는 사람에게는 왕의 사위가 되게 하며 많은 상금을 주고 세금을 면제해준다는 것이었습니다. 그런데 막상 다윗이 골리앗을 죽인 후에는 그 포상문제는 흐지부지해지고 말았습니다. 왜냐하면 여인들이 부르는 노래 때문에 왕이 너무 화가 났었기 때문입니다. 왕은 오히려 창을 던져서 다윗을 죽이려고 했습니다. 그런 분위기에서 감히 왕에게 다윗에게 상을 주지 않느냐고 말할 사람은 아무도 없었던 것입니다. 그러나 다윗은 집으로는 가지 않고 천부장까지 되었습니다. 다윗은 상당히 높은 자리에 올라간 것이었습니다.

그때 사울은 다윗을 죽이기 위해서 다시 이 카드를 꺼냈습니다.

18:17, "사울이 다윗에게 이르되 내 맏딸 메랍을 네게 아내로 주리니 오직 너는 나를 위하여 용기를 내어 여호와의 싸움을 싸우라 하니 이는 그가 생각하기를 내 손을 그에게 대지 않고 블레셋 사람들의 손을 그에게 대게 하리라 함이라"

왕은 다윗에 대하여 아주 무서운 계획을 가지고 있었습니다. 그것은 다윗에게 무한 충성을 하게 해서 블레셋 사람의 손에 죽게 하는 것이었습니다. 왕은 다윗에게 아마 이렇게 말했을 것입니다. "원래는 골리앗을

31 **구사일생의 탈출**

죽이는 사람에게는 내 큰 딸을 주어 사위로 삼으려고 했지. 그러나 싸움이 너무 쉽게 끝나버렸어. 그래서 그것으로는 내 사위 삼기에는 부족하고 최고로 목숨을 바쳐서 블레셋 사람과 싸우는 사람을 사위로 삼으려고 해. 너도 얼마든지 내 사위가 될 수 있으니까 몸을 사리지 말고 블레셋 사람들과 싸워서 충성심을 보이도록 해." 이것은 죽든지 살든지 몸을 던져 충성해서 자기 마음에 들게 목숨을 걸고 싸우라는 것이었습니다.

대개 높은 자리에 있는 사람들이 아랫사람들에게 충성심을 유발시킬 때는 갑자기 어떤 사람을 파격적으로 승진시킵니다. 절대로 장관이 될 수 없는 사람인데 장관 후보로 임명하고 남들이 아무리 안 된다고 해도 끝까지 밀어 붙여서 되게 하는 것입니다. 그러면 그 사람은 위의 사람이 이 정도로 나를 인정해주니까 내가 무엇을 아끼겠느냐고 생각해서 자신의 신조나 상식 같은 것을 다 버리고 오직 자기를 임명해준 사람을 위해서 온갖 욕을 다 먹으면서도 충성을 바치게 됩니다. 그 자리를 지키기 위해서라도 무조건 하라고 하는 대로 하는 것입니다. 그동안에 나라는 엉망이 되는 것입니다.

사람에게 무한 충성을 한다는 것은 굉장히 위험한 일입니다. 왜냐하면 사람은 너무나도 변덕이 심하기 때문입니다. 늘 이랬다저랬다 하는 사람에 맞추어서 죽도록 충성하려고 하면 양심도 버려야 하고 도덕도 버려야 하고 오직 자리만 생각해야 하기 때문입니다. 결국 그런 사람은 모든 사람이 싫어하게 되고 영혼도 양심도 아무것도 없는 껍데기 인간이 되고 맙니다. 그래서 높은 사람이 어떤 사람에게 무한 충성을 바치면 사위도 삼고 후계자도 삼겠다고 말한다면 거기를 떠날 때가 된 것이라고 생각해야 합니다. 그런데 출세에 눈이 먼 사람 중에는 알아서 충성하는 사람도 있습니다. 그래서 거짓된 보고를 하기도 하고 자신의 양심을 버리는 말을 하기도 하는 것입니다. 그런 사람은 자기 영혼을 버리는 사람입니다. 그렇다고 해서 위에 있는 사람이 그 사실을 모를 리가 없습니다. 그런 사람이 잘 될 리 없습니다. 그때는 이미 아부하는 사람들이 그 주위에 너무 많기 때문입니다.

사울 왕은 왕의 사위가 된다고 하면 귀가 솔깃해서 죽자사자 블레셋 사람들에게 덤벼들어서 싸울 줄 알고 다윗을 충동질했습니다. 그러나 다윗은 사울의 큰 딸 메랍의 미끼에 걸려들지 않았습니다.

18:18, "다윗이 사울에게 이르되 내가 누구며 이스라엘 중에 내 친속이나 내 아버지의 집이 무엇이기에 내가 왕의 사위가 되리이까 하였더니"

다윗이 사울 왕이 첫 번 던진 미끼에 잘 걸려들지 않았던 이유는 다윗의 집이 너무 가난했기 때문이었습니다. 적어도 왕의 사위가 되려고 하면 부족장 정도는 되어서 돈도 많고 명예도 있어야 하는데, 다윗의 집안은 너무 가난해서 내놓을 것이 아무것도 없었습니다. 그렇다고 해서 다윗에게 사울의 사위가 될 마음이 전혀 없는 것은 아니었습니다. 그러나 사울은 다윗을 사위로 삼을 생각이 없었습니다. 사울이 생각하고 있는 것은 오직 다윗의 허영심을 이용해서 그를 죽게 하는 것이었습니다. 그래서 사울은 다윗의 마음을 실컷 들뜨게 해 놓은 후에 큰딸 메랍을 다른 남자에게 주었습니다.

18:19, "사울의 딸 메랍을 다윗에게 줄 시기에 므홀랏 사람 아드리엘에게 아내로 주었더라"

사울 왕의 목적은 다윗의 약을 빠짝 올려놓는 것이었습니다. 그래서 사울은 마치 다윗에게 큰딸 메랍을 줄 것처럼 약속해 놓고는 역시 충성심이 부족하다고 해서 다른 돈 많은 남자에게 주었습니다. 그래서 다윗은 사울의 이 약 올리기 작전에 허탈할 수밖에 없었습니다. 그는 자기 집안이 워낙 가난하기 때문에 아무리 노력해도 눈앞에 주어진 왕의 사위가 되는 절호의 기회를 살릴 수 없다고 생각하고 포기할 수밖에 없었습니다. 사울은 다윗을 죽이려고 했는데 집이 가난해서 죽지 않은 것만 해도 얼마나 다행입니까? 그러나 다윗은 그런 것을 알지 못했습니다. 왜냐하면 다윗은 세상 물정에 너무 어두웠기 때문입니다.

2. 사울 왕의 두 번째 미끼

　사울 왕도 자기가 아끼는 큰딸 메랍을 다윗과 결혼시킬 생각은 애초에 없었던 것 같습니다. 다윗은 그것도 모르고 김칫국물만 실컷 마셨던 것입니다. 그러나 또다시 사울에게 기회가 오게 되었습니다. 이것은 어쩌면 다윗에게는 두 번째 죽음의 함정이었습니다. 아마 큰딸 메랍은 너무 잘 생기고 콧대가 높아서 처음부터 다윗은 눈에도 없었던 것 같습니다. 그래도 공주가 아무것도 가진 재산이 없는 가난한 사람에게 시집을 가겠습니까?

　사울에게는 두 번째 딸이 있었는데 이 작은 딸 미갈은 다윗을 좋아했습니다. 아마 아직 나이가 어려서 그런지 미갈은 가난하지만 용감한 다윗이 좋았던 모양입니다. 그래서 미갈이 다윗을 좋아한다는 것을 신하들이 알고는 사울 왕에게 일러바쳤습니다. 사울은 왜 첫 번째 미끼를 다윗이 물지 않았나 생각해보았습니다. 무한 충성이라고 하지만 다윗은 그렇게 아첨하는 성격도 아니고 왕의 사위가 되기에는 집안도 가난하니까 그 미끼를 물지 않았다는 것을 알았습니다. 그래서 사울은 다윗을 확실히 죽이기 위해서 왕의 사위가 되는 기준을 확 낮추었습니다.

　사울 왕은 자기 입으로는 다윗이 사윗감으로 괜찮다는 식으로 말을 하면서 다른 신하들을 통해서 두 번째 사윗감으로는 돈이나 집안 같은 것은 일절 보지 않고 오직 보복으로 블레셋 사람들을 죽여서 그들의 성기 백 개만 가져오면 결혼시켜준다는 소문을 퍼트렸습니다. 이때 사울 왕의 생각으로는 다윗이 아무리 용감하다고 하지만 몇 명으로 백 명은 절대로 이길 수 없고 그들의 칼이나 창에 찔려 죽을 것이라고 생각했던 것입니다.

　이 두 번째 미끼에 다윗은 걸려들게 됩니다. 왜냐하면 한번 붙어볼 만

하다고 생각했기 때문입니다.

> 18:20-21, "사울의 딸 미갈이 다윗을 사랑하매 어떤 사람이 사울에게 알린지라 사울이 그 일을 좋게 여겨 스스로 이르되 내가 딸을 그에게 주어서 그에게 올무가 되게 하고 블레셋 사람들의 손으로 그를 치게 하리라 하고 이에 사울이 다윗에게 이르되 네가 오늘 다시 내 사위가 되리라 하니라"

사울이 신하들에게 왕은 돈이나 집안이나 아무것도 원하지 않고 오직 블레셋에 대한 복수로 블레셋 사람 성기 백 개만 베어오면 충분하다고 전했습니다. 사울은 다윗이 블레셋 사람 백 명을 죽이기 전에 죽을 것이라고 생각했습니다. 사실 삼손이 아닌 다음에야 한 사람이 백 명을 죽일 수는 없습니다. 그런데 다윗은 이번 기회를 놓칠 수 없었습니다. 그래서 왕이 정해준 날이 다 되었을 때 밤중에 부하 몇 명을 데리고 블레셋 진영으로 갔습니다. 그래서 혹시 백 명을 죽여서 가져오다가 성기 몇 개를 흘려버리면 안 되기 때문에 다윗은 아예 넉넉하게 이백 명을 죽여서 성기 이백 개를 베어왔습니다. 이것은 사실 죽음의 함정에 죽으러 들어갔다가 살아서 나온 것이었습니다.

아마 이 사실을 요나단이 알았더라면 다윗에게 "너는 어떻게 하려고 자신의 가치를 그렇게 과소평가하고 죽으러 함정에 들어갔느냐?"고 엄청 화를 냈을 것입니다. 다윗은 자기가 기름 부음을 받은 자인데 무엇이 답답하다고 결혼하려고 말도 안 되는 위험한 함정에 들어가겠습니까?

야곱도 벧엘 들판에서 하나님을 만난 사람 아닙니까? 뭐가 부족하다고 라헬과 결혼하려고 7년이나 종노릇을 합니까? 가만히 있었더라면 하나님이 좋은 사람과 결혼시켰을 것인데 야곱은 자발적으로 종이 되었던 것입니다. 거기에다가 외삼촌 라반에게 속아서 첫날밤에 레아가 들어왔기에 야곱은 라헬과 결혼하려고 다시 7년을 더 종살이했던 것입니다. 여기서 우리가 알 수 있는 것은 아무리 믿음이 좋은 사람이라 하더라도 아름다운 여자가 나타나면 모든 것을 다 잃어버리고 죽음의 함정에도 들어가고 사랑의 종이 되기도 한다는 것입니다.

아마 요즘 여성들은 이렇게 이야기할지 모릅니다. 종이 되더라도 상대부터 붙들고 봐야지 그냥 하나님의 언약만 기다리니까 안 주시더라는 것입니다. 남자들도 그런 이야기를 할 것입니다. 종이 되더라도 예쁜 여자를 붙들고 봐야지 하나님만 믿으면 못생긴 레아와 결혼할 줄 모른다는 것입니다. 그런데 야곱이 아무리 머리를 굴려봐야 첫날밤에 들어온 여자는 못생긴 레아였던 것입니다.

3. 하나님의 기름부음의 가치

다윗이 베들레헴에서 양치는 목동으로 있을 때, 하나님은 사무엘 선지를 보내서 그의 머리에 기름을 붓게 하셨습니다. 이 기름부음은 다윗이 하나님의 사람이며 성령의 사람인 것을 약속하는 것입니다. 그런데 다윗은 왕의 딸과 결혼하고 싶어서 자신의 기름부음을 헌신짝같이 버리려고 했습니다. 다윗은 왕의 딸과 결혼하려고 죽음의 함정에 자기 발로 들어갔던 것입니다. 그 모든 것은 다윗의 열등감 때문이었습니다. 다윗은 늘 자기 신분이 비천하다고 생각해서 왕의 딸과 목숨 걸고 결혼하기를 원했습니다. 그래서 다윗은 죽음의 함정에 들어갔던 것입니다.

결국 사울은 어쩔 수 없이 다윗과 미갈을 결혼시켰습니다. 그러나 사울의 미움은 없어지지 않았습니다. 그리고 다윗도 미갈과의 결혼이 행복하지 않았습니다. 왜냐하면 미갈이 잘생겼는지는 모르겠지만 신앙이 전혀 없었기 때문입니다. 우리 하나님의 백성은 자기보다 조금 못한 사람과 결혼하는 것이 좋습니다. 왜냐하면 그래야 도망가지 않고 끝까지 남아 있기 때문입니다. 우리 동화에도 보면 나무꾼이 하늘에서 내려와서 목욕하는 선녀의 옷을 감추어가지고 결혼했다가 아기 셋 낳을 때까지 선녀 옷을 주면 안 된다고 했는데, 둘을 낳았을 때 그 옷을 주었다가 아기를 하나씩 팔에 안고 선녀가 친정으로 날아버리지 않았습니까? 내가 조금 부족하면 부족한 사람과 살고 끝까지 사랑하는 것이 중요하지, 한때 사랑의 감정에 빠져서 블레셋 사람을 이백 명이나 죽이면서 결혼하는 것이 아름다운 모습은 아닙니다.

하나님의 백성이 현실을 아는 것은 참 어려운 일입니다. 그래서 우리는 또 다른 세계를 볼 수 있어야 합니다. 그것은 바로 유리 한 장 너머에 있는 하나님의 세계입니다. 이 세상에서 벌어지고 있는 일들은 다 연극이고 드라마입니다. 그리고 유리창 너머에서 하나님과 천사들이 보고 있습니다. 하나님이 보고 칭찬하시는 것이 진짜 잘하는 것입니다. 다윗은 미갈에 눈이 멀어서 너무 위험한 짓을 했습니다.

그런데 다윗보다 더 어리석은 사람은 삼손이었습니다. 그에게는 하나님의 기름부음이 있었고 특별한 능력이 있었습니다. 그러나 그는 자신의 가치를 깨닫지 못하고 가드의 술집에 갔다가 포위를 당했습니다. 그것도 일종의 죽음의 함정입니다. 거기서는 하나님이 도와주셔서 성문짝을 떼고 살아서 돌아왔습니다. 그러나 그다음에는 더 위험한 함정에 빠졌습니다. 그것은 바로 들릴라를 사랑한 것이었습니다. 그녀는 여자 스파이였습니다. 들릴라는 삼손의 힘의 비밀을 알아내기 위하여 블레셋 방백들로부터 엄청난 돈을 받기로 약속했습니다. 결국 삼손은 자신의 능력의 비밀을 알려주고 체포되어 눈알이 뽑히고 머리털이 밀리고 노예로 붙들려가 결국 죽고 말았습니다.

중요한 임무를 가진 사람이 쓸데없이 다른 나라를 돌아다니고 아무나 만나는 것은 현명하지 못한 행동입니다. 중요한 임무를 맡은 사람이 이렇게 함부로 행동하는 것은 순간적으로 자신의 소중함을 잃어버렸기 때문입니다. 그리고 자신에 대하여 충분히 생각하지 않았기 때문입니다.

마귀는 지금도 우리를 노리고 있습니다. 우리는 하나님의 성령으로 기름부음 받은 사람입니다. 우리는 기름부음 받은 사람으로서 별로 중요하지도 않은 것을 가지고 다른 사람과 다투거나 사소한 일에 목숨을 걸고 싸우지 말고 자신의 위치를 잘 지키는 성도들이 다 되시기 바랍니다.

32

다윗의 현실

삼상 19:1-24

우리는 가끔 아주 가까운 사람들에게 말로 상처를 받을 때가 있고 아주 믿었던 사람의 배신으로 더 심한 충격을 받을 때가 있습니다. 그렇다고 우리가 가까운 사람을 믿지 않을 수도 없고 또 가까운 사람에게는 비밀을 보여주지 않을 수도 없는데, 믿었던 사람의 배신으로 망하게 되는 경우가 많이 있는 것입니다.

요즘 기업이나 정부에서 '내부 고발자'(Deep Throat)라는 말을 많이 씁니다. 그것은 회사가 하는 좋지 못한 일에 대하여 그 일에 깊이 관계하고 있는 사람이 경찰에 고발해서 드러나게 되는 것을 말합니다. 요즘 신문이나 텔레비전에서 보도되는 비리를 보면 깊은 내막을 아는 자가 아니면 알 수 없는 비밀스러운 정보들이 공개될 때가 있습니다. 그것은 아주 가까운 측근이 상사나 주인이 하는 일이 못마땅해서 동영상으로 찍어 놓든지 아니면 정보를 빼돌려서 공개하는 것입니다.

삼손을 배신한 사람은 그가 가장 사랑하고 믿었던 여인이었습니다. 삼손은 자기 힘의 비밀을 집요하게 캐묻는 들릴라에게 비밀을 이야기하지 않으려고 했지만 결국 비밀을 털어놓고야 말았는데, 그것 때문에 삼손은 눈알이 뽑히고 머리털이 밀려서 블레셋 사람들에게 붙들려가게 됩니다. 예수님도 그의 열두 제자 중 하나인 가룟 유다가 배신하는 바람에 유대인들에게 붙잡혀서 십자가에 못 박혀 죽게 됩니다. 그러나 예수님은 다른 사람들과 달리 가룟 유다가 예수님을 배신할 것을 다 알고 계셨습니다.

다윗은 시골인 베들레헴에서 양이나 키우고 하나님을 찬송이나 하는 하찮은 목동이었기 때문에 이 세상의 현실에 대하여 전혀 알지 못했습니다. 그러나 다윗이 마주하는 현실은 아주 복잡하고도 어려웠습니다. 그것은 다윗이 절대적으로 믿고 충성을 바치고 있던 사울 왕이 사실은 특이한 성격을 가진 자였고 그가 다윗의 능력을 시기해서 그를 죽이려 했기 때문입니다.

스티븐슨이 쓴《지킬 박사와 하이드》라는 소설을 보면 공감 가는 부분이 많이 있습니다. 지킬 박사는 공부도 많이 했고 아주 유명한 학자인 반면 하이드는 아주 포학한 살인자였습니다. 보통 사람도 좋을 때는 아주 좋다가 나쁠 때는 아주 포학하게 변할 때가 있습니다. 심리학에 보면 다중인격 장애라는 것이 있습니다. 이것은 한 사람 안에 A와 B라고 하는 전혀 다른 성격을 가진 사람이 들어 있다는 것입니다. 그래서 이 사람이 A일 때에는 아주 예의 바르고 선한 사람이지만, B로 변할 때는 아주 비열하고 포학하고 폭력적인 사람이 되는 것입니다.

어떤 분은 이름만 대면 다 알 수 있는 아주 큰 교회 목사님인데 교인들이 모였을 때는 그렇게 인자하고 겸손하고 선한 분이지만 교회 부교역자나 직원들만 모였을 때는 악마로 변한다는 것입니다. 그러다가 설교 중에 한 번 폭발한 적이 있다고 합니다. 부목사님 한 분에게 소리소리 지르면서 입에 담을 수 없는 욕을 하더라는 것입니다.

사울에게는 히스테리성 발작만 있었던 것이 아니라 다중인격 장애 같은 아주 복잡한 성격 장애가 있었습니다. 그래서 정상적일 때는 솔직하고 눈물도 많고 선한 사람이지만 그가 악하게 변했을 때는 거짓말하고 포학하고 다윗을 죽여야만 하는 잔인한 사람으로 변했던 것입니다. 다윗은 이런 복잡한 세계를 전혀 알지 못했습니다. 왕이 자기를 죽이려고 했던 것도 왕이 너무 스트레스를 많이 받다가 보니까 우발적으로 창을 던졌을 것이라고 생각했습니다. 그러나 다윗이 처한 상황은 정말 위험하고도 아슬아슬한 순간의 연속이었습니다. 단지 다윗만 이 사실을 모르고 있었을 뿐입니다. 이때 다윗에게는 그를 돕는 내부 고발자가 있었습니다. 그는 바로 다윗의 가치를 알아보고 소중하게 생각했던 요나단이었습니다.

1. 사울 왕의 이중성

사울 왕은 다윗을 죽이려고 함정을 팠는데, 그것은 블레셋 사람 백 명을 죽이면 자기 딸의 남편이 되게 하겠다는 것이었습니다. 그런데 다윗은 블레셋 사람 이백 명을 죽여서 성기 이백 개를 가지고 왔기 때문에 사울은 다윗을 자기 딸과 결혼시키지 않을 수 없었습니다. 그러나 사울은 다윗이 너무 유능하고 전쟁에서 늘 이기고 사람들의 인정을 받으니까 시기심이 나서 견딜 수 없었습니다. 그래서 사울은 드디어 신하들과 회의하면서 요나단과 부하들에게 다윗을 죽이라는 명령을 내립니다.

> 19:1, "사울이 그의 아들 요나단과 그의 모든 신하에게 다윗을 죽이라 말하였더니 사울의 아들 요나단이 다윗을 심히 좋아하므로"

사울은 물론 자기 아들 요나단이 다윗을 좋아하는 것을 알았지만 결국은 아버지인 자기편일 것이라고 생각했습니다. 다른 사람을 좋아한다고 하지만 아버지보다 더 좋아할 리는 없을 것이라고 생각했던 것입니다. 그래서 사울은 어느 날 작전 회의를 하면서 요나단과 신하에게 그들이 다윗을 죽여주었으면 좋겠다는 말을 했습니다. 물론 요나단이나 신하들은 왕의 말이 이해가 되지 않았지만 나름대로 사정이 있을 것이라고 생각했을 것입니다. 즉 왕이 다윗을 불신하고 싫어한다는 것은 알게 되었습니다.

어느 단체에서나 위에 있는 상사가 부하들을 다루는 것은 쉬운 일이 아닙니다. 그래서 어떤 상사는 아랫사람들 사이에 시기심과 경쟁심을 유발시켜서 충성하게 하기도 합니다. 또 이 사람 앞에서는 다른 사람의 좋지 않은 점을 이야기하고 또 딴 사람들 앞에서는 이 사람의 단점을 이야기해서 이간질하는 경우도 있습니다. 그러나 이때만 해도 사울은 완전히 나쁜 정도는 아니었던 것 같습니다. 왜냐하면 사울이 꼭 다윗을 죽이려고 했다면 누구에게 암살 지령을 내리든지 아니면 현상금을 걸었을 텐데 그 정도는 아니었던 것 같습니다. 단지 사울은 요나단과 다른 신하들 앞에서 다윗을 죽이라고 말함으로 이간질하려고 했던 것 같습니다. 그리고 기회가 있으면 다윗을 죽여주면 좋겠다는 뜻이었을 것입니다.

그러나 요나단은 다윗의 가치를 아는 사람이었습니다. 다윗은 성령의 불을 가지고 있는 사람이었습니다. 이스라엘에 부흥의 불을 일으킬 수 있는 사람이 있다면 그 사람은 바로 다윗이었던 것입니다. 그래서 요나단은 다윗을 찾아가서 다윗에게 이런 아버지의 비밀을 알려주었습니다.

> 19:2-3, "그가 다윗에게 말하여 이르되 내 아버지 사울이 너를 죽이기를 꾀하시느니라 그러므로 이제 청하노니 아침에 조심하여 은밀한 곳에 숨어있으라 내가 나가서 네가 있는 들에서 내 아버지 곁에 서서 네 일을 내 아버지와 말하다가 무엇을 보면 네게 알려 주리라 하고"

요나단은 아버지 사울이 왜 다윗을 죽이라고 했는지 그 진의를 알기 원했습니다. 이 말은 아버지 사울이 정신이 조금 불안정하니까 그냥 하신 말인지 아니면 그것이 진심인지 알고 싶었던 것입니다. 그래서 요나단은 아버지 사울을 직접 찾아가서 물었습니다. 사실 왕에게 직언한다는 것은 굉장히 어려운 일이지만, 그럴 수 있는 사람이 있어야 왕도 정신을 차리고 바른길을 갈 수 있습니다. 더욱이 왕이나 대통령이 화를 잘 내고 조금이라도 직언을 하면 바로 그 자리에서 그 사람을 쫓아내 버린다면 나중에는 아첨하는 자들만 주위에 남게 될 것입니다. 그러면 그는 나라가 돌아가는 것을 전혀 모르게 됩니다.

요나단은 아버지 사울 왕을 찾아가서 단도직입적으로 "아버지는 다윗에게 범죄하지 말라"고 하면서 다윗은 죄지은 것이 없고 왕에게 선한 일만 했다고 했습니다. 그리고 그가 목숨을 걸고 골리앗을 죽였고, 하나님도 그날에 큰 구원을 이루셨고, 왕도 굉장히 다윗을 좋아하셨는데 다윗을 죽이지 마시라고 조언을 했습니다. 요나단이 한 말은 지극히 옳은 말이었습니다. 그런데 이때 사울 왕은 요나단의 말을 듣고 네 말이 맞다고 하면서 하나님의 이름으로 맹세하면서 다윗이 죽임을 당하지 않을 것이라고 했습니다. 요나단은 아버지의 이 말을 믿고 다윗을 찾아가서 걱정하지 말라고 하면서 아버지가 하나님의 이름으로 맹세하면서 너를 죽이지 않겠다고 하셨다면서 다윗을 데리고 가서 왕 앞에 있게 했습니다.

그런데 사울의 병은 자신의 의지로 제어될 수 있는 것이 아니었습니다. 그 후에 또 블레셋과 이스라엘이 전쟁했는데 그때 다윗이 나가서 큰 승리를 거두고 돌아왔습니다. 이때 왕과 신하들이 모여서 잔치를 하는데 그때 사울에게 히스테리성 발작이 왔습니다. 이때 사울은 나쁜 사울로 변해 있었던 것입니다. 왕에게 히스테리가 오니까 사람들은 '수금! 수금!' 하면서 다윗에게 수금을 타게 했습니다. 다윗이 수금을 타는데 사울 왕은 다윗을 죽이려고 손에 있는 단창을 던져서 벽에 박으려고 했습니다. 그러나 다윗은 또다시 사울의 창을 피하여 도망을 쳤습니다. 다윗은 언제나 사울의 손을 주의했던 것입니다. 그래서 사울의 손이 들린다고 생각했을 때 다윗은 벌써 몸을 굴려서 왕의 창을 피해서 도망쳤던 것입니다.

2. 여자의 직감

다윗은 오늘도 왕이 별로 기분이 안 좋은 모양이라 생각하고는 별 것 아닌 것처럼 집으로 돌아왔습니다. 그러나 사울은 이미 부하들을 다윗의 집에 보내서 집을 지키게 했고 아침이 되면 다윗을 죽이라고 명령을 내렸던 것입니다.

다윗은 도무지 이해할 수 없었습니다. 자기 자신이 사울을 미워하지 않고 존경하는데 왜 사울은 자기를 죽이려고 하는지 알 수 없었기 때문입니다. 그리고 요나단은 왕에게 직접 물어봤는데 왕은 하나님의 이름으로 맹세하면서 다윗을 죽이지 않겠다고 했다는 것입니다. 그럼에도 불구하고 또 사울은 다윗을 죽이려고 단창을 던졌던 것입니다. 그래서 사람의 충동이라고 하는 것은 이성으로 이길 수 없습니다. 사람이 아무리 교육을 받고 사회적인 직책이 높다 하더라도 이성의 힘만으로는 성적 충동이나 분노의 충동을 이길 수 없는 것입니다. 그래서 유명한 사람이 죄를 지었을 때는 죄를 은폐하기에 바쁜 것입니다. 결국은 이중인격자가 되고 위선자가 될 수밖에 없습니다.

다윗이 집에 빨리 온 것을 보고 아내 미갈은 그 사정을 들었습니다. 그리고 본능적으로 다윗은 지금 당장 도망치지 않으면 살 수 없다는 것을 알았습니다. 다윗에게는 모든 것이 아까웠습니다. 사울 왕의 신하인 것도 포기하기 아깝고 나라의 직책도 아깝고 아내도 아까웠습니다. 그러나 여인에게는 직감이라는 것이 있습니다. 미갈은 다윗에게 오늘 밤 지금 당장 당신이 자신의 생명을 구하지 않으면 내일은 죽는다고 알려줬습니다.

19:11, "사울이 전령들을 다윗의 집에 보내어 그를 지키다가 아침에 그를 죽이게 하려 한지라 다윗의 아내 미갈이 다윗에게 말하여 이르되 당신이 이 밤에 당신의 생명을 구하지 아니하면 내일에는 죽임을 당하리라 하고"

다윗은 목숨을 건지기 위하여 모든 것을 포기하고 도망쳐야만 했습니다. 다윗이 아깝다고 모든 것을 붙들고 있으면 결국 죽는 길밖에 없습니다. 그리고 미갈의 행동은 굉장히 민첩했습니다. 미갈은 문 밖에 파수꾼이 지키고 있다는 것을 알고는 창문에 줄을 달아서 도망치게 했습니다. 그리고 다윗이 도망치는 시간을 벌어주기 위해서 집 안에 다윗이 있는 것처럼 가장을 했습니다. 미갈은 자기가 가지고 있던 우상을 침상에 눕히고 염소 털로 짠 것을 우상의 머리에 씌워서 다윗이 침대에 누워 있는 것처럼 꾸몄습니다. 여인들은 이런 데 천부적인 면이 있습니다. 사울의 전령들이 와서 다윗을 잡으려고 하니까 미갈은 다윗이 병들었다고 거짓말했습니다. 전령들이 다윗이 침대에 누워있는 것을 보고 왕에게 가서 보고했습니다. 그러니까 왕은 화가 나서 전령들에게 침대째로 들고 오라고 했습니다. 그래서 전령들이 침대로 가 이불을 벗겨보니까 침상에 누운 것은 다윗이 아니라 우상이었고 머리털은 염소 털로 짠 가발이었던 것입니다. 사울 왕이 자기 딸 미갈에게 왜 너는 거짓말을 해서 내 원수 다윗을 도망치도록 도와주었느냐고 물으니까 미갈은 다윗이 그렇게 하지 않으면 나를 죽인다고 했기 때문에 그렇게 했다는 것입니다.

여기서 우리가 알 수 있는 것은 미갈은 현실 파악이 아주 빨랐다는 것입니다. 즉 미갈은 임기응변에 강한 여자였습니다. 그러나 이해가 되지 않는 것은 왜 다윗의 부인이 우상을 가지고 있었느냐는 점입니다. 이때 아마 잘 사는 집에 우상을 두는 것이 유행이었던 것 같습니다. 그리고 미갈은 거짓말을 아주 잘했습니다. 미갈은 입에서 저절로 거짓말이 나왔던 것 같습니다. 하나님을 안 믿는 사람들의 특징이 거짓말을 잘한다는 것입니다.

그런데 미갈에게 가장 치명적인 것은 다윗과 함께 도망가려고 하지 않았다는 점입니다. 아마 미갈이 다윗을 진정으로 사랑했다면 같이 창문을 넘어서 다윗과 함께 도망쳤을 것입니다. 그러나 미갈은 다윗이 가는 길은 고난 길이라는 것을 알았습니다. 미갈은 고생하는 것을 원치 않았습니다. 그렇다고 해서 다윗을 사랑하지 않는 것도 아니었습니다. 그래서 미갈은 왕의 딸로서 누릴 것은 다 누리면서도 고생하는 것은 원치 않았던 것입니다. 만일 미갈이 다윗과 함께 도망쳐서 고생했더라면 이스라엘에서 굉장히 존경받는 여인이 되었을 것입니다. 그러나 미갈은 머리는 잘 돌아갔지만 고생하는 것은 원하지 않았던 것입니다.

3. 현실보다 더 강한 성령의 능력

다윗은 밤중에 집에서 탈출해 나왔지만 갈 데가 없었습니다. 그래서 일단 다윗은 자기의 영적 아버지인 사무엘을 찾아갔습니다. 다윗은 사무엘을 찾아가서 있었던 모든 일을 다 이야기했습니다. 그렇다고 해서 사무엘이 다윗을 위해서 해 줄 수 있는 것은 아무것도 없었습니다. 왜냐하면 사무엘은 늙었고 실권이 없었기 때문입니다. 그래서 다윗은 당분간 사무엘과 라마 나욧에서 있었습니다.

사울은 벌써 정탐꾼을 풀어서 다윗이 어디에 있는지 알아보게 했습니다. 그랬더니 어떤 사람이 보고하기를 다윗이 사무엘과 함께 라마 나욧에 있다고 했습니다. 사울은 그곳에 있는 다윗을 잡아 오라고 군대를 보냈습니다. 그때 사무엘이 선지자의 무리와 함께 하나님의 말씀을 예언하고 있었습니다. 이것은 찬양도 하고 기도도 하고 엑스터시에도 빠진 것을 말합니다. 이것은 일종의 방언이었습니다. 다윗을 잡으러 온 군인들이 하나님을 찬양하며 예언하는 선지자의 무리에게 갔을 때 그들에게도 하나님의 영이 임하면서 그들도 딴 사람이 되어서 하나님을 찬양하며 예언하였습니다. 이것은 일종의 엑스터시 상태에 빠지는 것이었습니다. 그래서 은혜를 받은 군인들은 다윗을 잡아갈 수 없었습니다.

그래서 누군가가 빨리 사울에게 가서 잡으러 간 군인들이 하나님의 영을 받아서 노래하고 울고 기도하고 정신을 잃고 난리가 났다고 하니까 사울은 더 강한 사람들을 보냈습니다. 그러나 그것도 소용이 없었습니다. 아무리 강심장이라 하더라도 선지자들이 찬양하고 기도하고 울고 소리 지르는 것을 보고는 그들에게도 하나님의 영이 임하면서 미쳐버렸습니다. 두 번째로 온 군인들도 울고 기도하고 찬양하고 자기 죄를 회개하고 정신을 잃어버리니까 다윗을 잡아갈 수 없었습니다. 그래서 또 누가 사울에게 가서 똑같은 일이 일어났다고 보고를 했습니다.

그러니까 사울이 아주 강심장을 가진 군인들을 세 번째로 보내었습니다. 이번에는 무슨 일이 있어도 마음이 흔들리지 말고 다윗을 꼭 잡아 오라고 시켰습니다. 그런데 세 번째로 보낸 군인들도 선지자들과 사무엘이 하나님을 찬양하고 기도하고 소리 지르는 것을 보고는 하나님의 영이 임하면서 그들도 똑같이 되어버렸습니다. 이것은 기도와 찬양이 얼마나 힘이 있는지를 보여주는 것입니다. 이 세상에서 아무리 악하고 마음이 굳은 자라 하더라도 하나님의 백성이 찬양하고 기도하는 가운데 가면 마음이 부드러워지면서 자기들도 울고 기도하게 되고 하나님을 찬양하게 되는 것입니다. 그래서 교회에 와서 예배드리면 모두 마음이 착해질 수밖에 없습니다. 하나님의 성령이 악령의 힘보다 강하기 때문입니다.

결국은 사울이 직접 가서 다윗을 잡아오는 수밖에 없다고 생각해서 왕이 직접 출동했습니다. 사울은 라마의 큰 우물 옆까지 가서 사람들에게 다윗이 어디 있느냐고 물었습니다. 사람들이 라마 나욧에 있다고 하니까 사울이 거기까지 갔습니다. 그런데 그 순간 하나님의 영이 사울에게 임하면서 사울은 다윗이 있는 나욧까지 가면서 계속 예언했습니다. 이것은 울고 기도하고 하나님을 찬양하고 방언하는 것을 말합니다. 사울은 성령이 임하면 나쁜 버릇이 하나 있는데 그것은 온몸이 더워지면서 옷을 벗어버리는 것입니다. 알몸이 되어버리는 것이었습니다. 사울이 사무엘이 있는 곳에 갔을 때 그는 극도의 엑스터시 상태에 있었습니다. 즉 온몸이 성령으로 홍분이 되어서 부들부들 떨면서 울고 기도하고 웃기도 했습니다.

19:24, "그가 또 그의 옷을 벗고 사무엘 앞에서 예언을 하며 하루 밤낮을 벗은 몸으로 누웠더라 그러므로 속담에 이르기를 사울도 선지자 중에 있느냐 하니라"

사울은 흥분되니까 옷을 다 벗어버리고 울고 웃고 기도하고 소리를 지르면서 하루 밤낮을 거기에 있었습니다. 이것은 성령으로 미치는 것이었습니다. 하나님께서 다윗을 지켜주시기 위해 사울을 성령으로 강하게 감동시키시는 것이었습니다. 우리가 위기에 빠졌을 때 원수가 이상하게 꼼짝하지 못하는 순간이 있습니다. 그것이 바로 하나님께서 원수를 붙잡고 있는 순간입니다. 우리는 현실이 어떻게 돌아가는지 모르고 도망갈 길도 없지만 하나님의 성령이 임하시면 모든 것이 중지되어버리는 것입니다. 우리가 늘 기도하는 이유도 아무리 악한 자라 하더라도 성령의 힘을 이길 수 없기 때문입니다.

스펄전이 처음 목사 안수를 받고 설교했을 때 그의 설교를 들었던 30여 명의 성도는 미쳐버렸습니다. 울고 기도하고 난리가 났던 것입니다. 그 후에 모든 교회는 스펄전에게 설교를 시키지 않았습니다. 왜냐하면 교인들이 미칠까봐 두려웠기 때문입니다. 그래서 스펄전은 탄광으로 가서 그곳에서 나오는 사람들에게 설교했는데 그들이 다 울었습니다. 그 사람들도 성령으로 미쳐버렸던 것입니다. 그리고 런던 공원에서 설교하는데 3만여 명의 사람이 그의 설교를 듣고 미쳐버렸습니다. 이것은 좋게 미치는 것입니다.

조나단 에드워즈 같은 경우에는 교회에서 설교하는데 교인들이 다 울고 소리를 지르고 난리가 났습니다. 조나단 에드워즈가 회개하지 않는 자들에게 지옥불에 떨어지는 것을 강하게 설교했기 때문입니다. 그때 대표기도를 했던 장로도 뒹굴면서 "조나단 씨, 하나님은 자비의 하나님이 아니신가요?"라고 소리를 질렀다고 합니다. 사람들이 하나님 두려운 줄 모르기 때문에 복수하려고 하고 음모를 꾸미고 권력만 잡으려고 생각합니다. 그러나 성령의 능력은 악령의 힘보다 훨씬 더 강합니다. 이 자리에 참석한 모든 분에게 성령의 능력이 임하시기를 바랍니다.

33

죽음과 한 걸음 차이

삼상 20:1-34

텔레비전에서 보면 번지 점프 하는 사람들을 가까이에서 보여줄 때가 있습니다. 번지 점프는 새카맣게 높은 데서 다리에 줄을 매고 뛰어내리는 것인데, 놀랍게도 여성들도 많이 하는 것을 볼 수 있습니다. 그러나 막상 그 높은 데서 뛰어내리려고 하면 겁이 많이 나기 때문에 뛰어내리지 못하고 망설일 때가 많습니다. 그래서 어떤 때는 관리하는 사람이 발로 엉덩이를 차서 밀어서 떨어트려 버립니다. 그러면 있는 비명 없는 비명 다 지르면서 떨어졌다가 다시 올라갔다가 내려갑니다. 그런데 우리가 그 높은 데서 뛰어내릴 수 있는 것은 다리에 튼튼한 줄이 매여져 있다는 것을 알기 때문입니다. 사실 어떤 때는 삶과 죽음 차이가 한 걸음밖에 안 될 때가 있습니다. 갑자기 옆에서 교통사고가 났는데 아슬아슬하게 사고를 피했다면 그 사람은 한 걸음 차이로 죽음을 피한 것입니다.

몇 년 전 대구에서 지하철 화재가 났을 때 어이없게도 문을 닫아버리는 사람에 많은 사람이 차량 안에 갇혀 불에 타 죽었습니다. 그때 저희 교회 한 자매는 닫힌 문이 한번 열렸을 때 그 틈을 타서 밖으로 나왔고 그래서 그 자매는 연기만 조금 마시고 살았습니다. 그러나 다시 문이 닫히는 바람에 열차 안에 남아 있던 사람들은 다 죽었습니다. 이것은 세월호의 경우도 마찬가지였습니다. 배가 기울어졌을 때 그렇게 빨리 뒤집힐 것을 예상했던 사람들은 아무도 없었을 것입니다. 그러나 그때 방 안에 있다가 배 갑판으로 올라갔던 사람들은 배가 뒤집어질 때 바다에 뛰어내려서 살 수 있었지만 선실 안에서 배만 믿고 있었던 사람들은 배가 뒤집히고 난 후에는 빠져나올 수 없었습니다. 결국 삼백 명이 넘는 학생과 일반인들이 바다에 빠져 죽고 만 것입니다. 이럴 때 보면, 바로 삶과 죽음은 한 걸음 차이입니다.

한때 신문에서는 우리나라 기업가나 정부의 관료들에 대하여 말하기를 '교도소 담장 위를 걷는 사람들' 이라고 했습니다. 자기가 잘못해서 교도소 안으로 떨어지면 감옥에 들어가게 되고, 교도소 밖으로 떨어지면 산다는 뜻입니다. 그런데 지금 우리나라 사람들 전부 아슬아슬한 절벽 끝을 걸어가고 있는 것과 같습니다. 여차하면 핵전쟁이 터져서 많은 사람이 죽지만 그렇지 않으면 아슬아슬하게 절벽 끝을 걸어가서 모두 살게 되는 것입니다.

그런데 중요한 것은 번지 점프같이 우리를 붙잡아주는 줄이 있느냐 하는 것입니다. 미안하지만 우리나라 대통령이나 미군이나 정치인들이나 종교인들은 우리를 살려줄 수 있는 줄이 되지 못합니다. 그러면 우리가 살 수 있는 줄은 과연 무엇이냐 하는 것입니다. 즉 취직하는 것이냐 아니면 결혼하는 것이냐 유학 가는 것이냐, 과연 무엇이 우리를 살려주는 끈이냐 하는 것입니다.

1. 믿을 수 있는 친구

다윗은 사울 왕이 아무 이유도 없이 두 번이나 단창을 던져 자기를 죽이려는 것을 보고 일단 사무엘에게 도망을 쳤습니다. 다윗은 도무지 사울 왕이 이해되지 않았습니다. 다윗은 사울 왕을 조금도 미워하지 않는데 그는 두 번이나 다윗을 죽이려고 했기 때문입니다. 이것은 바로 시기심 때문이었고 영적인 문제였습니다. 사울은 다윗을 잡으려고 부하들을 몇 번씩이나 보내고 나중에는 자신이 직접 출동했지만 성령이 너무 강하게 역사하여 흥분하고 울고 웃고 경련을 일으키고 방언하는 바람에 다윗을 잡지 못했습니다. 물론 다윗이 사무엘과 있으면 강한 성령의 역사가 임하니까 안전하게 보였지만 그 성령의 역사는 일시적인 것이었습니다. 그래서 사울이나 다윗을 잡으러 온 사람들은 얼마든지 다시 포악해질 수 있었습니다.

다윗은 이제 사무엘에게도 더 이상 있을 수 없었습니다. 다윗은 이제 자기가 삶과 죽음의 문턱에 서 있다는 것을 알게 되었습니다. 삶과 죽음의 갈림길에서 할 수 있는 일이 무엇이겠습니까? 아마 많은 사람은 자기가 사랑하는 아내를 찾아갈 것입니다. 그러나 다윗은 아내를 찾아가지 않았습니다. 왜냐하면 다윗의 아내 미갈을 믿을 수 없었기 때문입니다. 미갈은 신앙적인 사람이 아니었습니다. 이때 다윗은 자기에게 신앙적으로 신실한 친구를 찾아가서 자신의 위기 상황을 털어놓았습니다. 그는 바로 사울 왕의 아들 요나단이었습니다.

> 20:1, "다윗이 라마 나욧에서 도망하여 요나단에게 이르되 내가 무엇을 하였으며 내 죄악이 무엇이며 네 아버지 앞에서 내 죄가 무엇이기에 그가 내 생명을 찾느냐"

이것은 정말 다윗이 묻고 싶은 것이었습니다. 다윗은 자기는 사울을 미워하지 않는데 왜 사울이 자기를 죽이려고 그렇게 애를 쓰는지 이해가 되지 않았습니다. 이것이 바로 다윗은 세상의 물정을 그만큼 모른다는 뜻입니다. 세상 사람들의 마음속에는 모두 다 시기심이라는 것이 있습니다. 시기심은 누군가가 잘 되어서 유명해지면 좋은 것도 있지만 경쟁관계에 있는 사람들은 그가 망하기를 바라는 마음이 더 강하다는 것입니다. 그래서 모략을 꾸미거나 아니면 적대적인 태도를 나타내는 것입니다.

그래서 다윗은 자기가 신앙적으로 믿을 수 있는 친구 요나단을 찾아가서 혹시 네가 보기에 내가 잘못한 것이 뭐가 있는지 물어보았습니다. 즉 나는 잘 모르지만 남들이 보기에 내가 잘못하고 있는 것이 있으면 이야기해 달라고 했습니다. 그러니까 요나단은 네가 절대로 죽지 않을 것이라고 안심을 시켰습니다. 요나단이 보기에도 다윗은 아무 잘못한 것이 없고 잘못이 있다면 아버지가 다윗에 대하여 너무 예민한 것이라고 생각했던 것입니다. 그러나 그것 때문에 다윗이 죽을 이유는 되지 못하고, 또 아버지는 요나단과 모든 것을 의논하기 때문에 네가 너무 불안해할 필요가 없다고 하면서 안심시켰습니다. 요나단은 다윗에게 "네가 결단코 죽지 아니하리라"고 확신 있게 말을 했습니다.

그러나 다윗은 이제 본능적으로 자기가 위험한 처지에 있다는 것을 알게 되었습니다. 즉 다윗은 지금까지 자신의 적은 블레셋 사람들이라고 생각했는데 이제는 왕과 그의 신하들도 적이 될 수 있다는 것을 알게 되었습니다. 그래서 다윗은 네가 너무 예민하다고 충고하는 요나단을 설득했습니다. 다윗은 요나단에게 "물론 네 아버지가 너를 믿고 모든 작전이나 계획을 의논하는 것은 사실이지만 내 문제는 다르다"고 했습니다. 즉 "네 아버지는 네가 나를 얼마나 좋아하는지 알기 때문에 오히려 말하지 않고 행동에 옮길 것이라"고 했습니다. 그러면서 다윗은 하나님의 살아 계심과 요나단의 목숨을 걸고 말하기를 "나와 죽음의 사이는 한 걸음 차이뿐이라"고 했습니다.

20:3하, "그러나 진실로 여호와의 살아 계심과 네 생명을 두고 맹세하노니 나와 죽음의 사이는 한 걸음 뿐이니라"

이제 다윗은 세상의 현실을 좀 깨닫게 되었습니다. 그것은 무조건 열심히 하고 충성을 다하는 것이 좋은 것이 아니라 사람의 본성과 현 상황을 알아야 하는데, 나와 죽음의 사이는 한 걸음뿐이라고 했습니다. 즉 다윗은 한 걸음만 잘못 발을 옮기면 천 길 낭떠러지로 떨어져서 죽고 만다는 것입니다. 다윗은 지금 주위에 믿을 수 있는 사람이 아무도 없었고 자기 속에 있는 것을 의논할 수 있는 사람은 요나단밖에 없었습니다.

그제야 요나단은 다윗의 심각성을 눈치채고 "네가 원하는 것이 무엇이냐? 네가 원하는 것은 무엇이든지 다 도와주겠다."고 했습니다. 요나단은 다윗이 만일 도피 자금을 원하면 줄 것이고 은신처를 제공해 달라고 해도 숨을 곳을 찾아볼 것입니다. 무기나 군사를 빌려 달라고 해도 줄 것입니다. 그러나 다윗은 사람을 의지하기를 원하지 않았습니다. 다윗이 알고 싶은 것은 사울의 본심이었습니다. 사울을 여전히 내 왕으로 내가 믿을 수 있는 사람으로 생각해도 되느냐 아니면 사울이 나의 원수이며 나의 적이냐 하는 것 하나만 알기를 원했습니다.

그러나 사울의 속마음을 누가 무슨 재주로 알겠습니까? 만약 요나단이 사울에게 가서 지난번처럼 "아버지는 다윗을 믿을 수 있는 사람으로 생각합니까? 아니면 적으로 생각하십니까?" 하고 물을 수도 있을 것입니다. 그러나 사울이 워낙 왔다 갔다 하는 상태에 있기 때문에 사울 왕이 말로 하는 것을 가지고는 믿을 수 없었습니다. 그래서 다윗은 사울의 속마음을 알 수 있는 계략을 하나 짰습니다.

그것은 내일이 월초인데 월초는 월삭이라고 해서 모든 백성이 하나님께 제사 드리고 신하들은 왕과 함께 식사를 했습니다. 그 식사를 하루만 한 것이 아니라 이틀이나 삼일 정도 했던 것 같습니다. 이때 다윗이 그 왕의 식사에 빠지는 계획입니다. 그러면 왕이 아마도 요나단에게 "다윗은 왜 왕의 식사에 빠졌느냐?"고 물을 것인데, 그때 요나단이 사울 왕에게 "다윗이 자기 집에 급한 제사가 있어서 가게 해 달라고 해서 제가 허락을 했습니다"라고 대답을 하라는 것입니다. 그때 사울 왕이 그 식사 자리에 빠진 것을 대수롭지 않게 생각한다면 사울 왕이 다윗을 죽이려고 했던 것은 일시적인 발작으로 볼 수 있다는 것입니다. 즉 사울 왕의 마음에 다윗은 있어도 그만이고 없어도 그만인 사람이 된다는 것입니다.

그런데 만일 사울 왕이 그 월삭에 꼭 다윗을 죽이려고 생각했다면 이것은 다윗이 왕의 마음을 눈치채고 도망친 것이 분명한 것입니다. 그러면 사울 왕이 불같이 화를 내면서 월삭이니 뭐니 때려치우고 다윗을 잡아오라고 명령하리라는 것입니다. 즉 다윗은 이 월삭에 사울이 자기를 죽일 찬스로 생각하느냐 아니냐 하는 것으로 사울의 마음을 확인하기를 원했던 것입니다.

　다윗은 자기 계획을 요나단에게 말하고 난 후에 네가 나에게 인자하게 행하기를 바란다고 했습니다(8절). 이 '인자'라는 것은 원문으로 '헤세드'로 목숨을 걸고 신의를 지키는 것을 말합니다. 다윗은 요나단에게 만일 네가 네 아버지에게 밀고할 것 같으면 차라리 지금 나를 죽이라고 했습니다. 나는 친구 손에 죽는 것이 더 낫다고 했습니다. 그러니까 요나단이 절대로 그런 일은 일어나지 않을 것이라고 하면서, 아버지가 너를 해치려고 생각하고 있으면 반드시 너에게 알려주어서 도망치게 해주겠다고 했습니다.

　다윗이 요나단을 믿었던 이유는 요나단이 성령의 역사를 귀하게 생각하는 사람이었기 때문입니다. 요나단은 성령의 역사라는 것이 얼마나 귀한 하나님의 축복인지 그 가치를 잘 알고 있었습니다. 그래서 요나단은 다윗의 가치를 알고 있었습니다. 다윗은 절대로 죽어서는 안 되고 반드시 살아서 이스라엘의 부흥을 일으켜야 한다고 생각하고 있었습니다. 그러나 부흥의 가치를 모르는 사람은 오히려 성령의 사람을 죽이려고 하는 것입니다. 이것을 분별하는 것은 너무나도 어려운 일입니다.

2. 사울 왕의 질문

　요나단은 다윗의 말을 듣고서야 다윗이 얼마나 위험한 처지에 있는지 이해하게 되었습니다. 그리고 요나단은 잘못하면 오늘로 다윗과 영원히 이별하는 것이 될 수 있음을 깨닫게 되었습니다. 그래서 요나단은 다윗을 배신하지 않을 것을 하나님의 이름으로 맹세했습니다. 그리고 요나단은 다윗과 자기가 아버지 때문에 서로 전쟁을 하게 되더라도 네 손으로는 나를 죽이지 말라고 하면서, 네가 나중에 잘 되어서 원수들을 다 죽일 때도 우리 집에는 인자를 베풀어달라고 했습니다. 그 원수는 바로 사울과 자기 집을 말하는 것입니다. 어떻게 보면 이것은 참 안타까운 장면이라고 할 수 있습니다.

이때 다윗은 요나단에게 물었습니다. 네가 왕의 속마음을 알았더라도 그것을 내게 알려주려고 하면 반드시 미행하는 자가 있을 텐데 어떻게 나에게 알려주겠느냐고 물었습니다. 그랬더니 이번에는 요나단이 계획을 이야기했습니다. "내가 너와 시간을 정해서 들판으로 갈 것이다. 그때 너는 에셀 바위 뒤에 숨어있으라. 그때 나는 왕에게 활 연습을 하겠다고 하면서 작은 꼬마 하나를 데리고 들판으로 나가겠다." 요나단이 혼자 들판으로 나가면 수상하지만 꼬마를 데리고 나가면 왕은 안심할 것입니다. 왜냐하면 꼬마에게 "요나단이 들판에서 누구를 만나는 것을 보았느냐?"라고 물어보면 꼬마는 자기가 본 것을 다 이야기할 것이기 때문입니다.

요나단은 다윗에게 만일 왕이 너를 죽일 생각을 하는 것을 알게 되면 활을 멀리 쏘아서 아이 머리 위로 화살을 날려 보내서 네 뒤쪽에 화살이 있다 가서 찾아오라고 하고, 만일 왕이 너를 죽일 생각이 없으면 가까운 쪽에 화살을 쏘아서 가까운 쪽에 와서 화살을 찾아오라고 할 것이라고 약속을 했습니다. 즉 아이는 가라고 하면 가야 하고 오라고 하면 오면 되는 것이었습니다.

드디어 월삭이 되었습니다. 왕과 백성들은 하나님께 제사 드리고 저녁에 왕의 식사에 모였습니다. 그때 다윗의 자리는 비어있었습니다. 이때 왕의 식사는 사실 다윗에게는 함정이었습니다. 사울 왕은 이때 다윗을 죽이려고 결심을 하고 준비하고 있었던 것입니다. 그래서 자기 자신이 단창을 여러 개 준비하고 있는 것은 물론이고 이번에는 다윗이 도망치지 못하도록 군인들로 하여금 그곳을 포위하게 했던 것입니다. 그런데 다윗은 감히 왕의 식사에 참석하지 않았습니다. 왕은 왜 다윗이 왕의 식사에 오지 않았는지 요나단에게 묻고 싶어서 미칠 지경이었습니다. 그는 불안하고 초조했습니다.

　그러나 사울 왕은 다윗이 워낙 약삭빠르다는 것을 알고 있었기 때문에 참고 하루를 넘어갔습니다. 왜냐하면 첫날부터 다윗에 대해서 물으면 다윗이 눈치를 채고 더 도망칠 가능성이 많았기 때문입니다. 그래서 먹이가 함정에 제 발로 들어올 때까지 기다리기로 했습니다. 사울 왕은 감히 다윗이 내가 자기를 죽이려는 것을 눈치채지는 못했을 것이고 무슨 부정한 것을 만져서 정결하게 하느라고 참석하지 않은 모양이라고 생각했습니다. 사울 왕은 아직까지 다윗을 어린아이로만 생각하고 있었습니다. 그러나 다윗은 더 이상 어린아이가 아니었습니다. 다윗은 이유는 모르겠지만 지금 이 자리에 더 이상 있으면 자기가 죽는다는 것을 알았습니다.

　드디어 이튿날 왕의 식사 시간이 되었습니다. 그런데 이번에도 다윗은 왕의 식사에 참석하지 않았습니다. 그래서 왕은 별일 아닌 척하고 드디어 요나단에게 "이새의 아들이 왜 어제와 오늘 왕의 식사에 참석하지 않았느냐?"고 물었습니다. 그때 요나단은 아버지에게 "다윗이 자기 집에 급한 제사가 있는데 형들이 참석하지 않으면 안 된다고 야단치는 바람에 다윗이 휴가를 청해서 가게 했습니다."라고 대답했습니다.

3. 드러난 사울의 본심

　그때 사울은 '아차, 이 놈이 벌써 내 속을 꿰뚫어 보고 가족 제사를 핑계를 대고 도망을 쳤구나! 그런데 내 아들 요나단은 바보같이 그것도 모르고 허락을 해 주었구나' 라고 생각하면서 정말 불같이 화를 내면서 왕으로서는 입에 담을 수 없는 욕설을 퍼부었습니다.

20:30-31, "사울이 요나단에게 화를 내며 그에게 이르되 패역무도한 계집의 소생아 네가 이새의 아들을 택한 것이 네 수치와 네 어미의 벌거벗은 수치 됨을 내가 어찌 알지 못하랴 이새의 아들이 땅에 사는 동안은 너와 네 나라가 든든히

서지 못하리라 그런즉 이제 사람을 보내어 그를 내게로 끌어 오라 그는 죽어야 할 자이니라 한지라"

사울의 욕은 정말 엄청난 욕이었습니다. 자기 아들을 보고 '패역무도한 계집의 소생'이라고 했습니다. 이것은 완전히 영어로는 Son of bitch 입니다. 영어에도 우리나라와 비슷한 욕들이 많이 있습니다. 그래서 영화로 영어를 배우려고 하는 사람 중에 영어는 늘지 않고 욕만 배우는 사람도 있습니다. 사울은 이 나라를 요나단에게 물려주려고 생각하고 있는데, 왜 이렇게 요나단은 바보같이 다윗을 살려주어서 자기도 벌거벗고 자기 어머니도 벌거벗고 추방되는 일을 당하려고 하느냐 하는 것입니다. 즉 다윗이 왕이 되면 너를 살려줄 것 같으냐는 뜻입니다. 이것은 사울 왕이 다윗을 원수로 생각하고 있는 증거였고 극도로 미워하여 죽이려고 하고 있다는 표시였습니다.

정치는 정말 인정사정이 없는 것 같습니다. 때로는 형제도 죽이고 아버지도 죽이고 왕이 되는 경우가 있습니다. 그러나 이스라엘의 왕은 이스라엘이 자기 나라가 아니었습니다. 이스라엘은 하나님의 나라이고 자기는 단지 그 대리자에 불과했습니다. 그러나 사울은 막상 왕이 된 후에 욕심이 생기니까 이스라엘을 하나님으로부터 도둑질하려고 다윗을 죽이려고 생각하고 있었습니다.

요나단은 그런 아버지에게 "다윗이 무슨 죽을 짓을 했습니까?"라고 하며 대드니까 사울 왕은 요나단에게 창을 던져서 죽이려고 했습니다. 그때 요나단은 비로소 아버지가 다윗을 죽이려고 결심했다는 것을 알게 되었습니다.

다음 날 요나단은 꼬마 하나를 데리고 활 연습하러 간다고 하면서 광야로 나갔습니다. 그리고는 활을 멀리 쏘면서 활에 "네 앞쪽 먼 데 있다. 빨리 달려가라"고 했습니다. 보통은 그 소리만 듣고서도 도망칠 텐데 다윗은 아이가 돌아갈 때까지 가만히 바위에 숨어있었습니다. 요나단은 화살을 세 개 쏜 뒤 아이에게 화살을 가지고 먼저 성으로 들어가라고 하고는 들판에 남아 있었습니다. 아이가 사라지고 난 후에 다윗은 일어나서 요나단에게 가서 세 번 절을 했습니다. 그것은 그가 신의를 지키고 자기 목숨을 지켜준 감사의 표시였습니다. 그리고 서로 포옹하고 울었습니다. 그때 다윗은 더 심하게 울었습니다. 왜냐하면 이제 정들었던 모든 것을 다 두고 정처 없는 길을 떠나야 했기 때문입니다.

그러나 이것이 바로 다윗에게는 하나님의 학교가 시작되는 순간이었습니다. 다윗은 사울 왕에게 쫓기면서 그는 겸손을 배우고 인내를 배우고 믿음을 배웠습니다. 우리는 이 세상의 학벌을 가지고는 살아남을 수 없고 하나님의 일을 제대로 할 수도 없습니다. 우리는 하나님의 학교에서 살아남아야 합니다. 모세는 하나님의 학교를 사십 년 다녔습니다. 요셉은 십삼 년 다녔습니다. 다윗에게 이제 하나님의 학교가 시작되었습니다.

하나님은 다윗에게 사울 왕으로 원수가 되게 하시고, 요나단을 의지하지 않게 하시고, 정처 없는 떠돌이가 되어서 매일 생명의 위협을 느끼면서 하나님의 사람으로 훈련받게 하셨습니다. 다윗이 골리앗을 죽임으로 모든 것이 다 끝난 것이 아니었습니다. 우리는 하나님이 주시는 고난에 원망하거나 절망하지 말고 예수님 같이 그 잔을 다 마심으로 하나님께서 원하시는 그릇으로 만들어지기를 바랍니다.

34

죽음의 함정

삼상 21:1-15

어떤 사람은 다른 사람을 속이고 망하게 하려고 머리를 써서 올무에 엮어 넣으려고 했는데 일이 잘못되면서 오히려 자신이 함정에 빠질 때가 있습니다. 예를 들어서 어떤 사람이 경쟁 관계에 있는 사람을 얽어 넣기 위해서 거짓 정보를 흘리면 당하는 쪽에서는 속수무책으로 언론의 공격을 받고 죄인이 되어서 경찰이나 검찰의 조사를 받고 감옥에 들어갈 때가 있습니다. 그런데 얼마 후 상대방이 흘린 정보가 거짓이고 오히려 그 사람이 죄를 지은 사실이 들통나게 되면 그 사람은 자기 스스로 함정에 빠진 것입니다. 반대로 고소를 당했던 사람은 멀쩡하게 잘 있다가 죽음의 함정에서 기적적으로 살아나오게 되는 것입니다.

셰익스피어의 유명한 작품 《로미오와 줄리엣》을 보면 줄리엣은 사랑하는 로미오와 몰래 결혼을 하고는 아버지가 억지로 하게 하는 결혼을 하지 않기 위해 신부를 찾아가서 어떻게 하면 좋으냐고 의논을 합니다. 그러니까 그 신부는 자기가 약을 하나 줄 테니까 그 약을 먹으면 스물네 시간 동안 몸이 차가워지고 의식을 잃고 숨을 쉬지 않게 되니까 부모님은 네가 죽은 줄 알고 장례를 치를 것이라고 했습니다. 그동안만 납골당에 누워있으면 자기가 로미오에게 연락해서 너를 데려가게 하겠다고 했습니다. 줄리엣은 방에서 그 약을 먹고 죽은 것처럼 누워있으니까 집에서 난리가 나서 장례를 치릅니다. 그러나 로미오는 줄리엣이 진짜 죽은 줄 알고 무덤에 와서 결혼하려고 했던 남자를 죽이고 자기도 독약을 먹고 죽습니다. 그때 잠에서 깬 줄리엣은 로마오가 죽은 것을 보고 자기도 칼로 가슴을 찔러 죽습니다. 원래부터 그 신부는 사람은 좋지만 약간 모자라는 사람이었는데 결국 그가 이상하게 머리를 쓴 결과 젊은이의 귀한 생명이 여럿이나 죽게 됩니다.

신약 성경에 보면 사도 바울이 루스드라에서 복음을 전하다가 유대인들에게 돌에 맞아 죽게 됩니다. 이때 사도 바울이 죽은 것은 연기가 아니었습니다. 사도 바울은 정말 정신을 잃었고 어쩌면 숨도 쉬지 않았던 것 같습니다. 그래서 유대인들은 그를 질질 끌고 가서 성 밖에 버렸습니다. 그런데 그때 믿음의 형제들이 죽은 사도 바울을 둘러서서 기도하니까 그가 살아났습니다. 이것은 연기가 아니었습니다. 실제로 사도 바울은 한 시간 정도 죽어있었는지 모릅니다. 그러나 하나님은 사도 바울을 다시 살려주셨습니다.

다윗은 사울 왕이 자기를 죽이려고 한다는 것을 알고는 성막으로 도망을 쳤습니다. 그러나 성막은 다윗의 생명을 지켜줄 수 없었습니다. 왜냐하면 그때는 이미 이스라엘 부흥의 불길이 꺼져 있었기 때문입니다. 부흥의 불이 꺼져 있는 성막은 다윗이 아무리 번제단의 뿔을 잡고 있다 하더라도 그를 사울의 손에서 지켜줄 수 없었습니다. 아무리 제단 뿔을 잡고 있어도 힘으로 끌고 나가서 죽이면 그만이었기 때문입니다. 다윗은 성막도 자기를 지켜주지 못한다면 이스라엘 땅 안에서는 자기 생명을 지킬 수 있는 곳이 없다는 생각을 하게 되었습니다.

그래서 다윗은 이스라엘의 원수인 가드 왕 아기스에게 투항하러 갔습니다. 그러나 이것은 다윗의 잘못된 판단이었습니다. 왜냐하면 아기스의 신하들은 모두 다윗을 증오하고 있었고, 블레셋의 영웅 골리앗을 죽인

자로 알고 이를 갈고 있었기 때문입니다. 아기스의 신하들은 그렇지 않아도 다윗을 잡아서 죽이려고 하고 있었는데, 다윗이 자기 발로 걸어오니까 너무나 잘 되었다고 생각해서 당장 죽이려고 했습니다. 이때가 다윗의 인생 중에서 가장 어렵고 위험한 때였습니다. 그러나 다윗은 하나님의 도우심으로 기적적으로 아기스에게서 살아서 도망치게 됩니다. 그러나 여전히 다윗은 도망칠 수 있는 곳이 없었습니다.

1. 아기스에게로 도망을 침

요즘 우리나라에서는 하루에도 수십 명이 자살하고 있습니다. 그들이 자살하는 이유는 현재의 육체적이나 정신적인 고통에서 도저히 피할 곳이 없다고 생각하기 때문입니다. 만약 그들이 이 고통을 피할 수 있는 곳만 있다면 얼마든지 살 수 있었을 것입니다.

다윗은 사울 왕이 자기를 죽이기로 결심한 것을 보고 이스라엘 안에서는 도망칠 수 있는 곳이 없다고 생각했습니다. 결국 다윗이 사울의 손을 피하려고 하면 이스라엘이 함부로 쳐들어올 수 없는 외국으로 도망치는 수밖에 없었는데, 그곳은 블레셋에서도 이스라엘에서 가장 먼 곳에 있는 가드라고 생각했습니다. 그래서 다윗은 가드 왕 아기스에게 투항하러 찾아갔습니다.

21:10, "그 날에 다윗이 사울을 두려워하여 일어나 도망하여 가드 왕 아기스에게로 가니"

이때는 나라 사이에 전쟁이 많았기 때문에 출신 성분을 따지지 않고 싸움을 잘하는 사람이 있으면 신하로 뽑아주었습니다. 요즘으로 치면 스카우트 경쟁이 심했던 때였던 것입니다. 그러나 그것은 다윗의 판단 미스였습니다. 왜냐하면 다윗이 얼마나 멋있게 골리앗을 쳐 죽였던지 가드 왕의 신하들도 다윗이 골리앗을 죽이는 장면을 생생하게 기억하고 있었기 때문입니다. 다윗이 지금 거지꼴을 하고 가드 왕에게 투항하러 왔지만 다윗은 역시 다윗이었던 것입니다. 가드 왕의 신하들은 블레셋의 최고 원수는 사울 왕이 아니라 다윗이라고 생각했고, 그를 꼭 죽여야 한다고 생각하고 이를 갈고 있었던 것입니다. 다윗은 그것도 모르고 자기를 노리고 있는 사람들 한가운데 살려고 찾아갔던 것입니다. 이것을 보고 아기스의 신하들은 왕에게 지금이야말로 다윗을 죽여서 블레셋의 원수를 갚아야 한다고 주장했습니다.

> 21:11, "아기스의 신하들이 아기스에게 말하되 이는 그 땅의 왕 다윗이 아니니이까 무리가 춤추며 이 사람의 일을 노래하여 이르되 사울이 죽인 자는 천천이요 다윗은 만만이로다 하지 아니하였나이까 한지라"

이 말의 내용은 사울 왕이 죽인 사람은 천 단위인 데 비하여 다윗이 죽인 사람은 만 단위였다는 것입니다. 그것을 보면 사울이 이긴 전쟁과 다윗이 이겼던 전쟁은 규모가 달랐던 것을 알 수 있습니다. 그러나 다윗은 기껏 살려고 도망쳤는데 거기가 바로 죽음의 함정에 자기 발로 걸어 들어간 셈이 되었습니다. 다윗은 블레셋 장수들에게 에워싸여 있어서 도망칠 방법이 없었습니다. 이제 아기스가 다윗을 죽여라고 말 한마디만 하면 다윗은 죽을 수밖에 없었습니다.

우리는 자기 나름대로 살려고 마지막 방법을 썼는데 그것이 길이 아닐 때가 종종 있습니다. 즉 막다른 골목으로 자기 발로 걸어 들어간 셈인 것입니다. 이때 자포자기하고 심하면 인생을 포기해버리는 때도 있습니다. 그런데 하나님의 백성에게는 어떤 위기 가운데서도 살길이 있습니다. 왜냐하면 만일 우리가 영의 안경이 있어서 그 안경을 끼고 본다면 하나님의 천사 하나가 불칼을 들고 다윗 옆에 서서 그를 지키고 있는 것을 볼 수 있기 때문입니다.

어떤 사람은 높은 자리에 있지만 벌써 사탄이 새카맣게 몰려들어서 그의 머리 꼭대기까지 올라타고 있는 경우가 있는가 하면, 하나님의 천사가 칼을 빼들고 있어서 어느 선 안으로는 적들이 들어오지 못하는 경우도 있는 것입니다. 이것을 눈으로 본 사람이 바로 여호수아였습니다. 여호수아는 여리고성 앞에서 칼을 빼 들고 서 있는 분을 보고 누구시냐고 물으니까 자기는 하나님의 군대 대장 즉 천사장이라고 대답했습니다(수 5:13-15). 다니엘도 천사를 경험했는데 그가 사자 굴에 들어갔을 때 하나님의 천사가 내려와서 사자들의 입을 봉하는 바람에 사자들이 다니엘을 잡아먹지 못했던 것입니다(단 6:22).

베드로 같은 경우에는 헤롯에게 체포되어 감옥에 갇혀서 아침이 되면 죽이려고 군인 사이에서 이중으로 된 쇠사슬로 매여서 24시간 그를 감시하고 있는데 밤에 천사가 나타나서 베드로를 깨우면서 옷을 입고 신을 신으라고 했습니다. 그리고 쇠사슬은 저절로 벗겨졌습니다. 감옥 문도 저절로 열려 나오게 되었는데 간수들은 눈을 뜨고도 아무것도 보지 못했습니다. 그때 교인들은 베드로를 위하여 간절하게 기도하고 있었던 것입니다(행 12:1-19).

다윗에게는 하나님의 기름 부음이 있었고 하나님의 말씀이 있었습니다. 그런데 그는 쫓기고 있었고, 결국 아기스에게 도움을 청하러 갔는데 오히려 블레셋 군대에 포위되어서 죽게 되었습니다. 이때 하나님의 기름 부음이 강하고 하나님의 말씀이 강할까요? 아니면 아기스의 군대가 강하고 그의 군사들이 강할까요? 이것은 우리에게 아주 심각한 문제입니다. 우리는 지금 북한의 핵무기와 미군의 군사력 사이에 끼었는데 과연 이때 우리의 믿음이 강하다고 말할 수 있을까요? 눈에 보이지도 않는 천사가 우리를 지키고 있다고 말할 수 있을까요? 그러나 하나님의 기름 부으심과 약속은 이 세상 사람들의 무력이나 군인의 숫자보다 더 위력이 있습니다. 이것을 믿어야 합니다.

2. 미친 체 한 연기

다윗은 아기스의 신하들이 이스라엘 여인들이 불렀던 노래를 기억하고 있는 것을 보고서 자기가 잘못 왔다는 것을 비로소 깨달았습니다.

"사울이 죽인 자는 천천이요 다윗은 만만이로다"

다윗이 이렇게 많은 블레셋 사람들을 죽였는데 아기스의 부하들이 다윗을 살려줄 리가 절대로 없었던 것입니다. 그리고 실제로 아기스의 신하들이 다윗을 그렇게 쉽게 놓아주지도 않았습니다. 다윗은 지금 겁에 질려 있었고 아기스의 신하들은 다윗을 죽이려 했습니다. 그런 경우 군인들이 많이 하는 것은 자기 칼로 자기 목을 베어서 자결하는 것입니다. 즉 적에게 잡혀서 고문을 당하고 처형을 당하는 것보다는 자기 손으로 죽겠다는 행동입니다.

아마 다윗도 '내 인생은 여기서 끝이 나는가' 생각했을 것입니다. 그런데 바로 그 순간 다윗의 머릿속에 하나님의 음성이 들렸습니다. 이것은 강한 영감의 소리가 들린 것을 말합니다. 그것은 '죽지 말고 지금부터 미친 척 해보자' 는 것이었습니다.

> 21:12-13, "다윗이 이 말을 그의 마음에 두고 가드 왕 아기스를 심히 두려워하여 그들 앞에서 그의 행동을 변하여 미친 체하고 대문짝에 그적거리며 침을 수염에 흘리매"

사실 정상적인 사람이 미친 사람처럼 행동하는 것은 쉬운 일이 아닙니다. 일단 미친 사람이 되려고 하면 눈빛이 풀려야 합니다. 시선이 똑바르면 그 사람은 미친 사람이 아닙니다. 일단 다윗은 자기가 정상적으로는 여기서 풀려날 수 없다는 것을 알았습니다. 그만큼 이스라엘 여인들의 노래인 '사울이 죽인 자는 천천이요 다윗이 죽인 자는 만만이다' 는 것이 많이 유행했던 것입니다. 요즘 한국의 십대 가수들의 노래를 외국 아이들이 부르듯이 다윗의 이 노래도 블레셋에 유행했던 것입니다.

다윗은 결과야 어떻게 되든지 간에 미친 사람처럼 행동했습니다. 다윗은 일단 눈이 풀어지고 입에서 침을 흘리기 시작했습니다. 그리고 다윗은 소리를 지르고 웃기 시작했습니다. 미친 사람이 되려고 하면 시도 때도 없이 웃어야 합니다. 그러나 가드 왕이나 블레셋 장군들을 속이는 것은 쉬운 일이 아니었습니다. 왜냐하면 그들은 지금 이스라엘 영웅을 죽일 절호의 찬스를 잡았기 때문입니다.

우리가 본문을 보면 너무 간략하게 나오지만, 이때의 상황을 적어놓은 다윗의 시편을 보면 얼마나 블레셋 사람들이 집요하게 다윗을 죽이려고 했는지 알 수 있습니다. 다윗은 사망의 줄이 내 목을 옭아매었다고 말하고 있습니다. 그리고 그들은 온종일 다윗이 진짜 미쳤는지 미친 체하는지 알아보려고 때리기도 하고 얼굴에 침을 뱉기도 하고 발로 차기도 하고 몽둥이로 때리기도 하고 감옥에 가두기도 했던 것입니다.

그런데 다윗은 자기에게 임했던 영감을 믿었습니다. 즉 죽든지 살든지 미친 체하자는 것이었습니다. 가장 어려운 것이 심문을 당하는 것입니다. 만약 블레셋 신하가 '너 여기 왜 왔느냐?'고 물으면 '오늘 태양은 너무 춥다'는 식으로 엉뚱하게 대답해야 합니다. '너는 다윗이 맞느냐?'고 물으면 '나는 사울이다'라고 대답해도 안 됩니다. 왜냐하면 이것은 논리적으로 무엇인가 통하는 부분이 있기 때문입니다. 이럴 때는 '돼지고기는 맛있다'라고 하든지 '뱀이 먹고 싶다'라든지 엉뚱한 대답을 해야 하는 것입니다. 다윗은 블레셋 신하들이 때리고 발로 차고 몽둥이찜질을 해도 여전히 미쳐 있어야 했습니다.

블레셋 사람들은 다윗을 아무리 때리고 발로 차고 모욕을 주고 심문을 해도 그는 여전히 미친 사람이었습니다. 그때 한순간 한순간이 다윗에게는 얼마나 고통스럽고 죽음의 공포를 느낀 시간이었는지 모릅니다. 물론 하나님의 백성들은 늘 정직해야 하지만 어떤 때에는 미주알고주알 다 이야기하지 못할 때도 있고 아프지 않지만 아픈 것처럼 해야 할 때도 있습니다. 어떤 때에는 아는 것도 모르는 체해야 할 때가 있고 누군가가 기분 나쁜 소리를 할 때도 바보같이 못 알아듣는 것처럼 해야 할 때도 있습니다. 그리고 어떤 때는 다른 사람으로부터 미친 사람이나 귀신들린 사람 취급을 받아도 가만히 있어야 할 때가 있습니다. 왜냐하면 지금은 다윗이 살아야 할 때였기 때문입니다.

3. 하나님의 도우심

블레셋 사람들은 다윗을 쉽게 살려서 보낼 사람들이 아니었습니다. 그들은 이번에 자기 발로 걸어 들어온 다윗을 꼭 죽이려고 했습니다. 그런데 하나님께서 이번에도 다윗을 도우셨습니다. 그것은 아기스가 다윗의 연기에 속아 넘어간 것입니다. 하나님은 아기스의 판단을 흐리게 하셔서 다윗을 미친 사람으로 믿게 만드셨습니다. 하나님은 아기스 왕으로 하여금 다윗이 하는 행동을 보니까 그는 틀림없이 미친 자였고 미친 자라면 죽일 필요도 없고 빨리 거기서 쫓아내는 것이 가장 좋은 방법이라고 생각하게 만드셨던 것입니다.

> 21:14, "아기스가 그의 신하에게 이르되 너희도 보거니와 이 사람이 미치광이로다 어찌하여 그를 내게로 데려왔느냐"

다윗이 진짜 미치광이 노릇을 하려면 시도 때도 없이 비실비실 웃어야 합니다. 그리고 소리를 질러야 하고 두들겨 맞으면 더 악을 써야 합니다. 결국 아기스는 다윗이 미치광이라고 판단하고 신하들에게 화를 냈습니다. '지금 내가 얼마나 바쁜 사람인데 이런 미치광이를 상대하고 있으란 말이냐?' 라고 하면서 '다른 사람들은 뭐라고 할지 모르지만 이 친구는 미친 사람이야. 이런 미치광이는 죽일 가치조차 없단 말이야. 당장 여기서 쫓아내지 않고 무엇을 하고 있는 거야' 라고 하면서 신하들에게 화를 냈던 것입니다. 그리고 아기스는 당장 다윗을 그 자리에서 밖으로 쫓아내게 했습니다.

> 21:15, "내게 미치광이가 부족하여서 너희가 이 자를 데려다가 내 앞에서 미친 짓을 하게 하느냐 이 자가 어찌 내 집에 들어오겠느냐 하니라"

아마도 아기스는 상당히 우월감을 가지고 있는 왕이었던 것 같습니다. 그는 이 세상에서 가장 똑똑한 사람들만 부하로 뽑고 가장 싸움에 우수한 사람들만 뽑는다는 자부심을 가지고 있었던 것 같습니다. 그렇다 보니까 아기스는 형편없는 정신 이상자 하나를 자기 부하로 추천을 받는다는 자체가 굉장히 불쾌했고, 그런 사람 때문에 시간을 낭비하는 자체가 기분이 나빴던 것 같습니다. 그래서 그는 다윗이 실제로 미친 사람인 것을 보았을 때 굉장히 기분이 나빴습니다. 이것이 바로 그가 하나님의 계획에 속아 넘어가는 것이었습니다. 하나님께서는 죽음의 함정에 빠진 다윗을 살리기 위해서 아기스의 오만한 마음을 충동질하셨던 것입니다. 그는 다윗같이 미친 사람을 두고 왈가왈부하는 자체가 기분이 나빴고 어서 그를 빨리 거기서 쫓아내기를 원했습니다.

그래서 아기스 왕은 자기 부하들에게 화를 내면서 '이런 미친 사람을 내 부하로 받아들여서 밥을 축내게 하느냐? 내 수준을 어떻게 보고 이런 사람을 내 신하로 추천하느냐? 꼴 보기 싫으니까 당장 쫓아내라!' 고 하면서 쫓아냈던 것입니다. 결국 다윗은 아기스와 그 신하들에게 미친 사람 취급을 당하고 무시를 당했지만 그것이 그가 사는 길이었습니다.

원래 다윗은 할례받지 않은 블레셋 사람들을 야생동물로 취급했습니다. 그러나 다윗은 자존심을 다 버리고 이 할례받지 않은 자의 신하가 되려고 했는데 이제는 이들 앞에서 자기 스스로 미친 사람이 되어야 했습니다. 이처럼 다윗은 더 자기 자존심을 버려야 살 수 있었습니다. 다윗의 자존심은 여기서 밑바닥까지 내려가게 되었습니다. 그러나 이것을 견뎌내야 했습니다.

우리가 사느냐 죽느냐 하는 함정에 빠졌을 때는 가장 낮은 자리까지 갈 수밖에 없습니다. 그때 우리는 가장 낮은 자리를 견뎌내야 하는 것입니다. 어떤 때는 미친 사람 취급을 받을 수도 있고 바보 취급을 당할 수도 있습니다. 그런데 우리가 미치려고 하면 예수로 미치는 것이 최고로 좋습니다. 우리가 평소에 아예 예수로 미쳐버리면 사람들이 상대하는 것을 싫어할 것입니다. 그렇다고 해서 진짜 미쳐버리면 안 됩니다. 진짜 미쳐서 내가 예수라고 하고 세상 사람들을 보고 독사의 새끼들이라고 하고 돌로 떡을 만들겠다고 하면 이것은 진짜 미친 것입니다.

다윗은 성막이 자기를 지켜주지 못한다는 것을 알고 아주 실망이 컸던 것 같습니다. 그래서 다윗은 아예 이스라엘을 떠나버렸습니다. 요즘으로 치면 아예 교회를 '안 나가'는 사람이 된 것입니다. 그는 세상 사람이 되려고 한 것입니다. 그래서 하나님의 백성 중에서 교회에 실망하고 신앙에 실망한 사람은 술친구들과 어울려서 술을 마시고 노래를 부르는데 '내게 강 같은 평화'를 부른다는 것입니다.

하나님은 왜 다윗에게 멋지게 아기스를 이겨서 당당하게 그곳을 떠나게 하시지 않았을까요? 그것은 아직 다윗이 낮아져야 할 필요가 있었기 때문입니다. 우리는 하나님에게 실망해서는 안 됩니다. 그리고 우리가 낮아질 때 기쁨으로 낮아질 수 있기를 바랍니다. 노래를 부르면서 기뻐하면서 낮아진 것을 견딜 때 하나님은 우리를 회복시키실 것입니다.

35

아둘람 굴

삼상 22:1-23

누구든지 자기 인생을 살면서 가장 가난하고 비참했던 시절이 있을 것입니다. 어떤 사람은 반지하 방에서 라면으로 연명하기도 하고, 어떤 사람은 몸 하나 겨우 들어갈 수 있는 고시촌에서 일당직을 받으면서 건설현장에서 일하기도 했을 것입니다. 어떤 사람은 군대에서 졸병 생활하면서 극한기 훈련을 받을 때가 가장 고생스러웠으리라 생각할 것입니다.

만약 어떤 사람이 최고 높은 자리까지 올라갔다가 부정을 저질렀다고 해서 냄새가 나고 샤워나 목욕도 제대로 할 수 없는 감옥에 갇혀 있으려고 하면 고생이 말이 아닐 것입니다. 사람들은 자신의 가장 비참했던 시절은 다른 사람에게 잘 이야기하려고 하지 않습니다. 다른 사람에게 자신의 그런 비참했던 모습을 보여주고 싶지 않기 때문입니다. 그리고 다른 사람에게 이야기해도 잘 이해하거나 공감할 수 없기 때문입니다.

저는 어렸을 때 부산에서 살았는데 집이 너무 누추해서 집이 길보다 더 낮은 곳이었습니다. 그래서 길에서 보면 집 안쪽이 다 보였습니다. 그러나 저는 교회를 다니고 있었기 때문에 가난이 비참하다고 생각해본 적이 없었습니다. 그리고 서울에 와서도 양계장에서 몇 년을 보내었는데 학교는 다니지 못했지만 교회를 열심히 다녔기 때문에 그때가 참 행복했습니다. 어떤 때는 교회 이층에서 잠을 자고 새벽 기도에 나가기도 하고 예배 시간이 되면 종을 치기도 하고, 어떤 때는 무섭지만 한 시간을 걸어서 새벽 기도에 나가기도 했습니다.

오히려 제가 힘들 때는 공부도 가만두고 직장도 때려치우고 주님을 위해서 살고 싶은데 저에게 길이 없을 때였습니다. 이 세상에서 모든 것을 다 때려치우고 주님만을 위해서 살 수 있는 길은 없었습니다. 그때는 아내도 있었고 아이도 있었는데 차라리 군 장교 생활이나 대학원 다닐 때보다 더 비참했던 것 같습니다. 사람에게는 자기 인생의 길을 찾지 못하는 것이 가장 비참한 것 같습니다. 그런데 사실은 그때 하나님 말씀의 맛을 알게 되었고 거기서 하나님께 가는 길을 찾게 되었습니다.

다윗은 인생의 길을 잃어버렸습니다. 다윗은 어렸을 때 가난하게 살았지만 하나님의 율법을 사랑했기 때문에 가난이 힘든 줄 몰랐습니다. 다윗은 적군 골리앗을 물맷돌로 쳐 죽이는 바람에 이스라엘의 영웅이 되었습니다. 그러나 다윗은 왕의 사위까지 되었지만 사울 왕의 미움을 받는 바람에 인생의 길을 잃어버리고 말았습니다. 다윗은 처음에는 사무엘에게 도망을 쳤지만 이것은 일시적인 도움밖에 되지 못했습니다. 부흥이 식어 있는 성막은 다윗을 지켜줄 수 없었습니다. 다윗은 결국 사울이 자기를 잡으러 올 수 없는 가드의 아기스에게 도망쳤지만 그것은 결국 죽음의 함정에 제 발로 걸어 들어가는 것밖에 되지 못했습니다. 다윗은 미친 척하는 바람에 겨우 목숨을 건져서 아기스에게서 살아서 도망칠 수 있었습니다.

결국 다윗이 가드에서 나오다 보니까 황량한 곳에 제법 큰 굴이 하나 있었습니다. 다윗은 그 굴에서 숨어서 상당한 기간을 지내야만 했습니다. 그 굴의 이름은 '아둘람'이었습니다. 다윗의 인생에 있어서 가장 비참하고 고생이 되었던 시절은 바로 이 아둘람 굴에 있던 때였습니다. 사실 다윗은 아둘람 굴에서 혼자서도 먹고 살 수 없는 처지였습니다.

그런데 다윗이 거기에 있는 줄 알고 세상에서 학대받고 사기당하고 집이나 땅을 빼앗긴 사람들이 다윗이 있는 그 굴로 찾아오기 시작했습니다. 거기에 다윗을 찾아온 사람은 무려 사백 명가량이나 되었습니다. 다윗은 혼자서도 먹고 살 수 없는데 어떻게 사백 명이나 되는 사람들을 먹여 살리겠습니까? 그러나 놀랍게도 다윗과 함께 있는 사람들은 굶어 죽지 않고 살아남았습니다. 물론 다윗은 거기서 춥고 배고픈 시절을 지내기는 했지만 그곳에서 가장 순수하고 가장 행복할 수 있었습니다. 그리고 다윗은 거기서 하나님의 뜻을 아는 비결을 발견할 수 있었습니다.

1. 다윗의 밑바닥 인생

다윗은 가드에서 목숨만 겨우 살려서 도망쳤습니다. 그리고 다윗은 가드 동쪽 황무지에 있는 아둘람이라는 곳으로 도망치게 되었습니다. 이 아둘람 굴은 블레셋과 이스라엘의 경계선 부근의 아주 험악한 곳에 있는 굴이었습니다. 그리고 굴은 하나가 아니라 여러 개 있었던 것 같습니다. 다윗은 그곳에서 미래를 알 수 없는 피난 생활을 시작했습니다.

> 22:1-2, "그러므로 다윗이 그 곳을 떠나 아둘람 굴로 도망하매 그의 형제와 아버지의 온 집이 듣고 그리로 내려가서 그에게 이르렀고 환난 당한 모든 자와 빚진 모든 자와 마음이 원통한 자가 다 그에게로 모였고 그는 그들의 우두머리가 되었는데 그와 함께 한 자가 사백 명 가량이었더라"

얼마 전까지 다윗의 가족에게는 다윗이 큰 자랑이었습니다. 다윗은 이스라엘을 블레셋에서 구원한 영웅이었고 왕의 사위였습니다. 또 높은 직책에 있었습니다. 그러나 다윗이 왕의 미움을 받아서 한번 쫓겨나고 나니까 그의 가족은 다윗 때문에 목숨이 위태롭게 되었습니다. 그래서 그의 가족은 그야말로 자기들이 살던 베들레헴에서도 살지 못하고 다윗이 피난 가서 숨어있는 아둘람 굴로 피신하게 되었습니다. 베들레헴에 있다가는 모조리 잡혀가서 죽임당할 것이 틀림없었기 때문입니다.

다윗은 반역자가 되어서 아무도 오지 않는 가장 험악한 곳에서 굴에 숨어서 생활해야만 했습니다. 아둘람 굴에는 먹을 것이 아무것도 없었습니다. 그런데 그것이 끝이 아니었습니다. 사울은 하나님의 말씀에서 떠나면서 바른 통치를 하지 않았습니다. 사울은 부자나 권력 있는 자들이 부정을 행하고 약한 사람들의 집이나 땅을 빼앗는 것을 내버려 두었습니다. 그러니까 이스라엘 안에는 억울한 일을 당한 사람들이 많이 쫓겨나게 되었습니다. 그들 중에는 집을 빼앗긴 자도 많이 있었고 환란을 당해서 모든 재산을 다 빼앗긴 사람들도 있었고 마음이 상한 사람들도 많이 있었습니다. 이 사람들은 도저히 사울이나 그의 일당의 통치 밑에서는 살 수 없다고 판단해서 물어물어 다윗이 있는 아둘람 굴까지 도망쳐왔습니다. 다윗은 자기 혼자서도 숨어있고 도망치기 어려운데 억울한 일을 당한 사람들이 자꾸 오니까 그야말로 더 어려워지게 되었습니다.

그러나 바로 이 억울한 일을 당한 사람들이 다윗을 살리는 길이 되었습니다. 왜냐하면 만일 다윗이 자기 혼자서만 굴속에 숨어있었다면 사울에 대한 미움으로 견딜 수 없었을 것입니다. 그러나 다윗은 자기를 믿고 따라온 사람들이 많이 있어서 자기 생각을 할 시간이 없었습니다. 결국 다윗은 도망쳐 온 사람들의 이야기를 들어주어야 했고, 그들을 위로해주어야 하는데 무슨 재주로 그들을 위로해주겠습니까? 다윗은 돈도 없었고 양식도 없었습니다. 다윗은 가진 것이 아무것도 없었습니다.

그러나 다윗이 가지고 있는 것이 딱 하나 있었습니다. 그것은 바로 그가 어렸을 때부터 외웠던 하나님 율법의 말씀이었습니다. 다윗은 도망쳐 온 사람들에게 어쩔 수 없이 하나님의 말씀을 가지고 위로하고 권면하였는데 이상하게도 마음 상한 사람들이 하나님의 말씀을 들으면 위로를 받았습니다. 그리고 이상하게도 하나님의 말씀을 붙들고 사니까 이 사백 명이 먹을 하루치 양식이 생겼습니다.

그리고 다윗은 옛날에는 자기 혼자 하나님의 말씀이 좋아서 외웠지만 이제는 다른 사람들을 가르쳐야 하니까 하나님의 말씀을 좀 깊이 있게 체계적으로 연구해야만 했습니다. 그래서 다윗은 아둘람 굴에서 다시 새로운 눈으로 성경을 볼 수 있게 되었습니다. 그래서 다윗은 점점 성경에 대하여 새로운 눈이 뜨이게 되었습니다. 그리고 다윗은 시를 쓰기 시작했고 찬송을 부르기 시작했습니다.

거기에 비하여 사울은 자기 혼자 있는 시간이 많으니까 오직 다윗에 대한 미움으로 가득 차게 되었습니다. 그는 다윗을 죽이지 못한 것이 그렇게 억울할 수 없었습니다. 그래서 사울의 정신병은 점점 더 깊어지게 되었습니다. 그래서 나이 든 사람이나 젊은 사람이나 혼자만 있는 것은 좋지 않다고 합니다. 누군가 같이 있어서 이야기를 나누어야지 정신병에 덜 걸리게 되는 것입니다.

로이드 존즈 목사가 어렸을 때 자랐던 웨일즈에는 다니엘 로우랜드라는 사람의 동상이 서 있었다고 합니다. 이 사람은 로이드 존즈가 태어나기 백 년 전에 부흥을 일으켰던 사람입니다. 그는 평신도였기 때문에 설교할 수 없었습니다. 그렇지만 이 사람은 성경이나 자기가 읽었던 청교도 책을 가지고 다른 사람들을 열심히 가르쳤기 때문에 이것을 '권면'이라고 했습니다. 그런데 이 다니엘 로우랜드의 권면을 듣기 위해서 몰려드는 사람들이 많아지게 되었습니다. 결국 그곳에 대부흥이 일어나게 되었습니다.

다윗은 아무것도 가진 것이 없는 자기를 찾아주는 사람이 이해되지 않았습니다. 그러나 다윗은 가진 것이 있었습니다. 그것은 바로 하나님의 말씀이었고 뜨거운 열정이었던 것입니다. 놀라운 것은 바로 이것이었습니다. 그들이 다윗을 찾아왔을 때 하나님의 위로를 받았고 이상하게 먹을 것이 하루씩 공급이 되었고 기도가 응답이 되기 시작했다는 사실입니다. 이것이 바로 다윗이 사는 길이었습니다. 그리고 이것이 바로 하나님의 능력을 끌어올 수 있는 노하우였던 것입니다.

2. 다윗이 가족을 피신시킴

다윗에게는 가장 약한 아킬레스 근이 있었습니다. 그것은 바로 가족이었습니다. 다윗은 만일 가족이 사울에게 붙잡히면 마음대로 도망 다닐 수 없었습니다. 다윗은 여차하면 도망쳐야 하는 형편인데 가족 때문에 발이 묶일 수도 있었습니다. 그래서 다윗은 무엇보다 먼저 가족을 다른 안전한 곳으로 피신시켰습니다.

22:3-4, "다윗이 거기서 모압 미스베로 가서 모압 왕에게 이르되 하나님이 나를 위하여 어떻게 하실지를 내가 알기까지 나의 부모가 나와서 당신들과 함께 있게 하기를 청하나이다 하고 부모를 인도하여 모압 왕 앞에 나아갔더니 그들은 다윗이 요새에 있을 동안에 모압 왕과 함께 있었더라"

다윗의 특기는 야생성이었습니다. 그러나 다윗의 가족은 그런 순발력을 가지고 있지 못했습니다. 다윗과 함께 있는 사람들도 얼마든지 도망쳤다가 다시 모일 수 있는 자들이었습니다. 이때 모압은 여러 부족으로 나누어져 있었고 그중에는 다윗과 아주 친한 부족 왕이 있었던 것 같습니다. 그래서 다윗은 모압 족속 중에서 자기와 친한 왕을 찾아가서 하나님의 뜻을 찾을 때까지 내 부모와 형제들을 좀 맡아달라고 하니까 기꺼이 허락해서 다윗은 일단 자기에게 가장 짐이 되는 가족을 다른 곳에 피신시킬 수 있었습니다.

이제 다윗은 가족도 피신시켰고 이 먼 아둘람 굴까지는 사울이 잡으러 오지 않을 테니까 잠시 쉴만 하다고 생각했을 때, 하나님의 선지자가 다윗을 찾아왔습니다. 하나님의 선지자는 다윗에게 다시 자신이 죽을지도 모르는 이스라엘로 돌아가라고 했습니다.

22:5, "선지자 갓이 다윗에게 이르되 너는 이 요새에 있지 말고 떠나 유다 땅으로 들어가라 다윗이 떠나 헤렛 수풀에 이르니라"

다윗은 결코 아둘람 굴에서 편안한 상태에 있는 것이 아니었습니다. 그는 매일 매일 먹는 문제와 싸워야만 했고 도망쳐 온 백성들의 어려운 문제를 들어주어야만 했습니다. 그러나 하나님의 선지자 갓은 다윗을 찾아와서 다윗에게 여기에 있어서는 안 된다고 했습니다. 다윗은 더 어려워도 유다 땅으로 가서 거기서 도망을 다니든지 숨든지 해야지, 블레셋 땅 가까운 데 있으면 안 된다고 했습니다. 아마도 갓 선지는 다윗이 여차하면 블레셋 땅으로 도망칠 것이라고 생각했는지 모르겠습니다. 그래서 갓 선지는 하나님의 종은 어려워도 이스라엘 안에 있어야지 이스라엘과 블레셋의 경계지방에 있으면 이것도 아니고 저것도 아니기 때문에 안 된다고 했습니다. 즉 하나님의 기름부음을 받은 사람은 확실히 이스라엘에 있어야지 도망칠 생각부터 하면 안 된다는 것입니다.

이것은 목회자에게도 적용이 될 수 있는 교훈입니다. 목회자라면 자기 교회를 지켜야지, 유명해지기 위해서 사회사업을 하러 더 많이 다닌다든지 여행을 더 많이 다닌다든지 혹은 부흥회에 너무 많이 다녀서 교회를 자주 비운다든지 하는 것은 좋은 것이 아닙니다. 사실 다윗은 이스라엘 안에 다시 들어가면 죽으러 들어가는 것이나 마찬가지였습니다. 그러나 갓 선지는 기름 부음 받은 자는 언제든지 이스라엘 백성을 도울 생각을 해야 한다고 권면했습니다.

그래서 다윗은 그나마 안전하다고 할 수 있는 아둘람 굴을 떠나서 유다 땅으로 들어갔습니다. 하나님은 다윗이 하나님의 기름부음을 받은 자였기 때문에 분명한 위치에 있기를 원하셨습니다. 즉 하나님은 다윗이 이스라엘과 블레셋의 경계선에 있는 것을 원하지 않으셨던 것입니다. 그런데 요즘 세상을 보면 오히려 경계선에 있는 사람들이 훨씬 더 인기가 있는 것 같습니다. 즉 목사이면서 연예인 같은 행동을 한다든지 스님이면서 명상가 같은 사람을 좋아하는 것입니다. 더욱이 사람들은 신학을 하면서 거기에 심리학을 섞으면 엄청나게 좋아하는 것 같습니다. 그러나 이것은 하나님 종으로서의 정도가 아닌 것입니다.

3. 사울 왕이 제사장들을 죽임

 사울 왕은 자기 혼자 다윗을 생각하고 또 생각하다 보니까 다윗이 미워서 견딜 수 없었습니다. 그러다가 사울은 다윗이 성막 있는 곳에 나타났다는 첩보를 받게 되었습니다. 그래서 사울은 자기 친위대를 거느리고 다윗이 나타났다는 성읍으로 갔습니다. 그리고 사울은 자기 신하들을 모아놓고 그들을 책망하기 시작했습니다. 즉 다윗이 너희에게 천부장이나 백부장의 직책을 줄 자격이 있느냐, 다윗이 내 아들 요나단과 작당을 해서 나를 죽이려고 하는데도 불구하고 다윗을 신고하는 사람이 한 사람도 없으니 도대체 내가 누구를 믿고 나라를 다스리겠느냐고 질책했습니다.
 그랬더니 그중에 있던 에돔 사람 도엑이 제사장 아히멜렉을 고발했습니다. 사실 이스라엘 사람들은 제사장이 하나님의 사람이기 때문에 특별하게 살인죄라든지 다른 큰 죄를 짓지 않은 이상 고발하거나 죽이거나 하지 않았습니다. 그러나 도엑은 에돔 사람 즉 이방인이었기 때문에 제사장의 중요성을 알지 못했고, 또 이때 사울에게 잘 보여서 한 자리를 하려고 하는 야망을 가진 사람이었습니다. 그래서 도엑은 용감하게도 제사장을 왕에게 고발했습니다. 즉 자기가 보니까 제사장 아비멜렉이 다윗이 온 것을 보고 하나님의 뜻을 물어보기도 하고 음식도 주고 칼도 주는 것을 보았다고 고발했습니다. 지금 사울이 하려는 행동은 이스라엘 백성 중에서 조금이라도 다윗에게 도움 주는 자는 다 죽임으로써 일절 아무도 다윗을 도와주지 못하게 하려는 것이었습니다.
 그런데 그 첫 케이스가 바로 하나님의 제사장이었습니다. 만일 사울이 정상적인 사람이라면 제사장이 한 행위는 사람을 살리게 하기 위한 것이니까 이야기하지 말라고 해야 하는데 이미 정신병이 든 사울의 눈에는 제사장이 보이지 않았습니다. 제사장은 건드려서는 안 되는 사람이었습니다. 그는 다른 사람의 영혼을 위하여 일하는 사람이기 때문에 자기편도 아니고 누구의 편도 될 수 없습니다. 그리고 그가 하는 일은 하나님의 일이기 때문에 그것을 가지고 시비해서는 안 되는 것입니다. 그러나 사울은 제사장을 문초하고 죽임으로 이스라엘 사람들의 편을 갈랐습니다. 언제나 비겁하고 자신감이 없는 지도자가 나오면 사람들의 편을 갈라서 자기편 사람들의 지지를 받으려고 합니다. 그러나 자기편 사람을 만들려고 해서는 안 됩니다. 하나님의 사람은 하나님 편에 서야 하는 것입니다.

사울은 당장 제사장을 소환했습니다. 그리고 사울 왕은 제사장 아히멜렉에게 "네가 어찌하여 다윗과 공모해서 떡을 주고 칼을 주고 하나님께 물어서 오늘이라도 매복했다가 나를 죽이도록 했느냐"고 심문했습니다. 그러니까 아히멜렉은 사울에게 도무지 무슨 말씀을 하시는지 모르겠다고 대답했습니다. 다윗은 왕의 충신이요 왕의 사위요 자기가 다윗을 위해서 하나님께 물은 것도 한두 번이 아닌데 왜 나는 아무것도 모르는 것을 가지고 나를 죽이려고 하느냐고 반문했습니다. 이것은 사실이었습니다. 아히멜렉은 아무것도 몰랐습니다. 그러나 정신병에 걸린 사울에게는 아히멜렉이 거짓말하는 것으로 밖에는 들리지 않았습니다. 그러니까 사울 같은 사람을 막으려면 사무엘 같이 강한 성령의 역사가 있어야 하는데 아히멜렉의 제사장 직책만 가지고는 사울의 의심을 이길 수 없었습니다.

사울이 주위에 있는 호위병에게 제사장들을 죽이라고 하니까 아무도 나서지 않았습니다. 왜냐하면 하나님의 제사장을 아무리 왕이 죽이라고 한다고 죽일 수 없었기 때문입니다. 그러니까 사울은 이방인인 도엑에게 네가 제사장들을 죽이라고 했습니다. 그랬더니 도엑은 신이 나서 제사장 에봇을 입은 자 85명을 죽였고, 놉 성읍의 남녀 사람들과 아이들과 젖먹이와 소와 나귀와 양까지 다 죽였습니다. 그는 아첨으로 사울 왕에게 엄청난 공을 세운 셈이 되었습니다. 그러나 그는 자신의 야망 때문에 영원히 지옥의 고통을 당해야 하는 줄 알지 못했습니다.

사울은 하나님의 제사장을 죽임으로 완전히 하나님과 원수가 되고 말았습니다. 사울이 아말렉을 치면서 완전히 순종하지 않았기 때문에 성령이 떠나고 우울증이 생기기는 했지만 그렇다고 해서 완전히 하나님의 버림을 받은 것은 아니었습니다. 성령이 떠났으면 성령을 회복시켜 달라고 기도하면 되는 것입니다. 그가 다윗을 시기해서 죽이려고 한 것은 큰 잘못이지만 아직 다윗을 죽이지는 않았기 때문에 회개할 기회가 있었습니다. 그러나 사울은 시기심으로 제사장 85명을 죽임으로 완전히 하나님과 원수가 되고 말았습니다. 사울은 제사장들을 다 죽임으로 이제 그를 위해서 기도해주는 사람이 아무도 없게 되었습니다. 사울을 위해서 기도해주는 사람이 없는데 어떻게 사울이 성공하며 전쟁에서 이길 수 있겠습니까? 사울은 이제부터 하루하루 살아 있는 것이 고통이었습니다.

그런데 이때 제사장들이 모두 붙들려가 죽는 중에서도 도망친 사람이 한 명 있었습니다. 그 사람은 아히멜렉의 아들 아비아달이었습니다. 아비아달은 도망치면서 제사장이 입는 에봇을 가지고 피했습니다. 이 사람은 다윗을 찾아와서 모든 제사장이 다 죽은 것을 알려주었습니다. 그때 다윗은 내가 도엑이 거기에 있는 것을 보고 사울에게 말할 줄 알았다고 했습니다. 그러나 아직 죄를 짓지도 않은 사람을 다윗이 죽일 수는 없었던 것입니다. 그 대신 아비아달은 에봇을 가지고 와서 다윗이 하나님의 뜻을 물을 때마다 하나님의 뜻을 가르쳐주었습니다.

아히멜렉은 제사장이었지만 부흥의 불이 없는 바람에 살아남지 못했습니다. 그는 도엑이라는 밀고자에 의해 온 가족이 죽임을 당했습니다. 오늘도 밀고의 시대이고 거짓이 판을 치는 시대입니다. 이때 정신이 병들지 말아야 하고 하나님의 말씀으로 길을 찾아서 승리의 길로 나가야 합니다. 이렇게 승리하는 성도들이 다 되시기 바랍니다.

36

그일라 사람을 도움

삼상 23:1-14

사람은 어느 곳에 갔다가 우리나라 사람이 다른 나라 사람들에게 공격받으면 돕고 싶은 마음이 드는 것은 당연한 일일 것입니다. 그러나 자신도 쫓기고 있고 힘이 전혀 없다면 아무리 마음은 있다고 해도 도울 수 없을 것입니다. 그러나 우리나라 사람들은 다른 나라 사람이라 하더라도 어려움에 처해 있으면 돕는 성격이 있습니다. 우리나라 어떤 청년은 도쿄 지하철에서 한 일본인이 술에 취해 철로에 떨어진 것을 보고 뛰어들어 살리려다가 자기도 죽었습니다. 우리나라 어떤 청년은 아파트에 불이 난 것을 보고 자기는 얼마든지 살 수 있었지만 한밤중에 자고 있는 사람들을 깨우느라고 집집마다 돌아다니면서 문을 두들기다가 유해가스를 너무 많이 마셔서 죽었습니다.

서해 태안 앞바다에서 큰 유조선이 다른 배와 충돌해서 기름이 흘렀을 때 많은 사람이 시간을 내어 직접 기름 범벅이 된 바닷가에 가서 바위에 있는 기름을 닦아냈습니다. 그때 외국 사람들은 오랫동안 그 바다는 기름에 오염이 되어서 물고기나 조개류 같은 것이 일체 살지 못하는 죽음의 바다가 될 줄로 생각했다고 합니다. 그러나 어떻게 보면 참 미련한 것 같은 행동이지만 수많은 사람이 기름이 묻은 바위에 붙어서 일일이 기름을 닦아냈는데 얼마 지나지 않아서 기름 냄새가 나지 않고 물고기와 조개들이 살 수 있는 깨끗한 바다가 된 것을 보고 많은 외국인이 놀랐다고 했습니다.

우리는 때때로 다른 사람의 도움을 요청받을 때가 많이 있습니다. 그런데 내가 여유가 있어서 남을 돕는 것은 좋지만, 나도 있을 곳이 없고 먹을 것이 없는 상태에서 남을 돕는다는 것은 결코 쉬운 일이 아닙니다. 또 설사 내가 남을 돕고 싶은 마음이 있다고 하더라도 상대방이 실제로 나의 도움이 필요로 한 것인지 아니면 내가 아니더라도 얼마든지 다른 사람이 도울 수 있는 것인지 판단하는 것이 잘 안 됩니다. 예를 들어 정말 열심히 살고 노력을 하지만 어려워서 도와달라고 하는 사람도 있는가 하면, 맨날 놀기만 하면서 이 사람 저 사람에게 도움만 청하고 책임도 지지 않는 사람이 있는 것입니다.

우리는 한때 연대보증 망국론이란 말이 나왔던 때가 있습니다. 은행에서 돈을 빌리려고 하면 누군가 땅이나 집을 가진 사람의 연대보증을 받아야 하는데, 주로 부모나 형제나 아주 친한 친구들이 보증을 서게 되는 것입니다. 그런데 그 보증을 서 달라고 한 사람이 약속을 지키지 않고 부도를 내거나 망해버리면 그 사람을 믿고 보증을 섰던 부모나 형제나 친구들이 다 망하게 되는 것입니다. 그런데 우리나라 사람들은 정이 많아서 누군가가 어려운 사람이 보증을 서 달라고 하면 거절하는 것이 참 어렵습니다. 그래도 당장 돈이 나가는 것이 아니기 때문에 도장을 찍어 줬다가 IMF가 오니까 수많은 사람이 집을 날리고 빚쟁이가 되었던 것입니다.

우리는 하루하루 살아가면서 과연 나부터 먼저 살아야 할까 아니면 남을 도우면서 살아야 할까 그리고 정말 저 사람이 나의 도움이 필요한 것인가 아니면 시간과 돈만 낭비하는 것이 아닌가 분별하는 일은 결코 쉽지 않습니다. 그래서 그리스도인들은 할 수 있는 한 땀을 흘리지 않는 수 입을 좋아하지 말아야 합니다. 재테크 같은 것을 너무 좋아하다 보면 속을 수 있습니다. 그리고 무엇이든지 너무 싸다든지 너무 좋은 것은 좋지 않습니다. 더 중요한 것은 남을 너무 믿어서는 안 되고 속지 않기 위해서 늘 기도를 해야 한다는 것입니다.

1. 동족의 도움 요청

다윗이 아둘람 굴에 숨어 살 때는 그런대로 지역이 험하고 사울이 있는 곳에서 멀었기 때문에 경제적으로는 어려웠지만 그래도 한숨을 돌릴 수 있는 형편이었습니다. 그런데 어느 날 하나님의 선지자가 찾아와서 여기에 있으면 안 된다고 했습니다. 왜냐하면 그곳은 이스라엘과 블레셋의 접경이었기 때문입니다. 다시 말해서 이곳은 경계가 불분명한 지역이라는 것입니다. 즉 다윗이 하나님의 기름 부음 받은 종이라면 이스라엘이면 이스라엘, 블레셋이면 블레셋, 이렇게 소속이 분명한 곳에 있어야지 이것도 아닌 저것도 아닌 애매한 곳에 있으면 안 된다는 지적이었습니다.

사실 우리는 요한계시록에 나오는 라오디게아 교회를 향한 주님의 이런 책망을 보게 됩니다(계 3:16). 주님은 너희가 차지도 않고 덥지도 않기 때문에 내 입에서 토하여 내겠다고 말씀하셨습니다. 온천물이면 뜨거워야 하고 시냇물이면 시원해야 사람들이 마시거나 목욕할 수 있는 것이지 미지근하면 아무 데도 쓸데없는 것입니다.

그러나 요즘은 사상적으로 미지근한 사람들이 너무 많습니다. 믿는 것도 아니고 믿지 않는 것도 아니고, 열심을 내는 것도 아니고 그렇다고 아예 안 믿는 것도 아닙니다. 종교인들도 중도 아니고 목사도 아니고 교수이면서 사회학이나 심리학으로 접근하는 것을 사람들은 좋아하는 것입니다.

다윗은 선지자의 말에 순종해서 유다로 들어왔습니다. 그러나 사실 그 결과는 최악이었습니다. 유다에는 숨을 만한 큰 굴도 없고 양식도 구할 수 없고 너무나 쉽게 사울에게 자신의 위치가 노출될 수 있었기 때문입니다. 그때 다윗은 같은 이스라엘 백성인 그일라 사람들이 일 년 농사를 다 지어놓고 추수할 때인데 블레셋의 공격을 받고 있다는 보고를 받게 되었습니다. 이 블레셋 사람들은 일종의 곡식 도둑이나 마찬가지였습니다. 그들은 남이 농사를 다 지어놓으니까 무기를 들고 쳐들어와서 곡식을 다 빼앗아가려는 것이었습니다. 블레셋 사람들은 아예 소 같은 가축이나 수레를 가져와서 곡식을 훔쳐가고 있었습니다. 아마 그일라 사람들이 일 년 농사지은 것을 블레셋 사람들에게 다 빼앗겨버리면 그들은 일 년을 굶어야 하거나 그렇지 않으면 거기를 떠나야 할 것입니다. 왜냐하면 앞으로도 블레셋 사람들이 계속 도둑질하러 올 수 있기 때문입니다.

그렇다고 해서 그 당시는 다윗이 그들을 도울 수 있는 처지가 되지 못했습니다. 다윗 역시 거처가 없는 사람이었고 무기도 없었고 같이 있는 사람이라고 해봐야 어중이떠중이들이었기 때문입니다. 그러나 다윗의 마음속에는 성령의 뜨거운 감동이 있었습니다. 그리고 이스라엘을 사랑하는 마음이 있었습니다. 그래서 다윗은 나중은 어떻게 되든지 간에 그일라 사람들을 도와서 블레셋 사람들을 쫓아내고 싶었습니다. 그러나 그들이 자기 힘으로 그 일을 할 수 있는지 자신이 없었습니다.

우리는 이럴 때가 너무나 많이 있습니다. 즉 누군가를 돕고 싶은데 내 힘으로 도울 수 있을지, 돕는다면 어느 선까지 도와야 할지 자신이 없어서 이러지도 못하고 저러지도 못하는 것입니다. 이때 다윗에게는 하나님의 뜻을 물어보는 방법이 있었습니다. 그것은 바로 제사장이 입는 에봇이었습니다. 사울이 아히멜렉과 제사장들을 죽일 때 그 아들 아비아달이 가까스로 피했는데 그는 도망치면서 제사장의 에봇을 가지고 나왔던 것입니다. 그런데 그 에봇은 긴 하나님의 말씀을 전해주지는 못하고 '예스'와 '노'의 단답형의 말씀으로만 응답할 뿐이었습니다.

다윗은 즉시 하나님께 "우리 처지도 비참한데 그일라 사람을 도와야 합니까? 포기하고 못 본 체해야 합니까?" 하고 물었습니다.

23:1-2, "사람들이 다윗에게 전하여 이르되 보소서 블레셋 사람이 그일라를 쳐서 그 타작 마당을 탈취하더이다 하니 이에 다윗이 여호와께 묻자와 이르되 내가 가서 이 블레셋 사람들을 치리이까 여호와께서 다윗에게 이르시되 가서 블레셋 사람들을 치고 그일라를 구원하라 하시니"

그 당시 그일라 사람들은 다윗보다는 훨씬 나은 형편에 있었습니다. 그들은 적어도 집이 있고 밭이 있고 곡식이 있는 사람들이었습니다. 단지 추수하려고 하니까 블레셋 사람들이 도둑질하러 온 것이 문제였습니다. 그러면 힘을 합쳐서 블레셋을 물리쳐야 하는데 이들은 힘이 없어서 약탈당하고 있었습니다. 이때 다윗은 자기 스스로 판단하지 않고 하나님께 물었던 것입니다. 옛날 같으면 다윗은 자기 자신의 생각대로 움직였을 것입니다. 그러나 다윗은 하나님께 묻지 않고 가드에 갔다가 죽을 뻔했었기 때문에 그 후로 철저하게 하나님께 물었습니다. 그랬더니 하나님도 참 무모하신 분인 것 같습니다. 네 형편이나 처지야 어떻든지 간에 그일라 사람들을 구해주라고 말씀하셨습니다.

그래서 다윗이 그일라 사람들을 도와주려고 출동하려는데 같이 있는 사람들의 반대가 심했습니다.

23:3, "다윗의 사람들이 그에게 이르되 보소서 우리가 유다에 있기도 두렵거든 하물며 그일라에 가서 블레셋 사람들의 군대를 치는 일이리이까 한지라"

다윗의 계획을 들은 다윗의 사람들은 이것은 너무 무모하다고 생각했습니다. 그들은 모두 어려운 사람들이었고 생계도 해결되지 않는 사람들이었습니다. 다윗과 같이 도망쳐 나온 사람들은 우리도 간신히 살아가고 있는 주제에 남을 돕는다는 것은 말도 되지도 않는다고 하면서 반대했습니다. 그일라를 지키는 일은 군인이나 경찰이 해야 할 일이지 자기들이 해야 할 일이 아니라는 것입니다.

다윗을 반대하는 사람이 400명이나 되었습니다. 즉 400:1이 되었던 것입니다. 그 사람들은 다윗이 하나님께 물어보았다고 해도 우리 400명의 목숨을 그런 하나님의 말씀에 맡길 수 없다고 반대하는 것입니다. 그러면 400명의 말이 맞겠습니까? 아니면 한 사람의 말이 옳겠습니까? 아마 사울 같으면 틀림없이 400명의 말을 따랐을 것입니다. 왜냐하면 사울이 중요하게 생각하는 것은 부하나 백성의 지지였기 때문입니다. 그런데 다윗은 자기 마음의 영감을 부정하지 않고 또 하나님께 물었습니다.

23:4, "다윗이 여호와께 다시 묻자온대 여호와께서 대답하여 이르시되 일어나 그일라로 내려가라 내가 블레셋 사람들을 네 손에 넘기리라 하신지라"

다윗이 두 번째 하나님께 물었을 때 하나님의 대답은 전과 똑같았습니다. 그것은 '예스'였습니다. 성경에는 "일어나 그일라로 내려가라 내가 블레셋 사람을 네 손에 넘기리라"고 되어있지만 에봇은 이렇게 길게 대답하지 않습니다. 이것은 일종의 해석입니다. 하나님은 두 번째도 보석으로 '예스'라고 대답해주셨습니다. 이것은 "일어나 내려가서 그일라를 도우라 내가 이기게 해주겠다"는 뜻입니다. 다윗은 두 번째 하나님의 뜻이 확인되었을 때는 더 이상 사람의 말을 듣지 않고 즉시 행동에 옮겼습니다. 즉 그일라로 내려가서 블레셋 사람들과 싸웠던 것입니다.

2. 틀림없으신 하나님

하나님은 다윗의 질문에 음성으로 대답하신 것이 아니라 에봇에 있는 우림과 둠밈이라는 보석의 빛으로 대답하셨습니다. 우리는 보석이 빛나는 것을 가지고 하나님의 뜻이라고 확신할 수 있을까요? 다윗은 그것을 믿었습니다. 다윗이 그일라로 내려가서 블레셋 사람들과 싸우는데 하나님께서는 다윗에게 승리를 주셨습니다.

23:5, "다윗과 그의 사람들이 그일라로 가서 블레셋 사람들과 싸워 그들을 크게

> 쳐서 죽이고 그들의 가축을 끌어 오니라 다윗이 이와 같이 그일라 주민을 구원하니라"

여기에 보면 블레셋 사람들이 그일라 사람들의 곡식을 강탈해가려고 많이 몰려 왔던 것 같고 심지어는 소 같은 짐승까지 몰고 와서 곡식을 실어가려고 했던 것을 알 수 있습니다. 이들은 가축을 동원해서 그일라의 곡식을 싹쓸이하려고 했던 것입니다. 그런데 하나님은 말씀하신 대로 다윗과 그 일행에게 힘을 주셔서 블레셋 사람들을 쳐서 많이 죽였다고 했습니다. 사실 블레셋 사람들은 다윗이 거기 있는 줄 몰랐고 누군가가 자기들을 갑자기 치리라고 생각하지도 못했으므로 많은 블레셋 사람이 칼에 맞아 죽었습니다. 그러니까 블레셋 사람들이 끌고 온 가축만 남게 되었습니다. 그래서 이번에는 다윗과 그 일행들이 서 있는 가축을 다 끌고 왔습니다.

다윗은 하나님의 말씀에 순종함으로 생각지도 못하게 상당한 가축을 얻게 되었던 것입니다. 이 가축을 잡아먹으면 다윗과 그 일행은 몇 달은 먹고 살 수 있게 되었습니다. 하나님의 일을 하니까 먹을 것이 생겼던 것입니다. 우리가 하나님의 일을 하면 반드시 살게 되어있습니다. 왜냐하면 일하는 소의 입에 망을 씌우지 않는 것이 하나님의 율법이기 때문입니다 (딤전 5:18). 옛날에 제가 어려울 때 죽으나 사나 하나님의 일을 했습니다. 제가 하나님의 일을 할 일이 없을 때는 강해설교 문서를 만들어서 아는 사람들에게 보내었습니다. 그리고 우리에게는 먹을 것이 생겼습니다.

그런데 그일라에는 매력적인 것이 있었습니다. 그것은 그일라가 성으로 되어있고 성문 빗장이 있어서 성 안에 있으면 안전하다는 것이었습니다. 지금까지 다윗은 집다운 집에서 자 본 적이 없었습니다. 그래서 그일라는 아둘람 굴이나 들판에서 노숙하는 것에 비하면 정말 살만한 곳이었습니다. 그런데 문제는 만일 사울이 다윗이 그일라에 있다는 것을 알고 성을 포위하면 도망칠 수 없는 점이었습니다. 왜냐하면 일행 중에는 여자도 있고 어린아이도 있어서 높은 성에서 뛰어내릴 수 없고 남자들도 잡힐 가능성이 많았기 때문입니다. 더욱이 그일라 사람들이 다윗을 배신해서 성문을 열어주면 다윗은 꼼짝하지 못하고 사울의 손에 잡혀 죽는 것이었습니다.

다윗은 사울이 자기를 잡으러 와서 성을 포위할지 안 할지 또 그일라 사람들이 자기를 배반할지 안 할지 도저히 알 수 없었습니다. 그래서 또 다윗은 하나님께 물어보았습니다. 다윗은 먼저 사울이 자기를 잡으러 여기로 내려올지 물었습니다. 그리고 그일라 사람들이 자기를 배반할 것인지 물었습니다. 그 대답은 모두 '그렇다' 였습니다. 이것은 사울이 내려온다는 것이고, 그일라 사람들이 다윗을 배반한다는 것이었습니다.

23:10-12, "다윗이 이르되 이스라엘 하나님 여호와여 사울이 나 때문에 이 성읍을 멸하려고 그일라로 내려오기를 꾀한다 함을 주의 종이 분명히 들었나이다 그일라 사람들이 나를 그의 손에 넘기겠나이까 주의 종이 들은 대로 사울이 내려오겠나이까 이스라엘의 하나님 여호와여 원하건대 주의 종에게 일러 주옵소서 하니 여호와께서 이르시되 그가 내려오리라 하신지라 다윗이 이르되 그일라 사람들이 나와 내 사람들을 사울의 손에 넘기겠나이까 하니 여호와께서 이르시되 그들이 너를 넘기리라 하신지라"

하나님의 대답은 모두 부정적이었습니다. 다윗이 이곳이 편하다고 더 있으면 반드시 사울이 내려와서 성을 포위할 것이고, 너희들은 도망치지 못하게 된다고 하셨습니다. 그리고 그일라 사람들은 너희를 배반하여 사울에게 넘겨줄 것이라고 하셨습니다. 하나님은 앞으로 일어날 일과 인간의 심리를 다 알고 계셨습니다.

다윗은 그일라를 떠나는 것이 참 아까웠습니다. 왜냐하면 여기는 사람이 살만한 곳이었기 때문입니다. 여기는 물이 있고 집이 있고 양식을 구할 수 있었습니다. 그러나 다윗은 그 괜찮은 곳을 떠나서 다시 들판으로 가야만 했습니다. 그런데 어떻게 그일라 사람들은 자기들의 목숨을 구해주고 양식을 지켜준 다윗을 배반할 수 있습니까? 다른 사람들 같으면 떠나면서 그일라에 불 지르고 거기에 있는 사람들을 다 죽이고 떠날 것입니다. 그러나 사람이 남을 배반하는 것도 다 자기가 살기 위해서 그러는 것입니다. 그래서 연약한 인간을 믿는 것이 잘못입니다. 인간은 모두 약하기 때문에 자기가 죽게 되면 다 배반하게 되어있습니다. 그래서 사람은 배반도 당해봐야 인간을 의지하는 것이 얼마나 어리석은지 깨달을 수 있는 것입니다.

다윗은 그일라 사람들이 배반할 줄 미리 알았기 때문에 그들을 원망하지 않고 조용히 그일라를 떠나서 광야로 피했습니다.

3. 하나님이 넘겨주지 않으심

우리는 이 세상에 일어나는 일이 우연히 일어나거나 내가 잘해서 좋은 결과가 일어났다고 생각하기 쉽습니다. 그러나 이 세상에서 일어나는 일 중에서 하나님의 도우심 없이 일어나는 것은 아무것도 없습니다.

다윗이 그일라에서 블레셋 사람들을 이기고 가축을 빼앗았던 것도 하나님께서 그들을 다윗의 손에 넘겨주셨기 때문에 이길 수 있었던 것입니다. 하나님이 도와주시지 않으면 우리는 일분일초도 안전할 수 없습니다. 우리나라에 전쟁이 안 터지고 있는 것도 하나님께서 눈을 부릅뜨고 지키시기 때문입니다. 반대로 하나님이 조금만 무관심하시면 당장 사고가 터지게 됩니다.

다윗이 그일라에서 블레셋 사람들을 물리치고 있는 동안 이미 그일라 사람 중의 누군가 사울에게 가서 벌써 다윗을 밀고했습니다. 즉 다윗이 여기 그일라에 와서 블레셋 사람들과 싸우고 있다는 것이었습니다. 이 말을 들은 사울은 엄청나게 기뻐했습니다. 그 이유는 다윗이 블레셋 사람을 물리쳐서 기쁜 것이 아니었습니다. 다윗이 어디에 숨었는지 몰랐는데 드디어 있는 곳을 알게 되어서 기쁜 것이었습니다. 더욱이 그일라는 성으로 되어있고 문빗장이 있어서 다윗은 완전히 집안에 갇힌 꼴이었습니다. 사울은 내려가기만 하면 다윗을 잡는다고 생각해서 좋아했습니다.

그리고 다윗은 왜 저렇게 어리석게 자기 있는 곳을 드러내는지 모르겠다고 하면서 군대를 모았습니다.

> 23:7-8, "다윗이 그일라에 온 것을 어떤 사람이 사울에게 알리매 사울이 이르되 하나님이 그를 내 손에 넘기셨도다 그가 문과 문 빗장이 있는 성읍에 들어갔으니 갇혔도다 사울이 모든 백성을 군사로 불러모으고 그일라로 내려가서 다윗과 그의 사람들을 에워싸려 하더니"

모든 것은 에봇의 말씀 그대로였습니다. 이미 그일라 사람은 다윗을 배신해서 사울에게 가서 다윗이 있는 곳을 알려주었습니다. 그리고 사울은 다윗을 포위하기 위해서 내려오려고 하고 있었습니다. 이때 다윗을 따르는 사람은 이백 명이 합쳐져서 이미 육백 명이 되었습니다. 다윗은 육백 명을 데리고 도망갈 수 있는 곳까지 도망쳤습니다. 그러니까 그일라 사람 중에 누군가가 또 잽싸게 사울에게 가서 다윗이 이미 그일라에서 빠져나갔다는 사실을 알려주었습니다. 사울은 더 이상 그일라로 내려가지 않고 광야를 샅샅이 뒤졌습니다. 그런데 이상하게도 사울은 다윗을 잡을 수 없었습니다. 그 이유는 하나님이 다윗을 사울의 손에 넘겨주지 않으셨기 때문입니다.

> 23:14, "다윗이 광야의 요새에도 있었고 또 십 광야 산골에도 머물렀으므로 사울이 매일 찾되 하나님이 그를 그의 손에 넘기지 아니하시니라"

다윗은 광야의 요새와 십 광야 산골에서 이리저리 도망 다녔습니다. 그런데 사울은 아무리 다윗을 잡으려고 해도 잡을 수 없었습니다. 그 이유는 하나님이 다윗을 포기하지 아니하시고 붙들고 계셨기 때문입니다.

우리는 내일 일을 알 수 없는 불안한 시기를 살아갈 때가 있습니다. 자기 집이 아닌 사람은 주인이 나가라고 하면 어디로 가야 할지 몰라 걱정을 태산같이 합니다. 자기도 먹고 살 수 없는데 나라 사정까지 어려우면 미래가 더 불안할 것입니다.

36 그일라 사람을 도움

그런데 우리에게는 에봇이 어디에 있습니까? 그리고 우리의 우림과 둠밈은 어디에 있습니까? 하나님의 우림과 둠밈은 우리의 가슴 속에 있고 우리의 머릿속에 있습니다. 그렇지만 우리는 자꾸 하나님께 물어보아야 합니다. '지금 내 사정이 이런데 도대체 어디로 가야 하고 누군가가 도와달라고 하는데 어떻게 하면 좋습니까?'라고 물으면 반드시 길이 열리게 되어있습니다.

가장 중요한 것은 하나님이 우리를 절대로 악한 자의 손에 넘기지 않는다는 사실입니다. 우리가 도망 다닐 때는 어쩔 수 없이 도망 다녀야 할 때도 있을 것입니다. 그러나 마귀는 절대로 우리를 잡을 수 없습니다. 하나님이 우리를 마귀의 손에 넘겨주시지 않기 때문입니다. 그러므로 아무것도 두려워하지 말고 하나님만 의지해야 합니다. 그러면 우리는 절대로 악한 자에게 붙들리지 않습니다. 성령의 파도를 타서서 이 위기를 잘 이기시기 바랍니다.

37

아슬아슬한 도피

삼상 23:15-29

단거리 100m 경주하는 것을 보면 그야말로 선수들이 아슬아슬한 차이로 결승점을 들어오는 장면을 보게 됩니다. 어린아이에게 아주 인기 있는 만화 영화 중에 〈톰과 제리〉가 있습니다. 이 영화를 보면 언제나 고양이 톰이 생쥐인 제리를 잡아먹으려고 접근하지만, 어느 새 생쥐 제리는 고양이 톰이 오는 것을 알아채고 골탕을 먹이는 것입니다. 어린아이들은 더 약한 생쥐가 언제나 고양이를 골탕을 먹이는 것에 쾌감을 느끼는 것 같습니다.

중국 공산당 역사를 보면 공산당이 초기에 농민 혁명에 실패하고 장개석 군대에 쫓겨서 장거리 먼 여정을 가게 됩니다. 그 거리가 아마 일만 킬로가 넘고 도피한 기간도 일 년이 넘었습니다. 처음에 도피한 인원은 8만 명이 넘었지만 나중에 연변에 도착한 인원은 8천 명밖에 되지 않았습니다. 그동안 중국 공산당은 강을 넘고 산을 넘고 고원의 늪지대를 넘고 나중에는 눈이 덮인 산맥을 넘어서 국민당의 추격을 따돌리게 됩니다. 그러나 그렇게 긴 시간 도피하는 동안에 중국 공산당은 더 하나로 단결

되어서 나중에는 중국 전체를 통일하게 됩니다.

지금도 중국에서는 예배드리다가 신고를 받고 공안이 들이닥치면 도망을 치든지 잡혀가는 경우가 흔하다고 합니다. 북한에서는 아예 예배드리는 것이 불가능할 것입니다. 이런 데서는 속으로만 기도하고 예배드려야지 입 밖으로 소리를 내었다가는 당장 잡혀갈 것입니다. 옛날 일제강점기에도 독립운동하는 사람들은 일본 경찰에 쫓겨 숨어서 다녔습니다. 이때 가장 무서운 사람은 배신한 한국 순사였다고 합니다. 이들은 독립운동하는 사람들 냄새도 잘 맡고 고문도 심하게 했다고 합니다.

다윗의 장점은 아무리 자신에게 불리하고 자기 머리로 이해되지 않아도 하나님께서 하라고 하면 무조건 순종하는 것이었습니다. 다윗이 아둘람 굴에 숨어있을 때 배는 고팠지만 그래도 목숨은 안전한 편이었습니다. 그러나 선지자 갓이 와서 여기에 있지 말고 유다로 들어가라고 하니까 그 말에 순종해서 유다로 갔습니다. 그러나 유다는 나무숲이 있는 것도 아니고 전부 들판이고 작은 야산이어서 숨을 데가 없었습니다. 여기서 사울과 다윗은 서로 맹렬하게 잡으러 가고 도망치는 추격전을 벌이게 됩니다. 이때 다윗이 거의 잡히게 되었을 때 갑자기 블레셋이 이스라엘을 공격하는 바람에 다윗은 그 위기에서 벗어나게 됩니다. 아마 다윗의 생애에 이때만큼 죽으라고 도망친 적은 없었을 것입니다.

1. 요나단의 격려

다윗은 아둘람 굴에서 유다로 돌아와서 십 광야 수풀에 숨어있었습니다. 이때 추격대 중에 있었던 요나단은 몰래 혼자 다윗을 찾아가서 다윗을 격려했습니다.

23:15-16, "다윗이 사울이 자기의 생명을 빼앗으려고 나온 것을 보았으므로 그가 십 광야 수풀에 있었더니 사울의 아들 요나단이 일어나 수풀에 들어가서 다

윗에게 이르러 그에게 하나님을 힘 있게 의지하게 하였는데"

다윗은 도망 다니고 있었기 때문에 어느 누구도 믿을 수 없는 처지였는데, 그가 사람 중에서 믿을 수 있는 사람은 딱 한 명 요나단이 있었습니다. 이 세상에서 자기를 믿어주는 사람이 딱 한 명이라도 있다는 것은 큰 힘이 될 때가 많습니다. 왜냐하면 그 사람을 생각하기만 해도 힘이 생기고 절망하려고 했다가도 정신을 차리게 되기 때문입니다. 사울은 이미 다윗을 죽이려고 군대를 데리고 출동한 상태였습니다. 그리고 다윗은 지금 십 광야에 있는 수풀에 숨어있었습니다. 이때 요나단은 몰래 진영에서 나와서 광야로 다윗을 찾아갔습니다.

그때 요나단은 다윗에게 하나님을 힘 있게 의지하라고 격려를 했습니다. 여기서 하나님을 힘 있게 의지한다는 것은 하나님의 손을 꽉 잡는 것을 의미합니다. 만일 다윗이 하나님의 손을 힘없이 붙잡으면 어느 순간 하나님의 손을 놓치게 되고 그러면 길을 잃고 방황하게 될 것입니다. 요나단은 다윗에게 절대로 하나님의 손을 놓치지 말라고 강조합니다. "네가 하나님의 손만 붙들고 있으면 절대로 죽지 않고 너는 반드시 성공한다"고 가르쳐준 것입니다. 이것은 비단 요나단이 다윗에게만 한 말이 아닙니다. 하나님은 요나단의 입을 통해서 오늘 어디로 가야 할지 몰라서 방황하고 있는 우리에게 이 말씀을 하고 있는 것입니다.

하나님은 우리에게 "너희는 이 세상에서 길을 찾고 있고 의지할 사람을 찾고 있지만 이 세상에는 길이 없단다. 너희가 너희 실력을 믿지 않고 우연을 믿지 않고 하나님의 손만 꽉 잡으면 절대로 죽지 않고 반드시 성공한다"고 말씀하시는 것입니다. 여기서 하나님의 손을 꽉 잡는다는 것은 하나님을 의지하는 믿음을 말합니다. 그리고 절대로 절망에 지지 않고 낙심에 빠지지 않고 자포자기하지 않는 것을 말합니다.

그리고 요나단은 좀 더 자세히 설명을 해주었습니다.

23:17, "곧 요나단이 그에게 이르기를 두려워하지 말라 내 아버지 사울의 손이

네게 미치지 못할 것이요 너는 이스라엘 왕이 되고 나는 네 다음이 될 것을 내 아
버지 사울도 안다 하니라"

    요나단은 다윗에게 두려워하지 말라고 격려했습니다. 즉 도망은 치지
만 겁을 집어먹고 도망치지 말라는 뜻입니다. 내 아버지 사울의 손이 너
를 잡지 못하기 때문이라는 것입니다. 너는 성령의 사람이기 때문에 사
람의 손이 너를 죽이지 못한다는 것입니다. 그리고 요나단은 왕의 아들
로서 참으로 하기 어려운 말을 했습니다. 그것은 "네가 왕이 되고 나는
네 신하가 될 것이라"는 것입니다. 요나단은 왕의 아들이었지만 왕이 될
생각이 없었습니다. 왜냐하면 이스라엘은 반드시 성령의 사람이 다스려
야 한다고 생각했기 때문입니다. 우리 아버지가 그것을 알기 때문에 어
떻게 해서든지 너를 죽이려고 한다는 것입니다. "그러나 너는 어떻게 해
도 죽지 않을 것이기 때문에 두려워하지 말라"고 했습니다.

    우리 생각에 요나단이 거기까지 왔으면 자신의 병력의 규모라든지 아
버지의 작전 같은 것을 알려줄 것 같은데, 요나단은 그런 것은 소용이 없
다는 것을 알았습니다. 왜냐하면 그의 아버지 사울의 목적은 다윗을 잡
아서 죽이는 것이었기 때문입니다. 다윗은 요나단의 격려하는 말을 듣
고 힘을 내었습니다. 왜냐하면 사울의 군대 안에도 다윗의 편이 한 명 있
었기 때문입니다. 그리고 그는 일부러 다윗을 찾아와서 하나님의 말씀을
전해주었습니다. 어렵고 힘들 때 믿음이 있는 사람은 하나님의 말씀을
들으면 마치 음식을 먹은 것처럼 새 힘이 생깁니다. 그러나 믿음이 없는
사람은 하나님의 말씀을 시시하게 생각해서 더 힘이 없어지게 됩니다.
그러나 하나님의 말씀 안에는 양식도 있고 지혜도 있고 모든 것이 다 있
는 것입니다.

2. 십 사람들의 배신

다윗은 십 광야의 수풀에 숨어있었는데 그곳 사정을 가장 잘 아는 사람들은 십 사람들이었습니다. 그런데 그들이 다윗을 배신해서 일부러 사울을 찾아가 다윗이 어디에 숨어있는지 밀고했습니다. 이것은 요나단이 찾아와서 다윗을 격려한 결과였습니다. 요나단이 다윗을 찾아와서 하나님의 말씀으로 위로하고 격려했다면 사울이 다윗을 찾는 것을 포기하든지 늦추든지 해야 할 텐데, 다윗이 숨어있는 곳을 가장 잘 아는 현지인들이 사울을 찾아가서 다윗이 어디에 있는지 밀고한 것입니다.

23:19-20, "그 때에 십 사람들이 기브아에 이르러 사울에게 나아와 이르되 다윗이 우리와 함께 광야 남쪽 하길라 산 수풀 요새에 숨지 아니하였나이까 그러하온즉 왕은 내려오시기를 원하시는 대로 내려오소서 그를 왕의 손에 넘길 것이 우리의 의무니이다 하니"

십 사람들의 밀고는 다윗에게는 치명적이었습니다. 도망치는 사람을 잡는 데는 현지인의 신고보다 더 중요한 것이 없습니다. 왜냐하면 넓은 세상에서 닥치는 대로 찾는 것보다 그를 본 사람이 어디에 숨었다는 것을 알려주고 그곳을 중심으로 찾으면 틀림없이 잡을 수 있기 때문입니다.
　십 사람들은 다윗이 숨어있는 곳을 정확하게 알려주었습니다. 즉 광야 남쪽 하길라 산 수풀 요새에 숨어있다는 것이었습니다. 이것을 알면 다윗은 잡은 것이나 마찬가지였습니다.
　사울은 십 사람들을 축복했습니다.

23:21, "사울이 이르되 너희가 나를 긍휼히 여겼으니 여호와께 복 받기를 원하노라"

사울은 의로운 다윗을 밀고한 사람들에게 복 받기를 원한다고 했습니다. 그러나 그런 복은 없습니다. 왜냐하면 이것은 아첨하는 것이고 비겁한 것이기 때문입니다. 사울은 말은 그렇게 해놓고 다윗을 잡고 나면 십 사람들에게 어떤 혜택을 줄 것입니다. 그러나 하나님의 백성들은 의롭게 행동해야지 간사하게 아첨하면 하나님 백성의 자격이 없는 것입니다.

이제 사울도 무턱대고 다윗을 잡으러 가는 것이 아니라 척후병을 미리 보내서 다윗의 사정을 몰래 알아보고 기습 공격할 작전을 세웠습니다.

> 23:22-23, "어떤 사람이 내게 말하기를 그는 심히 지혜롭게 행동한다 하나니 너희는 가서 더 자세히 살펴서 그가 어디에 숨었으며 누가 거기서 그를 보았는지 알아보고 그가 숨어있는 모든 곳을 정탐하고 실상을 내게 보고하라 내가 너희와 함께 가리니 그가 이 땅에 있으면 유다 몇 천 명 중에서라도 그를 찾아내리라 하더라"

사울은 다윗이 "심히 지혜롭게" 행동한다는 말을 들었습니다. 이것이 개역한글 번역에는 "공교하게" 행동하는 것으로 되어있습니다. 즉 다윗은 옛날에 양을 치는 목자였기 때문에 야생동물의 감각을 가지고 있었습니다. 그래서 다윗은 편한 길로 다니지 않고 야생동물들이 다니는 길로 다녔기 때문에 다윗을 찾아내기가 어려웠던 것입니다. 그리고 십 사람들이 사울에게 밀고하러 온 동안에 또 다윗은 움직일 수 있기 때문에 사울이 잡으러 가도 놓칠 가능성이 컸습니다. 그래서 사울은 십 사람들에게 다윗이 아직 거기에 있는지 확인해보고 혹시 본 사람이 있는지 알아보라고 했습니다. 이제는 사울도 다윗을 철저하게 조사해서 잡을 생각이었습니다.

다윗은 요나단의 격려를 받았지만 더 위험해지게 되었고 현실은 하나님의 말씀과 정반대되는 방향으로 흘러갔습니다. 사울은 다윗이 몇천 명 중에 숨어있어도 한 명 한 명 자기 눈으로 직접 확인해서 찾아내겠다고 했습니다.

3. 다윗의 위기

다윗은 하나님의 말씀에 순종했습니다. 갓 선지자가 와서 아둘람 굴에 있지 말고 유다로 가라고 해서 갔고, 또 요나단이 와서 다윗에게 하나님을 힘 있게 의지하라고 해서 하나님을 힘 있게 붙들었습니다. 그러나 결과는 정반대되는 방향으로 흘러갔습니다. 십 광야 사정을 가장 잘 알고 있는 현지인들이 다윗을 배신해서 사울에게 찾아가 다윗이 숨어있는 곳을 알려줬던 것입니다. 그리고 사울 왕은 그야말로 저인망을 끌듯이 한 명 한 명을 확인하면서 이스라엘 끝까지 수색하려고 하고 있었습니다.

> 23:24-25, "그들이 일어나 사울보다 먼저 십으로 가니라 다윗과 그의 사람들이 광야 남쪽 마온 광야 아라바에 있더니 사울과 그의 사람들이 찾으러 온 것을 어떤 사람이 다윗에게 아뢰매 이에 다윗이 바위로 내려가 마온 황무지에 있더니 사울이 듣고 마온 황무지로 다윗을 따라가서는"

역시 다윗은 하길라 요새에 있지 않았습니다. 다윗은 십 사람들이 여러 명이 어디론가 떠났다는 말을 듣고는 사울에게 밀고하러 간 줄 알고 그 곳을 피하여 남쪽 황무지에 내려가 있었습니다. 다윗은 바위 위에서 사울의 군대가 오는 것을 관찰하고 있고 다른 사람들은 산 밑에서 기다리고 있었습니다. 그때 다윗이 보낸 보초가 달려오면서 사울이 자기들이 있는 마온 황무지에 거의 다 왔다고 알려주었습니다. 이것은 사울이 십 사람들로부터 다윗이 어디에 있는지 정보를 들었기 때문입니다. 결국은 누가 한발 먼저 아느냐 누가 한발 먼저 잡으러 가느냐 아니면 도망치느냐 하는 데 살고 죽는 것이 달려 있었던 것입니다.

지금 사울과 다윗의 거리는 산 하나 사이밖에 없었습니다. 다윗의 일행은 산 이쪽에 있고 사울과 그의 군대는 산 저쪽에 있었습니다. 사울의 군대가 산만 돌아오면 다윗과 육백 명은 모두 포로가 되어 끌려갈 수밖에 없었습니다. 그때 다윗과 육백 명은 조금이라도 거리를 두려고 사울의 군대가 오는 쪽 반대 방향으로 뛰었습니다.

다윗의 일행 중에는 여자들도 있었고 어린이들도 있었습니다. 그러나 그런 것을 생각할 여유가 없었습니다. 모두 소리는 최소한도로 내지 않고 입을 다물고 기를 쓰고 반대쪽으로 도망을 쳤습니다. 그러나 사울의 군대는 어른들이었고 달리는 데 명수였습니다. 다윗의 일행과 사울의 군대는 점점 그 간격이 좁혀지고 있었습니다. 아마 이제 사울의 눈에는 드디어 다윗의 일행이 보이기 시작했을 것입니다. 사울은 이제 겨우 원수 다윗과 도망자들을 다 잡았구나 생각하고 힘을 다해 추격하려고 했습니다. 이때 다윗은 잡힐 수밖에 없었습니다. 여자들과 어린아이들은 어른같이 뛸 수 없었기 때문입니다. 결국 다윗을 믿고 따라온 자들은 모두 잡혀서 끌려가든지 거기서 죽임을 당할 수밖에 없었을 것입니다.

그런데 이때 놀라운 일이 일어났습니다. 사울의 군대가 추격을 준비하다가 반대쪽으로 맹렬하게 달려가기 시작한 것입니다. 다윗과 그의 부하들은 이해할 수 없었습니다. 이제 그들은 사울의 손에 거의 다 잡혀 죽게 되었는데 왜 잡히기 직전에 사울이 포기하고 도로 쏜살같이 후퇴하느냐 하는 것이었습니다. 좌우간 다윗과 그 일행은 한 사람도 죽지 않고 붙들리지 않고 모두 무사했습니다. 그런데 도대체 자기들이 왜 살아있는지 이해되지 않았습니다.

그래서 이유를 알아봤더니 바로 자기들이 잡히려는 그 순간에 블레셋 군대가 이스라엘을 쳐들어왔다는 전령의 보고가 있었기 때문에 사울이 황급하게 기브아로 돌아갈 수밖에 없었다는 것입니다. 왜 하필이면 이때 블레셋이 이스라엘을 공격했을까요? 그것은 하나님께서 다윗을 살리기 위해 블레셋 사람들에게 이스라엘을 공격하라고 명령하셨기 때문입니다.

23:27-28, "전령이 사울에게 와서 이르되 급히 오소서 블레셋 사람들이 땅을 침노하나이다 이에 사울이 다윗 뒤쫓기를 그치고 돌아와 블레셋 사람들을 치러 갔으므로 그 곳을 셀라하마느곳이라 칭하니라"

하나님은 다윗을 위하여 블레셋 군대를 사용하셨습니다. 하나님은 일을 하시되 적을 이용해서 일을 하시기도 합니다. 사울은 완전히 본부는 비워놓고 다윗을 잡으러 왔기 때문에 이스라엘 땅은 비어있었습니다. 그래서 아무리 다윗을 잡는 것이 중요해도 이스라엘이 망하면 소용없으므로 다윗을 잡기 직전에 다윗을 포기하고 블레셋과 싸우러 가야만 했습니다.

그래서 우리는 사람을 두려워할 필요가 없는 것입니다. 그 이유는 인간의 계획이 아무리 완전하다고 해도 하나님께서는 의외의 변수를 일으켜서 그들의 모든 계획을 실패로 만드시기 때문입니다. 그래서 악한 자가 법을 이용하고 권력을 이용해서 아무리 모략을 꾸며도 결국은 실패하게 되어있습니다. 우리 하나님은 그들보다 훨씬 더 뛰어나시기 때문입니다.

그래서 그곳 이름을 '셀라하마느곳'이라고 칭했는데 이것은 '분리하는 바위'라는 뜻입니다. 즉 바로 여기에서 다윗과 사울은 서로 떨어지게 되었다는 뜻입니다. 하나님이 칼로 자르듯이 여기에서부터 사울이 더 이상 오지 못하게 하셨던 것입니다. 하나님께서 이렇게 섬세하게 간섭하실 때 우리가 알 수 있는 것은 무엇일까요? 그것은 이제 우리가 이겼다는 것입니다. 셀라하마느곳에서부터는 절대로 사울이 다윗을 이길 수 없습니다. 왜냐하면 다윗은 거기서 하나님의 손을 보았고 하나님의 칼을 보았기 때문입니다. 이때 이미 사울은 다윗에게 진 것이었습니다.

이후로는 사울이 단 한 번도 다윗을 이기지 못했습니다. 다윗은 죽음의 고비를 넘기며 쫓겨 다니는 가운데서도 더 이상 사울이 넘을 수 없는 하나님의 손을 보았던 것입니다. 하나님은 다윗에게 이것을 보게 하시려고 이런 위험한 지경에 몰아넣었다고 생각합니다. 우리도 이와 비슷한 경우를 경험할 때가 많이 있습니다. 우리가 다른 악한 자로부터 위협과 공격을 당하지만 어느 한 순간부터 그들이 더 이상 공격하지 못하는 시점이 있을 것입니다. 바로 하나님의 손 때문입니다. 그리고 그때부터 우리는 적을 이기기 시작합니다.

몇 년 전에 한국 출신 미국 국적의 한 선교사가 북한에 갔다가 억류되어서 종신형을 받은 적이 있습니다. 그는 북한에 보육원이나 양로원을 세우고 빵 공장을 세우러 갔다가 지도자가 강경해지는 바람에 국가반역 혐의로 체포된 것이었습니다. 그때 그 교회도 기도하고 우리 교회도 그분의 안전과 석방을 위해 기도했습니다. 그러던 어느 날 북한은 그 선교사를 석방했습니다. 그때 우리는 이미 북한의 지도자가 하나님 백성의 기도에 졌다는 것을 알았습니다. 그 나라의 통치자는 기도의 힘에 졌습니다. 기도에 졌기 때문에 선교사를 풀어준 것입니다. 북한이 아무리 핵무기를 가지고 있고 미사일을 가지고 있다 해도 그들은 이미 기도에 진 것입니다. 그들이 회개하지 않으면 하나님은 더 큰 어려움을 주실 것입니다. 그리고 결국은 망할 것입니다.

우리는 이런 어려움을 통해서 더 실제적으로 하나님을 볼 수 있습니다. 하나님의 손을 보게 되고 하나님의 칼을 보게 됩니다. 아무것도 두려워하지 말고 힘껏 하나님을 의지하시기 바랍니다.

38

원수를 살려줌

삼상 24:1-22

사람이 세상에 살다 보면 우연히 어떤 일을 겪을 때가 있습니다. 그러나 우연이라는 것은 늘 그런 일이 일어나는 것이 아니라는 의미입니다. 어떤 학생이 길을 가다가 돈을 한번 주웠다고 합시다. 이것은 정말 우연히 주운 것이고 매일 돈을 주울 수는 없을 것입니다. 또 만일 어떤 학생이 시험을 치는데 우연히 아는 문제만 나와서 전교에서 일등을 하게 되었다고 합시다. 이 학생은 다음 시험이 두려울 것입니다. 왜냐하면 지난번에 일등한 것이 자기 실력이 아니었다는 것을 알고 또 이번 시험에도 자기가 아는 문제만 나와서 또 일등을 한다는 것은 확률상 거의 불가능한 일이기 때문입니다.

우연이라는 것은 결코 내가 생각하지 않았던 일이고 그런 일은 다시 일어날 수 없는 일을 말하는 것입니다. 그런데 만일 우리가 하나님의 우연한 도움으로 목숨을 건질 수 있었다면 이런 우연이 또 일어날 수 있을까요? 이 점이 바로 그리스도인들이 가장 힘들어하는 문제입니다. 우리는 늘 하나님의 우연한 도움으로 살아갑니다. 그런데 어려운 일이 새롭게 닥쳤을 때 또 하나님의 우연한 도움이 일어난다고 보장할 수 있느냐 하는 것입니다.

또 사람에게는 '고통의 기억'이라는 것이 있습니다. 누군가가 자기를 괴롭게 하거나 고통을 주면 그 기억이 되살아나기 때문에 아무 일이 없어도 마음의 고통을 느낍니다. 그 고통의 기억을 없애는 방법은 두 가지 방법밖에 없습니다. 그 하나는 내가 고통을 당한 만큼 상대방에게 고통을 주는 것입니다. 즉 내가 맞은 만큼 상대방을 때리거나 혹은 내가 욕을 얻어먹은 만큼 상대방을 욕해주는 것입니다. 그때 고통을 받았던 사람은 '속이 다 후련하다'고 합니다. 왜냐하면 마음에 고통의 기억이 없어졌기 때문입니다.

그렇지 않으면 나에게 고통을 주었던 사람이 죽든지 딴 곳으로 가서 사라져버리는 것입니다. 그러면 그 사람이 다시는 나에게 고통을 주지 않을 것이기 때문에 고통의 기억을 느끼지 않을 것입니다. 사람에게 이 고통의 기억이 계속되면 결국 우울증이 오게 되고 어떤 때는 스트레스를 못 이겨서 돌연사하든지 정상적인 생활을 하지 못하게 됩니다.

다윗은 사울 왕을 피하여 아둘람 굴에 숨어있었는데 선지자 갓이 와서 유다 땅으로 들어가라고 했습니다. 왜냐하면 하나님의 기름부음 받은 종은 하나님의 백성 가운데 있어야 하기 때문입니다. 그러나 유다 들판에는 다윗이 숨어있을 만한 장소가 없었습니다. 거기에다가 십 사람들이 다윗을 배반하고 다윗이 있는 곳을 사울 왕에게 알려주는 바람에 다윗은 사울 왕에게 거의 얼마 차이로 쫓기고 또 쫓겼습니다.

이제 다윗이 거의 사울에게 잡히게 되었을 때 사울은 갑자기 쫓기를 멈추더니 모든 군대가 자기들이 있던 곳으로 돌아가 버렸습니다. 나중에 그 이유를 알아보았더니 블레셋 사람들이 갑자기 쳐들어오는 바람에 막으러 갔다는 것입니다. 이것은 우연 중의 우연이고, 이런 우연은 다시 일어날 수 없을 것입니다. 그런데 또 다시 사울 왕이 다윗을 잡으려고 많은 군대를 끌고 다윗이 있는 곳으로 내려왔습니다.

1. 반복해서 일하시는 하나님

우리는 우리 인생에 우연이라고 하는 것은 단 한 번만 일어난다고 생각합니다. 왜냐하면 그 수많은 사람 중에서 기가 막힌 행운이 나에게 여러 번 일어난다는 것은 상상할 수 없기 때문입니다. 그러나 하나님의 백성에게는 행운은 수도 없이 일어납니다. 단지 일어날 때마다 다른 방법으로 일어나기 때문에 우리가 그것을 잘 느끼지 못할 뿐입니다.

사울이 다윗을 잡으러 왔다가 거의 다 잡았는데 갑자기 돌아간 장소를 다윗은 '셀라하마느곳'이라고 이름을 붙였습니다. 이것은 '분리의 바위'라는 뜻입니다. 즉 바로 이 바위까지는 다윗이나 사울이나 서로 섞여서 도망치고 잡으러 가고 뒤죽박죽이었는데, 딱 이 바위에서 사울의 부대는 제자리에 멈추더니 모두 다 돌아가고 말았던 것입니다. 즉 다윗의 일행과 사울의 부대 사이에 분리가 이루어졌던 것입니다.

그러나 그보다 더 큰 것이 있었습니다. 다윗은 여기서 자기 자신과 사울의 부대를 가르시는 하나님의 손을 보았고 하나님의 칼을 보았던 것입니다. 하나님께서 다윗을 이 살 수 없는 유대 땅으로 몰아넣으신 것은 다윗으로 하여금 바로 하나님의 손을 보게 하기 위해서였습니다. 그리고 바로 이 순간부터 사울은 다윗에게 진 것이었습니다. 이후로는 사울은 아무리 다윗을 잡으려고 해도 잡을 수 없는 것입니다. 왜냐하면 다윗과 사울 왕 사이에 하나님의 손이 놓여 있었기 때문입니다.

그런데 사울은 하나님의 손을 보지 못했습니다. 만일 사울이 하나님의 손을 보았다면 다윗을 쫓는 것을 포기했을 텐데, 사울은 하나님의 손을 보지 못했기 때문에 다윗을 거의 다 잡을 뻔하다가 놓친 것이 너무나도 아까웠던 것입니다. 그래서 사울은 또다시 다윗을 잡으러 내려왔습니다. 이번에도 사울은 다윗을 거의 다 잡은 것이나 마찬가지였습니다. 그런데 문제는 사울은 다윗이 대충 어느 부근에 있다는 것은 알았지만 정확하게 어디에 있는지 알지 못했다는 점입니다.

24:1-2, "사울이 블레셋 사람을 쫓다가 돌아오매 어떤 사람이 그에게 말하여 이르되 보소서 다윗이 엔게디 광야에 있더이다 하니 사울이 온 이스라엘에서 택한 사람 삼천 명을 거느리고 다윗과 그의 사람들을 찾으러 들염소 바위로 갈새"

역시 사울은 전쟁하는 기술이 있었습니다. 그는 군대를 끌고 가서 쳐들어온 블레셋 군대를 다 쫓아버렸습니다. 그리고 다시 군대를 거느리고 다윗을 잡으러 온 것입니다. 그때 또 현지인들은 사울 왕을 두려워해서 다윗을 배반하여 다윗이 엔게디 광야에 숨어있다고 밀고했습니다. 이제 다윗은 거의 다 잡힌 것이나 마찬가지였습니다. 사울은 안심했습니다. 만일 다윗이 엔게디 광야에 숨어있다면 도망칠 곳도 없고 잡은 것이나 마찬가지라고 생각했습니다. 그런데 사울은 다윗이 엔게디에 숨어있지만 정확하게 어디에 숨어있는지 알지 못했습니다. 이것은 마치 의사가 환자를 수술해야 하는데 대충 수술 부위만 알고 있지 정확한 곳은 모르는 것과 같습니다. 이런 경우 잘못하면 엉터리 수술이 될 가능성이 많습니다. 그런데 바로 이것이 이 세상의 원리입니다. 세상 정치인들이나 기업가들은 어려움이 생기면 나름대로 원인을 찾고 해답을 찾는데 대충 그 원인을 아는 것이지 그 정확하게 알지 못하기 때문에 점을 치듯이 답을 두들겨 맞추려고 하는 것입니다.

사울은 엔게디의 들염소 바위까지 와서 삼천 명으로 거의 엔게디를 포위하고 있었습니다. 그때 사울에게 그만 급한 일이 생기고 말았습니다. 우리말 성경에는 사울이 뒤가 너무 급해서 가까이 있는 양 우리의 굴 안에 들어가서 일을 보았다고 기록하고 있습니다.

24:3, "길 가 양의 우리에 이른즉 굴이 있는지라 사울이 뒤를 보러 들어가니라 다윗과 그의 사람들이 그 굴 깊은 곳에 있더니"

사울이 "뒤를 보러 들어갔다"고 했는데 이것도 무엇을 의미하는지 정확하게 알 수 없습니다. 원문에는 왕이 "발을 가리러 들어갔다"고 했는데, 이것은 잠을 자는 것을 의미하기도 하고 용변을 보는 것을 말하기도 하기 때문입니다. 팔레스타인은 아주 더운 곳이기 때문에 낮잠을 자지 않으면 오후에 잘 움직일 수 없었습니다. 어쩌면 이때 사울이 너무 잠이 와서 견딜 수 없었는지 모릅니다. 어쩌면 지난 밤 사울은 블레셋과 싸우고 또 엔게디까지 이동하느라고 잠을 자지 못했을 수도 있습니다. 그러니까 사울은 잠을 와서 미칠 지경이 되었던 것입니다. 그래서 사울은 굴이 있는 것을 보고 부하에게 내가 저 굴에 들어가서 잠을 조금만 자고 나올 테니까 너희들은 이 굴 입구를 잘 지켜라고 명령했을 것입니다. 그렇지 않으면 사울 왕이 설사를 만났을 수 있습니다. 사울은 지금 용변을 누고 싶어서 견딜 수 없는데 마치 길 옆에 굴이 있는 것을 보고 내가 저 안에 들어가서 용변을 누고 오겠다고 하면서 혼자서 달려갔을 수도 있습니다.

그러나 그 굴은 생각보다 깊은 굴이었고 굴 깊은 곳에서는 다윗의 일행이 고스란히 숨어있었습니다. 다윗 일행의 특징은 도망 다니는데 훈련이 되어서 남자나 여자나 어린아이나 소리를 내지 않는 것이었습니다. 그러니까 사울의 신하가 굴 안에 들어와서 봤다 하더라도 아무도 없는 줄 알았을 것입니다. 그래서 사울은 굴 안에 아무도 없는 줄 알고 굴에 들어가서 잠을 잤던 것입니다. 잠을 잤다고 말하는 이유는 다윗이 사울의 옷을 베려고 하면 아무리 옷을 벗어 던졌다 하더라도 소리가 날 수 있었기 때문입니다.

하나님은 다윗을 분리의 바위에서 사울로 하여금 돌아가게 하셨습니다. 그런데 이번에는 사울을 다윗이 보는 앞에서 전혀 무방비 상태로 잠을 자게 하심으로 얼마든지 다윗이 사울을 죽일 수 있게 하셨습니다. 이것을 보면 하나님의 백성에게 우연은 우연이 아니고 이런 기적은 얼마든지 반복해서 일어난다는 것을 알 수 있습니다.

그런데 다윗은 사울의 옷자락을 자르면서도 마음이 찔렸다고 했습니다. 이것을 보면 다윗은 사울에게 쫓기면서도 사울을 존경했고 사랑받기를 원했던 것을 알 수 있습니다. 다윗은 사울의 옷자락을 자르면서 마치 자기 자신이 왕에게서 완전히 잘리는 것을 느꼈는지도 모릅니다. 어쩌면 다윗은 사울 왕이 자기를 죽이려고 하는 모습을 통해서 마음속으로는 그의 목을 베고 싶었는지 모릅니다. 그러나 어떤 이유에든지 간에 다윗은 자기가 한때 사랑하고 존경했던 왕의 옷자락을 자르면서 마음이 굉장히 찔렸다고 말하고 있습니다. 그러나 그 옷자락은 다윗이 사울과 함께 그 굴에 있었다는 증거였고 다윗이 사울의 목숨을 살려준 증표였습니다.

2. 다윗의 관용

다윗과 그의 부하들이 숨어서 보고 있는 그 앞에서 사울 왕이 부하도 없이 혼자 옷을 벗어 던지고 두 팔을 벌리고 코를 골면서 자는 것을 본 다윗의 부하들은 "지금이야말로 하나님이 사울을 죽일 수 있도록 주신 절호의 찬스"라고 말을 했습니다.

> 24:4-5, "다윗의 사람들이 이르되 보소서 여호와께서 당신에게 이르시기를 내가 원수를 네 손에 넘기리니 네 생각에 좋은 대로 그에게 행하라 하시더니 이것이 그 날이니이다 하니 다윗이 일어나서 사울의 겉옷 자락을 가만히 베니라 그리 한 후에 사울의 옷자락 벰으로 말미암아 다윗의 마음이 찔려"

이것은 누가 생각해도 원수를 죽일 수 있는 절호의 기회였습니다. 다윗의 원수 사울은 아무것도 모르고 지금 눈앞에서 쿨쿨 잠이나 자고 있었습니다.

사실 다윗과 그의 부하들은 사울과 그의 군대 삼천 명이 엔게디 광야로 몰려 왔을 때 그들은 이번에는 모두 잡혀 죽는구나 생각했습니다. 그래서 다윗과 그의 부하들은 더 이상 피할 데가 없어서 들염소 바위가 있는 굴 속에 들어가서 숨었던 것입니다. 만약 사울의 군대가 그 동굴 속을 수색하면 한 명도 도망치지 못하고 죽을 수밖에 없었습니다. 이때 다윗과 그의 일행은 '아, 우리가 숨어있는 굴까지 사울은 다 알고 있구나. 우리는 오늘 다 죽었다.'라고 생각했을 것입니다. 그런데 놀라운 것은 바로 그 순간에 일어났습니다. 즉 사울의 부하들은 굴 안을 대충 훑어본 후에 나가고 사울 혼자 허겁지겁 들어오더니 옷을 다 벗어버리고 누워서 잠을 자는 것이었습니다.

이때 다윗의 신하들은 다윗에게 지금이야말로 하나님께서 원수를 죽이라고 주신 절호의 기회라고 하면서 사울 왕을 죽이자고 했습니다. 물론 입으로 말하지 않고 모두 손으로 말을 했을 것입니다. 그러나 다윗은 안된다고 했습니다. 즉 하나님께서 기름 부어서 세운 왕을 우리가 마음대로 죽일 수 없다고 했습니다. 하나님이 죽이시든지 해야지 우리는 하나님의 기름부음 받은 종을 죽일 수 없다고 하면서 단지 사울의 옷깃을 잘랐던 것입니다. 그런데 아마 다윗이 사울의 입고 있던 옷깃을 자른 것 같지는 않고 벗어서 바위에 걸쳐 놓은 옷깃을 자른 것 같습니다. 그러나 다윗은 사울의 옷깃을 잘랐지만 실제로는 사울의 목을 자른 것이었습니다. 하나님은 반복해서 다윗을 위하여 우연한 일이 일어나게 하셨습니다.

사실 다윗은 사울에 대하여 깊은 마음의 상처가 있습니다. 사울 왕은 아무 잘못도 없는 다윗을 몇 번이나 죽이려 창을 던졌습니다. 그리고 다윗의 가정을 파괴했고, 그의 사회적인 직책을 박탈했고, 온 이스라엘의 원수가 되게 했습니다. 만일 다윗이 이때 사울을 죽인다면 그는 더 이상 쫓겨 다닐 필요도 없고 그와 함께 있는 육백 명 모두 당당하게 집으로 돌아갈 수 있었을 것입니다. 이 세상의 모든 사람은 찬스가 왔을 때 그 기회를 잘 살려야 성공할 수 있다고 이야기합니다. 다윗도 사실 우연히 전쟁터에 갔다가 골리앗을 죽이는 바람에 이스라엘의 영웅이 될 수 있었습니다. 그러나 아무리 좋은 찬스가 왔다 하더라도 그것이 하나님의 말씀보다 더 중요할 수는 없습니다. 오히려 하나님의 말씀을 거역하는 찬스는 나쁜 찬스가 될 수 있습니다.

요즘 우리 사회에 유행하는 말 중에 '아버지 찬스'라는 말이 있습니다. 그것은 아버지가 좋은 자리에 있는 것을 이용해서 좋은 성공의 기회를 찾는 것입니다. 그러나 그런 '아버지 찬스'는 공정하지 못한 것이며 비겁한 것입니다. 다윗은 사울이 하나님께서 세우신 종이기 때문에 죽이지 않았습니다. 그리고 다윗은 계속 쫓겨 다녔습니다. 다윗은 자기 마음의 상처를 인간적으로 복수함으로 해결하려고 하지 않았습니다.

3. 다윗의 당당함

다윗은 사울을 얼마든지 죽일 수 있는데도 불구하고 사울을 죽이지 않았습니다. 그 이유는 다윗은 하나님의 말씀에 대한 확신이 있었기 때문입니다. 그렇지만 다윗은 자기가 얼마든지 사울을 죽일 수 있었다는 표시로 그의 옷자락을 베었습니다.

사울은 그것도 모르고 볼일을 보고 자기 옷을 입고 굴에서 나가 다윗을 수색하러 갔습니다. 사울은 이미 죽은 사람이나 마찬가지였습니다. 그런데 죽은 사람이 산 사람을 수색하러 가고 있었던 것입니다. 거리가 어느 정도 떨어진 후 다윗은 대담하게 사울을 불렀습니다. 다른 때 같으면 다윗은 사울을 보지도 않고 숨었을 것입니다. 그러나 다윗은 이제 자기가 사울을 이겼다는 확신을 가졌습니다. 그래서 저 멀리 가고 있는 사울을 불렀습니다.

다윗이 "내 주 왕이여" 부르니까 사울과 모든 일행이 돌아보았습니다. 그때 다윗은 땅에 엎드려 절을 했습니다. 그리고 다윗은 자신의 정당함을 당당하게 입증했습니다. 다윗은 이제 더 이상 숨지 않았습니다. 왜냐하면 다윗은 자기가 사울을 이겼다는 확신이 들었기 때문입니다. 다윗은 하나님이 자기와 함께 하시면 사울은 절대로 자기를 이길 수 없다는 것을 믿게 되었습니다. 그래서 다윗은 큰 소리로 사울을 불러 말을 했습니다.

"왕은 어찌하여 다윗이 왕을 죽이려고 한다는 신하들의 말을 듣습니까? 오늘 왕이 굴에 들어와서 일을 보셨는데 그때 하나님은 왕을 내 손에 넘기셨습니다. 또 내 부하들은 지금이 왕을 죽일 절호의 찬스라고 죽이자고 했습니다. 그러나 나는 하나님께서 기름 부어서 세우신 왕을 죽이지 않았습니다. 여기 보십시오. 제가 왕을 죽이지 않고 왕의 옷자락만 베었습니다. 앞으로 하나님께서 나와 왕 사이를 판단하실 텐데 하나님이 왕을 보복하시겠지만 저는 왕을 해치지 않겠습니다."(8-15절 참조).

그리고 다윗은 사울이 자기를 추격하는 것은 그야말로 시간 낭비라고 이야기했습니다. "왕이 쫓는 대상은 죽은 개나 벼룩을 쫓는 것입니다." 즉 왕은 나를 쫓는 것보다 훨씬 더 중요한 일이 많이 있다는 것을 깨우친 것입니다. 이때 사울은 다윗이 얼마든지 자기를 죽일 수 있었지만 죽이지 않았다는 것을 알았습니다. 이렇게 다윗이 사울을 선대하니까 일시적으로 사울이 착한 마음으로 돌아오게 되었습니다.

그래서 사울은 다윗을 보고 "내 아들 다윗아 네 목소리냐" 하면서 목을 놓아 울었습니다. 이것은 도저히 말로 표현할 수 없는 울음이었습니다. 지금까지 사울의 머리를 꽉 지배하고 있던 답답한 생각들이 모두 터져 나오면서 우는 통곡이었습니다. 우리는 이런 사람들을 정신과나 상담하는 곳에서 볼 수 있습니다. 즉 자기 마음의 답답함과 두려움을 어느 누구에게도 말하지 않다가 이제 죽게 되니까 말을 하게 됩니다. 그때 얼마나 우는지 모릅니다. 그것은 그렇게 울어야 합니다. 울지 않으면 인간의 마음이 더 독해지고 사탄이 그 사람을 더 악하게 만들기 때문입니다.

사울은 이제 진심으로 돌아와서 다윗에게 "오늘 네가 너를 선대하여 하나님께서 나를 죽이도록 네 손에 넘기셨지만 너는 나는 죽이지 않았다"고 했습니다. 만일 어떤 사람이 길에서 원수를 만나면 그를 평안히 가게 하겠느냐, 그러나 너는 내 목숨을 살려주었다고 하면서 하나님께서 네게 선대하기를 원한다고 했습니다. 그리고 사울은 네가 이스라엘의 왕이 될 줄 내가 안다고 하면서 이스라엘이 네 손에서 견고해질 것이라고 했습니다. 그리고 사울은 다윗에게 부탁했는데 네가 왕이 되었을 때 내 후손을 다 죽이지 말고 내 이름을 멸하지 않도록 맹세하라고 했습니다 (17-21절).

이때도 사람들이 죽은 후에 자기 이름이 없어지는 것을 굉장히 수치스럽게 생각했던 것 같습니다. 요즘 사람들은 죽으면 이름이 금방 없어집니다. 화장해서 뼈를 뿌리거나 수목장을 하면 금방 그 이름은 없어지게 됩니다. 사람의 이름이 남으려고 하면 하나님의 말씀을 사랑하고 내 일시적인 이익을 위해서 하나님의 말씀을 이용하지 말아야 합니다.

하나님은 한 번만 우리에게 선을 베푸시는 것이 아니라 무한정 선을 베푸시는 분입니다. '셀라하마느곳' 이후로 다윗은 사울을 계속 이겼습니다. 우리가 하나님의 손을 본 순간, 즉 이상하게 하나님이 나를 도우신 그 순간부터 우리는 악한 자를 이긴 것입니다. 우리는 악한 자에 관용을 베풀어야 합니다. 그의 목을 베는 대신 옷자락만 베어야 합니다. 그래야 사람들은 조금씩 정신을 차리게 될 것이고 나중에 하나님의 영광이 나타나게 될 것입니다.

39

다윗의 혈기

삼상 25:1-13

옛날에는 주로 개나 돼지 같은 짐승에게나 욕을 했지 사람에게 욕을 하는 경우는 많지 않았습니다. 그러나 최근에 사람들이 스트레스가 많아지고 화를 자주 내다보니까 도저히 욕을 할 신분이 아닌데 아주 저질스러운 욕을 하는 경우를 많이 볼 수 있습니다.

사람들의 마음속에는 어떤 정도의 좋지 않은 반응이 들어와도 참을 수 있도록 자기방어 기제가 있습니다. 그래서 어느 정도 무시를 당하거나 화가 나도 참을 수 있습니다. 그런데 어떤 사람이 받은 자극이 감당할 수 있는 범위를 벗어나게 되면 자기감정을 통제할 수 없어지게 됩니다. 그러면 입에서는 욕설이 나오고 화를 내며 가지고 있는 것을 던지거나 그릇 같은 것을 깨기도 하는 것입니다.

제 형 중에도 평소에는 성격이 양같이 순한 분이 계셨는데, 누군가가 자기의 열등감을 건드리기만 하면 갑자기 폭군으로 돌변하면서 덤벼들어 때리기도 하고 이를 갈기도 하는 분이 있었습니다. 이 형님은 이 '욱' 하는 성격 때문에 사회성이 없었습니다. 명문대를 졸업하고 외국어도 잘

하고 머리도 좋았지만 '욱' 하는 성격을 다스리지 못해서 사회생활을 잘 하지 못했습니다.

다윗은 평소에는 아주 성령 충만하고 은혜 충만하고 특히 찬양을 잘 지어서 부르는 사람이었습니다. 그런데 다윗에게도 약점이 있었습니다. 그것은 그가 자랄 때 너무나도 가난했기 때문에 그런지 가난하다고 무시당하든지 또 장애인 취급당하든지 하면 분노가 폭발하는 것이었습니다. 물론 다윗은 장애인이 아니었지만 옛날에는 좀 무능한 사람을 장애인에 비유하곤 했던 것 같습니다. 그래서 다윗은 그런 사람들과 자기를 비교하면 분노가 폭발하는데 그 사람을 죽이고 싶을 정도로 미워했던 것입니다.

유다에는 목축을 직업으로 삼는 사람들이 많았습니다. 그래서 목축하는 사람에게는 양털을 깎는 것이 추수하는 것이었습니다. 가끔 오래전 영화를 보면 건장한 남자들이 웃통을 벗고 양들을 한 마리씩 잡아서 머리 깎는 기구 같은 것으로 양털을 다 깎는데 제한된 시간에 몇 마리를 깎느냐 하는 것으로 등수를 매기는 것을 볼 수 있습니다. 양 주인은 이 양털을 팔면 목돈이 생기기 때문에 목자들이 양털을 깎을 때는 음식도 많이 준비하고 이웃 사람들에게도 인심도 쓰고 또 목동들에게 보너스도 주었던 것 같습니다. 즉 양 치는 사람들에게 양털 깎는 일은 그 마을의 잔치였던 것입니다.

다윗이 마온이라는 곳 부근에 있을 때 사울도 이제는 추격을 중단해서 예전에 비해 좀 나은 형편이었습니다. 그러나 다윗에게 가장 큰 어려움은 양식이 부족하다는 것이었습니다. 자기만 믿고 따라온 육백 명의 사람들까지 먹여 살려야 했습니다. 다윗이 이렇게 아주 궁핍한 가운데 있는데 마침 가까운 곳에서 양을 치는 어떤 부자가 양털을 깎게 되었습니다. 누구든지 양털을 깎을 때는 인심이 좋아지기 때문에 다윗은 자기 부하들을 그 사람에게 보내서 먹을 것을 좀 나누어달라고 요청했습니다. 그런데 다윗은 그 주인인 나발이라는 사람에게 굉장히 심한 모욕적인 말을 듣게 되었습니다. 그때 다윗이 얼마나 '욱' 하면서 화가 났던지 자기와 함께 있는 자들에게 모두 칼을 차라고 하고 내가 이 사람 집의 남자들을 내일 아침까지 다 죽이지 않으면 하나님의 저주를 받을 것이라고 맹세까지 하고 출동하게 되었습니다. 이것이 바로 다윗이 죄인이라는 증거였습니다. 다윗이 아무리 하나님의 율법을 사랑하고 찬송을 좋아한다고 하지만 자존심이 상하니까 너무 화가 나서 사람을 죽이려고 덤벼들었던 것입니다.

1. 다윗의 침체

사무엘은 다윗의 영적인 아버지였습니다. 그리고 다윗이 하나님의 기름 부음을 받은 자라는 것을 증명해줄 수 있는 유일한 사람이었습니다. 그런데 다윗은 아직 자리도 잡기 전에, 다윗이 사울에게 여전히 쫓기고 있을 때 사무엘은 늙어서 죽고 말았습니다. 이것은 다윗에게는 완전히 기둥뿌리가 빠지는 것과 같았습니다.

> 25:1, "사무엘이 죽으매 온 이스라엘 무리가 모여 그를 두고 슬피 울며 라마 그의 집에서 그를 장사한지라 다윗이 일어나 바란 광야로 내려가니라"

사람은 자기를 정신적으로 받쳐주고 있던 사람이 갑자기 죽거나 떠나게 되면 굉장히 방황하게 됩니다. 다윗에게 있어서는 사무엘이 정신적인 기둥이었습니다. 다윗은 사무엘이 살아있는 한 살아갈 희망이 있다고 생각했습니다. 그런데 다윗의 영적 스승인 사무엘 선지자가 돌아가셨습니다. 이제 다윗은 이 세상에 누구를 의지하고 살아가며 어려운 일이 있을 때 누구에게 무엇을 물어보겠습니까? 다윗은 라마에 가서 사무엘의 장례식에 참여한 후 다시 바란 광야로 도망쳐야만 했습니다. 거기에 온 사람 중에 틀림없이 사울의 부하도 있었기 때문입니다. 그러나 이제 다윗은 거의 자포자기 상태에 빠져 버렸습니다. 그는 사울의 손에서 빠져나올 가능성도 보이지 않고 미래에 그가 성공할 수 있는 길도 없었기 때문입니다.

　우리는 때때로 이런 경우를 겪을 때가 많이 있습니다. 내가 정말 의지하고 살아갈 이유가 되는 영적인 스승이 죽거나 떠나버리면 살 의욕을 잃어버리는 것입니다. 그런데 놀라운 것은 의욕은 잃어버려도 사람은 살게 된다는 것입니다. 그리고 살아가면서 사람은 조금씩 자기가 어른이 되게 됩니다. 그러나 이때 너무 좌절해서 자포자기해서는 안 됩니다. 왜냐하면 그 사람을 보내신 분도 하나님이시고 그 사람을 쓰신 분도 하나님이시기 때문입니다. 그래서 우리는 너무 사람을 기대하지 않는 것이 좋습니다. 사람을 너무 좋아하고 기대했는데 그가 떠나거나 돌아가면 분노가 일어나고 감정이 폭발하면서 될 대로 되라는 심정이 되기 쉽기 때문입니다.

　다윗은 사무엘이 죽은 후 엎친 데 덮친 격으로 심한 식량의 부족을 겪게 되었습니다. 즉 다윗의 일행에게 먹을 것이 다 떨어져서 굶주리게 되었던 것입니다. 그때 다윗은 한 소식을 듣게 됩니다. 그것은 가까운 마온이라는 곳에 아주 큰 부자가 살고 있는데, 오늘이 바로 이 부잣집의 양털을 깎는 날이라는 것이었습니다. 다윗은 희망을 가지고 열 명의 자기 부하를 뽑아서 이 부자 집에 고기와 음식을 좀 나누어달라고 부탁하러 보냈습니다.

> 25:2, "마온에 한 사람이 있는데 그의 생업이 갈멜에 있고 심히 부하여 양이 삼천 마리요 염소가 천 마리이므로 그가 갈멜에서 그의 양 털을 깎고 있었으니 그 사람의 이름은 나발이요 그의 아내의 이름은 아비가일이라 그 여자는 총명하고 용모가 아름다우나 남자는 완고하고 행실이 악하며 그는 갈렙 족속이었더라"

　그 부자는 양을 치고 있었는데 양이 삼천 마리나 되고 염소는 천 마리나 되었습니다. 그리고 양털을 깎는 날은 잔칫날이기 때문에 양이나 염소도 많이 잡고 일꾼들에게도 먹을 것을 실컷 주고 보너스도 나누어주는 날이었습니다. 이 뒤의 내용을 보면 이 당시에는 양 도둑들이 극성을 부리고 있었던 것을 알 수 있습니다. 그리고 양을 치다 보면 사자나 맹수에게 양이 잡혀가는 경우도 많이 있었던 것 같습니다. 그래서 양을 치는 사람은 아예 어느 정도는 도둑이 훔쳐가고 어느 정도는 맹수에게 물려 갈 것을 염두에 두고 양을 쳐야 했습니다.

그런데 다윗이 마온 가까이 있는 바람에 아예 양 도둑들이 그곳에 얼씬도 하지 않았습니다. 다윗이 워낙 정의롭고 남의 것을 훔치는 것을 봐주지 못하는 데다가 매일 밤낮 경비를 서고 있었기 때문입니다. 그 때문에 맹수조차도 부자 나발의 양떼와 염소떼는 건드리지 못했습니다. 그래서 나발은 평소 같으면 당연히 도둑이나 맹수 때문에 손해 볼 수밖에 없는 양들이 그대로 남아 있었던 것입니다.

그래서 다윗은 나발에게 그 이야기를 합니다. "우리가 여기에 있고 밤낮으로 자지 않고 보초를 서기 때문에 당신의 양떼나 염소떼가 덕 보는 것이 상당히 있다. 그것을 잃어버렸다 생각하고 우리가 이렇게 어려울 때 좀 도와주었으면 좋겠다"고 부탁한 것입니다.

그러나 나발은 굉장히 욕심이 많고 미련한 사람이었습니다. 그는 자기 양이나 염소가 어떻게 늘어나고 있는지 생각도 하지 않고 다윗에게 주는 것이 아까웠습니다. 그래서 나발은 아주 모욕적인 말로 다윗이 보낸 사람에게 대답했습니다. 나발은 갈렙 족속이라고 했는데 갈렙 족속이면 그 족속다운 맛이 있어야 하는데 그렇지 못했습니다. 이 사람은 혹시 다윗을 도왔다가 자기도 죽임당할지 모른다고 생각한 것 같습니다.

25:10-11, "나발이 다윗의 사환들에게 대답하여 이르되 다윗은 누구며 이새의 아들은 누구냐 요즈음에 각기 주인에게서 억지로 떠나는 종이 많도다 내가 어찌 내 떡과 물과 내 양 털 깎는 자를 위하여 잡은 고기를 가져다가 어디서 왔는지도 알지 못하는 자들에게 주겠느냐 한지라"

그래서 나발은 다윗이 도대체 누구이기에 내가 다윗에게 먹을 것을 주어야 하는가 비난하고, 요즘은 주인에게서 도망쳐서 떠돌아다니는 형편

없는 사람들이 많다고 하더라고 모욕하면서 다윗의 부하들을 쫓아버렸습니다. 그때 이것을 옆에서 보던 사람들도 굉장히 보기에 좋지 않았던 것 같습니다. 지금 여기서 다윗에게 먹을 것을 주었다고 해서 사울에게 신고할 사람도 없고, 다윗은 정말 자기들에게 보호막을 해준 고마운 사람인데 '알았다'고 하면서 몰래 먹을 것을 보내도 되는데, 나발은 지나치게 다윗의 자존심을 상하게 해서 부하들을 마치 구걸하러 온 자들처럼 쫓아버렸던 것입니다.

2. 다윗의 분노 폭발

어떤 좋지 않은 일이 일어나는 것을 보면 한두 가지 일이 겹칠 때 반드시 일어나게 됩니다. 예를 들어서 비행기 추락이나 배 침몰사고 같은 대형사건도 일어날 때 보면 대개 정비를 제대로 하지 않고, 운전하는 자들이 경험이 미숙하고 규정을 잘 지키지 않는 데다가 기상조건이 나쁘다든지 하여 몇 가지 나쁜 조건이 겹치게 된 것을 보게 됩니다. 요즘 우리나라에서 '블랙 아이스'라는 자동차 사고가 자주 일어나는 것을 보게 됩니다. 블랙 아이스는 아스팔트 위에 눈이나 물이 녹았다가 다시 어는 경우인데 색깔이 검은색이어서 눈에 잘 보이지 않는다는 것입니다. 그런 곳을 차가 속력 내서 달려오다가 브레이크를 잡으면 그대로 미끄러지면서 돌게 되는데 뒤에서 오던 차와 충돌해서 연쇄 추돌사고가 일어나게 되는 것입니다. 그래서 길의 특성을 잘 모르고 달리는 것도 사고의 원인이 됩니다.

보통 때 다윗 같으면 이 정도로 화가 나지는 않았을 것입니다. 하필이면 나발이 자기 손해 보는 것이 너무 아까워서 아주 모욕적인 말로 다윗을 욕하니까 다윗의 감정이 폭발하면서 불같이 화를 내게 되었던 것입니다. 그래서 그냥 욕만 하고 그쳐도 될 일을 참을 수 없게 되면서 전부 칼을 차게 해서 나발 식구나 일꾼을 다 죽이려고 출동하게 되었던 것입니다.

사람의 분노는 끓는 물과 같다고 생각하면 됩니다. 화가 나는데 그것을 참고 속에 두고 있으면 자기 속에서 홀랑 다 타게 됩니다. 그래서 결국 잠이 오지 않게 되고 우울증이 생기거나 심한 때는 돌연사가 일어나게 되는 것입니다. 사람이 스트레스를 받으면 혈관이 좁아지고 단단해지게 되는데 이때 심장이 충격받아서 돌연사할 수도 있고 혈액의 양이 너무 적어서 기력이 빠져버리면서 살 의욕을 잃게 됩니다. 이때 속에서 화가 화산같이 치밀어 오르면 자기도 견디지 못해서 극단적인 선택을 하게 되는 것입니다.

그렇다고 해서 화를 아랫사람이나 힘없는 사람에게 퍼붓게 되면 그 사람은 마음에 화상을 입게 되기 때문에 온몸이 아프게 됩니다. 그래서 오늘날은 화를 참지 않고 오히려 적대감을 극대화시키는 시대이기 때문에 죽지 않도록 조심해야 합니다. 다윗은 사울에게 쫓기느라고 스트레스를 받고 있었고 거기에다가 사무엘이 죽어서 맥이 다 빠져 있는데, 나발이 눈치도 없이 온갖 못된 말로 다윗을 격동시키니까 마침내 그 분노가 폭발해버렸던 것입니다. 그래서 다윗은 그 분노를 참지 못해서 나발 편에 있는 자들을 다 죽이려고 무장을 하고 출동했습니다. 나발이 한 말을 다시 보겠습니다.

25:10-11, "나발이 다윗의 사환들에게 대답하여 이르되 다윗은 누구며 이새의 아들은 누구냐 요즈음에 각기 주인에게서 억지로 떠나는 종이 많도다 .내가 어찌 내 떡과 물과 내 양 털 깎는 자를 위하여 잡은 고기를 가져다가 어디서 왔는지도 알지 못하는 자들에게 주겠느냐 한지라"

사실 말만 보면 점잖은 것 같지만 실제 상황 속에서 들으면 굉장히 굴욕적인 말입니다. 다윗은 나발의 말을 전해 듣고 참을 수 없는 분노가 폭발을 해버렸습니다.

25:12-13, "이에 다윗의 소년들이 돌아서 자기 길로 행하여 돌아와 이 모든

말을 그에게 전하매 다윗이 자기 사람들에게 이르되 너희는 각기 칼을 차라 하니 각기 칼을 차매 다윗도 자기 칼을 차고 사백 명 가량은 데리고 올라가고 이백 명은 소유물 곁에 있게 하니라"

다윗이 얼마나 화가 났던지 내일 아침까지 나발의 사람들을 한 사람도 살리지 않겠다고 맹세까지 합니다.

25:21-22, "다윗이 이미 말하기를 내가 이 자의 소유물을 광야에서 지켜 그 모든 것을 하나도 손실이 없게 한 것이 진실로 허사라 그가 악으로 나의 선을 갚는도다 내가 그에게 속한 모든 남자 가운데 한 사람이라도 아침까지 남겨 두면 하나님은 다윗에게 벌을 내리시고 또 내리시기를 원하노라 하였더라"

다윗의 분노는 살인을 맹세하게 했습니다. 물론 이 배후에는 다윗을 충동질해서 살인하게 하려는 사탄의 충동질이 있었습니다.

그래서 하나님의 백성은 이런 분노가 나오면 자가 치료를 해야 합니다. 그것은 일단 아무도 없는 조용한 곳에서 두 시간 정도 걷는 것입니다. 그러면 처음에는 입에서 욕이 쏟아져 나오다가 두 시간쯤 지나면 성령이 역사하시면서 자기 눈에 눈물이 나오고 인간의 연약함을 이해하게 됩니다. 그리고 자기가 행복한 사람이라는 것을 설득시켜야 합니다. 그렇게 하지 않고 참으면 마음에 병이 생기게 됩니다. 그리고는 행복하지 않을 뿐 아니라 속에서부터 분노의 폭풍이 불게 되면 감정을 통제하기가 어려워지게 됩니다. 그래서 할 수 있는 대로 사람 만나는 것을 피해야 합니다. 그리고 이것이 병으로 발전하면 거기에 맞는 약을 먹어야 합니다. 그러나 몸이 좀 좋아지는 것 같아서 약을 끊거나 스트레스를 받으면 다시 원점으로 돌아가려고 하게 됩니다. 요즘은 이 병이 암이나 자살이나 돌연사나 모든 병의 원인이 됩니다.

3. 아비가일의 지혜

　나발이 다윗의 부하들을 마치 주인에게 도망쳐 나와서 여기저기 다니면서 남의 것이나 뜯어내는 놈팡이로 취급했을 때, 이 말에 당황한 사람들은 나발의 집에서 일하던 하인들이었습니다. 왜냐하면 대개 사람들은 다윗이 이스라엘의 영웅임을 알고, 그가 그렇게 잘못 행동하는 사람이 아니라는 것을 다 알고 있었기 때문입니다. 뿐만 아니라 다윗은 자존심이 강한 사람이어서 나발의 이런 소리를 들으면 가만히 있지 않을 것 알았습니다. 누가 들어도 그런 소리를 들으면 가만히 있지 못할 정도로 다윗을 모욕했기 때문입니다.

　그런데 나발의 하인들은 그렇게 어리석은 사람들이 아니었습니다. 이 사람들은 이대로 양털이나 깎고 음식이나 먹으면 반드시 무슨 일이 터질 것만 같았습니다. 그래서 나발의 하인 중에 어떤 사람이 아주 빨리 뛰어서 나발의 아내 아비가일에게 갔습니다. 왜냐하면 나발은 이야기가 안 되는 사람이지만 그의 아내는 남편과 반대로 머리가 잘 돌아가고 똑똑하면서도 현명한 여자였기 때문입니다.

　아마 아비가일은 결혼을 해도 너무 잘못한 것 같습니다. 부모는 나발이 돈만 많은 것을 보고 딸을 결혼시킨 것 같습니다. 아비가일은 말이 통하지 않는 미련한 사람과 같이 살아야 했습니다. 그런데 나발의 종이 헐레벌떡 집으로 뛰어오면서 큰일이 났다고 했습니다. 그것은 다윗이 가까운 곳에 있기 때문에 우리가 양도둑도 맞지 않고 염소도 맹수에게 물려가지 않은 것에 대해 우리가 찾아가서 다윗에게 우리를 지켜주어서 고맙다고 해야 하는데, 모처럼 다윗이 당신 남편에게 도움을 청했는데 너무나도 모욕적으로 대답하여 빈손으로 돌려보냈다는 것입니다. 아무래도 오늘 밤에 무슨 일이 일어날 것 같으니까 당신이라도 결단을 내리셔야 할 것 같다고 했습니다.

　25:17하, "주인은 불량한 사람이라 더불어 말할 수 없나이다 하는지라"

이때 아비가일은 남편이 얼마나 미련하게 행동을 했는지 직감했습니다. 그래서 아비가일은 즉시 행동에 옮겼습니다. 다른 것은 준비하는 데 시간이 걸리니까 일단 준비한 것을 전부 다 싸라고 했습니다.

> 25:18, "아비가일이 급히 떡 이백 덩이와 포도주 두 가죽 부대와 잡아서 요리한 양 다섯 마리와 볶은 곡식 다섯 세아와 건포도 백 송이와 무화과 뭉치 이백 개를 가져다가 나귀들에게 싣고"

이것을 보면 아비가일이 얼마나 현실 판단이 빠른지 알 수 있습니다. 아비가일은 다윗의 분노를 누그러뜨리려 재물을 아끼지 않았습니다. 그리고 즉시 하인들을 다윗이 있는 곳에 먼저 보내고 자기도 다윗을 만나려고 가는데, 다윗이 벌써 칼을 차고 내려오고 있었습니다. 만약 이때 아비가일이 남편의 허락을 받는다고 시간을 허비하고 해야 할지 말아야 할지 허둥댔다가는 다 죽었을 것입니다.

다윗의 분노는 쓰나미같이 밀려오고 있었습니다. 아비가일은 다윗을 보고 얼른 나귀에서 내려서 땅에 엎드려 절을 하고 여종의 말 한마디만 들어달라고 간청했습니다. 아마 다윗은 음식 실은 나귀를 보고도 화가 풀리지 않았을 것입니다. 그러나 아름다운 여인이 엎드려서 한마디만 들어달라고 하니까 잠깐 멈추었습니다. 그러면서 그 여인은 "내 주 다윗은 불량한 사람의 말에 신경을 쓰시지 말라"고 말했습니다. 그의 이름이 나발인데 같이 살아보니까 꼭 이름 그대로라고 했습니다. 나발의 뜻은 '바보'라는 뜻이었습니다. 그런데 나발은 그냥 바보가 아니라 악한 바보였습니다. 그리고 하나님이 자기를 보내어 내 주 다윗이 쓸데없이 피를 흘리는 것을 막으시기 원한다고 했습니다.

그리고 아비가일은 다윗에게 세 가지 말을 했습니다. 그 첫 번째는 다윗의 싸움은 하나님의 싸움을 싸우고 있다는 것이었습니다. 다윗은 의로운 전쟁을 하고 있다는 것입니다. 그리고 두 번째로 다윗의 생명은 하나님의 생명싸개로 싸여 있어서 아무도 해칠 수 없다고 했습니다. 다윗은 하나님의 생명 케이스에 든 사람이기 때문에 절대로 아무도 흠이 생기게 할 수 없다고 했습니다. 그리고 세 번째로 장차 하나님이 다윗을 이스라엘의 지도자로 세우실 텐데 오늘 쓸데없는 피를 흘리면 반드시 후회하시게 될 것이라고 했습니다. 즉 지도자는 흠이 없어야 합니다. 그런데 앞으로 귀하게 될 사람이 쓸데없이 죄를 지으면 나중에 큰 수치가 된다는 것입니다.

다윗은 아비가일의 이 말을 듣고 더 이상 할 말이 없었습니다. 왜냐하면 그 말 전부가 하나님의 말씀이었기 때문입니다. 다윗은 네가 피를 흘리는 것을 막았다고 하면서 나는 조금 전에 전부 다 죽이는 맹세를 했었다고 하면서 그녀에게 평안히 돌아가라고 했습니다.

그날 저녁 이런 위급한 일이 있었는지도 모르고 나발은 왕과 같은 식사를 하고 술에 취해 있었습니다. 그날 아비가일은 아무 말도 하지 않았습니다. 그리고 그다음 날 나발이 술에서 깼을 때 어제 다윗이 모두 다 죽이려고 출동한 것을 아느냐고 말했습니다. 그때 나발은 너무 충격받아서 몸이 돌같이 되었다고 했습니다. 그리고 열흘 후에 하나님이 치셔서 죽었습니다. 나발이 돌연사한 것입니다. 즉 다윗의 분노는 살인으로 연결되지 않고 나발의 쇼크사로 나타나게 되었습니다.

오늘 이 세상은 너무나도 화나게 하는 세상입니다. 우리가 하나님의 말씀을 듣고 잘 해석해서 피나 분노가 끓지 않기를 바랍니다. 그리고 어떻게 해서든지 모든 일에 혈기가 폭발하지 않도록 미리 조심하는 성도들이 다 되시기 바랍니다.

40

두 번째 사울을 살려줌

삼상 26:1-25

한때 우리나라 강남에 유명한 도둑이 있었습니다. 이 사람이 얼마나 유명한 도둑이었는가 하면 강남에 있는 부잣집 중에서 이 사람에게 털리지 않은 집이 없을 정도였습니다. 그런데 이 사람이 붙잡히고 난 후에 회심해서 신학을 공부했습니다. 그래서 목사가 되어 이 교회 저 교회를 다니면서 간증했습니다. 사람들은 도둑이 변화되어 복음을 전한다고 아주 기뻐하고 좋아했습니다. 그런데 얼마 지나지 않아서 그는 또 도둑질하다가 붙잡혔습니다. 그는 도둑질하는 것이 아예 몸에 배여 있어서 남의 집이나 물건을 보면 훔치지 않고는 그냥 지나칠 수 없었던 것입니다. 그는 다시 교도소에 들어가서 비참하게 살았습니다.

 어떤 청년은 고등학교 다닐 때 오래 중이염을 앓는 바람에 귀의 달팽이관이 녹아버려서 귀 수술까지 받았다고 합니다. 그 청년은 남들이 하는 말을 한쪽 귀로만 들었으므로 그의 이름을 부르거나 무슨 말을 해도 못 들은 것처럼 행동했습니다. 한쪽 귀로는 잘 들리지 않았기 때문입니다. 사람들은 그 청년이 오만하다고 오해하기도 했습니다. 그런데 나중에 귀

수술을 했다는 사실을 알고나서는 모두 이해하게 되었습니다. 그러나 그 청년은 직장생활하면서 스트레스를 많이 받으니까 또 다시 귀에 병이 재발해서 병원에 다니고 있다고 합니다. 사람의 병에는 재발이라는 것이 있습니다. 수술을 받거나 약을 먹고 치료가 된 줄 알았는데 다시 그 병이 도지게 되면 재발을 한 것이고 병이 더 악화되어 나타날 때가 많습니다.

때로는 미움의 재발도 있을 수 있습니다. 사람의 미움이 마음에 얼마나 좋지 않은 영향을 미치는가 하면, 어떤 때는 상대방이 죽든지 아니면 자기가 죽었으면 좋겠다고 생각할 때가 있습니다. 심지어는 미워하는 사람과 같은 하늘 아래서 살아있다는 사실 자체가 견딜 수 없을 때가 있습니다. 그런데 우리는 크리스천이라고 하면서도 이런 미운 사람들 때문에 괴로움을 느낄 때가 많이 있습니다. 그런데 미워하는 사람이 친척이나 직장의 상사, 또는 같은 교인이기 때문에 보지 않을 수 없는 관계라면 더 괴로울 것입니다.

다윗은 사울에게 이유 없이 계속 쫓겨 다니다가 한 체험을 하게 되었습니다. 그것은 바로 '셀라하마느곳'이라는 장소의 체험이었는데 사울이 다윗을 거의 붙잡게 되었는데, 갑자기 블레셋이 이스라엘을 쳐들어왔다는 소식을 듣고 돌아가게 된 것이었습니다. 다윗은 이것을 우연히 일어난 일이라고 생각하지 않았습니다. 이것은 하나님께서 일으키신 일이고 이제부터는 절대로 사울이 자기를 이길 수 없다고 확신했습니다. 그런데 실제로 그렇게 되었습니다. 사울은 다시 다윗을 잡으러 왔지만 다윗이 숨어있던 굴 안에 들어와서 잠을 자는 바람에 그의 옷자락이 다윗의 칼에 베이게 되었습니다. 다윗은 얼마든지 사울을 죽일 수 있었지만 그의 옷자락만 베고 그를 죽이지 않았습니다. 왜냐하면 이제는 하나님이 자기를 지켜주신다는 확신이 있었기 때문입니다.

그리고 사울은 상당한 기간 잠잠했습니다. 사울은 더 이상 다윗을 추격하지 않았습니다. 그리고 지난번에 사울은 다윗이 자기를 살려주었을 때 다시는 다윗을 추격하지 않겠다고 맹세까지 했습니다. 그런데 아마 이때 다윗이 완전히 방심하고 긴장을 풀어버렸다면 얼마 후에 사울의 의심이 재발했을 때 죽었을지도 모릅니다. 어느 정도 시간이 지난 후 다윗에 대한 사울의 미움이 재발했습니다. 그래서 사울은 다시 몰래 다윗을 죽이려고 군대를 몰고 추격해 왔습니다. 그런데 다윗은 언제나 긴장의 끈을 놓지 않고 있었기 때문에 사울이 찾으러 오지 않겠다고 맹세까지 하고도 또 잡으러 온 것을 알았습니다.

1. 사울의 의심 재발

사울 왕이 다윗을 잡으러 갔다가 도리어 자기가 죽을 뻔했다면 이제는 더 이상 다윗을 잡으러 갈 것이 아니라 나라를 튼튼히 하고 블레셋의 공격에 대비했어야 할 것입니다. 그러나 사울의 마음속에는 다윗에 대한 의심이 없어지지 않았습니다. 즉 사울은 자기가 블레셋과 싸우러 갈 때 다윗이 뒤에서 자기를 칠지도 모른다는 의심이 있었던 것입니다. 이렇게 사울 왕의 마음속에는 늘 다윗에 대한 의심이 있었기 때문에 이럴 수도 없고 저럴 수도 없는 형편이었습니다. 그때 또 십 사람들이 와서 사울의 누그러져 있던 마음속에 의심의 불을 붙였습니다. 그것은 다윗이 하길라 산에 숨어있다는 것이었습니다.

> 26:1-2, "십 사람이 기브아에 와서 사울에게 말하여 이르되 다윗이 광야 앞 하길라 산에 숨지 아니하였나이까 하매 사울이 일어나 십 광야에서 다윗을 찾으려고 이스라엘에서 택한 사람 삼천 명과 함께 십 광야로 내려가서"

사울은 지난번에 다윗이 숨어있던 굴에 들어가서 잠을 자다가 죽을 뻔하였는데 왜 또 다윗을 잡으려 출동을 했을까요? 가장 중요한 이유가 사울은 지난번에 죽을 뻔했다가 살아난 것을 하나님이 하셨다고 생각하지 않았기 때문입니다. 사울은 그것을 '우연'이라고 생각했습니다. 사울은 아무리 생각을 해봐도 자기가 다윗을 잡지 못할 이유가 없었습니다. 왜냐하면 다윗의 무리는 제대로 무장이 된 사람들도 아니었고 거기에는 여자도 있고 어린아이도 있기 때문에 정예부대가 잡으러 가면 틀림없이 잡을 수 있다고 생각했던 것입니다. 그런데 이상하게 블레셋 군대가 쳐들어오고, 또 너무 잠이 와서 들어가 자는 바람에 죽을 뻔했다고 생각했던 것입니다.

그러나 그런 일이 두 번이나 일어났던 것은 결코 우연이 아니었습니다. 그것은 바로 하나님께서 하신 일이었습니다. 특히 사울 왕이 다윗을 거의 잡을 뻔했는데 블레셋이 쳐들어온 것은 하나님께서 그렇게 하신 것이었습니다. 그리고 사울 왕이 다윗이 숨어있는지도 모르고 그 굴속에 들어가서 잠을 청한 것은 자기는 죽은 목숨과 같은 것이라는 뜻입니다. 사람이 아무리 똑똑하고 유능하다 하더라도 전혀 자기를 지킬 수 없는 시간이 있습니다. 바로 잠을 자는 시간입니다. 아무리 자지 않으려고 해도 깜빡하고 잠을 자는 시간이 있는데 그때 누가 와서 죽여도 모르고 불이 나도 모르는 것입니다. 하나님은 사울에게 그가 다윗과 그의 부하들이 다 보고 있는 앞에서 잠을 자게 하심으로 '너는 죽은 목숨이다' 라는 것을 가르쳐주셨습니다.

사울이 계속적으로 자기는 죽었다는 것을 생각했더라면 다윗에 대한 의심도 적어졌을 것이고 정신적인 질병도 고칠 수 있었을 것입니다. 그런데 사울 왕은 그것을 '우연' 이라고 생각했습니다. 왜 하필이면 내가 그 굴을 철저하게 조사하지 않고 그 안에 들어가서 자는 바람에 이런 망신을 당했을까라고 생각하니까 정말 너무나도 억울했던 것입니다. 그런데 사울이 정신을 바짝 차리고 '다윗을 의심하지 말자' 라고 생각했었더라면 십 사람들이 와서 다윗이 어디에 숨었다고 밀고해도 '다윗의 문제는 그냥 내버려 두라' 고 할 수 있었을 것입니다.

그리고 또 하나의 문제는 사울은 이스라엘을 자기 나라라고 생각하고 있었다는 것입니다. 이 나라는 내 나라이므로 다윗을 가장 강력한 경쟁자로 보였던 것입니다. 그래서 사울 왕은 다윗만 죽이면 이 나라는 얼마든지 요나단에게 물려줄 수 있고 두고두고 자기 자손들이 이 나라의 왕으로 다스리게 될 것입니다. 그런데 이것은 말도 되지 않는 사울의 욕심이었습니다. 왜냐하면 이스라엘은 하나님의 나라였고 사울은 왕이라고 하지만 사실은 하나님 나라의 집사에 불과했기 때문입니다. 만약 사울이 '이스라엘은 하나님의 나라다. 내가 언제까지나 왕으로 있어야 할 이유는 없다. 더욱이 이스라엘을 내 아들에게 물려준다는 것은 말도 되지 않는 것이다. 그것은 하나님께서 결정할 문제이다' 라고 생각했더라면 아무 죄도 없는 다윗을 죽이려고 따라 다닐 필요가 없었을 것입니다.

그런데 사람이 나이가 들면 미래에 대하여 굉장히 걱정을 많이 하게 됩니다. 그래서 자기 아들의 미래나 자기 기업의 미래에 대하여 엄청나게 집착하게 되는 것입니다. 그리고 자기 자신도 할 수만 있으면 오래 살고 오래 오래 자리를 지키고 싶은 욕심이 들게 되는 것입니다.

이것은 교회도 마찬가지입니다. 대개 교회를 개척해서 크게 성장시킨 분이거나 혹은 자기가 와서 교회를 크게 일으킨 분들의 공통된 특징은 그 교회를 남에게 줄 수 없다는 것입니다. 교회가 크고 교회에 나오는 사람들 한 명 한 명도 너무 사랑하면 남에게 물려 줄 수 없는 것입니다. 다른 사람에게 물려주는 순간 자기나 자기 자식들은 거기서 쫓겨나서 갈 데가 없어지기 때문입니다. 그래서 남들이 뭐라고 하든지 간에 거기에 붙어 있으려고 하고 나중에는 무리해서 능력도 안 되는 자기 아들에게 그 교회를 물려주게 되는 것입니다. 그런데 지금은 워낙 교인들이 똑똑하고 사회에서 교회를 보는 눈이 비판적이기 때문에 그런 일을 하면 교회가 엄청나게 욕을 먹게 됩니다. 그러나 본인은 남들이 아무리 욕을 해도 귀에 들리지 않는 것입니다.

그러나 이 세상에 내 것이라고는 아무것도 없습니다. 우리는 언젠가는 떠나야 하고 언젠가는 죽어야 할 사람들입니다. 죽으면 이 세상에 있는 것들은 나와는 아무 상관이 없는 것이 됩니다. 물론 나라를 크게 키우고 발전시키면 사람들에게는 큰 도움이 될 것입니다. 그러나 하나님의 나라는 무조건 크게 하거나 발전시킨다고 해서 잘하는 것이 아닙니다. 교회에는 말씀 속에 보석이 있고 부흥이 축복이기 때문에 그것을 줄 수 있어야 합니다. 그리고 그것을 다 캐내었을 때는 이미 힘이 다 빠지고 기운이 없어져서 죽을 때가 되는 것입니다. 우리는 더 좋은 것을 더 많이 가지려고 하는 욕심을 이겨야 합니다. 그냥 오늘 살아있는 것만 해도 대단한 복인 것을 알고 감사해야 합니다.

2. 다윗의 대담성

다윗은 아무리 사울이 자기를 쫓지 않겠다고 울면서 맹세했지만 그는 사람의 마음이란 언제든지 변할 수 있다는 것을 잘 알았습니다. 옛날에 다윗은 사울을 철저하게 믿었습니다. 그러다가 몇 번이나 죽을 뻔했습니다. 그러나 이제 다윗은 현실을 알고 난 후에는 사람을 믿지 않고 언제나 경계의 태세를 늦추지 않고 있었습니다. 그랬더니 아니나 다를까 사울은 몰래 또 삼천 명의 정예부대를 끌고 다윗을 잡으러 내려온 것입니다.

26:4-5, "이에 다윗이 정탐꾼을 보내어 사울이 과연 이른 줄 알고 다윗이 일어나 사울이 진 친 곳에 이르러 사울과 넬의 아들 군사령관 아브넬이 머무는 곳을 본즉 사울이 진영 가운데에 누웠고 백성은 그를 둘러 진 쳤더라"

다윗은 사울이 있는 기브아에서 광야에 오는 길 구석구석에 파수꾼을 세워놓았습니다. 그래서 다윗은 사울이 자기를 잡으러 오는 것을 미리 알 수 있었습니다. 그리고 밤이 되었을 때 다윗은 캄캄할 때 살그머니 사울의 진영에 가서 직접 자기 눈으로 정탐했습니다. 사울의 진영에는 불을 피워놓았기 때문에 어디에 왕이 있고 어디에 장군이 있고 어디에 군인이 있는지 볼 수 있었습니다. 아마도 사울의 군대는 빨리 행동하기 위해 길에서 장막을 치고 전 부대원이 불을 피워놓고 노숙하고 있었던 것 같습니다. 이번에는 사울 왕이 맨 가운데 눕고 그 옆에 군사령관 아브넬이 누워 자고 그리고 완전히 왕을 둘러서 삼천 명의 군인이 열을 맞추어서 잠을 자고 있었습니다.

이때 다윗의 마음속에는 계속 이런 식으로 도망 다닐 것이 아니라 내가 직접 사울의 진영 안에 들어가서 담판을 지어야겠다는 생각이 들었습니다. 그래서 다윗은 자기 부하에게 내가 사울의 진영에 들어갈 텐데 누가 나와 함께 가겠느냐고 물었습니다. 그랬더니 역시 용감한 아비새가 자기가 왕을 수행해서 들어가겠다고 했습니다. 그래서 다윗은 아비새와 함께 몰래 일어나서 사울의 진영으로 살금살금 들어갔습니다. 다윗은 드디어 소리를 내지 않고 사울에게까지 접근하는 데 성공했는데 보니까 사울의 머리 옆에 그가 늘 쓰던 창이 땅에 꽂혀 있고 그 옆에 장수 중의 장수인 아브넬이 누워 자고 있었고 모든 군인이 사울을 뺑 둘러서 모두 잠을 자고 있었습니다.

이때 아비새가 "지금이 바로 하나님이 주신 찬스입니다. 저에게 사울을 찌르게 해 주십시오. 단 한방이면 사울을 죽일 수 있습니다."라고 말했습니다. 그러나 다윗은 자신의 결심을 지키며 "나는 절대로 하나님이 기름 부으신 사람을 내 손으로 죽이지 않겠다."고 했습니다. 그리고 다윗은 몰래 사울의 창을 땅에서 뽑고 그 옆에 있는 물병을 들었습니다. 그러면서 다윗은 아비새에게 "하나님이 기름 부으신 왕을 죽이면 하나님 앞에 죄가 된다. 하나님이 그를 죽이시려고 하면 전쟁터에서 죽든지 아니면 내전으로 죽든지 할 텐데 내가 무엇 때문에 조금 빨리 왕이 되려고 내 손으로 하나님께서 기름 부은 왕을 죽이겠느냐?"고 했습니다.

그런데 다윗은 어떻게 해서 많은 군인이 자는 곳에 들어가려는 무모한 짓을 했을까요? 아마도 다윗에게는 무조건 피하거나 도망칠 것이 아니라 적의 심장 한가운데 들어가도 하나님은 무슨 수를 써서라고 자기를 지켜 주실 것이라는 믿음이 생겼던 것입니다. 즉 다윗은 셀라하마느곳에서 사울이 돌아간 일이나 들염소바위 굴에서 사울이 잠을 잔 것은 우연이라고 생각하지 않았던 것입니다. 하나님은 이 두 사건을 통해서 다윗의 생명을 책임지고 계시며 다윗에게 이미 사울을 이겼다는 확신을 주신 것입니다. 다윗은 그렇다면 내가 사울의 진영에 들어가더라도 아무도 나를 해치지 못할 것이라는 자신감이 생겼던 것입니다. 그래서 우리는 어떤 좋은 신앙의 체험을 하면 그것을 가지고 미래의 일에 담대하게 적용할 필요가 있습니다. 그리고 다윗은 이미 사울을 이겼는데 그를 죽일 필요가 없었던 것입니다. 어떤 사람은 너무 모든 것을 확실히 하려고 이미 사회적으로 죽은 사람을 또 죽이고 또 죽이고 나중에는 생명까지 해치려고 하는데 그럴 필요가 없는 것입니다.

그런데 놀라운 것은 다윗과 아비새가 노숙하고 있는 사울에게 가서 땅에 꽂혀 있는 창을 빼오고 물병을 들고 나오는데 눈치를 채거나 깨어 있는 사람이 한 명도 없었다는 것입니다. 그 이유는 하나님이 그 모든 군인을 잠들게 하셨기 때문입니다.

26:12, "다윗이 사울의 머리 곁에서 창과 물병을 가지고 떠나가되 아무도 보거나 눈치 채지 못하고 깨어 있는 사람도 없었으니 이는 여호와께서 그들을 깊이 잠들게 하셨으므로 그들이 다 잠들어 있었기 때문이었더라"

하나님은 늘 똑같은 방법으로 적을 공격하는 일은 없으십니다. 그래서 하나님은 어느 누구도 생각할 수 없는 새로운 방법을 사용하십니다. 하나님이 이번에 사용하신 방법은 모두를 잠자게 하는 것이었습니다. 하나님은 사울 왕과 아브넬과 삼천 명의 이스라엘 군인 모두를 잠들게 하셨습니다. 거기에는 보초도 있었고 심부름꾼도 있었고 식당에서 일하는 사람도 있었고 말도 있었고 개도 있었을 텐데 전부 잠들었습니다. 왜냐하면 하나님께서 전부 잠들게 하셨기 때문입니다. 좌우간 이번에도 사울의 군대는 완전히 패배한 것이었습니다.

3. 이스라엘을 깨우는 다윗

다윗은 아비새를 데리고 창과 물병을 가지고 건너편 산으로 갔습니다.

그리고 거기서 다윗은 사울 왕과 아브넬과 이스라엘 군대를 깨웠습니다.
　그는 가장 먼저 왕의 경호실장격인 아브넬을 깨우면서 너는 죽어야 한다고 했습니다. 왜냐하면 오늘 밤에 왕을 죽일 수도 있는 암살자가 왕에게 갔는데 그 옆에서 왕을 지키지 못하고 잠을 자고 있었기 때문입니다. "너는 용사이고 이스라엘에 너같이 싸움을 잘하는 자가 없는데 오늘 하나님의 기름 부음 받은 왕을 지키지 못하고 잠을 잤으니 너는 죽어야 한다."고 했습니다. 그때 사울 왕과 모든 이스라엘 군인이 다 잠을 깨게 되었습니다. 다윗은 아브넬에게 왕의 창과 왕의 물병이 어디 있는지 찾아보라고 했습니다. 왕의 곁에 있어야 할 창과 물병을 뺏긴 것은 왕의 머리를 뺏긴 것과 같습니다.
　사실 다윗은 이스라엘의 잠을 깨우는 사람이었습니다. 자기 자신은 메추라기나 벼룩 같은 존재에 불과한데, 이스라엘 왕이 왜 삼천 명이나 되는 군인을 데리고 이런 쓸모없는 일에 시간과 정력을 허비하느냐고 책망하는 것입니다. 오늘 우리나라도 영적인 잠을 깨우는 사람이 필요합니다. 우리는 도대체 무엇을 위해서 그렇게 열심히 싸우며 서로 미워하고 욕하는지 알 필요가 있는 것입니다.

　26:17, "사울이 다윗의 음성을 알아 듣고 이르되 내 아들 다윗아 이것이 네 음성이냐 하는지라 다윗이 이르되 내 주 왕이여 내 음성이니이다 하고"

　사울은 드디어 다윗의 목소리를 알아들었습니다. 그래서 사울은 먼 데 소리 들리는 곳을 향해서 "이것이 내 아들 다윗의 음성이냐?"고 물었습니다. 아마 사울은 이번에는 진심으로 부끄러웠을 것입니다.
　다윗은 사울 왕을 책망하면서 저를 이스라엘에서 쫓아내는 것은 결국 성전에 들어가지 못하게 하는 것이고, 저로 하여금 이방신을 섬기라는 뜻인데 과연 이것이 하나님의 뜻이겠느냐고 물어보았습니다. 왕은 진실로 메추라기나 벼룩을 쫓는 것같이 쓸데없는 일을 하고 있다고 책망했습니다. 사울은 네가 내 생명을 귀하게 생각한 것 같이 내가 다시는 네 생명을 해치려고 쫓아오지 않겠다고 했습니다. 그리고 이 말은 사실이 되었습니다. 왜냐하면 다윗이 더 이상 사울을 견디지 못해서 블레셋으로 떠나버렸기 때문입니다.

  다윗은 사울 왕에게 소년을 보내어 창과 물병을 가져가시라고 했습니다. 그리고 내가 손을 들어 하나님의 기름 부음을 받은 왕의 목숨을 해치지 않았기 때문에 하나님께서 알아서 왕을 치시겠지만 하나님은 내 생명을 소중하게 생각하실 것이라고 했습니다. 사울은 다윗에게 네가 큰일을 할 것이라고 하면서 반드시 승리를 얻을 것이라고 말했습니다. 이것은 원수의 눈으로 보아도 다윗은 정말 그릇이 큰 사람이었기 때문입니다. 그리고 그 이후 다윗과 사울은 완전히 헤어지게 됩니다.

  우리도 하나님이 우리에게 주신 작은 표적들을 통해서 미래에 대한 두려움을 이기고 더 담대한 신앙인이 되시기 바랍니다.

41

다윗의 망명

삼상 27:1-12

사람이 정해진 집이나 직장이 없이 떠돌이 생활하는 것은 참으로 피곤하고 괴로운 일입니다. 그러나 옛날 가난한 시절에는 먼 곳에 가서 일을 해주고 곡식이나 돈을 받아와야 가족을 먹여 살릴 수 있는 아버지나 일꾼들이 많았습니다. 우리나라에도 요즘 외국인 노동자들이 많이 들어와 있습니다. 그들은 자기 나라에 직장이 없으므로 한국에 와서 열심히 돈을 벌어서 자기 나라에 있는 가족에게 보내는 것입니다. 그런데 한국의 고용인 중에는 마음씨가 좋은 사람도 있지만 성질이 고약해서 외국인 노동자를 아주 괴롭게 하거나 임금을 제대로 주지 않는 사람들도 많이 있다고 합니다.

　그러나 이 세상에서 가장 비참한 일은 나라가 망해서 외국을 돌아다녀야 하거나 혹은 죄를 지어서 다른 나라로 도망을 치는 경우일 것입니다. 일제 강점기에 우리나라 어느 시인은 '빼앗긴 들에도 봄은 오는가?'라는 시를 썼습니다. 이 한 마디가 그 당시 나라를 잃었던 한국 젊은이의 마음을 대변해주고 있는 것입니다. 그런데 죄를 지어서 외국으로 가는 배를 타고 밀항해서 외국에서 막노동을 해서 살거나 혹은 빚을 갚지 못해서 외국으로 도망쳐서 인생 밑바닥에서 살아야 하는 사람이 있다면 그의 마음은 늘 편하지 못할 것입니다.

하나님은 우리에게 아무것도 염려하지 말고 오직 그의 나라와 그의 의를 구하면 하나님께서 모든 것을 더하여 주신다고 약속하셨는데, 실제로 이 세상에서 믿음으로 살다 보면 도저히 살길이 보이지 않을 때가 있습니다. 어떤 때는 집값이 너무 무섭게 오르지만 자기도 모르게 달동네 외에는 내가 살 집이 없고, 어떤 때는 먹고 살 끼니조차 없어서 끼니 걱정을 해야 할 때도 있습니다.

우리가 알아야 할 것은 도저히 살길이 보이지 않을 때는 고난이 거의 끝나갈 때라는 것입니다. 이제 끝이 거의 멀지 않았습니다. 그러나 우리에게는 숨을 쉴 수 없을 정도로 답답하고 죽을 것 같고 미칠 것 같습니다. 그때는 무슨 생각 같은 것을 하면 안 됩니다. 정신없이 참고 견디면 새로운 길이 생기는 것입니다.

1. 다윗의 생각

다윗은 아둘람 굴에 숨어있다가 갓 선지자가 유다 땅으로 들어가라고 야단치는 바람에 유다에 들어갔다가 사울에게 엄청나게 쫓겨 다니게 되었습니다. 다윗은 처음에는 그일라 사람이 블레셋 사람들에게 약탈당할 때 도와주기까지 했습니다. 그러나 십 사람들이 다윗을 배신하여 계속 다윗이 숨어 지내는 정보를 사울에게 알려주는 바람에 다윗은 사울에게 엄청나게 쫓기게 되었던 것입니다. 그러는 가운데 다윗은 한 가지 특별한 체험을 하게 되었습니다. 그것은 바로 '셀라하마느곳'이라는 바위의 체험이었습니다. 즉 다윗은 사울에게 거의 잡힐 뻔하였는데 갑자기 블레셋 군대가 쳐들어오는 바람에 사울이 돌아간 체험이었습니다. 이 일을 하신 분은 바로 하나님이셨습니다. 하나님은 다윗에게 사울이 아무리 너를 죽이려 해도 너를 죽일 수 없다는 경계선이 있다는 것을 보여주신 것이었습니다. 그 후에 다윗은 자기를 잡으러 온 사울을 두 번이나 살려주었습니다.

그런데 다윗의 마음속에는 '내가 이렇게 유다에 남아있는 한 언젠가는 사울이 기습 공격해서 나를 잡아 죽이고야 말 것이다' 라는 의심이 들게 되었습니다. 다윗은 두 번이나 사울을 살려준 체험을 통해서 앞으로 세 번 네 번 사울이 나를 죽이러 와도 그때마다 하나님은 나를 사울의 손에서 건지실 것이라는 믿음을 가질 수 있었을 것입니다. 특히 아비가일은 다윗이 쓸데없이 나발을 죽이려고 했을 때 "내 주의 생명은 하나님의 생명싸개에 싸여 있어서 아무도 건드릴 수 없습니다"라는 말을 해주기까지 했습니다.

다윗은 사울이 두 번이나 자기를 잡으러 왔지만 하나님께서는 기가 막힌 방법으로 오히려 사울을 다윗의 손에 걸려들게 하셨습니다. 한번은 굴속에 들어와서 잠을 자게 하고, 한번은 사울의 진영에 잠자는 영이 들어와서 다윗이 사울을 죽이려고 했다면 얼마든지 죽일 수 있었던 것입니다. 그런데 다윗은 하나님의 말씀을 믿고 하나님의 기름 부음을 받은 자 사울을 죽이지 않고 그냥 살려 보냈습니다. 그러나 그 후에 다윗에게 인간적인 생각이 들면서 한두 번은 요행이 일어날 수 있지만 사울이 집요하게 추격하면 언젠가는 잡혀 죽을 것이라는 의심이 들었던 것입니다.

27:1, "다윗이 그 마음에 생각하기를 내가 후일에는 사울의 손에 붙잡히리니 블레셋 사람들의 땅으로 피하여 들어가는 것이 좋으리로다 사울이 이스라엘 온 영토 내에서 다시 나를 찾다가 단념하리니 내가 그의 손에서 벗어나리라 하고"

다윗은 지금까지 정신없이 쫓겨서 도망치느라고 생각할 시간이 없었습니다. 그러다가 더 이상 사울이 다윗을 잡으러 오지 않으니까 다윗은 생각할 시간을 가지게 된 것입니다. 그러면서 다윗은 염려하기 시작했습니다. 즉 '사울은 정신이 이상할 정도로 집요한 사람인데, 내가 유다에 있다가는 언젠가는 사울의 손에 잡혀서 죽을 것이다' 라는 생각이 들게 된 것입니다. 그동안 다윗은 '셀라하마느곳' 의 체험도 했습니다. 즉 다윗은 사울에게 잡힐 뻔하다가 갑자기 사울이 물러난 것입니다. 또 다윗은 두 번이나 사울을 죽일 수 있었는데 살려 보내었습니다.

그러나 다윗은 생각할 시간을 가지게 되면서 마음에 의심이 들기 시작했습니다. 즉 내가 유대 땅에서 우물쭈물하다가는 결국 사울의 손에 잡혀 죽는다는 의심이었습니다. 즉 다윗은 다급할 때는 하나님만 바라보았고 하나님만 붙잡았습니다. 그러나 그에게 생각할 시간이 생기게 되었을 때 그는 자신을 보았고 또 사울을 생각하게 되었던 것입니다. 그래서 우리에게 생각하는 시간이 많은 것은 결코 좋은 것이 아닙니다. 우리에게는 별 것 아닌 것 같지만 목표가 있고 할 일이 있어야 생각을 덜하게 되는 것입니다.

이것은 야곱도 마찬가지였습니다. 야곱은 형을 속이고 아버지를 속이고 축복을 빼앗았습니다. 에서는 화가 나서 야곱을 죽이려고 했습니다. 야곱은 형 에서를 피하여 외삼촌 라반에게로 도망치다가 밤이 되어 들판에서 돌을 베고 자다가 하나님을 만나고 위대한 약속을 받았습니다. 야곱은 그곳에서 자기가 베고 누었던 돌에 기름을 붓고 하나님의 집이라고 불렀습니다. 그러나 야곱은 막상 외삼촌 집에서 지내다 보니까 먹고살고 결혼하는 것이 걱정되었습니다. 그래서 야곱은 들판에서 하나님을 만났던 체험은 다 깔아 뭉개버리고 결혼하기 위해서 칠 년 종이 되겠다고 약속한 것입니다. 이 칠 년이 나중에는 이십 년으로 늘어나게 됩니다. 만일 야곱이 하나님을 만났고 말씀을 들었다면 하란에 가서도 결혼이나 돈 버는 것을 물리치고 매일 기도하고 매일 하나님의 말씀을 묵상했더라면 하란 땅에서도 부흥이 일어났을 것입니다. 그리고 먹는 것이나 결혼 문제도 저절로 해결되었을 것입니다. 실제로 그렇게 한 사람이 있었습니다.

그 사람은 바로 기생의 아들 입다였습니다. 입다는 엄마가 기생이었기 때문에 집에서 쫓겨나서 난민들과 어울리게 되었는데 거기서 열심히 기도하고 말씀 전하는 바람에 부흥이 일어나게 되었습니다. 그랬더니 입다를 쫓아내었던 장로들이 도로 입다를 찾아와서 지금 암몬 족이 쳐들어왔으니 우리의 지도자가 되어 달라고 부탁하게 됩니다. 그런데 입다도 실수를 합니다. 입다는 지도자가 되고 난 후에는 마음이 약해지니까 하나님께 서원합니다. 만약 이기고 돌아오면 맨 처음 나오는 사람을 하나님께 번제로 바치겠습니다라고 서원해서 그의 무남독녀 딸이 죽게 되었던 것입니다. 하나님이 하시는 일에 '만약'이 어디 있습니까? 안되면 죽어버리면 되는 것이지.

만약 다윗이 믿음에 굳게 서서 '하나님은 두 번이나 사울을 내 손에 들어오게 하셨다. 내가 잡힐 때 잡히더라도 열심히 하나님의 말씀을 묵상하고 가르치고 노래하겠다'고 했다면 광야에 부흥이 일어나고 이스라엘 백성이 거기로 몰려들었을 것입니다. 그러나 다윗이 인간적인 생각에 빠지니까 사울이 너무 크게 보이면서 결국 사울을 피해서 블레셋 가드로 망명하게 됩니다.

2. 다윗의 불신앙적 선택

다윗은 이제 사울에게 쫓겨서 아슬아슬하게 도망쳐다니는 것이 너무나도 힘들었습니다. 사실 하나님의 종은 도망치라고 하면 그만하라고 하실 때까지 도망쳐다녀야 합니다. 그런데 인간의 마음은 그렇게 잘되지 않습니다. 왜냐하면 인간의 마음에는 자유의지라는 것이 있어서 순종을 잘하다가도 어떤 때는 순종하기 싫을 때가 있기 때문입니다. 그래서 항상 똑바른 길을 가는 사람이 별로 없습니다. 우리는 이쪽으로 갔다고 돌아오고 저쪽으로 갔다가 돌아오면서 하나님의 뜻을 따라가는 것입니다.

다윗이 가드로 다시 망명하게 된 것은 가드 왕이 바뀌었기 때문인 것 같습니다.

27:2, "다윗이 일어나 함께 있는 사람 육백 명과 더불어 가드 왕 마옥의 아들 아

기스에게로 건너가니라"

다윗이 처음에 블레셋 가드로 망명했을 때는 가드 왕과 신하들이 다윗에 대하여 아주 적대적이었습니다. 그들은 "사울이 죽인 자는 천천이요 다윗이 죽인 자는 만만이로다"라는 노래를 잘 알고 있었습니다. 그들은 모두 잘되었다고 하면서 다윗을 죽이려고 했기 때문에 나중에 다윗은 완전히 미친 사람처럼 행동해야만 했습니다. 침도 흘리고 소리도 지르고 욕도 하고 땅에 뒹굴기도 하면서 미친 사람처럼 행동했는데, 하나님께서 아기스로 하여금 속아 넘어가게 하셔서 다윗은 겨우 살아서 나왔습니다.

그런데 이번에는 그냥 아기스라고 하지 않고 '마옥의 아들 아기스'라고 했습니다. 결국 가드의 왕이 바뀐 것이었습니다. 앞의 왕은 죽고 젊은 새 사람이 아기스가 되었는데, 이 사람은 다윗같이 젊은 사람을 좋아했고 신하들도 싹 바뀌었기 때문에 자기를 도와줄 새 신하들이 필요했던 것 같습니다. 그래서 이 새 아기스는 다윗을 의심하지 않고 자기 신하로 받아주었고 다윗의 부하들도 다 다윗의 부하로 인정해주었습니다. 이것이 다윗으로 하여금 이스라엘을 떠나 블레셋으로 갈 기회를 준 것입니다.

27:3-4, "다윗과 그의 사람들이 저마다 가족을 거느리고 가드에서 아기스와 동거하였는데 다윗이 그의 두 아내 이스르엘 여자 아히노암과 나발의 아내였던 갈멜 여자 아비가일과 함께 하였더니 다윗이 가드에 도망한 것을 어떤 사람이 사울에게 전하매 사울이 다시는 그를 수색하지 아니하니라"

여기서 우리는 두 가지 사실을 보게 됩니다. 그 하나는 다윗도 인간인 이상 더 이상 유다 땅에서 견디는 것은 어려웠을 것이라고 이해됩니다. 그러나 다윗이 셀라하마느곳의 체험을 믿고, 또 자기가 두 번이나 사울을 도와주었던 것을 믿고 열심히 유다 들판에서 하나님의 말씀을 전했더라면 거기에서 부흥이 일어났을 것이라는 사실입니다. 그러나 다윗이 자신의 안전을 위하여 이방인의 땅으로 가서 이방인 왕의 부하가 되었을 때, 하나님의 말씀도 묵상할 수 없었고 찬송도 할 수 없었습니다. 다윗은 그때부터 몸만 편했지 영적인 암흑기를 보내게 되었던 것입니다.

그리고 또 하나는 사울은 다윗이 블레셋으로 갔다는 사실을 알고는 더 이상 다윗을 추격하지 않았다는 점입니다. 이것은 사울이 이제 정신을 차리기 시작했다는 뜻입니다. 그런데 그때는 이미 너무 늦었던 것입니다. 왜냐하면 이스라엘에 기도하는 사람이 더 없어졌고 말씀을 붙드는 사람이 더 없어지게 되었습니다. 그래서 이스라엘은 이스라엘 나름대로 캄캄해지게 되었습니다. 그런 상태에서 블레셋이 대대적인 공격을 해오니까 이스라엘은 거의 멸망하다시피 했습니다. 전쟁은 영적으로 침체하였을 때 일어나게 됩니다. 그리고 그 결과는 치명적인 것입니다.

다윗은 아기스와 몇 달을 지내보니까 서로가 아주 불편하다는 것을 알게 되었습니다. 그들은 모두 이방인이었고 이방신을 섬기는 자들이었는데 자기들이 거기에 같이 있으려고 하니까 모든 것이 맞지 않았습니다. 예를 들어 예수 믿는 청년이 안 믿는 청년과 한 방을 쓰려면 맞지 않는 것이 너무 많을 것입니다. 그래서 다윗은 아기스에게 자기는 졸병이기 때문에 감히 왕의 수도에 함께 있기가 너무 부담스럽다고 하면서 시골 도시를 하나 달라고 요청했습니다. 그런데 아기스도 다윗과 같이 있어 보니까 불편했던 것 같습니다. 그래서 아기스는 시글락이라는 곳을 비워서 다윗의 사람들이 거기에 머물도록 했습니다. 그 대신 다윗은 매일 아기스에게 가서 그날 자기가 했던 일을 보고해야 했습니다.

그래서 하나님께서는 모세를 통해서 이스라엘 백성이 이방인들을 접촉하는 것은 부정하다고 경고하셨습니다. 왜냐하면 듣는 것이나 하는 것이 전부 거짓말이고 욕이고 음란한 것들이었기 때문입니다. 그래서 이방인들을 만나고 난 후에는 우슬초에 깨끗한 물을 적혀서 그 물을 뿌려서 정결 의식을 하게 하셨습니다. 우리는 이 악하고 음란한 세대에서 날마다 성령으로 새로워져야 합니다. 그렇지 않으면 우리도 모르는 사이에 거짓말이나 음란한 장면이나 악한 것이 우리 머리에 박히게 되는 것입니다.

사울은 이제 정신이 좀 돌아왔지만 너무 늦었습니다. 이스라엘의 부흥은 꺼지고 이스라엘의 힘은 아주 약해진 상태였습니다. 이때 이미 블레셋은 대대적으로 이스라엘을 공격할 계획을 하고 있었습니다. 만일 다윗이 유다에 남아있었더라면 너무 큰 패망은 당하지 않았을 텐데 부흥의 불이 이미 꺼져 있었기 때문에 그 누구도 이스라엘을 도와줄 수 없었습니다.

3. 다윗의 이중생활

다윗은 지금까지 아주 깨끗한 생활을 해 왔습니다. 다윗은 하나님의 말씀밖에 몰랐기 때문에 먹을 것이 없어도 기도하면 하나님께서 기가 막힌 방법으로 공급해주셨습니다. 그래서 다윗은 더 하나님을 찬양했습니다. 그러나 다윗이 블레셋 땅에 망명하고 난 후에는 찬송이 없어졌고 말씀 묵상이 없어지게 되었습니다. 그래서 다윗은 순수하게 하나님만 의지하지 못하고 이중생활을 하게 되었습니다.

예를 들어서 어떤 젊은 여성이 낮에는 직장생활을 하지만 워낙 돈 쓰는 것이 많아서 밤에 아르바이트로 다른 일을 하고 있다면 이중 직업을 가지고 있는 것입니다. 그런데 그 아르바이트가 편의점 같은 데서 일하는 것이 아니라 술집에서 일하고 팁을 받는 것이라면 그것은 좋지 못한 이중생활이 될 것입니다. 또 어떤 사람이 낮에는 길에서 붕어빵을 팔지만 밤이 되면 남의 집 담을 넘어가서 물건을 훔쳐온다면 그 사람은 이중생활을 하는 것입니다. 다윗은 지금까지 이중생활이라는 것을 몰랐습니다. 다윗은 정말 하나님이 주시지 않으면 굶었으면 굶었지 남의 것을 뺏는 것을 몰랐습니다. 그러나 다윗은 블레셋에 망명한 후부터는 사람이 거칠어지고 이중생활을 하기 시작했습니다.

그 당시 다윗은 밤이든지 혹은 낮이든지 아말렉 족속이나 가나안 족속의 마을을 봐두었다가 공격해서 그들의 양이나 소나 곡식을 빼앗았습니다. 그리고 이들이 아기스에게 신고하면 안 되니까 남자나 여자나 아이나 한 명도 남기지 않고 다 죽였습니다. 그래서 다윗은 그 빼앗은 것을 아기스에게 가져가서 바치면서 아기스가 어디를 공격했느냐고 물으면 이스라엘이나 유다를 공격해서 빼앗았다고 대답했습니다. 그러면 그럴수록 아기스는 다윗을 더 좋아했습니다. 왜냐하면 다윗은 그럴수록 이스라엘과 원수가 되었기 때문입니다. 아기스는 다윗이 빼앗은 것 중에서 일부를 상으로 돌려주었습니다. 그래서 다윗의 재산도 늘어나기 시작했습니다.

다윗은 이제 거짓말하는 데도 능숙하게 되었고 사람들을 공격해서 죽이는 데도 아주 자연스럽게 되었습니다. 즉 옛날에는 하나님의 말씀과 찬양밖에 모르던 다윗이 이제는 거의 조직의 보스처럼 변해버렸던 것입니다. 다윗은 한 마을의 여자나 어린아이 한 명도 살려주지 않았습니다. 왜냐하면 이들을 살려두면 자기가 한 일이 들통이 날 수 있기 때문입니다. 이렇게 다윗은 너무 잔인한 사람이 되었습니다. 물론 그가 죽인 사람들은 모두 아말렉 사람이나 가나안 족속이므로 도둑이고 나쁜 사람들이었지만 단 한 명도 살려주지 않았던 것입니다.

그리고 다윗은 거짓말과 뇌물로 아기스의 신임을 샀습니다. 그래서 아기스는 다윗을 완전히 신임했습니다. 다윗은 하나님의 신임을 받는 것이 아니라 아기스의 신임을 받았던 것입니다. 그리고 이스라엘 백성들은 도울 수 없었습니다. 다윗은 이스라엘 백성은 죽든지 말든지 사울이 알아서 하게 했습니다. 이것은 무책임한 것이었습니다. 그래서 이스라엘 백성은 얼마 후 블레셋과의 전쟁에서 엄청나게 죽고 패하게 됩니다.

이제 다윗은 정직하지 않았습니다. 다윗은 다른 사람의 물건을 강탈해서 재산을 모으기 시작했습니다. 다윗은 물질적으로는 풍요로웠습니다. 그러나 그의 영혼은 고갈되어 있었습니다. 이때 다윗은 하나님을 찬송한 적이 거의 없었습니다. 그것은 그가 길을 잘못 들었기 때문입니다. 다윗은 잘못된 길에 서 있었기 때문에 그 귀중한 것을 잃어버렸습니다. 그것은 바로 찬송과 기도와 말씀 묵상에서 벗어났던 것입니다. 우리는 이제 스스로 바른길에 서 있는지 살펴보고 그 길로 가야 하겠습니다.

42

무당을 찾아감

삼상 28:1-25

요즘은 도시에서 굿하는 모습을 보기 어렵습니다. 아마 소음이 있기 때문에 하지 못하게 하는 것 같습니다. 그러나 저희가 어렸을 때는 심심하면 동네에서 굿하는 모습을 자주 구경할 수 있었습니다. 한 남자가 북을 치면 그 가운데서 무당이 대나무 같은 것을 가지고 춤을 추면서 귀신을 쫓는다고 합니다.

요즘은 사람들이 굿을 잘하지 않지만 점은 많이 보는 것 같습니다. 전에 어떤 건물 통로에 카드로 점을 치는 데가 있었는데 젊은이들이 거기서 점을 치는 것을 몇 번 보았습니다. 지나가면서 이야기를 엿들어 보면 내가 과연 어떤 사람과 결혼할 수 있느냐, 혹은 남편이 바람 나서 도망쳤는데 돌아오겠느냐, 혹은 어떤 사업을 하면 돈을 벌 수 있겠느냐 하는 것 등이었습니다. 저는 그 모습을 보면서 '왜 젊은 사람이 저 쓸데없는 데 시간을 보낼까? 점을 보는 그 시간에 열심히 노력하면 더 좋은 결과가 나올 텐데'라는 생각을 하곤 했습니다. 한때 우리나라 유명한 일간 신문에는 올해의 운세라고 해서 그날의 점을 연재했는데 그것이 꽤 인기가 있었다고 합니다.

　그런데 서구에서도 점쟁이들이 많이 있습니다. 이 사람들은 죽은 자와 접신해서 그 사람의 미래에 대하여 알아내는 것입니다. 그런데 그중에는 가짜 접신하는 사람도 있지만 어떤 점쟁이는 진짜 귀신이 들어서 쓰러지기도 한다고 합니다. 이런 점쟁이들은 죽은 사람이 산 자와 신의 세계를 연결하는 역할을 한다고 생각합니다.

　얼마 전에 어떤 엄마는 초등학교 다니는 여자아이를 교통사고로 잃었습니다. 그러나 엄마는 죽은 딸이 너무 보고 싶어서 컴퓨터 그래픽 전문가에게 부탁해서 가상현실을 통해서 딸을 만나기를 원했습니다. 그래서 엄마가 가상현실이 장치된 안경을 끼고 있으면 가상현실의 딸이 나타나서 '엄마' 하고 부른다는 것입니다. 그러면 엄마는 그 아이가 진짜 자기 딸인 줄 생각하고 울며 "엄마는 얼마나 네가 보고 싶었는지 아니?"라고 하면서 딸을 안으려고 합니다. 그러나 딸은 안겨지지 않았습니다.

　영화 〈해리 포터〉를 보면 해리가 비밀의 방들을 뒤지다가 돌아가신 자기 엄마 아버지가 나오는 큰 거울을 보게 됩니다. 그래서 해리는 엄마 아버지의 얼굴을 보는 것이 너무 좋아서 매일 그 거울 앞에 앉아서 정신없이 시간을 보냅니다. 그것을 알고 덤블도어 선생님은 그 거울은 자기 욕망하는 것을 보여주는 거울인데 그 거울만 쳐다보면 나중에 중독되어 폐인이 된다고 하면서 그 거울을 치워버렸습니다.

　사람들은 누구나 다 자신의 미래의 운명에 대하여 알고 싶어 합니다. 그러나 그 누구도 자신의 미래를 알 수 없습니다. 자신의 미래가 성공할 것이라고 생각하면 최선을 다하지 않을 것이고 자신의 미래가 비참할 것이라고 생각하면 미리 자포자기해 버릴 것입니다. 그리고 사람들이 이미 죽은 분을 너무 사랑해서 자꾸 만나려고 하면 산 사람을 만나려고 하지 않을 것입니다.

　사울은 한때 하나님의 은혜를 받아서 성령이 임하는 체험도 하고 방언도 하고 입신도 했습니다. 그는 하나님의 예언의 말씀대로 이스라엘의 왕이 되어서 하나님의 능력으로 대적을 여러 차례 이기기도 했습니다.

그러나 그는 하나님의 말씀을 별로 중요하게 생각하지 않았습니다. 그래서 그는 하나님의 말씀보다는 사람의 말을 듣게 되었고 나중에는 우울증과 히스테리성 정신병을 앓게 됩니다.

그러다가 그는 너무 사무엘을 만나고 싶어서 무당을 찾아가서 "죽은 사무엘이라도 불러 올려라"고 명해서 사무엘의 영의 말을 듣게 됩니다. 그러나 그 사무엘은 진짜 사무엘이 아니고 사탄의 영이었습니다. 이때 사울은 이미 진이 다 빠져서 제대로 서 있거나 앉아 있을 수도 없었습니다. 그는 결국 그다음 날 전쟁에 나가서 사탄의 영이 이야기한 대로 전쟁에 패해서 자신은 자살하게 되고 많은 이스라엘 백성도 함께 죽임을 당하게 됩니다.

1. 다윗이 우려했던 현실

그 당시 다윗은 미래를 불안해했습니다. 그래서 다윗은 더 안전하다고 생각되는 블레셋 땅 가드로 육백 명을 데리고 망명해버렸습니다. 우리가 이것을 보면 신앙이 좋을 때는 하나님이 함께하신다는 확신을 가지지만 조금이라도 자기 생각에 빠지면 당장 죽을 것 같고 도망쳐야 할 것 같고 더 안전한 곳을 찾아야 할 것 같은 불안이 찾아오게 된다는 것입니다.

그런데 다윗이 가드 왕 아기스에게 망명하면서 가장 마음에 불편했던 것이 있었습니다. 다른 일을 하라면 다 하겠지만 만일 블레셋과 이스라엘이 싸우게 되면 이러지도 못하고 저러지도 못하는 지경에 빠지게 된다는 것입니다. 만일 다윗이 블레셋을 배반하고 블레셋과 싸우면 자기가 죽게 될 것입니다. 그렇다고 해서 먹고 살기 위해 블레셋 편에서 이스라엘과 싸우면 하나님을 배반하는 것이 되는 것입니다. 그런데 드디어 다윗이 그렇게 우려하던 일이 일어나고야 말았습니다. 그것은 바로 블레셋과 이스라엘 사이에 대대적인 전쟁이 일어나게 되었고 다윗도 그 전쟁에 소집되었던 것입니다.

28:1, "그 때에 블레셋 사람들이 이스라엘과 싸우려고 군대를 모집한지라 아기스가 다윗에게 이르되 너는 밝히 알라 너와 네 사람들이 나와 함께 나가서 군대에 참가할 것이니라"

사실 다윗이 블레셋 편에 서서 이스라엘과 전쟁에 참여하는 것은 가장 좋지 못한 예상이었습니다. 그러나 그것이 드디어 현실이 되었습니다. 다윗은 단순한 도망자가 아니라 이스라엘과 적이 되어서 이스라엘 사람들을 죽여야만 했습니다. 그러나 블레셋 편에서는 이것이 너무나도 당연한 것이었습니다. 이스라엘에 부흥의 불이 꺼져 있다는 것은 누구보다 잘 아는 것이 마귀입니다. 부흥의 불이 꺼진 이스라엘을 이기는 것은 식은 죽 먹는 것보다 더 쉬운 일이었습니다. 그래서 마귀는 모든 블레셋 지도자들의 마음을 충동질해서 지금 이스라엘에는 힘이 없다는 것을 알고 이스라엘을 공격할 마음을 가지게 했습니다. 그리고 단숨에 의견의 일치를 보았습니다. 가드 왕 아기스는 결코 다윗을 공짜로 데리고 있을 사람이 아니었고, 또 다윗에게도 한번 큰 공을 세우고 유명해질 수 있는 기회를 주고자 했습니다.

블레셋 사람들은 하나님께서 이스라엘을 찌르기 위하여 가시로 준비한 사람들이었습니다. 그래서 블레셋 사람들이 사는 목적은 이스라엘을 찌르고 괴롭히고 죽이는 것이었습니다. 아기스 왕이 다윗에게 이스라엘과의 전쟁에 참전해야 한다고 했을 때, 다윗은 이런저런 사정 때문에 못한다고 핑계 대지 않고 당당하게 참전해서 이스라엘과 싸우겠다고 큰소리를 쳤습니다.

28:2, "다윗이 아기스에게 이르되 그러면 당신의 종이 행할 바를 아시리이다 하니 아기스가 다윗에게 이르되 그러면 내가 너를 영원히 내 머리 지키는 자를 삼으리라 하니라"

여기서 다윗이 이스라엘과 싸우는 것을 원하지 않는다는 것은 너무나도 자명한 일입니다. 그럼에도 다윗은 일단 아기스에게 전쟁에 참여해서 내 실력을 한번 보여주겠다고 큰소리를 쳤습니다. 다윗은 무슨 배짱으로 아기스에게 이런 큰소리를 쳤을까요? 나중에 어떻게 될지 모르겠지만 일단 지금 의심을 받지 않으려고 하면 전쟁에 참여한다고 큰소리부터 쳐야 한다고 생각했을 것입니다. 다윗은 육체적으로 안전한 곳을 찾아서 아기스에게 도망쳐왔습니다.

그러나 블레셋과 이스라엘 사이에 전쟁이 일어나는 것을 보고 다윗은 다시 정신을 차리기 시작했습니다. 즉 이 세상에 내가 도망칠 수 있는 안전한 곳은 없구나, 그렇다면 다시 하나님을 붙들어야 하겠다고 생각한 것입니다. 그래서 다윗은 자기 몸은 전쟁터에 나가지만 하나님이 틀림없이 피할 길을 주실 것이라는 믿음이 생겼던 것입니다. 결국 블레셋과의 전쟁이 다윗의 마음속에 하나님에 대한 믿음을 다시 일어나게 했던 것입니다. 다윗이 인간적인 생각에 빠질 때는 비겁해지고 거짓말했지만 다시 하나님을 의지하게 되면서 용감해지게 되었습니다. 자기는 이제부터 하나님께서 하라는 대로 하기만 하면 되기 때문입니다.

2. 사울이 무당을 찾아가다

이제 블레셋과 전쟁이 일어났을 때 이스라엘에서 가장 답답한 사람은 사울 왕이었습니다. 지금까지 이스라엘 왕은 적과 싸울 때 하나님 약속의 말씀을 붙들고 싸워서 이겼습니다. 즉 "내가 너와 함께 하리니 네 적을 모두 네 손에 넘기겠다"는 이 말씀을 붙들고 싸우면 생각하지 못했던 하나님의 능력이 나타나면서 언제나 적을 이길 수 있었던 것입니다. 그런데 사울 왕이 하나님의 말씀을 우습게 알고 불순종한 후부터 성령이 떠나고 사울은 더 이상 하나님의 말씀을 들을 수 없게 되었습니다. 그래서 사울은 하나님의 음성을 들을 수 없게 되었습니다.

사울에게 바른말을 해주던 사무엘은 늙어서 죽었습니다. 그리고 사울을 위해서 기도해주고 우림과 둠밈으로 하나님의 뜻을 알게 해주던 제사장 85명은 다윗의 편을 들어주었다고 해서 다 죽여 버렸습니다. 사울에게 하나님의 말씀을 들려줄 수 있는 다윗은 블레셋으로 도망가버렸습니다. 이제 사울은 하나님의 말씀 없이 전쟁해야만 했습니다. 아무도 하나님의 말씀을 사울에게 전해주는 사람이 없었기 때문입니다.

더욱이 사울은 한때 신앙이 좋았을 때 거짓된 예언을 하는 무당이나 신접한 사람들을 다 죽이든지 이스라엘에서 쫓아내 버렸습니다. 그래서 이제는 이스라엘 안에서 사울 왕에게 하나님의 뜻을 알려줄 수 있는 사람이 한 사람도 없게 되었습니다. 미래는 하나님께 속한 것이기 때문에 우리가 절대 알 수 없습니다. 단지 우리가 믿음으로 나가면 길이 열리게 되어있습니다. 그런데 그렇게 하지 않고 점쟁이를 찾아가고 자기 욕심을 포기하지 못하는 것은 결국 자기 영혼을 팔게 되는 것입니다.

그런데 사울은 우울증이 생기고 히스테리성 발작이 오면서 굉장히 미래에 대해 집착하고 강박증을 가지게 되었습니다. 즉 자기는 반드시 하나님의 음성을 듣고 전쟁을 하겠다는 것이었습니다. 이때 사울의 마음에 사악한 사탄의 생각이 들어오게 되었습니다. 그것은 점쟁이를 통해서라도 하나님의 음성을 듣자는 것이었습니다. 어떻게 점쟁이가 하나님의 말씀을 전해줄 수 있겠습니까? 그러나 사울은 너무 답답해서 미칠 것 같으니까 이런 사악한 방법을 통해서라도 하나님의 음성을 듣고 싶어 했던 것입니다.

28:5-6, "사울이 블레셋 사람들의 군대를 보고 두려워서 그의 마음이 크게 떨린지라 사울이 여호와께 묻자오되 여호와께서 꿈으로도, 우림으로도, 선지자로도 그에게 대답하지 아니하시므로"

사람들이 평소에는 하나님의 도움이나 목사의 기도가 필요 없을 것 같지만 당장 큰 위급한 일이 일어나면 그때는 하나님에게 매달리게 됩니다. 그러나 그때는 너무 늦을 때가 많습니다. 군인도 평소에는 술이나 마시고 담배나 피우고 여자 이야기나 하지만 막상 전쟁이 터져서 폭탄이 떨어지고 사람들이 죽어나가면 전쟁터에 나가는 것을 굉장히 두려워하게 됩니다. 그때 목사가 기도하고 또 신부가 성찬을 해주면 군인들은 두려움이 많이 줄어들게 됩니다. 그렇지 않고 전쟁을 한 사람은 나중에 엄청난 트라우마로 고통을 받게 되는데, 죽어가는 사람들이 소리 지르는 환청을 듣기도 하고 적이 공격하는 상상 그리고 지금도 자기가 전쟁터에 있다고 착각하면서 정상적인 생활을 하지 못할 때가 있다고 합니다.

사울은 견딜 수 없는 불안에 사로잡혀서 미칠 것 같으니까 부하에게 이스라엘에 무당이 있는지 알아보라고 했습니다. 그랬더니 신하들이 여기저기 알아보고 난 후에 이스라엘에 신접한 여인이 있는 곳을 알아내었다고 대답했습니다. 사울 왕은 자기가 왕이 아닌 평민인 것처럼 변장하고 엔돌에 있는 그 신접한 무당을 찾아갔습니다. 그리고 "내가 죽은 사람을 한번 만나고 싶은데 네가 술법을 써서 죽은 자를 좀 음부에서 올라오게 해봐라"고 명령했습니다.

사울이 찾아간 무당은 진짜 귀신이 들어오는 무당이었던 것 같습니다. 그래서 귀신이 이 무당에게 자기를 찾아온 사람의 정체를 알려주었습니다. "그는 변장을 한 사울 왕이다!"라고 하니까 무당이 "왜 날 속이느냐?"고 소리 지르면서 "당신은 사울 왕이라"고 했습니다. 왕은 이 무당에게 너를 죽이지 않을 테니까 네가 무엇을 보았느냐고 물어보았습니다. 그랬더니 어떤 노인이 땅에서 올라오는데 벌거벗지 않고 겉옷을 입었다고 했습니다. 이것은 바로 선지자의 옷이었던 것입니다. 이때 사울은 사무엘 선지의 영이 나타난 줄 알고 땅에 엎드려 절을 했습니다. 그랬더니 그 영이 이 무당의 입을 통해서 말을 했습니다. "내가 땅속에서 좀 쉬려고 하는데 왜 나를 불러올려 귀찮게 하느냐?"고 화를 내며 말했습니다.

우리가 학생 때 이 부분을 읽으면서 엄청나게 무섭기도 했고 또 혼란스럽기도 했습니다. 즉 어떻게 해서 무당이 이미 천국에 간 사무엘 선지를 불러올 수 있느냐 하는 것이었습니다. 더욱이 성경은 일점일획도 틀린 부분이 없다고 했는데, 여기에 나타난 사무엘이 진짜 사무엘일까 하는 의심이 들었습니다. 그러나 이 모습은 진짜 사무엘이 아니고 악한 영이 사무엘의 흉내 내는 것이었습니다. 그런데 그 영이 하는 말을 들어보면 너무나도 하나님의 말씀과 똑같은 것을 알 수 있습니다. 그러나 여기까지는 마귀도 하나님의 뜻을 들었던 것입니다. 그러나 마귀는 그 이상은 알 수 없습니다. 마귀는 자기가 들었던 하나님의 말씀으로 사울을 더 병들게 하였고 더 자포자기하게 만들었고 결국 죽게 만들었던 것입니다.

3. 사울의 병

무당이 불러올린 영은 거의 진짜 사무엘처럼 하나님의 말씀을 전했습니다. 물론 무당의 입으로 말한 것입니다. 그리고 무당은 귀신에 사로잡혀 있었습니다. 귀신은 사울에게 네가 하나님의 말씀을 불순종해서 아말렉을 칠 때 다 죽이지 않았으므로 하나님이 너를 버리셨고, 하나님이 이스라엘 백성과 너를 블레셋 군대의 손에 넘겨서 너와 네 아들들이 죽어서 나와 함께 있을 것이라고 했습니다.

이 신접한 여인의 말은 맞기도 하지만 사실은 거짓말이기도 합니다. 사울은 아말렉을 칠 때 하나님의 말씀에 완전히 순종하지 않은 것은 사실이지만, 그가 제사장 85명을 다윗을 도왔다고 오해해서 죽인 것은 엄청난 범죄 행위였습니다. 그리고 그는 나라 일은 돌보지 않고 다윗만 죽이려고 쫓아다녔습니다. 그러니까 나라가 엉망일 수밖에 없었던 것입니다. 내일 사울이 죽는다는 무당의 말은 맞습니다. 그러나 사무엘과 같이 있을 수는 없는 것입니다. 단지 사무엘을 가장한 악령들과 같이 지옥에 있게 되는 것입니다.

그런데 이때 사울의 병이 나타나게 됩니다. 사울은 이 무당의 말을 듣고 너무 충격을 받아 그 자리에서 쓰러져 기절해버렸습니다.

28:20, "사울이 갑자기 땅에 완전히 엎드러지니 이는 사무엘의 말로 말미암아 심히 두려워함이요 또 그의 기력이 다하였으니 이는 그가 하루 밤낮을 음식을 먹

지 못하였음이니라"

사울은 무당이 하는 말을 듣고 완전히 충격받아서 정신을 잃고 혼절을 해버렸습니다. 그 이유는 이 악령이 하는 말이 너무나도 두려웠을 뿐 아니라 자신의 기력이 바닥나버렸기 때문입니다.

사울에게 성령이 떠나고 우울증과 히스테리를 앓게 되면서 나타난 증세는 음식을 소화시키지 못하는 것이었습니다. 우울증과 히스테리가 심해지면서 위나 창자나 심장이나 식도를 조절하는 호르몬이 나오지 않았기 때문입니다. 아마 그는 아주 소량의 음식을 먹으면서 살았을 것입니다. 그러니까 그에게는 생의 의욕이라는 것이 없고 살아야 할 이유가 없었던 것입니다. 그럼에도 불구하고 사울이 자살하지 않았던 것은 자살해서는 안 된다는 것을 알았기 때문입니다. 그런데 사울은 성령이 떠나신 후에 기력이 하나도 없었습니다. 대개 이렇게 되었을 때는 정말 아무도 아는 사람이 없는 곳에 가서 쉬면 기력이 회복이 되는데 사울은 그런 와중에도 계속 다윗을 쫓아다녔던 것입니다.

제가 잘 아는 어떤 젊은 목사님은 저에게 자신의 목회에 한계가 왔다고 하면서 한 달 정도 쉬면 어떨까 한다고 상담해 왔습니다. 저는 참 좋은 생각이라고 말씀드렸습니다. 마침내 그분은 한 달을 다른 분에게 설교를 부탁하고 쉬었는데 그 후에 완전히 회복되었다고 합니다.

사울은 이미 전쟁을 할 수 있는 기력이 없었습니다. 그는 칼을 들고 싸우기는커녕 제대로 앉아 있거나 서 있을 수도 없었습니다. 물론 자기 생각으로는 얼마든지 싸울 수 있을 것 같았지만 이미 기력이 전혀 없었고 그냥 두어도 죽을 정도였습니다. 이것이 바로 요즘으로 치면 돌연사 아니면 암이 생긴다든지 혹은 고통을 견디다 못해서 자살하는 원인이 되는 것입니다. 하나님께서는 엘리야가 너무 침체되어 죽여 달라고 했을 때 떡과 물을 주시면서 먹고 자라고 하셨습니다. 엘리야가 한 며칠을 먹고 자니까 침체에서 벗어나면서 또 달릴 수 있게 되었습니다(왕상 19:4-8).

만약 사울이 진짜 사무엘을 만났더라면 당신은 전쟁에 나갈 기력이 없다고 하면서 이번 전쟁에서 항복하고 당신은 종이 되든지 쉬어야 한다고 했을 것입니다. 그러나 무당이 이야기한 것은 전쟁에 나가라고 충동질하면서 너와 네 아들들이 죽을 것이라고 한 것입니다. 하나님의 말씀이 떠난 사울에게는 희망이 없었습니다. 그는 욕심만 가지고 이스라엘을 차지하려고 했지만 그는 우울증으로 기력이 하나도 없었습니다.

사울이 기력이 하나도 없는 것을 보고 무당은 사울에게 제발 음식을 잡수시고 가라고 부탁했습니다. 사울은 안 먹겠다고 버티었는데 그 이유는 자기가 살 희망이 없고 음식도 먹고 싶지 않았기 때문입니다. 그러나 무당과 신하들이 사정사정해서 사울은 무당이 잡은 송아지 고기를 먹고 기력을 조금이나마 회복했습니다. 그러나 사울은 기력이 다 빠진 상태에서 전쟁터에 나갔다가 결국 칼을 제대로 휘두르지도 못하고 심한 상처를 입고 자살하게 됩니다.

오늘 우리는 너무나도 많은 사탄의 말을 듣고 분노가 마음에 가득 차 있습니다. 옛날 같으면 분명히 할 수 있는 일인데 지금 그 일을 하면 죽게 되는 것입니다. 그래서 노는 것이 참 필요한 때가 되었습니다. 아이들이 노는 것을 보고 너무 공부하라고 야단치지 마시기 바랍니다. 우리는 하나님의 말씀을 잘 분별해서 사탄의 소리를 듣지 말고 기력을 소진하지 말고 성령으로 늘 새 힘을 얻어 승리하시기 바랍니다.

43

절묘한 타이밍

삼상 29:1-30:8

아무리 사나운 맹수라 하더라도 인간이 쳐놓은 덫에 걸리면 꼼짝할 수 없습니다. 철사나 쇠로 만든 덫을 끊어버리고 달아나고 싶어도 도저히 이빨로 끊어지지 않습니다. 결국 맹수는 시간이 흐름에 따라서 힘이 점점 빠지고 나중에는 죽게 됩니다. 맹수가 죽으면 밀렵꾼들이 와서 그 가죽을 벗겨가든지 이빨을 뽑아가든지 하는 것입니다. 이때 그런 동물을 구조하는 사람의 도움이 필요합니다. 그 동물은 자기를 덫에서 구해주러 가는데도 길길이 날뛰면서 물려고 합니다. 그러나 동물을 구조하는 사람들은 큰 고리 같은 것을 야생동물의 목을 걸어 꼼짝 못 하게 만들고 옭아매던 올무를 펜치 같은 것으로 자른 후에 그 동물을 풀어줘서 달아나게 합니다.

또 아무리 힘이 센 코끼리라 하더라도 늪이나 구덩이에 빠지면 자기 힘으로 나올 수 없습니다. 그러면 수십 명의 사람이 와서 코끼리를 구하기 위하여 땅을 파기도 하고 그 몸에 줄을 걸어서 당기기도 합니다. 그런데 코끼리가 얼마나 무거운지 트럭이나 수십 명의 사람이 동원되어도 구하기가 쉽지 않습니다. 그런데 결국 구조하게 되면 온 동네 사람들이 환호성을 지르면서 기뻐하고 코끼리는 자기 갈 길을 가게 됩니다.

우리도 이 세상에 살다 보면 마귀의 덫에 걸린 것처럼 도저히 빠져나올 수 없을 때가 있습니다. 결국 어쩔 수 없어서 그렇게 있다 보면 적의 손에 죽든지 아니면 죄를 다 뒤집어쓰고 감옥에 들어가게 됩니다.

우리도 이 세상을 살다 보면 산 위에 적이 있고 산 밑에도 적이 있어서 위로 올라가지도 못하고 내려가지도 못하므로 꼼짝하지 못하고 잡히거나 죽게 되는 경우가 가끔 있습니다. 그러나 우리에게는 하나님이 계시기 때문에 산 중간에 도망칠 수 있는 길을 발견하게 하십니다. 그것이 동굴일 수도 있고 아무도 모르는 오솔길일 수도 있는데, 하나님은 그런 길을 통하여 우리를 도망치게 하시는 것입니다.

다윗의 경우가 바로 그랬습니다. 다윗은 사울을 피해서 가드 왕 아기스에게 도망쳐서 자기 나름대로는 안전하게 잘살고 있다고 생각하고 있었습니다. 그런데 어느 날 드디어 블레셋 전체와 이스라엘이 전쟁하게 되었습니다. 이것은 다윗이 가장 우려했던 일이었습니다. 이때 다윗은 무슨 핑계를 대서 블레셋의 편에 서서 싸우지 못하겠다고 하면 자신의 정체를 드러나게 되어서 죽임당할 것이고, 그렇다고 해서 블레셋 편에서 이스라엘을 배반하고 그 백성을 죽일 수도 없었습니다. 다윗은 이러지도 저러지도 못하는 상태에 빠지게 되었습니다. 다윗은 사탄의 덫에 걸리고 늪에 빠진 것과 같았습니다. 그런데 다윗은 하나님의 도우심으로 이 무서운 덫에서 빠져나오게 됩니다.

1. 다윗이 전쟁에서 빠짐

그동안 다윗을 부하로 데리고 있던 아기스는 이번 이스라엘과의 전쟁에서 다윗을 이용해서 이스라엘을 쳐부수고 큰 명성을 얻으려고 했습니다. 그래서 아기스는 다윗에게 이번 전쟁에서 나와 같이 나가 싸워서 큰 승리를 거두어야 한다고 다짐을 받았습니다. 이때 다윗은 이 전쟁에서 빠져야 하겠는데 도저히 빠질 방법이 없었습니다. 그래서 다윗은 아기스에게 이번 전쟁에 나가기만 하면 최선을 다해 싸워서 전공을 세우겠다고 마음에 없는 약속을 하게 됩니다. 이것을 보면 다윗이 사울을 피하여 블레셋으로 도망친 것이 얼마나 큰 잘못이었는지 알 수 있습니다.

하나님께서 다윗에게 선지자를 보내 이스라엘 땅에 들어가 있으라고 했고, 또 두 번이나 사울의 목숨을 살려주게 하신 것은 앞으로 블레셋이 대대적으로 공격할 것을 알고 그때 다윗을 사용하기 위해서였던 것입니다. 다윗과 사울의 관계가 원수였든지 아니었든지 간에 블레셋 사람들이 공격할 때 다윗이 또 나서서 옛날 골리앗을 죽일 때처럼 할 수 있다면 이스라엘 백성은 다윗을 절대적으로 신뢰했을 것이고 그렇게 많은 이스라엘 백성이 죽지도 않았을 것입니다. 그리고 어쩌면 그 전투에서 하나님은 사울을 죽게 하실 수도 있었을 것이고, 어쩌면 그 전투에서 다윗과 요나단의 우정이 다시 한번 큰 승리로 나타나서 하나님께 영광을 돌릴 수 있었을지도 모릅니다.

그런데 실제로 다윗은 블레셋 가드 왕의 부하가 되어있었기 때문에 이스라엘이 가장 어렵고 위험할 때 전혀 이스라엘을 도울 수 없었습니다. 그뿐만 아니라 다윗은 블레셋의 올무에 걸려서 전쟁터에 갈 수도 없었고 그렇다고 해서 빠질 수도 없는 처지에 빠지게 되었습니다.

아마 이때 다윗은 마음속으로 막상 전쟁터에 가서는 자신의 방향을 바꾸어서 블레셋과 싸우려고 한 것 같습니다. 그렇게 되면 다윗도 죽고 사울도 죽고 다윗의 가족도 죽고 요나단도 죽고 모두 다 죽을 것입니다. 왜냐하면 부흥의 불은 이미 꺼졌고 다윗은 그 올무에 걸려 있었기 때문입니다. 그런데 그 올무는 다윗 스스로 걸려든 것이었습니다. 아마 이 세상에서 올무에 걸려들고 싶어서 걸려드는 사람은 아무도 없을 것입니다. 단지 인간의 머리를 의지하고 자기 나름대로는 최선의 길이라고 생각하고 들어섰는데 알고 보니까 올무에 걸려든 것입니다. 사람이나 맹수나 한번 올무에 걸려든 후에는 자기 힘으로는 도저히 거기서 빠져 나올 수 없습니다.

그런데 하나님은 위기에 빠진 다윗을 도우셔서 그 올무에서 벗어나게 하셨습니다. 하나님이 사용하신 방법은 바로 다윗에 대한 블레셋 장군들의 의심이었습니다. 블레셋 지도자들은 각 성읍에서 온 군대를 수백 명씩 수천 명씩 점호하고 있었습니다. 그러다가 그들은 블레셋 군대 안에 자신들의 원수인 다윗과 그의 사람들이 끼어 있는 것을 발견하게 되었습니다.

> 29:2-3, "블레셋 사람들의 수령들은 수백 명씩 수천 명씩 인솔하여 나아가고 다윗과 그의 사람들은 아기스와 함께 그 뒤에서 나아가더니 블레셋 사람들의 방백들이 이르되 이 히브리 사람들이 무엇을 하려느냐 하니 아기스가 블레셋 사람들의 방백들에게 이르되 이는 이스라엘 왕 사울의 신하 다윗이 아니냐 그가 나와 함께 있은 지 여러 날 여러 해로되 그가 망명하여 온 날부터 오늘까지 내가 그의 허물을 보지 못하였노라"

블레셋 사람들의 수령들이 그 수많은 군대 중에서 다윗을 보지 못하고 넘어갔으면 다윗은 꼼짝하지 못하고 블레셋 편에서 싸워야 했을 텐데, 블레셋 방백 중에서 다윗을 알아본 사람들이 있었습니다. 사실 블레셋 군대에는 이스라엘에서 도망쳐서 블레셋 군대에 들어온 사람들도 있었습니다. 나중에는 블레셋 군대에서 도망쳐서 끝까지 다윗에게 충성했던 블레셋 사람들도 있었습니다. 그런데 블레셋 수령들에게 절대로 잊을 수 없는 사람이 있었는데, 그 사람은 바로 다윗이었습니다. 그들은 우연히 가드 왕의 군대를 점검하다가 그중에서 다윗이 그 안에 포함되어있는 것을 보게 되었습니다.

그래서 블레셋 왕들은 아기스에게 이 히브리인 다윗이 여기서 무엇을 하고 있느냐고 물었습니다. 그랬더니 아기스는 다윗이 원래 사울의 신하였지만 나에게 망명한 후에는 몇 년 몇 달 동안 한 번도 배반한 일 없이 충성되게 있었다고 대답했습니다. 그때 블레셋 왕들이나 장군들의 불신이 폭발했습니다. 그들은 아기스에게 당신이 아무리 바보라 해도 어떻게 히브리인들의 영웅을 자기 부하로 믿으려고 하느냐고 하면서 엄청난 불만을 쏟아내었던 것입니다. 그러면서 모든 블레셋 왕이나 장군들은 다윗을 자기가 있던 곳으로 돌려보내라고 요구했습니다. 그래야 우리가 안심하고 전쟁을 할 수 있다고 항의했습니다.

> 29:4-5, "블레셋 사람의 방백들이 그에게 노한지라 블레셋 방백들이 그에게 이르되 이 사람을 돌려보내어 왕이 그에게 정하신 그 처소로 가게 하소서 그는 우리와 함께 싸움에 내려가지 못하리니 그가 전장에서 우리의 대적이 될까 하나이다 그가 무엇으로 그 주와 다시 화합하리이까 이 사람들의 머리로 하지 아니하겠나이까 그들이 춤추며 노래하여 이르되 사울이 죽인 자는 천천이요 다윗은 만만이로다 하던 그 다윗이 아니니이까 하니"

블레셋 왕들과 장군들은 아기스의 어리석음에 대하여 엄청나게 화를 내었던 것입니다. 그때까지 블레셋 왕들과 장군들을 벌벌 떨게 하고 이를 갈게 만들었던 노래가 바로 "사울이 죽인 자는 천천이요 다윗은 만만이로다"라는 노래였습니다. 이 노래만 부르면 블레셋 사람들은 분노가 치밀어 오르면서 힘이 빠져서 싸울 자신감을 잃어버렸던 것입니다. 블레셋의 최고의 장군 요즘 말로 치면 최신 병기라고 할 수 있는 골리앗을 물맷돌 하나로 간단하게 해치운 다윗을 어떻게 잊을 수가 있겠습니까?

블레셋 왕들과 장군들은 아무 이유도 없이 이런 보물이 블레셋으로 저절로 굴러들어올 일이 없고, 결국 전쟁터에서 우리의 적이 되리라는 것을 알았습니다. 그들은 만약 다윗이 사울과 사이가 나쁘다면 이번에 우리를 죽임으로 화해할 수 있는 절호의 찬스가 될 것이라고 했습니다. 사실 다른 블레셋 왕들과 장군들이 본 것은 정확했습니다. 이미 다윗은 전쟁터에서 아기스와 블레셋을 배반하고 이스라엘 편에서 싸울 생각을 하고 있었던 것입니다. 이것을 블레셋 왕들과 장군들은 벌써 알고 있었던 것입니다. 그래서 지금은 다윗과 싸울 시간이 없으니까 있던 곳으로 돌려보내라고 요구했습니다.

그러니까 아기스도 어쩔 수 없어서 다윗에게 "다른 왕들과 장군들이

43 절묘한 타이밍

워낙 너를 의심하니까 어쩔 수 없다. 너는 나에게 충성을 다했지만 이번 전쟁에는 참가하지 못하겠다. 내일 날이 밝으면 네가 있던 곳으로 속히 떠나가라."고 명령했습니다. 그래서 그다음 날 새벽에 다윗과 그의 부하 육백 명은 일찍 시글락에 있는 집으로 돌아가고 모든 블레셋 왕들과 군대는 이스라엘과 싸우러 이스라엘로 올라갔습니다.

이때 다윗의 비애는 이스라엘과 블레셋이 큰 전쟁을 하는데 자기가 할 수 있는 일이 아무것도 없다는 것이었습니다. 이미 그는 올무에 걸려 있었기 때문입니다. 그러나 하나님은 블레셋 왕들과 장군들이 다윗을 의심하고 불신하게 해서 일단 그 전쟁에서 빠지게 하셨습니다. 사람들은 누구든지 의심을 당하면 기분이 나쁠 수밖에 없습니다. 더욱이 불신당할 때는 기분이 몹시 나쁠 것입니다. 그러나 때로는 윗사람에게 불신당하고 의심을 받는 것이 올무에서 벗어나는 수가 될 수도 있습니다. 그래서 악한 사람이 나를 미워하거나 불신한다고 해서 너무 스트레스를 받을 필요가 없습니다. 왜냐하면 그런 사람에게는 불신당해야 올무에서 벗어날 수 있기 때문입니다.

2. 하나님의 절묘한 타이밍

다윗은 블레셋 사람들과 함께 싸우려고 출동한 사이에 자기의 식구들이 있는 시글락이 공격당하는 줄 몰랐습니다. 그러나 사실은 다윗이 없는 틈을 타서 아말렉 족속이라는 광야의 도둑 떼들이 다윗이 사는 시글락을 공격해서 집은 불사르고 여인들과 아이들을 모두 포로로 잡고 가축들도 모두 약탈해서 사라졌던 것입니다. 다윗은 그런 일이 벌어지리라고는 꿈에도 생각하지 못했습니다. 오히려 다윗은 전쟁을 통해 블레셋의 다른 왕들이나 장군들에게 인정을 받고 싶어 했을 것입니다. 다윗은 블레셋의 모든 왕이나 장군들에게 불신을 받았다는 점에서 기분이 나빴을 수 있습니다. 앞으로 다윗이 블레셋 땅에서 살아가는 것이 아주 힘들 수 있다는 것을 의미하기 때문입니다.

일단 이번 전쟁에서는 운이 좋아서 빠졌지만 전쟁이 끝나고 돌아오면 왕들은 다윗을 체포하려고 할 가능성이 큽니다. 그러면 다윗은 또 어느 곳으로 도망가야 하겠습니까? 아마 그때는 아기스가 다윗을 돕는 데도 한계가 있을 것입니다. 다윗은 이번 전쟁이 끝나기 전에 자기는 또 블레셋 땅을 떠나서 어디론가 도망쳐야 한다는 생각을 하니까 막막했습니다. 도대체 이 넓은 세상에서 어디로 도망을 치겠습니까? 그러나 다윗이 없는 동안 다윗이나 그의 일행들의 가족에게는 엄청난 위험이 닥쳐오고 있었습니다.

30:1-2, "다윗과 그 사람들이 사흘 만에 시글락에 이른 때에 아말렉 사람들이 이미 네겝과 시글락을 침노하였는데 그들이 시글락을 쳐서 불사르고 거기에 있는 젊거나 늙은 여인들은 한 사람도 죽이지 아니하고 다 사로잡아 끌고 자기 길을 갔더라"

다윗은 이스라엘과의 전쟁에서 빠져나오기만 하면 되는 줄 알았는데 사실 그것보다 더 급한 일이 일어났습니다. 그것은 바로 다윗과 그의 군대가 없는 사이에 아말렉 족속이 시글락을 쳐들어와서 집을 불 지르고 모든 여인과 아이들과 나이 든 사람들을 몽땅 다 포로로 잡아간 것이었습니다. 다윗과 그의 용사 육백 명이 집으로 돌아와 보니까 집은 불에 타서 모두 시커먼 재가 되어 있었고, 그동안 모았던 양떼나 소떼나 낙타가 하나도 없이 다 사라져버렸고, 여인과 아이들은 한 명도 남지 않고 모두 다 붙들려 가고 말았습니다.

30:3-4, "다윗과 그의 사람들이 성읍에 이르러 본즉 성읍이 불탔고 자기들의 아내와 자녀들이 사로잡혔는지라 다윗과 그와 함께 한 백성이 울 기력이 없도록 소리를 높여 울었더라"

다윗과 그의 용사들은 어려운 가운데서도 자신의 아내나 아이들이나 가축을 보면서 용기 내서 살아가고 있었습니다. 그들이 블레셋 군대에 참가하려고 한 것도 가족과 아이들을 살리기 위해서였습니다. 그런데 그들이 집에 돌아와 보니 이런 모든 소망이 다 사라지고 말았습니다. 그들은 아내들을 몽땅 도둑맞았습니다. 아마 아말렉 사람들은 여자들과 아이들을 노예로 팔아먹기 위해서 모두 산 채로 잡아갔을 것입니다. 또 다윗의 용사들이 가지고 있던 양이나 소나 낙타는 단 한 마리도 남기지 않고 싹 다 잡아갔습니다. 다윗과 그의 용사들은 완전히 망하고 말았습니다. 그들의 손에 남은 것은 아무것도 없었습니다.

그래서 다윗과 그의 용사들이 이 참상을 보고는 얼마나 땅을 치면서 통곡했던지 나중에는 모두 울 힘조차도 없게 되었습니다. 다윗의 망명 정책은 완전히 망한 것으로 끝이 나게 되었습니다. 그리고 다윗을 따라와서 하나님의 말씀을 듣고 은혜받았던 사람들도 모두 아내를 잃고 자식을 잃고 재산을 다 잃고 절망에 빠지고 말았습니다.

그런데 사실 몰라서 그렇지 이것은 하나님의 절묘한 타이밍이었습니다. 다윗이 그렇게 고집스럽게 생각했던 것처럼, 만일 다윗이 이스라엘과의 전쟁에 참여했더라면 다윗과 그의 용사들은 아내나 아이들을 절대로 도로 찾을 수 없었을 것입니다. 왜냐하면 날짜가 너무 지나가면 여자들은 모두 강간당하고 그다음에는 노예로 멀리 팔려갈 것이 뻔하기 때문입니다. 거기에 있는 잔해를 조사해보니까 놀랍게도 시체가 단 하나도 없었습니다. 이것은 어딘지는 모르지만 다윗과 용사의 가족이 모두 살아있을 가능성이 있다는 뜻이었습니다.

그렇지만 일단 너무 눈앞에 보이는 결과가 비참했기 때문에 다윗과 용사들은 땅을 치면서 울었습니다. 그리고 나중에는 더 이상 울 힘이 없을 정도로 기진하게 되었습니다. 그들에게는 모두 소망이 사라지게 되었습니다. 하나님을 믿었던 이 사람들은 모두 소망이 없는 사람들이 되고 말았습니다. 그래서 이 사람들은 너무 절망한 나머지 모두 돌을 들어 다윗을 쳐 죽이려고 했습니다. 이것은 이제 희망이 보이지 않으니 다윗부터 죽이고 우리 모두 다 죽어버리자는 뜻이었습니다.

3. 다윗의 용기

다윗도 자기 아내와 아이들을 잃어버리고 통곡한 것은 사실입니다. 그러나 다윗은 절망하지는 않았습니다. 왜냐하면 그의 마음속에는 하나님이 살아계셨기 때문입니다. 다윗의 마음속에는 '셀라하마느곳'이 살아 있었습니다. 즉 악한 사탄이 아무리 자기와 가족을 죽이려고 해도 더 이상 손댈 수 없는 한계가 있다는 것을 알았던 것입니다. 그래서 모두 다윗을 돌로 쳐 죽이고 자기들도 자살하려고 할 때 다윗은 '잠깐 멈추시오'라고 하면서 우리에게는 아직 희망이 있다는 것을 이야기했습니다.

30:6, "백성들이 자녀들 때문에 마음이 슬퍼서 다윗을 돌로 치자 하니 다윗이 크게 다급하였으나 그의 하나님 여호와를 힘입고 용기를 얻었더라"

다윗은 이렇게 절망적일 때 하나님을 생각했습니다. 즉 하나님은 절대로 이런 식으로 자신의 인생을 비참하게 끝내시지 않을 것이라는 확신이 생겼던 것입니다. 그래서 다윗은 용사들을 이렇게 설득했습니다. "지금 여기서 여러분이 나를 죽이고 스스로 죽으면 슬픔은 그것으로 끝날지 모르지만 우리 인생은 그것으로 끝나는 것입니다. 그러나 우리에게는 희망이 있습니다. 그 희망은 바로 하나님입니다."

다윗은 전쟁에서 제외될 수 있었던 것이 하나님의 도우심이라는 것을 알았습니다. 만일 다윗과 그의 육백 명이 전쟁터에 끌려갔더라면 아마 그 시간은 최소한 몇 달은 걸렸을 것입니다. 그러나 사흘 만에 돌아왔다는 것은 아직 너무 늦지는 않았다는 것을 의미합니다. 그리고 집은 모두 불타고 여자나 아이나 가축은 강도질 당했지만 죽은 사람의 시체가 하나도 없는 것을 보면 아직 전부 살아있을 가능성이 있다고 했습니다. 단지 문제는 이 넓은 천지 어디에서 그 가족을 찾을 것인가 하는 것입니다.

이때 다윗에게는 아히멜렉의 아들 제사장 아비아달이 가지고 온 에봇이 있었습니다. 이 제사장의 에봇은 하나님의 간단한 답을 알 수 있도록 마련된 것입니다. 다윗은 아비아달에게 제사장의 에봇을 가져오라고 해서 하나님께 물었습니다. "하나님, 우리 가족과 가축을 모두 도둑질당했습니다. 과연 살아있으며 우리가 찾을 수 있겠습니까?"라고 물었습니다. 그때 하나님의 에봇은 "예스"라고 대답했습니다. 그것은 찾을 수 있다는 뜻이었습니다. 그러나 이 넓은 천지 어디에서 찾을 것이며 가족들을 어디서 만날 수 있겠습니까? 이것이 다윗과 그 육백 명의 용사들이 풀어야 할 숙제였습니다.

우리는 때때로 우리 힘으로는 도저히 풀 수 없는 어려운 문제를 마주할 때가 있습니다. 우리에게 소망이 다 사라지고 망한 것 같을 때도 있습니다. 그때 우리가 생각해야 할 것은 하나님은 살아계시고 절묘한 타이밍으로 우리를 인도하신다는 것입니다. 그런데 이 넓은 세상에서 우리는 어디서 잃어버린 아내를 찾고 자식을 찾으며 내 재산을 찾을 수 있겠습니까? 우리에게는 제사장의 에봇도 없습니다. 그러나 우리 안에는 성령님이 계십니다. 성령님께서 우리의 길을 정확하게 인도하셔서 잃어버린 모든 것을 다 찾게 하실 것입니다. 우리의 잃어버린 가족, 잃어버린 재산, 잃어버린 명예, 잃어버린 시간, 잃어버린 젊음을 다 찾게 하실 줄 믿습니다.

하나님은 다윗에게 이런 확신을 주셨습니다.

30:8, "다윗이 여호와께 묻자와 이르되 내가 이 군대를 추격하면 따라잡겠나이까 하니 여호와께서 그에게 대답하시되 그를 쫓아가라 네가 반드시 따라잡고 도로 찾으리라"

오늘 우리에게도 이런 확신과 응답이 있기를 바랍니다.

44

가족을 찾음

삼상 30:9-31

가끔 어렸을 때 외국으로 입양되었던 사람 중에 어른이 되어서 부모를 찾기 위해 한국에 오는 이들이 있습니다. 어렸을 때 엄마를 따라서 시장에 갔다가 많은 사람에게 밀려서 잠깐 엄마 손을 놓치는 바람에 미아가 되어서 나중에는 고아원에 들어가게 되고 외국까지 입양되어서 부모와 영영 떨어졌다는 이들도 있습니다. 그때 부모에게 왜 나를 찾지 않았느냐고 물으면 부모는 너를 찾아서 온 고아원이나 동네를 다 뒤졌지만 결국 찾지 못했다고 하면서 미안하다고 말을 합니다.

더욱이 우리의 미래의 길을 찾는 것은 너무나도 어려울 때가 많습니다. 우리가 사는 이 세상에는 너무나도 많은 길이 있습니다. 이 수많은 길 가운데서 도대체 어느 길을 가야 성공할 수 있으며, 또 내 자신을 찾을 수 있을지 알 수 없을 때가 너무 많습니다. 또 내 사랑하는 아이를 잃어버렸거나 소중한 물건을 잃어버렸을 때 도대체 어디로 가야 그 잃어버린 아이나 물건을 찾을 수 있을까요?

다윗은 블레셋 가드 왕의 호출을 받고 이스라엘과 전쟁하기 위해 출전

했습니다. 그러나 남자라고는 아이들밖에 없는 사이에 다윗이 머물렀던 시글락에는 아말렉이라는 도둑 떼가 몰려와서 여자와 아이들 그리고 가축과 양식들 모두 약탈하고 집에 불을 질러서 재만 남았습니다. 다행히 다윗은 블레셋의 왕들이나 장군들의 의심을 사서 시글락으로 돌아오기는 했지만 그들이 돌아온 집에는 아내나 아이들도 없고 재만 남아 있었습니다. 그때 다윗과 그의 용사들은 얼마나 통곡했던지 더 이상 울 힘이 없을 정도로 울었다고 했습니다. 그러나 운다고 해서 붙들려 간 아이들이 돌아오고 땅을 치고 운다고 해서 잡혀간 아내들이 돌아오는 것은 아니었습니다. 이때 다윗의 용사들은 너무나도 실망한 나머지 전부 다 죽으려고 먼저 다윗부터 돌로 쳐 죽이려고 했습니다.

그러나 그때 다윗은 하나님을 믿었습니다. 다윗은 절망한 이스라엘 용사들에게 우리에게는 희망이 있다고 했습니다. 그리고 다윗은 제사장 아비아달에게 제사장의 에봇을 가지고 오라고 한 후에 하나님께 물었습니다. "하나님, 우리의 아내들이나 아이들은 살아있습니까? 그리고 우리가 추격하면 찾을 수 있겠습니까?" 그때 하나님은 에봇을 통해서 "그들은 다 살아있고 지금 추격하면 찾을 수 있다"고 대답을 했습니다. 그러나 이 넓은 천지에서 다윗과 그의 용사들은 도대체 어디로 가야 찾을 수 있을까요? 그것은 너무나도 막막했습니다.

1. 다윗은 어디로 가야 하는가?

다윗과 그의 육백 명의 용사는 이스라엘과 싸우는 전쟁에 참여하러 갔다가 그 사이에 아말렉의 습격을 받아서 집이 모두 불타고 아내와 아이들과 가축들을 모두 다 빼앗기는 비극을 맞이하고 말았습니다. 그들은 전장에서 집으로 돌아오기는 했지만 그들을 반기는 아내도 없었고 달려와서 품에 안기는 아이들도 없었습니다. 다윗과 육백 명의 용사에게 남아 있는 것이 아무것도 없었습니다. 그래서 그들은 전부 다 죽으려고 했습니다. 이런 절망 가운데서 다윗은 하나님께 힘을 얻어서 육백 명에게 우리는 죽을 필요가 없고, 우리에게는 희망이 있다고 말을 했습니다. 그 이유는 다윗에게 지금까지의 모든 과정은 하나님 없이는 설명할 수 없을 정도로 정확하게 이루어졌기 때문입니다.

그러나 문제는 이 넓은 세상에서 도대체 어디로 가야 아말렉 사람들을 따라잡을 수 있고, 그들에게서 가족과 아이들과 가축들을 무사히 도로 찾을 수 있을까요?

옛날 바벨론 사람들은 새가 나는 방향을 보고 점을 치기도 하고 짐승을 잡아서 간을 보고서 글자를 읽기도 했습니다. 그러나 다윗은 성령으로 시작했다가 미신이나 점으로 인생을 마칠 수는 없었습니다. 이때 다윗이 취한 방법은 하나님이 우리 걸음을 인도하신다는 것을 믿고 무조건 출발하는 것이었습니다.

일단 다윗은 발자국이 많이 난 방향을 보고서 무조건 출발했습니다. 옛날에는 이때 잡혀가는 사람 중에 머리가 좋은 사람이 있었다면 붙들려가면서 나뭇가지를 꺾어 놓는다든지 아니면 무슨 표시를 한다든지 해서 찾아올 수 있게 하겠지만 아마도 잡혀가는 사람들은 너무 놀랐고 그런 시간적 여유가 없었던 것 같습니다. 잡혀가는 사람들은 그들 나름대로 다윗이 이렇게 빨리 돌아올 줄 몰랐고 모두 희망이 없다고 생각했을 것입니다.

그런데 출발한 지 얼마 되지 않아서 또 실망스러운 일이 생겼습니다. 그것은 가는 길에 브솔 시내를 만났는데, 육백 명 중에서 이백 명이 너무 탈진해서 그 강을 건너지 못할 지경이 되었던 것입니다. 육백 명도 적은 숫자인데 그 중에서 3분의 1이나 되는 사람이 힘이 없어서 시내도 건너지 못하고 추격도 하지 못하게 된 것입니다.

30:9-10, "이에 다윗과 또 그와 함께 한 육백 명이 가서 브솔 시내에 이르러 뒤떨어진 자를 거기 머물게 했으되 곧 피곤하여 브솔 시내를 건너지 못하는 이백 명을 머물게 했고 다윗은 사백 명을 거느리고 쫓아가니라"

지금 다윗의 일행은 다른 사람들을 찾으러 가는 것도 아니고 자기 가족을 찾으러 가는 길이었습니다. 자기 가족을 찾으러 가는 길인데 무려 이백 명이나 되는 사람이 탈진되어서 헤엄을 칠 수 없었고 따라갈 수 없었습니다. 물론 이들도 마음으로는 자기 가족을 찾아오는 것이 간절했지만 다윗을 따라간다고 해서 반드시 만날 수 있는 것도 아니고 강을 건널 힘도 없었기 때문에 남아서 따로 행동하겠다는 것이었습니다. 즉 거기서 퍼질러 앉아서 있을 때까지 있다가 나중에 살든지 죽든지 행동하겠다는 것이었습니다. 아마 이때 다른 사람 같았으면 다윗도 포기해버렸을지 모릅니다. 그러나 다윗은 이백 명을 이해했습니다. 즉 얼마나 피곤했으면 여기서 주저앉겠느냐, 우리를 따라온다고 해봐도 이 넓은 광야에서 찾을 수 없을 테니까 차라리 너희들은 이 브솔 시냇가에서 우리가 가족을 찾아올 때까지 쉬고 있으라고 했습니다.

그리고 다윗은 무조건 남은 사백 명을 데리고 강을 건너가게 해서 무조건 발자국만 보고 아말렉 사람들을 추격했습니다. 그러나 광야는 늘 바람이 부는 곳이었기 때문에 곧 발자국은 없어져 버리고 아말렉 족속이나 붙잡힌 가족은 어디로 갔는지 도무지 찾을 수 없었습니다. 다윗의 무조건적인 믿음은 브솔 시내를 건너면서 끝나고 말았습니다. 왜냐하면 바람 때문에 발자국들이 다 없어지고 말았기 때문입니다. 여기서부터는 정말 어디로 가야 할지 막연했습니다.

2. 다윗의 갈림길

다윗으로서는 정말 일분일초가 급했습니다. 그들이 방향을 찾지 못해서 헤매고 있는 동안에 아말렉 족속은 여자를 해칠지도 모르고 또 아이들을 죽일지도 모릅니다. 다윗은 정말 마음은 급한데 가야 할 길은 도무지 알 수 없었습니다. 그래서 다윗은 무조건 아무 길이나 갈 수밖에 없었습니다. 그런데 그렇게 무작정 가고 있는 그 길에 누군가가 쓰러져 있었습니다. 이것이야말로 다윗에게는 귀찮은 일이 아닐 수 없었습니다. 지금 자신도 길이 급해서 뛰다시피 가고 있는데 그 길에 누군가 쓰러져 있는 것입니다.

우리가 이런 사람을 보면 못 본 체하고 멀리 둘러서 가야 할까요? 아니면 비록 좀 더 늦어지더라도 그 사람을 보살펴주고 가야 할까요? 이것은 쉬운 결정이 아닙니다. 자칫 잘못했다가는 정말 쓸데없는 일에 빠져 자기 가족의 생명이 위태로울 수도 있습니다. 그러나 다윗은 정말 정이 많은 참 친절한 사람이었습니다. 아무도 없는 이 광야에서 쓰러져 있는 사람을 모른 체하고 가면 틀림없이 죽을 텐데, 우리가 이 사람을 살릴 수 있으면 살려놓고 가자는 생각이 들었던 것입니다. 결국 이렇게 남을 도운 것이 자기가 사는 길이 되었습니다. 우리가 이 세상에서 다른 사람들의 귀한 영혼을 많이 살려놓으면 언젠가는 하나님께서 우리에게 사는 길을 열어주실 것입니다.

다윗은 가던 길을 멈추고 쓰러진 사람을 돌보아 주었습니다.

30:11-12, "무리가 들에서 애굽 사람 하나를 만나 그를 다윗에게로 데려다가 떡을 주어 먹게 하며 물을 마시게 하고 그에게 무화과 뭉치에서 뗀 덩이 하나와 건포도 두 송이를 주었으니 그가 밤낮 사흘 동안 떡도 먹지 못하였고 물도 마시지 못하였음이니라 그가 먹고 정신을 차리매"

들판에서 의식을 잃고 쓰러져 있는 사람은 애굽 사람의 노예였습니다. 그는 정말 보잘것없는 사람이었고 다윗이 관심 가져야 할 이유가 없는 사람이었습니다. 그는 무려 사흘 동안이나 물도 한 모금 마시지 못했고 음식도 전혀 먹지 못했습니다. 그가 그런 상태로 살아있다는 사실 자체가 기적이었습니다. 다윗의 일행은 그 애굽 노예에게 먼저 물을 마시게 하고 떡을 먹게 하고 무화과 뭉치와 건포도 두 뭉치를 먹게 해서 정신이 들게 했습니다. 다윗은 이제 정신을 차린 애굽인 노예에게 너는 누구며 어떻게 해서 들판에 쓰러져 있게 되었는지 물어보았습니다. 그랬더니 놀랍게도 그 애굽 노예는 다윗이 알고 싶어 하는 바로 그 정보를 가지고 있었습니다.

그 애굽 소년은 가난하여 아말렉 사람에게 종으로 팔려 노예가 되었는데 그 주인이 너무 악독했던 것입니다. 이 애굽인 노예는 사흘 전에 열병이 생겨서 거의 죽게 되었는데도 주인인 아말렉 사람은 그냥 들판에 버리고 갔다는 것입니다. 그런데 자기 주인 아말렉 족속이 바로 다윗이 살던 시글락을 습격해서 그곳 사람들을 다 붙잡고 집들을 모두 불질렀다고 자세히 전해주었습니다. 다윗은 그 넓은 들판에서 도대체 어디로 가야 가족을 찾게 될지 도무지 알 수 없었는데, 길에 쓰러져 있던 그 애굽인 노예가 정확하게 그 길을 알고 있었던 것입니다.

하나님께서는 우리에게 길을 가르쳐주실 때 무조건 길을 가르쳐주시는 것이 아니라 우리의 믿음을 시험하시는 것을 알 수 있습니다. 다윗이 이기적인 마음을 가지고 도움이 필요한 사람을 도와주지 않고 아무리 돌아다녀 봐야 길을 찾지 못했을 것입니다. 그런데 다윗처럼 자기도 급해 죽겠지만 자기보다 더 어려운 사람을 만나서 도움을 주었더니 그 사람이 바로 길을 알고 있었던 것입니다.

30:14, "우리가 그렛 사람의 남방과 유다에 속한 지방과 갈렙 남방을 침노하고 시글락을 불살랐나이다"

여기에서 바로 정답이 나왔습니다. "우리가 시글락을 불살랐나이다." 다윗의 집을 불 지르고 가족들을 다 잡아간 사람들은 바로 이 애굽 종의 주인인 아말렉 족속이었던 것입니다. 그래서 다윗이 이 애굽 노예에게 물었습니다. "네가 나를 그 군대에게로 데려갈 수 있겠느냐?"

이 노예는 정말 악한 주인과 친절한 주인을 한꺼번에 만났습니다. 아말렉 주인은 얼마나 성질이 급하든지 자기가 열병에 걸려 죽어가는데 길에서 죽도록 그냥 버리고 가버렸습니다. 그런데 새로운 주인인 다윗은 사흘 동안 물도 마시지 못하고 음식도 먹지 못해서 죽어가는 자기에게 먹을 것을 주고 마실 것을 주어서 죽을 생명을 살려내었습니다. 얼마나 고마운 새 주인입니까? 그래서 이 애굽 노예는 자기를 죽이지 않고 또 옛날 주인에게 넘기지 않는다고 약속하면 그 길을 가르쳐주겠다고 했습니다.

물론 이 애굽 노예는 새 주인이 선한 사람인 것을 알았습니다. 그러나 자기가 너무 비천하기 때문에 귀찮아서 데리고 가지 않고 죽여 버리거나 혹은 돈 욕심에 자기를 옛 주인에게 도로 팔지만 않으면 얼마든지 그 길을 가르쳐주겠다고 약속했던 것입니다. 다윗도 약속했습니다. 나는 너를 절대 죽이지 않고 옛 주인에게 팔지도 않겠다고 했습니다. 왜냐하면 그는 더 이상 아말렉 사람의 노예가 아니라 다윗과 그의 용사들의 가족을 살릴 수 있는 사람이었기 때문입니다. 그는 이제 다윗에게 가장 소중한 사람이었고 다윗이 가장 필요로 하는 정보를 가진 사람이었습니다.

그래서 우리는 유명한 사람이 되거나 굶어 죽지 않기 위해서 반드시 많은 공부를 하거나 많은 것을 알아야 하는 것이 아닙니다. 우리는 하나님의 사람들을 만나기만 하면 내가 가진 것으로도 얼마든지 중요한 사람이 될 수 있는 것입니다. 그래서 우리는 반드시 하나님의 백성을 만나야 합니다. 그런데 하나님은 이 애굽 노예를 정확하게 사흘 전에 열병을 나게 하시고 사흘 동안 죽지 않게 지켜주셨던 것입니다. 그래서 하나님은 우리에게 병이 걸리게 하시거나 고난 겪게 하실 때도 그 고통을 통해 정확하게 우리의 길을 인도하시는 것을 알 수 있습니다.

3. 아말렉 군대의 방심

아말렉 군대는 이번 습격으로 엄청난 전과를 올렸습니다. 그들은 거의 피해를 보지 않으면서 많은 여자와 아이들을 포로로 잡았고 또 수많은 양과 소와 낙타를 빼앗는 전과를 올렸던 것입니다. 여자나 아이들을 노예로 팔면 전부 엄청 돈을 받을 것이고 소나 양이나 낙타는 그 자체가 재산이었습니다.

이 애굽인 노예는 주인이 있는 곳을 정확하게 알고 있었습니다. 사실 다른 사람들은 아말렉 사람들이 어디에 숨어있는지 거의 알지 못했습니다. 그러나 이 노예는 워낙 주인이 일을 많이 시켰기 때문에 광야길이지만 아말렉 족속이 있는 길을 너무 잘 알고 있었습니다. 그는 이제 더 이상 옛 주인의 명령에 따를 필요가 없었습니다. 왜냐하면 그는 자기를 죽으라고 길에 버렸으므로 그의 옛 사람은 죽은 것이나 마찬가지였기 때문입니다. 이제 그의 새 주인은 그를 죽음에서 살려준 다윗입니다. 그런데 애굽인 노예는 새 주인이 자기를 필요로 하고 있다고 했습니다.

얼마나 하나님의 인도하심이 기가 막히게 정확합니까? 하나님은 우리에게 처음부터 정답을 가르쳐주시지 않습니다. 단지 우리가 하나님을 믿는 믿음으로 길을 가다 보면 그 정확한 길이나 답을 찾게 되는 것입니다.

아말렉 사람들은 이번 습격에서 너무나도 많은 전과를 올렸기 때문에 기분이 좋아서 그냥 있을 수 없었습니다. 그래서 그들은 기분을 내기 위해서 밤새도록 술을 퍼마시고 노래를 부르고 소리를 질러대었습니다.

> 30:16-17, "그가 다윗을 인도하여 내려가니 그들이 온 땅에 편만하여 블레셋 사람들의 땅과 유다 땅에서 크게 약탈하였음으로 말미암아 먹고 마시며 춤추는지라 다윗이 새벽부터 이튿날 저물 때까지 그들을 치매 낙타를 타고 도망한 소년 사백 명 외에는 피한 사람이 없었더라"

광야에서 죽을 뻔했던 노예는 다윗과 그 용사들에게 아말렉이 있는 곳을 정확하게 알려주었습니다. 다윗과 용사들이 그곳에 가보니까 얼마나 아말렉 사람들이 많은지 온 땅에 깔려 있었습니다. 아마 그 숫자를 보면 몇 천이나 만 명 이상 되었을 것입니다. 그리고 그들은 블레셋 땅과 유다 땅에서 엄청난 전리품을 빼앗았기 때문에 빼앗아 온 술을 가지고 저녁부터 술을 마시고 고기를 먹고 춤을 추면서 밤새도록 놀고 있었습니다. 그들은 이 광야에서는 감히 자기들을 공격할 군대가 없다는 것을 알고는 보초도 제대로 세우지 않고 술을 마시고 고기를 뜯어 먹는데 정신이 팔렸습니다.

다윗은 자기의 숫자가 적었기 때문에 모래 위에 엎드려서 새벽이 될 때까지 기다렸습니다. 새벽이 되니까 드디어 아말렉 사람들은 술에 취하고 너무 지쳐서 모두 모래 위에 쓰러져서 자기 시작했습니다. 그 새벽부터 시작해서 다윗은 그다음 날 해질 때까지 만 사십팔 시간 동안 아말렉을 쳤습니다. 아말렉 사람들은 너무 술에 취해 있었기 때문에 제대로 싸울 수 없었습니다. 다윗과 그의 용사들은 아말렉 사람들을 죽이고 또 죽였습니다. 그들은 칼이 손에 붙어서 떨어지지 않을 때까지 그들을 쳤습니다. 아말렉 사람들 중에서 살아남은 자는 그중에서 술에 덜 취했던 소년 사백 명이었는데 그들만 낙타를 타고 도망을 쳤습니다. 그리고 나머지 수많은 아말렉 사람들은 전부 다윗과 그 용사들의 손에 의해 죽임을 당했습니다.

다윗과 그의 용사들은 잃어버렸던 짐승들과 여인들과 아이들을 모두 도로 찾을 수 있었습니다. 다윗은 아말렉에게 빼앗겼던 두 아내도 찾았고 양과 소와 용사들의 가족도 모두 다 찾았고, 특히 아말렉이 다른 데서 약탈했던 엄청난 전리품까지 다 빼앗아오게 되었습니다. 이것으로 다윗은 엄청난 부자가 되었습니다.

> 30:18-20, "다윗이 아말렉 사람들이 빼앗아 갔던 모든 것을 도로 찾고 그의 두 아내를 구원하였고 그들이 약탈하였던 것 곧 무리의 자녀들이나 빼앗겼던 것은 크고 작은 것을 막론하고 아무것도 잃은 것이 없이 모두 다윗이 도로 찾아왔고 다윗이 또 양 떼와 소 떼를 다 되찾았더니 무리가 그 가축들을 앞에 몰고 가며 이르되 이는 다윗의 전리품이라 하였더라"

다윗은 망한 것 같았지만 망하지 않았습니다. 그는 두 아내와 모든 가축과 용사들의 가축까지 다 찾았을 뿐 아니라 아말렉 사람들이 다른 데서 약탈했던 가축까지 다 차지하게 되었습니다. 이 모든 것이 전부 다윗의 것이었습니다. 다윗은 엄청난 부자가 되었습니다.

다윗이 크게 승리하고 집으로 돌아오는 길에 전에 피곤하여 능히 따르지 못하므로 브솔 시내에 머물게 한 이백 명에게 오게 되었습니다. 그러나 좋은 일이 있으면 좋지 않은 일도 있는 법입니다.

30:22, "다윗과 함께 갔던 자들 가운데 악한 자와 불량배들이 다 이르되 그들이 우리와 함께 가지 아니하였은즉 우리가 도로 찾은 물건은 무엇이든지 그들에게 주지 말고 각자의 처자만 데리고 떠나가게 하라 하는지라"

다윗과 함께 가족을 찾으러 갔던 용사들 중에 이기적인 자들이 있었습니다. 이들은 힘이 없어서 브솔 시냇가에서 기다리고 있던 이백 명에게 "너희들은 이번 싸움에서 아무것도 한 것이 없으니까 너희 가족만 데리고 이곳을 떠나라. 가축은 우리가 차지하겠다."고 했습니다. 그러나 다윗은 이 승리는 우리가 한 것이 아니라 하나님이 하신 것이기 때문에 누구는 가지고 누구는 가지지 않는 것은 안 된다고 했습니다. 다윗은 모든 사람이 공평하게 나누어야 한다고 했습니다. 용사들은 다윗의 이 말을 듣고 싸우러 간 자나 싸우지 않고 기다린 자나 똑같이 전리품을 나누었습니다. 이것은 하나님께서 주신 승리였기 때문입니다. 우리는 앞장서서 싸운 사람도 잘한 사람이고 뒤에서 기도한 사람도 똑같이 잘한 사람이기 때문에 누가 잘하고 누가 못한 것이 없이 다 똑같이 잘한 것입니다.

하나님은 우리의 길을 정확하게 인도하는 분이십니다. 우리는 하나님을 믿고 무조건 움직여야 합니다. 그리고 길에 쓰러져 있는 사람도 일으켜 세워야 하고, 힘이 들어서 함께 가지 못한 사람도 똑같이 잘한 것으로 인정해야 합니다. 우리는 승리에 취하거나 술에 취하거나 두려움에 취해서는 안 됩니다. 온전한 정신을 차리고 마지막 승리를 얻을 때까지 죽도록 싸우는 성도들이 다 되시기 바랍니다.

45

사울의 최후

삼상 31:1-13

우리는 때때로 참 좋은 일이 생겨서 너무나 기쁜데 그 후에 더 큰 어려움이 생겨서 하나님을 원망할 때가 간혹 있습니다. 예를 들어서 잃어버린 물건을 찾았고 아이가 대학에 합격해서 너무나도 기뻤는데, 얼마 후에 집에 불이 나서 모든 것이 타버렸다든지, 또는 교통사고가 나서 아버지가 돌아가셨다든지, 아니면 남편이 직장에서 고소당해서 경찰 조사를 받게 된다면 누구나 불평하게 되고 하나님을 원망하게 될 것입니다. 그러면 우리의 마음속에는 하나님은 우리에게 좋은 것만 주시지 않고 왜 엄청난 환난을 함께 주시는지 잘 이해되지 않는 것입니다.

다윗은 블레셋에 망명해 있다가 전쟁에 불려간 사이에 자기들이 있던 시글락이 아말렉 사람들에 의해 습격을 받아 마을 전체가 불에 다 타버리고 여인들과 아이들은 붙들려가고 모든 가축도 다 약탈해 가버렸습니다. 다윗과 그의 부하들은 도대체 누가 이런 짓을 했으며, 또 가족들은 어디로 붙들려갔는지 그 넓은 천지에서 도무지 찾을 수 없었습니다. 다윗과 그 부하들은 얼마나 울었던지 더 울 힘이 없어서 울지 못할 정도였습니다. 부하들은 화가 나서 돌을 들어 다윗을 죽이려고까지 했습니다.

그러나 다윗은 하나님을 믿었고, 하나님의 인도하심을 따라서 결국 약탈해갔던 아말렉 사람들을 찾아서 이틀 동안 전부 죽이고 가족과 가축도 도로 찾았고 그들이 다른 데서 약탈했던 전리품까지 다 획득하게 되었습니다. 졸지에 다윗은 그들 때문에 부자가 되었습니다. 다윗과 그의 부하들은 전리품으로 얻은 양이나 소가 너무 많으니까 그동안 다윗이 도망 다니면서 도움받았던 이스라엘 모든 동네에 양과 소를 보내서 감사를 표시했습니다.

그러나 이런 와중에 다윗이 전혀 알지 못했던 엄청나게 불행한 사건이 이스라엘에서 일어나고 있었습니다. 그것은 다윗을 완전히 절망하게 하는 사건이었습니다. 이때 블레셋과 이스라엘이 엄청난 전쟁을 하고 있었는데, 이스라엘이 그 전쟁에서 완전히 패하고 말았습니다. 사울 왕도 죽고 그 아들들도 죽고 수많은 이스라엘 백성이 거의 전멸하다시피 한 패배였습니다. 이 엄청난 비극을 다윗은 모르고 자기 가족을 찾고 자기 물건을 찾았다고 좋아하고 있었던 것입니다. 다윗이 이렇게 좋아하고 있는 동안 이스라엘은 망하고 있었습니다.

1. 우리는 부분밖에 알지 못한다

우리 인간은 자기 눈앞에 보이는 것밖에 알지 못합니다. 그래서 자기 눈에 보이지 않는 미래는 전혀 알지 못합니다. 어떤 때는 이것이 가장 좋은 일이라고 해서 선택했는데 나중에 알고 보니까 망하는 경우가 있고, 어떤 때는 너무 좋지 못한 상황에 빠졌다고 생각했는데 나중에 보니까 그것이 바로 사는 길인 경우도 있는 것입니다.

요셉 같은 경우에는 형들에게 팔려서 노예가 되고 또 여자 주인의 유혹을 물리치는 바람에 감옥에 갇히기까지 했습니다. 그는 이 세상에서 가장 재수 없는 청년이었고 망한 인생이었습니다. 그러나 그는 바로의 꿈을 해석하는 바람에 애굽의 총리가 되어 많은 사람을 굶주림에서 살리는 위대한 인물이 되었습니다. 결국 요셉의 불행은 자기도 살고 자기 가족도 살리는 길이 되었던 것입니다. 욥도 엄청난 불행을 당했습니다. 그는 믿음 생활을 잘하고 있었는데, 어느 날 갑자기 적이 쳐들어와서 낙타와 양들을 다 빼앗아가고, 사고가 나서 열 자녀가 다 죽고, 자기도 몸에 심한 질병까지 걸렸습니다. 그러나 낙심하지 않고 끝까지 하나님을 바라본 결과 하나님의 많은 진리를 깨닫게 되었고 나중에는 건강과 가정도 다 회복되게 되었습니다.

그러나 이와 반대의 경우도 많이 있습니다. 에스더 왕후 시절 때 하만은 왕 다음 자리에 있었는데, 그는 너무 교만해져서 유대인들을 다 죽이려고 했고, 장대를 만들어 모르드개까지 죽이려 했지만, 결국 자기가 그 장대에 매달려 죽었습니다. 세상에서도 장관이나 총리가 되어 좋은 줄 알았는데, 나중에 보니까 그것이 망하는 길이었고 감옥에 가는 지름길인 경우가 많습니다.

다윗은 하나님의 인도하심을 받아서 아말렉 사람들을 추격해서 잡혀간 가족들과 가축도 도로 찾고 그들이 약탈한 재물도 다 취함으로 엄청난 부자가 되었습니다. 다윗은 너무 가축이 많이 생겨서 그것을 유다 남부 지방에 있는 많은 마을에 나누어주었습니다.

삼상 30:26, "다윗이 시글락에 이르러 전리품을 그의 친구 유다 장로들에게 보내어 이르되 보라 여호와의 원수에게서 탈취한 것을 너희에게 선사하노라 하고"

삼상 30:31, "헤브론에 있는 자에게와 다윗과 그의 사람들이 왕래하던 모든 곳에 보내었더라"

다윗이 가족도 찾고 가축도 찾고 부자도 되니까 얼마나 기쁜 일입니까? 그러나 이때 다윗은 이스라엘에서 엄청나게 불행한 일이 생긴 것을 알지 못했습니다. 그것은 바로 이스라엘이 블레셋과의 전쟁에서 패했고 왕과 왕자들이 죽었으며 이스라엘이 완전히 패망했다는 것입니다. 그래서 우리는 이 세상을 살아가더라도 끝까지 마치 살얼음을 밟는 것 같은 마음으로 조심조심해서 걸어가야 합니다. 왜냐하면 우리가 모르는 곳에서 사탄이 어떤 불행한 일을 꾸미고 있는지 모르기 때문입니다.

목회를 해보면 항상 느끼는 것이지만, 아무리 교회가 좋아도 사탄은 다른 데서 불행을 꾸미고 있다는 사실입니다. 그래서 이번 주는 참 좋았다고 기뻐했지만 오히려 최악의 한 주가 될 수도 있는 것입니다. 그래서 우리는 한 주 한 주를 조심조심해서 걸어가는 수밖에 없습니다. 좋지 않은 일이 생겨도 너무 겁내지 말고, 좋은 일이 생겨도 조금만 기뻐하면서 계속 하나님만 의지해야 합니다. 그러면 하나님께서 모든 것을 합력하여 선을 이루게 하십니다.

하나님이 축복하셔서 너무 큰 교회가 되었는데 결국 금전적인 문제나 세습 문제로 인해 큰 어려움을 겪는 교회가 있고, 젊어서 사업에 성공했는데 교만한 마음이 들어서 이성 문제에 빠지는 바람에 망하는 사람도 있는 것입니다.

2. 하나님의 백성의 가시

마찬가지로 하나님께서는 하나님의 백성이 너무 교만하지 못하도록 가시를 주시는 경우가 종종 있습니다. 이것이 지병인 경우도 있고, 가난인 경우도 있고, 자기를 괴롭히는 사람인 경우도 있습니다. 하나님은 이스라엘 백성이 교만하지 못하도록 이스라엘을 시기하는 많은 민족을 그 주위에 두셨습니다. 그중에 대표적인 족속이 블레셋이었습니다. 블레셋 족속은 이스라엘 백성이 잘사는 꼴을 절대로 보지 못했습니다.

이스라엘은 드디어 왕을 세우고 무려 사십 년이란 세월이 지났습니다. 그동안에도 블레셋은 이스라엘을 공격했지만 번번이 실패하고 말았습니다. 왜냐하면 그때만 해도 이스라엘에는 성령의 불길이 살아있었기 때문입니다. 즉 요나단이라는 왕의 아들이 있었고, 다윗이라는 성령 충만한 소년이 있었던 것입니다. 그러나 사울 왕이 한 일 중에서 결정적으로 잘못한 일은 이스라엘에서 부흥의 불을 꺼트려 버린 것입니다. 사울 왕은 성령의 사람인 다윗을 시기해서 쫓아내 버렸고 그를 죽이려고 오랜 세월 쫓아다녔습니다. 사울 왕은 에봇 입은 제사장 85명을 다윗을 도왔다고 의심해서 죽여 버렸습니다. 그러니까 이스라엘을 위해서 기도하는 사람이 없어지게 되었습니다. 기도하는 사람들을 다 죽여 버리니까 모든 것을 인간적으로만 생각하게 되었습니다.

그리고 더욱 결정적인 잘못은 신접한 여인에게서 하나님의 대답을 들으려고 한 것입니다. 사울이 하나님의 말씀을 들을 수 없어서 답답해 미칠 것 같으니까 결국 엔돌에 있는 신접한 여인을 찾아가서 죽은 사무엘의 음성을 들으려고 했습니다. 결국 하나님의 종이 무당을 찾아가서 죽은 귀신의 말을 듣는다는 것은 자기 영혼을 파는 것과 같았습니다. 이렇게 사울 왕은 이스라엘의 부흥의 불을 완전히 꺼버리고 말았습니다. 거기에다가 자기 영혼까지 마귀에게 팔아 버렸습니다. 그러니까 이스라엘은 완전히 식어버렸고, 할 수 있는 것이라곤 아무것도 없었습니다. 자동차도 엔진이 돌아가야 앞으로 갈 수 있고, 주전자도 뜨거워져야 차를 끓일 수 있는데, 이제 이스라엘은 그야말로 살았다 하는 이름은 있지만 실상은 죽은 나라였습니다. 이스라엘은 전혀 힘을 쓸 수 없는 나라였습니다. 이스라엘은 왕으로부터 시작해서 모든 백성이 비전도 없고 목표나 믿음도 없었기 때문에 그들을 이기는 것은 블레셋 사람들에게는 식은 죽 먹기였던 것입니다.

요즘도 사람 중에는 자기 영혼을 파는 자들이 있습니다. 정치인 중에서 부정한 돈을 받는다든지 아니면 사상적으로 옳지 않은데 거기에 앞장서는 사람들이 있습니다. 영화나 연극 한다면서 여성이 자기 몸을 줘버리는 경우도 있습니다. 어떤 학자는 양심을 속이는 논문을 발표해서 유명해지기도 합니다. 어떤 목사는 하나님의 말씀을 버리고 사람들의 인기를 따라가서 많은 돈을 받고 유명해지기도 합니다. 이 사람들은 전부 현대

판 파우스트입니다. 즉 자기 영혼을 팔아서 유명해지는 것입니다. 결국 이런 사람들의 말로는 비참합니다.

이스라엘에서 군사력보다 더 중요한 것은 부흥의 불이고 기도의 불입니다. 이 성령의 불이 항상 타오르고 있어야 사탄이 힘을 쓰지 못하고 전염병이나 사고나 전쟁이 터지지 않습니다. 그러나 사람들이 돈을 사랑하고 명예를 사랑해서 기도의 불을 꺼버리고, 교회를 인간적인 방법으로 많이 모이게 만들어버리면 결국 하나님의 백성은 망하고 맙니다.

블레셋이 이번에 이스라엘과 싸우는데 이스라엘은 전혀 힘을 쓰지 못했습니다. 그래서 이스라엘의 높은 자나 낮은 자나 할 것 없이 모두 다 죽임을 당했습니다.

> 31:1-2, "블레셋 사람들이 이스라엘을 치매 이스라엘 사람들이 블레셋 사람들 앞에서 도망하여 길보아 산에서 엎드러져 죽으니라 블레셋 사람들이 사울과 그의 아들들을 추격하여 사울의 아들 요나단과 아비나답과 말기수아를 죽이니라"

이스라엘 백성이 전쟁에 패해서 도망치는데 앞에는 길보아 산이 막고 있어서 넘어갈 수 없었습니다. 그래서 이스라엘 군사들은 길보아 산에 막혀서 그곳에서 다 죽게 되었습니다. 그때 사울의 아들인 요나단과 아비나답과 말기수아가 죽었습니다. 엄청나게 많은 이스라엘 백성과 사울의 아들들이 이 길보아 산을 넘지 못해 그곳에서 다 죽었던 것입니다.

우리는 사람들이 걱정하는 것이나 눈에 보이는 것보다 하나님의 말씀을 더 믿어야 합니다. 그리고 우리가 가지고 있는 부흥의 불의 능력을 믿어야 합니다. 사울이 꺼트린 이 부흥의 불길을 다시 일으키는데 다윗도 7년 이상 걸리게 됩니다. 결국 다윗은 여부스 족속을 예루살렘에서 쫓아내고 하나님의 언약궤를 예루살렘으로 옮기고 난 후에야 이 부흥의 불을 회복하게 됩니다.

3. 사울의 비참한 최후

　사울은 이미 오랫동안 우울증과 히스테리로 많은 고통을 받았습니다. 결국 그의 우울증은 그로 하여금 건강을 잃게 하고 마음의 활력을 떨어트립니다. 또 신접한 여인을 만나고 난 후에 기절까지 하게 됩니다. 기절까지 했다는 것은 그동안 제대로 음식을 먹지 못해서 기력이 하나도 없게 되었다는 뜻입니다. 사람이 마음에 충격받으면 음식을 먹지 못하게 됩니다. 그러나 음식을 먹지 않아도 정상적인 생활을 하는 것 같습니다. 그래서 직장에도 다니고 일도 합니다. 그러면서 몸이 급격하게 말라갑니다. 살이 빠지기 때문에 더 보기 좋아진다고 말을 하기도 합니다. 그러다가 어느 한순간 갑자기 죽게 됩니다. 운전하다가 죽든지 집에서 자다가 죽든지 돌연사를 하게 되는 것입니다. 이것이 바로 스트레스의 무서운 점입니다.

　사울은 칼로 제대로 휘두를 수 없는 약한 상태에서 자기 정신력만 믿고 전쟁에 나갔습니다. 이것은 바로 죽으러 나간 것이나 마찬가지입니다. 결국 하나님의 능력이 없는 이스라엘 백성이 패하여 후퇴하니까 왕도 싸울 의욕을 잃고 도망치게 됩니다. 그때 어떤 블레셋 군사가 활을 가지고 사울을 쏘았는데 아마 활이 사울을 관통한 것 같습니다. 그리고 이미 사울은 살아야 할 의욕이나 전쟁에 이기고 싶은 마음이 없었습니다. 이미 사울은 오래전부터 죽고 싶었는데 중상을 입으니까 정말 이제는 더 살고 싶지 않았던 것 같습니다.

　그래서 사울은 블레셋 군사에게 쫓기면서 자기 부관에게 자기를 죽여 달라고 부탁했습니다. 왜냐하면 자기가 이스라엘 왕으로서 할례받지 않은 블레셋 사람들에게 치욕적인 죽임을 당하는 것이 두려웠기 때문입니다. 그런데 사울이 죽는다고 해서 치욕을 당하지 않는 것이 아닙니다. 아마 사울 왕은 죽으면 더 비참한 치욕을 당할 것입니다. 그러나 그는 당장 사람에게 붙들리고 치욕 당하는 것이 두려워서 부관에게 죽여 달라고 했던 것입니다. 그러나 부관은 왕의 그 명령에 따를 수 없었습니다. 충성된 부관이라면 도저히 왕을 죽일 수 없었을 것입니다.

그 부관이 자기의 말을 듣지 않자 사울은 자기 칼을 뽑아서 그 칼을 거꾸로 세우고 그 위에 엎어짐으로 자살하는 극단적인 선택을 하고 말았습니다. 사실 사울은 하나님의 말씀을 떠났을 때 이미 죽었습니다. 그러나 하나님은 수십 년을 기다려주셨던 것입니다. 결국 자기 위신과 사람들의 인기 때문에 하나님 앞에 돌아오지 못하고 비참하게 자신의 삶을 마감하고 말았습니다. 왕이 자살하니까 부관도 똑같은 방법으로 죽었습니다. 그래서 길보아 산 위에서 사울도 죽고 세 아들도 죽고 많은 이스라엘 백성도 죽고 말았습니다. 왕과 또 많은 이스라엘 군사들이 죽은 것을 본 이스라엘 백성은 요단강 건너편으로 도망쳐서 결과적으로 블레셋에게 그 땅을 빼앗기게 됩니다.

31:9-10, "사울의 머리를 베고 그의 갑옷을 벗기고 자기들의 신당과 백성에게 알리기 위하여 그것을 블레셋 사람들의 땅 사방에 보내고 그의 갑옷은 아스다롯의 집에 두고 그의 시체는 벧산 성벽에 못 박으매"

이튿날이 되어 블레셋 사람들이 전리품을 챙기려고 왔다가 사울과 그의 세 아들의 시체를 발견합니다. 그래서 그들은 사울의 목을 베고 그 갑옷을 벗기고 그의 목과 갑옷을 자기들의 신당에 가져갔습니다. 그리고 그들은 사울의 목이 없는 벌거벗은 시체를 벧산 성벽에 박아놓았습니다. 사울의 마지막은 결코 아름답지 못했습니다. 그는 자살로 삶을 마감했고 그의 목은 베어져서 이방 신전에 제물로 바쳐졌고, 그의 벌거벗은 시체는 성벽에 박혀서 많은 이방 사람의 구경거리가 되었습니다.

이 사실을 알고 오래전에 암몬 족속이 와서 오른눈을 빼려고 했을 때 사울의 도움으로 구원을 받았던 길르앗 야베스 사람들이 달려왔습니다. 그들은 밤에 그곳에 와서 사울과 그의 아들들의 시체를 성벽에서 떼서 야베스에서 불살라 에셀 나무 아래서 장사를 지내주었습니다. 지나고 보니 사울이 길르앗 야베스 사람들을 도와주었을 때가 그의 생애에서 가장 순수하고 아름다운 때였던 것입니다.

　사람이 늙어가는 것과 죽는 것은 높은 산에 올라갔다가 내려오는 것에 비교할 수 있습니다. 어떤 사람은 높은 산에 올라가서 내려오지 않으려고 하다가 얼어 죽는 사람도 있고, 너무 오래 있다가 탈진해서 내려오다 떨어져 죽는 사람도 있습니다. 우리 젊은이들은 모두 나름대로 인생의 목표를 향하여 산 정상을 향해 올라가고 있습니다. 나름대로 자신의 인생 목표를 달성하시기 바랍니다. 그리고 성공하시기 바랍니다. 그러나 부흥의 불을 꺼버리고 기도의 불을 꺼버리면 살아있지만 실상은 죽은 것입니다. 적당한 때 내려와야 합니다. 엉덩이를 땅에 붙이고 조심조심 내려와야 떨어지지 않습니다.

　우리는 좋은 일이 있다고 너무 좋아하지도 말고 나쁜 일이 있다고 너무 절망하지도 마시기 바랍니다. 다시 마음에 부흥의 불을 피워서 악을 이기는 성도들이 다 되시기 바랍니다.